阅读即行动

La République de Platon

Alain Badiou

柏拉图的
理想国

[法] 阿兰·巴迪欧 著　曹丹红　胡蝶 译

上海文艺出版社

图书在版编目（CIP）数据

柏拉图的理想国 /（法）阿兰·巴迪欧著；曹丹红，胡蝶译. — 上海：上海文艺出版社，2023（2025.5 重印）
ISBN 978-7-5321-8830-7

Ⅰ.①柏… Ⅱ.①阿… ②曹… ③胡… Ⅲ.①古希腊罗马哲学－研究 Ⅳ.① B502.232

中国国家版本馆 CIP 数据核字（2023）第 165054 号

La République de Platon by Alain Badiou
© Librairie Arthème Fayard, 2011
Current Translation Rights Arranged Through Divas International, Paris
巴黎迪法国际版权代理
Simplified Chinese translation edition copyright © 2023 by
Neo-Cogito Culture Exchange Beijing, Ltd.
All rights reserved

著作权合同登记　图字：09-2023-0781

发 行 人：毕　胜
出版统筹：杨全强　杨芳州
责任编辑：肖海鸥
特约编辑：廖　雪
封面设计：彭振威
书　　名：柏拉图的理想国
作　　者：[法] 阿兰·巴迪欧
译　　者：曹丹红　胡蝶
出　　版：上海世纪出版集团 上海文艺出版社
地　　址：上海闵行区号景路 159 弄 A 座 2 楼 201101
发　　行：上海文艺出版社发行中心
　　　　　上海闵行区号景路 159 弄 A 座 2 楼 201101
印　　刷：苏州市越洋印刷有限公司
开　　本：940×775　1/32
印　　张：21
插　　页：2
字　　数：320,000
版　　次：2023 年 10 月第 1 版　2025 年 5 月第 2 次印刷
I S B N：978-7-5321-8830-7/B502
定　　价：88.00 元

告 读 者：如发现本书有质量问题请与印刷厂质量科联系（T：0512-68180638）

目录

由数字和字母组成的标号（例如"327a"）标明了文本被切分后的部分，每一部分一般长达十余行。这本来只是古代的编辑和分页程序推荐使用的切分方法，随后却成了传统，使我们能够在古希腊文本或法语译本中找到相关的段落。但我没有这样做。

前言	我是如何写作这本不确定的书的	1
人物		9
序幕	港口别墅中的对话	11
第一章	将诡辩家驳得哑口无言	35
第二章	青年男女恳切的问题	93
第三章	社会和国家的起源	127
第四章	精神的学科：文学与音乐	151
第五章	身体的学科：营养学、医学和体育	183
第六章	客观正义	207
第七章	主体正义	253
第八章	女人与家庭	285

第九章	什么是哲学家？	311
第十章	哲学与政治	351
第十一章	什么是理念？	377
第十二章	从数学到辩证法	427
第十三章	四种前共产主义政治批判（上）勋阀政治和寡头政治	465
第十四章	四种前共产主义政治批判（下）民主政治和僭主政治	495
第十五章	正义与幸福	547
第十六章	诗与思	593
尾声	主体的动态永恒	629
专名表		661

前言　我是如何写作这本不确定的书的

这件事整整持续了六年。

为什么？为什么要借柏拉图做这项几乎有些偏执的工作？因为，出于一个明白无误的理由，今日我们尤其需要柏拉图。他将我们引向某个信念，即我们在世上的自我治理意味着某个通向绝对状态的入口已经向我们敞开了。这不是因为有一个真实不虚的上帝俯瞰着众生（笛卡尔），也不是因为我们自身是这一绝对性变成主体过程中的阶段性面孔（黑格尔以及海德格尔），而是因为我们身上的感性来自永恒真理的构建过程，它超越了个体的实体性和集体的修辞学。

我们知道他对这一来源的动机语焉不详，但这动机令我们能够超越被我命名为"民主唯物主义"的事物的局限性。"民主唯物主义"有如下断言：只存在个体和共同体，以及两者之间关于订立契约进行的协商。今日的"哲学家"宣称我们可以对这些契约有所期待,但我们唯一能够期待的,无非是它们体现了平均主义。这一"平均主义"对哲学家来说其实只有一个作用,即让他认识到,在这个世界上,"平均主义"是以而且越来越以一种让人无法容忍的非正义形式实现的。因此我们最终必须肯定:除了身体和语言之外,还存在永恒的真理。必须能够想象,身体和语言在历史中参与了这一永恒性充满斗争的构建过程。这是柏拉图一直试图让失聪者听见的。

所以我将目光投向了《理想国》,希望发掘它对当代社会的重要意义。《理想国》是大师的核心著作,处理的恰好是正义的问题。我依据的是由埃米尔·尚布里修订的古希腊文本,是我的一本旧书,属于"法国大学双语丛书"(美文出版社1949年版)。五十四年前,我已经狂热地研究过这个文本,上面层层叠叠地覆盖着来自不同时期的批注。事实上,在我整个哲学生涯中,《理想国》一直是我的灵感源泉。

我一直都觉得,将这个希腊文本切分成十部书是件很荒谬的事。这一切分法只对亚历山大里亚的语法学家们有意义。我设想了它的真正节奏,并按照这个节奏将它重新切分成一个序幕、几个章节和一个尾声。在写作期间，考虑到内部连贯性，章节数从九章变成了十六章。最后，我对十八个片段进行了"加工"。

从一开始，我的"加工"工作就没有按照顺序进行。完全没有。我是从序幕开始的（2005年），随后写了后来成为第十六章内容的文字。之后便开始信马由缰，一会更接近结尾，一会更接近开头，直至2010—2011年的冬天，只剩下一部分内容还有待征服，类似全书的中心，由第七章和第八章构成。这两章是最难且最无趣的。我把苦差事留到了最后。

"加工"文本究竟是什么意思呢？

我首先尝试在它的语言中完全地理解它。我的武器是我所热爱的古典研究，包括从前对不少段落的阅读，我还有《巴伊辞典》[1]（阿歇特出版社，1950年第16版）、《阿拉尔/弗亚特尔语法书》（阿歇特出版社，1972年版）以及三个很容易获得的《理想国》法译本，包括上文提到的埃米尔·尚布里译本、莱昂·拉班译本（"七星文库"，1950年版）以及加尔尼埃-弗拉马里翁出版社的罗贝

---

[1] 《巴伊辞典》（*Dictionnaire Bailly*），由法国希腊语研究专家巴伊（Anatole Bailly，1833—1911）编撰的较为权威的希腊语辞典，初版于1895年。——译注

尔·巴库译本（1966年版）。我全情投入，不放过任何一个细节，希望弄懂每个句子的意思（柏拉图有时会写一些长度和复杂程度令人难忘的句子）。最初的努力是我和文本之间面对面的交锋。我什么都不写，只渴望文本对我言说全部，不要在任何角落里掩藏充满嘲讽意味的秘密。

随后，当我认为完全理解了某个希腊文本片段后，我会写下我所获得的理解引发的一些思考和只言片语。尽管我从来没有忘记原文，甚至连细节也不曾忘记，但我所获得的结果几乎从来不是通常意义上的"翻译"。柏拉图无处不在，虽然他说的话可能没有一句得到了完全的再现。这样得到的第一稿，我把它写在康颂牌大开本素描本（这样的本子我用了57本）的右侧页面上。这是个被涂改得面目全非的草稿。接着，一般来说是第二天，我会以尽可能平静的心态修改第一稿，然后将修订版誊写在素描本左边正对着草稿的页面上。我常常会稍微偏离原文，但我坚持认为，偏离是为了在哲学上达到更高程度的忠实。第二遍手写稿随后会交给伊莎贝尔·沃多，由她做成电子文档。她会在文档中用红色标出她认为语义晦涩或表达笨拙的地方。当文档转发给我时，我便同时对照伊莎贝尔·沃多的意见和我自己的想法进行修改。这样便产生了第三稿,如果不考虑为整体的统一性而作出的不可避免的最终修订,这一稿可称为终稿。

不多的几次,我不得不弃械投降。此处彼处的几个希腊语句子无法给我灵感。博学之人会发现这些句子,把它们收集起来当作指控我"变节"的证据。最彻底的投降出现在第八章:整整一个段落都被苏格拉底的即兴演讲取代,而这个即兴演讲是我编造的。

在加工过程中,渐渐出现了一些更为普遍的方法,在接下来的工作中得到了应用或有所变化。举几个例子。比如引入了一个女性形象:阿第曼图斯变成了阿曼达。比如完全自由地处理参考文献:如果引用弗洛伊德比影射希波克拉底更能支撑某个论题,我就选择弗洛伊德,并假设苏格拉底认识他——这是最简单的方法。比如科学方面的现代化:柏拉图在谈论无理数时说了一番非常中肯的话,这番话同样适用于谈论代数拓扑学。比如形象的现代化:那个著名寓言中的洞穴像极了一个巨大的电影院,因此我们只需如实描写这个"电影院"即可,而柏拉图的囚徒都成了被当代大众媒体囚禁的观众,这是同一回事,但更为巧妙。比如历史的跨越:如果第一次世界大战、巴黎公社或斯大林政权更具说服力，那么为什么要局限于希腊世界的战争、革命或僭主政治？再如始终保持真正的、高度戏剧化的对话形式：假如苏格拉底没完没了地提出一个个假问题，而青年人对此只能页复一页地回答"是"或"当然"或"显而易见"，那么保留这些问题又有什么用呢？与其这样，不如接受不间断的长篇大论，或把一部分论证任务交给对话者。或者偶尔不妨让苏格拉底的听众脾气执拗一点。苏格拉底的反诗学论调如此生硬，以至于我们明显能感觉到，即使是他本人，也希望这个论点是假的。因此，希望其中某个青年坚持到底，自始至终都宣称没被说服，而诗歌在哲学中引起的内部分裂，这一柏拉图早已预感到的裂痕将会明白无误地得到修复。

读者会毫无困难地发现其他类似的方法。

不可避免地，我自己的思想以及——从更普遍的意义上说——当代哲学背景一直贯穿于我对柏拉图文本的加工过程中，而且可能在我无意这样做时更是如此。然而，我是在完全有意识的情况下，可以说是以提出公理的形式，在"翻译"中对某些基本概念作出了一些明显的改变。我举两个此类影响不容小觑的决定。我把著名的"**善的理念**"改成了"**真的理念**"，甚至直接改成了"**真理**"。同样地，我把"灵魂"改成了"**主体**"。因此，在我的文本中，人们谈论的是"**主体**融入（incorporation）**真理**"，而不是"灵魂向善的升华"；是"**主体**的三个层次[1]"，而不是"灵魂的三分法"。反过来，这三大著名的部分将作为心理层次得到保留，它们通常被称为"欲望"（concupiscence）、"激情"（cœur）和"理性"（raison）[2]，在本书中则成了"**欲望**"（Désir）、"**情动**"（Affect）和"**思想**"（Pensée）。同时我自作主张将"神"（Dieu）翻译成了"伟大的**他者**"（grand Autre），有时甚至就翻译成"**大他者**"（Autre）。

有时我会刻意用几个法语词来回应同一个希腊词汇。在处理可怕的"Politeia"一词时即是如此。这个词为柏拉图的著作提供了传统的书名，将它翻译成"理想国"，这一翻译即便在历史上曾产生过意义，在今天看来它已经没有任何意义。

---

[1] "层次"法文为"instance"，弗洛伊德精神分析学术语的法译文，指人格结构的部分。根据弗洛伊德理论，人格结构可分为本我、自我、超我三个部分（instances），又译心理层次或层面。——译注

[2] 柏拉图提出的灵魂三部分的中译文参考了中译本《理想国》第四卷，郭斌和、张竹明译，商务印书馆，1986年。——译注

在我的文本中，碰到有"politeia"的段落，我根据语境，至少使用了五个词：地理意义上的国家、政治意义上的国家、社会、城邦、政治[1]。为了描述柏拉图本人追求的事业，即他所提出的"理想的**城邦**"，我用了三种表达方式：真正的政治（politique vraie）、共产主义（communisme）和第五政治（cinquième politique）。其他时候，关于某个词的合宜性，我会明确引入讨论和犹豫。比如在一段很长的讨论僭主统治和僭主的文字中，苏格拉底自动使用了来自希腊文本的词汇（僭主政治、僭主），阿曼达却固执地建议使用法西斯主义和法西斯主义者这两个词。由此，我希望达到一种效果，始终接近又彻底偏离原文。只要文本能在今日起到作用，它便能慷慨地赋予这种偏离行为以一种合法性。

归根到底，这就是文本永恒性的表现。

---

[1] 原文分别为 pays、État、société、cité、politique。"pays"和"État"中译文均为"国家"，但前者强调地理意义，后者强调政治意义，可以表示"政府"。为了表示区别，此处只能将二者分为译为"地理意义上的国家"和"政治意义上的国家"。下文一般将这两个词都译为"国家"，在必要时会以夹注原文等形式进行区别。——译注

人物 [1]

苏格拉底
阿曼达，柏拉图之妹
格劳孔，柏拉图之弟 [2]
克法洛斯，比雷埃夫斯港富有的老者
玻勒马霍斯，雅典公民
色拉叙马霍斯，著名诡辩家
克勒托丰，色拉叙马霍斯的仰慕者

---

[1] 除个别巴迪欧本人所作的变化之外,其余人物中译名均参考了中译本《理想国》,顾斌和、张竹明译,商务印书馆,1986年。——译注

[2] 有关阿曼达、格劳孔与柏拉图的关系,据不少记载,柏拉图有两个哥哥——阿第曼图斯和格劳孔,但巴迪欧在本书中将阿曼图斯改成了女孩阿曼达,同时将柏拉图描述为两人的哥哥。——译注

序幕　港口别墅中的对话
(327a-336b)

这个重大事件开始的那天，苏格拉底正从港口地区回来，身边跟着柏拉图最小的弟弟，一个叫格劳孔的人。他们向北方人的女神行了贴面礼——这些北方人都是醉醺醺的水手——，而且也没有错过献给她的庆典，这次庆典真是盛况空前！另外，港口居民的游行队伍也给人留下了深刻印象。北方人的战车上挤满衣着非常"清凉"的女士，看起来也十分不错。

在无数名为玻勒马霍斯的人中，克法洛斯的儿子玻勒马霍斯远远地看到了他们，便派了一个小男孩来追赶他们。"等等我们！"男孩一边喊一边拉苏格拉底的上衣。"你把你主人丢在什么地方了？"苏格拉底问他。"他在后面跑呢，请等一下他！""好吧！"柏拉图的弟弟，那个叫格劳孔的人表示同意。几分钟后，来的是谁呢？整整一队人马！当然有克法洛斯的儿子玻勒马霍斯，还有尼客阿斯的儿子尼克拉托斯，另外还有不少人，都是不少其他人的儿子，还忘了谁？我打赌你们一定猜不到！是柏拉图的妹妹，美丽的阿曼达。所有这些人和苏格拉底、格劳孔一样，都刚刚从庆典归来。

那个如何如何的玻勒马霍斯于是让人带话给苏格拉底，说他一个人肯定敌不过一群人。就算有那个叫格劳孔的帮他，就算格劳孔是柏拉图的兄弟也无济于事。所以他得接受所有人向他提出的盛情邀请，前往港口他父亲克法洛斯生活的豪华别墅共进晚餐。苏格拉底回答说，他也可以从容不迫地对话，让整队人马相信他有充分的理由回家，而不是挑起一场没有胜算的斗争。玻勒马霍斯反驳道，他们都会堵上耳朵，不听他任何甜言蜜语。

在这关键的时刻，柏拉图那活泼的妹妹，前面提到过的阿曼达打断了他们的谈话。她一个人的甜言蜜语胜似两人："你们可能不知道，在北方人为那可疑的女神举办的庆典之后，作为庆典活动的延续，今晚港口的船商将会组织一场火炬赛马？嗨！你们觉得怎么样？""太棒了！"苏格拉底说，显然被这位小姐的活力所感染，"骑马接力赛？参赛队伍得一边传递火炬一边赛跑并取得胜利吗？""正是！"那个谁人的儿子玻勒马霍斯说，一下子突破了苏格拉底防线的缺口，"比赛结束后，市政府还会组织一场盛大的夜间舞会。我们吃过晚饭再去，到时会有很多人！还会有无数年轻貌美的女孩，阿曼达所有的女朋友，我们可以跟她们一直聊到天亮。走吧！别反抗了！"

柏拉图年轻的弟弟，那个叫格劳孔的已经迫不及待地投降了，苏格拉底也因不得不跟随他而暗自窃喜，况且人群中还有年轻的阿曼达，说她光芒四射毫不夸张。整支队伍就这样登陆克法洛斯老爹家了。早已有一群群人在港口别墅里流连忘返。其中有吕西阿斯、欧若得摩和欧若得摩的姐妹们，陪伴后者的是色拉叙马霍斯，出生于卡克冬，还有出生于派尼亚的哈曼提得斯，以及阿里斯托纽摩斯的儿子，那个叫克勒托丰的。当然还有形容枯槁的克法洛斯老爹，正懒洋洋地靠在垫子上，头上歪歪斜斜地戴着一顶花冠，因为他刚在院子里宰杀了一只小鸡，作为献给北方人那可疑的女神的祭品。

大家恭恭敬敬地围在这个热情又虚弱的老头儿周围。这时老头儿开始教训起苏格拉底来：

"亲爱的苏格拉底，您很少屈尊到这个偏远的港口来看望我啊！不过，用那些到处追随您的年轻人的话说，来一下也是'挺赞的'。要是我还有力气轻轻松松去市中心，您就没有必要到这里来了，应该由我去拜访您。但是考虑到我这两条腿的状况，您得多来这里走走才行。坦白说，我感到从肉体获得的乐趣日渐减少，但是从交谈获得的乐趣却在与日俱增。您可否在不离开这些可爱的年轻人的前提下，以朋友的身份，以这个别墅熟客的身份，经常来这里走动走动呢？"

苏格拉底优雅而又针锋相对地回答：

"亲爱的克法洛斯，当然可以！其实我正求之不得呢。同像您这样可敬的老人家聊天向来是件愉快的事。事实上，我觉得我们的确应该向你们请教人生之路最后一程的模样，这段路，你们已经在我们之前走过，而我们总有一天也会踏上它。它是沙砾遍地、充满敌意的吗？还是很容易走、很友善？我很乐意听取您的观点，因为您已经来到了诗人们称之为'高寿的门槛'的时刻。这是一段痛苦的人生历程吗？如果不是的话，您怎么看待它呢？"

"您知道吗，亲爱的苏格拉底，市政府在港口南边造了一栋漂亮建筑作为老年人之家，我常参加那里的聚会。大家当然会提到从前的好时光。几乎所有与我同龄的人都会自怨自艾，年轻时的那些乐趣，性啊，酒精啊，宴会啊，对这一切的记忆腐蚀了他们。他们对正在逝去的时间大发雷霆，仿佛他们失去的是宝贵的财富。跟你说从前的日子才是好日子，不停地对你重复今天的生活甚至不配叫生活……一些人反复唠叨他们在家中受到的凌辱：家里的年轻人欺负他们年纪大，对待他只有嘲讽和无礼。随后所有人都会反复抱怨各种病痛，在他们看来，衰老是这些病痛的源头。但是我认为，他们没有指出真正的原因。因为如果一切果真是衰老所致，那么我也理应受到同样的影响，其他到了这个年纪的人也不会例外。然而我本人遇到过一些老者，他们处于完全不同的状态。一个很好的例子就是大名鼎鼎的诗人索福克勒斯。有次我在海滨地区看到一个记者采访他，不得不说记者问话的方式相当粗暴，他说：'索福克勒斯，在性事方面，您如今怎样啊？还有能力跟女人睡觉吗？'诗人以了不起的方式让他闭了嘴。'你说的可真是金玉良言，公民！'他回答说，'能够摆脱性欲控制，逃脱一个疯狂野蛮的主人的魔爪，这对我来说实在太好了！'那时我就强烈感到这个回答绝妙非凡，直至今天它对我的影响也没有减弱分毫。上了年纪以后，所有跟性有关的事都被一种令人心安的自由遮盖。欲望平息甚至消失，索福克勒斯的警句完全成了现实：我们确确实实摆脱了一群又疯狂又吹毛求疵的主人。老年人抱怨在家中遭受到种种折磨，归根到底，折磨的原因只有一个，不是衰老，而是人的品行。对于那些严于律己、心态开放的人来说，衰老并不可怕。对于那些既不自律心态又不开放的人来说，年老和年少同样可悲。"

礼数要求人们附和此类长篇大论，甚至请求听到更多。出于让老人继续说话的唯一目的，苏格拉底热情不高地说：

"亲爱的克法洛斯，您讲出这番充满智慧的精彩言论时，我猜您的对话者一定不同意吧。他们肯定觉得，假如能坐拥金山，那么衰老相对来说就没那么难受了，而且他们肯定把您心态平和的原因归结为您那让人宽慰的财富，而不是您那伟大的心灵。我说的难道不对吗？"

克法洛斯瞅准时机又开始了长篇大论：

"他们当然不相信我。我也不会假装毫不在意他们的批评，但这批评其实没有他们自己想象得那么重要。我想起别人讲的一个精彩故事，跟一个海军五星上将有关。有一天，这位将军遭到了别人的辱骂。骂他的人来自北方一个穷乡僻壤，塞里福斯，好像是这地方。'你根本没什么了不起的,'这个怒发冲冠的共和党人吼道,'光靠你自己的话,你什么都不算!你的成功全靠雅典的实力,全靠雅典公民的忠诚!'一直保持冷静的将军于是对这个狂热分子说:'先生,我同意您的观点,如果我是塞里福斯人,那么可能没人会认识我。可是就算您是雅典人,也没有人会认识您。'我们可以学上将的话来回答那些无法忍受衰老的穷人:'如果一无所有,那么智者的确可能很难在一种完全宁静淡泊的心境中老去;但如果没有一点智慧,那么一个人纵使腰缠万贯,他的老年也定然是郁郁寡欢的。'"

苏格拉底想把这个关于有钱人的脾气的故事形式化:

"请告诉我,亲爱的克法洛斯,您是继承了遗产还是白手起家的?"

"非此非彼。我祖父——他也叫克法洛斯——是白手起家的典型例子。他继承了一笔财富,跟我现在的财产差不多,然后令它扩大了四倍。我父亲吕萨略斯是个在蜜罐中泡大的继承人,眨眼间就令从我祖父那里继承来的财富缩减了七分之六。结果当他去世时,留下的财产比我现在拥有的还少一点。您瞧,我稍微扭转了局势,但效果不显著。我既不是我祖父,也不是我父亲,所以我留给孩子们的财产,只要不比我自己从父亲那里继承的多很多或少很多就可以了。'多一点点',在任何事情上,这都是我的格言。"

"我的问题是,"苏格拉底接过话茬,"我不觉得您爱钱。这种情况通常发生在一类人身上,他们基本上是继承人,而不是白手起家的,不需要靠自己的努力来创造财富。白手起家的人对金钱的迷恋程度是继承人的两倍。就像诗人爱自己的诗句,父亲爱自己的子女一样,生意人也特别在意自己的生意,因为这是他们的作品,更何况他们像任何人一样,也喜欢生意带来的富足。正是因此,这些人在社会生活中很惹人讨厌:他们张口闭口都是钱。"

"这个嘛,"克法洛斯说,"很不幸,这千真万确。"

苏格拉底马上抓住了他制造的机会:

"可是,如果天天把钱挂在嘴边的人惹人厌,那么对金钱本身我们该怎么看呢?真正让人无法忍受的,难道不是它吗?大家普遍认为,拥有了巨额财产,就是拥有了高于一切的财富,您对这个财富怎么看呢,克法洛斯?"

"恐怕我是唯一懂得欣赏这笔财富的人!让我们设想一下,有个人从某一刻起开始真正意识到自己将不久于人世。于是，他一想到一些事，就会被焦虑和恐惧吞噬，而在这之前他对这些事是毫不在意的。他想起别人讲的关于地狱的种种故事，尤其听说人世间行的所有不义之事在地狱里都会得到公正的审判。从前一派乐天的时候，他总是取笑这些故事。现在作为**主体**，他开始琢磨这些故事的真实性。最后，因年老体弱，又觉得自己一只脚已跨入了鬼门关，这个人特别留意倾听这些奇谈怪论。他身心都被疑虑和恐惧占据，一遍遍地回想一生中可能做过的不正义之事。如果发现这样的事很多，夜里他就会突然惊醒，像个被噩梦侵袭的孩子般惊惧不已，而白天对他来说只是成了苦涩的等待。如果在检视灵魂时没发现任何非正义之事的痕迹，他便会心生一种愉快的希冀，诗人称这种希冀为'晚年的保姆'。亲爱的苏格拉底，您应该还记得品达罗斯的诗句。诗人用这几句诗描写了生活中只有正义和虔诚的人：

> 晚年的保姆，
> 她是真正的伴侣，温暖着他的心
> 甜蜜的希冀，唯有她能宽慰
> 生命太易消逝的思想家。

品达罗斯这几句诗多么有力度，多么准确啊！想到这几句诗，我可以毫不犹豫地回答您的问题：拥有财富能带来很多好处，但不是对谁都如此。财富只有对懂得利用财富行公正之事的人来说才有益。'**公正**'（Équité）意味着不管有意还是无意都不说谎，也不装腔作势；不欠任何人任何债，既不欠人钱财，也不欠神贡品。总而言之，在动身去阴曹地府时，没有任何害怕的理由。很显然，富有的人更容易表现得公正一些，这就是财富带来的一个巨大好处。财富还有别的好处，这一点我们心知肚明，但如果要我一一审视这些好处，我看不出来对一个思考能力健全的人来说，它们有什么重要性。"

"说得太好了！"苏格拉底大声说，"您强调了正义这种美德的重要性，指出了它的两个特征：说话时实话实说，生活中欠债还钱。能不能说我们已经全面地考察了它呢？我觉得难题在于，具备这两个特征的行为可能时而是正义的，时而是非正义的。我举个例子：有人向一位明辨是非的朋友借了几样武器，后来这个朋友发疯了，还要求归还自己的武器。谁会认为把武器还给这位朋友是正义的呢？谁又会认为不顾一切向这个精神病人说出真相——只是真相——是正义的呢？"

"反正我不会！"克法洛斯说。

"所以您瞧，'实话实说'、'欠债还钱'都不是正义的定义。"

一直没说话的玻勒马霍斯突然抛开了矜持：

"如果相信伟大的诗人西蒙尼德斯的话，这确实是对正义的完美定义。"

"看来这事一时半会结束不了，"老克法洛斯说，"我把接下来的讨论交给你们了。我还得安排献祭黑山羊的仪式。"

"总之，"苏格拉底开玩笑说，"玻勒马霍斯会继承您富有的谈话的！"

"正是！"克法洛斯笑着说。

他就此永久地离开了这场辩论。辩论将会持续二十多个小时，这是参与者们一开始完全没有料到的。

"那么，"苏格拉底转向玻勒马霍斯，接着说，"作为辩论的继承者，您能不能稍微跟我们解释一下，为什么您对诗人西蒙尼德斯关于正义的言论评价那么高呢？"

"西蒙尼德斯宣称，正义就是把欠别人的东西归还给他，听到这话，我心想：他说得很对！"

"啊！这个西蒙尼德斯！真是个智者、天才！很难不认同他的观点。话说回来，他关于正义所说的话是什么意思呢？玻勒马霍斯您知道吗？反正我是一点都没明白。他肯定不会主张满足一个疯子的要求，把他交给别人保管的枪还给他——这是我们刚才举的反例。但是，枪支的确是别人欠他的东西，不是吗？

"是的。"

"刚才我们已一致同意，即便枪支是别人交给你保管的，也不能因为枪的主人——已经发狂的这个人一要求，你就必须把枪还给他。所以当充满智慧的诗人西蒙尼德斯说'正义就是把欠别人的东西归还给他'时，他想表达的是别的意思。"

"很显然他脑中想着别的东西。'归还'的意思是我们应该回报朋友对我们的友谊。对朋友，我们只做善事，不做任何伤害之事。"

"一切都明朗起来了，依我看！如果债务人还钱以及债主接受归还钱财的举动对债主来说是有害的，而且债主和债务人之间又是朋友的关系，那么欠债的把钱还给借他钱的债主时，其实并没有真正将欠债主的东西还给他。呼！依您之见，这就是西蒙尼德斯那几句话的意思吧？"

"完全正确。"

"那么对敌人呢，是不是应该把因不走运欠下的东西还给他们呢？"

"什么？！我们欠他们什么，就还给他们什么！而且我们欠敌人的，适合欠敌人的，只能是恶！"

"西蒙尼德斯把正义的定义转变成了一个晦涩难解的谜，人们一定会说，他可真是个真正的诗人。按照您的解释，西蒙尼德斯宣称正义就是把适合每个人的东西还给他，而且他奇怪地把它称作'别人欠他的东西'。"

"那怎么了？"玻勒马霍斯被激怒了，"有什么问题？"

"到了这个诗意的深度，只有'伟大的**他者**'能理解了。假如这个'伟大的**他者**'问诗人：'西蒙尼德斯！被我们称为"医学"的知识技能，它要把适合的东西给谁啊，或者用您的行话来说，它欠谁什么东西啊？'我们的诗人会怎么回答呢？"

"再简单不过！他会回答说，医学把药方、食物和饮料给予身体。"

"那厨师呢？"

"厨师？什么厨师？"玻勒马霍斯紧张地问。

"厨师把适合的东西——或者您也可以说'欠别人的东西'——给谁呢？给的又是什么东西呢？"

"厨师把合适的香料给正在烧煮的食物。"

说完，玻勒马霍斯对自己很满意。苏格拉底也夸奖他：

"太厉害了！那么，被称为'正义'的知识技能，它能给什么呢？又是给谁呢？"

"如果以烹饪和医学的道理来理解正义，而且如果我们充分信任西蒙尼德斯，那么我们会说：根据对象是朋友还是敌人，正义给予利益或灾祸。"

"终于说到点子上了！这就很清楚了：西蒙尼德斯说，正义就是对朋友做善事，对敌人做坏事。很好，很好……不过，请告诉我：假设朋友生病了，敌人也生病了，在健康–疾病问题上，谁最有资格对一方行善，对另一方作恶呢？"

"显而易见，是医生！"

"如果朋友和敌人一起上船远航，在暴风雨中，谁能拯救或淹死他们？"

"毫无疑问，是舵手。"

"那正义者呢？在哪种实际情况下，在什么工作中，正义者最能帮助朋友、伤害敌人？"

"很简单，在战争中。人们保卫一方，向另一方发起进攻。"

"最最亲爱的玻勒马霍斯啊！如果身强体壮，

就不用去看医生；如果走在结实的土地上，就无须劳动舰长的大驾。所以，如果我没有误解您的意思，对没有参加战争的人来说，'正义'和'正义者'没有任何意义。"

"当然不是了！这个结论太荒谬了！"

"所以，即使是在和平时期，正义也是有用的？"

"当然了。"

"农业和鞋匠也是有用的，前者为我们提供美味的果实，后者为我们提供鞋子。那么和平时期的正义，它的用途是什么呢？它能让我们得到什么呢？"

"它能担保、保障、稳固一些象征性关系。"

"您是说同别人订立的约定吗？"

"是的，有具体规则的盟约，而正义保障了对这些规则的遵守。"

"让我们仔细想一想。下象棋的时候，您会按照某种顺序把棋子摆放在棋盘上。如您所说，这是一种象征性的约定。那么摆放棋子的专家，究竟是正义者呢，还是职业棋手？再举一个例子：盖房子。如果要按照规则正确垒放砖头和石块，谁最有用，谁最能干？是正义者还是泥瓦匠？还有一个例子：如果要根据和弦规则来弹拨琴弦，音乐家一定比正义者在行。所以，对于哪一类以象征性规则为关键因素的事情来说，正义者是比棋手、泥瓦匠或琴师更好的搭档呢？"

"我想是与金钱有关的事务。"

"哪些与金钱有关的事物呢？比如如果要买马，那么敏捷的骑手才是好参谋，才是效率象征的代表；如果要卖船，最好与水手而不是一个对此一窍不通的正义者合伙。所以，我坚持再次向您提出这个问题：在哪些需要赚钱或花钱的事务中，正义者比其他人都有用？"

"我觉得是在人们想毫无损失地收回寄存或借出的钱的时候。"

"总之，是在人们没有花钱打算并想让它沉睡的时候对吧？这就有意思了！正义只在金钱不起作用的时候才起作用……"

"恐怕是这样的。"

"让我们沿着这个有前景的方向继续讨论下去。如果我们想让一台电脑在柜子里发霉，正义就是有用的；如果我们想要用它，有用的就是信息工程师；如果要把一把沾灰的小提琴或一支生锈的枪扔在阁楼某个角落，此时正义就是不可或缺的！因为如果想弹协奏曲或猎杀野鸡，最好还是找小提琴手或猎人。"

"我不太明白您到底想说什么。"

"我想说的是,按照西蒙尼德斯的说法,无论涉及哪种实践活动,在行动中正义起不了作用,没有行动时正义才起作用。"

"这个结论真古怪!你觉得呢,玻勒马霍斯,我的朋友?"阿曼达揶揄道。

苏格拉底穷追不舍:

"总之,无论对西蒙尼德斯还是对您来说,正义几乎没什么重要性。一个因无用才有用的东西能有什么价值呢?但是,还有比这更糟糕的。我猜您会同意,一个出拳厉害的职业拳击手也懂得如何躲避对手的拳头。或者,一个知道如何保护自己不被性病传染的人也知道如何在伴侣完全不知情情况下把病传给后者。"

"苏格拉底老兄!"玻勒马霍斯埋怨道,"您在东拉西扯些什么啊!这跟梅毒或艾滋有什么关系啊?"

"请让我举最后一个例子。那个能无可指摘地保护战斗中的部队的人,和那个能从敌人那里窃取行动计划和方案的人,难道不是同一个人吗?"

"是的,是的,当然了!您所有的例子只是重复了同一个道理……"

"……这个道理就是:如果某人擅长守护,那么他同样擅长偷盗。"

"这难道不是一个尽人皆知的道理吗？"

"可能吧，可能吧……所以，如果正义者擅长看管别人托付给他的钱，那么他同样擅长偷走这笔钱。"

"这就是大名鼎鼎的苏格拉底想得出的结论？"

苏格拉底和玻勒马霍斯的对峙于是出现了势均力敌的局面。

格劳孔和阿曼达计算着比分。

"是的！"苏格拉底回击道，"您所定义的正义者在我们眼中突然显得像个小偷。我想您是在荷马那里学到这奇怪的论调的。我们的国宝级诗人实际上很喜欢尤利西斯的外公奥托吕科斯。他陶醉地描述道，在盗窃和作伪证方面，奥托吕科斯不惧怕任何人。我由此推断，无论是对荷马、对西蒙尼德斯还是对您本人——亲爱的玻勒马霍斯来说，正义就是盗窃的艺术……"

"当然不是了！根本不是这样的！"玻勒马霍斯打断他的话。

"前提是……，"苏格拉底不为所动地继续说道，"这种艺术能令朋友受益，令敌人受损。劫敌人以济朋友，这不就是您对正义的定义吗？还是说我理解错了？"

"您把我的头脑都搅乱了，我已经不知道刚才想说什么了。但我坚持一点：正义就是帮助朋友，伤害敌人。"

"那您把谁叫作朋友呢？那个在我们看来似乎很潇洒的人，还是那个外表看不出，实则内心高尚的人呢？对于敌人，我也向您提出同样的问题。"

"应该爱我们认为内心高尚的人，恨十恶不赦的恶棍。"

"可是您也知道，有时我们会出错，把恶棍当成好人，把好人看成坏人。在这种情况下，好人就成了我们的敌人，坏人就成了我们的朋友。"

"啊，这种情况时有发生，这是事实。"玻勒马霍斯承认道。

"在这样的假设下，我们可以推断——如果我们接受荷马、西蒙尼德斯和您本人的定义——，帮助坏人、伤害好人是正义的。但因为好人总是很公正，从来不会做半点有损正义的事，因此我们必须下结论说，根据您的观点，伤害那些从不行非正义之事的人是正义的行为。"

"您在说什么呢？只有恶棍才会这么想！"

"所以说，损害非正义之人才是正义的，而不帮助正义之人是非正义的,对吗?"

"这样听起来好多了!"

"但这样一来,一旦某人弄错了人的真正本性,对他来说,正义可能是伤害为非作歹的朋友,帮助品德高尚的敌人。而这恰恰与西蒙尼德斯所说的相反。"

苏格拉底满意地转身看着其他年轻人:他得了一分,不是吗?但玻勒马霍斯并没有认输:

"这段漂亮的论证只证明了一件事,苏格拉底,那就是我们对朋友和敌人的定义不正确。我们之前说,朋友是那个在我们看来似乎是好人的人。其实应该说:朋友既**似**又确实**是**好人。那个相似实则不是的,他不是朋友,只是个假朋友。涉及敌人时,我们也应以同样的方式将**是**和**似**结合起来。"

"太精彩了!所以好人是朋友,坏人是敌人。因此我们应该改变正义的定义。刚才我们说,正义是帮助朋友,伤害敌人。事实上应该说,正义是帮助本身是好人的朋友,伤害本身是坏人的敌人。"

"我想,"玻勒马霍斯说,表面上取得的一致让他松了口气,"我们找到了解决问题的办法。"

但苏格拉底嘴角露出一丝笑意:

"没那么快！还有一个小问题。正义者的天性会允许他伤害同类吗？哪怕这个同类是坏人。"

"会吧！您刚才不是说：应该伤害所有作恶的人，况且这些人还是我们的敌人。"

"关于马，据说……"

"马？"玻勒马霍斯吓了一跳，"为什么要说马？哪一匹马都不曾成为别人的恶敌啊！"

"……据说，"苏格拉底固执地说，"如果别人虐待它们，它们就无法变好。"

"这个道理谁都明白！虐待马，就是把它变成劣马。"

"关于狗……"

"又扯到狗了！要我说，我们这是在动物园中寻找正义！"

"不是的。只是我在观察、检验、比较。如果虐待马，它们就会变坏。这是相对于马特有的品质来说的，这个品质包括矫健地驮着骑士及其盔甲、护腿、长矛、背包，笔直地跑向前方。当然了，马的品质不同于狗的品质，完全不同。对狗来说，让它驮盔甲和护腿，那是根本不可能的。但有一点不会错：受虐待的狗要么变得胆小，要么变得凶恶，在任何情况下，相对家养犬特有的品质来说它变坏了。这种品质——再重申一下——当然不同于马的品质。因此，对狗和马来说，这是真理。"

"哪个真理，苏格拉底？您把我们耍得团团转了。"

"真理就是，如果虐待它们，就会令它们特有的品质变坏。从马和狗到人，这个推论合理吗？如果虐待人，那么人相对于其特有的美德来说会变糟糕，不是吗？"

"我明白了！您通过狗引入了人！我觉得这个结论非常了不起。但我们还得确定什么是人类特有的美德。这可不像马的奔跑或狗的叫唤！"

"这不就是我们从一开始就在讨论的问题吗？我们曾断言说，人类特有的美德就是正义！因此从我们的比较可以得知，如果我们虐待别人，就会令他们变得比之前更不正义。因此，一个正义者不可能会虐待任何人。"

"等一下！好像还缺点什么，我不明白这番论证的逻辑。"

"一个音乐家无法仅靠他的音乐效果制造出一个乐盲，一个骑手无法仅靠他的骑术制造出一个完全不懂马的人，所以难道我们会认为，一个正义者仅靠他的正义，就能令别人变得不正义了吗？或者，说白了，好人的美德是催生坏人的东西吗？这是荒谬的，正如我们宣称炎热的后果是冷却，或者干旱的后果是湿润一样。不，伤害别人不可能是高尚之人的天性。既然正义者是一个高尚的人，那么天性决定他不会去伤害朋友，不管这个朋友是不是坏人，也不会去伤害任何人。伤害别人是非正义者的特征，而非正义者是坏人。"

晕头转向的玻勒马霍斯只好认输了：

"恐怕我不得不投降了。您太厉害了。"

苏格拉底要把对手彻底打倒：

"如果有个人——西蒙尼德斯也好，荷马也好——声称正义的本质是把欠别人的东西还给别人，如果这个人言下之意是说正义者应该伤害敌人、帮助朋友，我们将毫不畏惧地宣布，这番话配不上'智者'的头衔。原因很简单，因为这番话不正确。在交谈过程中明明白白地呈现于我们面前的真理是：伤害别人永远不可能是正义的行为。就算从西蒙尼德斯到尼采，中间还包括萨德和其他很多人，就算他们得出了相反的结论，也无法震慑您和我。另外，在我看来，'正义就是伤害敌人、帮助朋友'这个教条与其说是诗人或思想家说出来的，倒更像是薛西斯一世、亚历山大大帝、汉尼拔、拿破仑或希特勒说的，或更像那些一时之间被扩张的权力陶醉的人说的。"

玻勒马霍斯心悦诚服地说：

"您把整个世界观都带给了我们！我已经准备好同您并肩作战了。"

"那就让我们从头开始吧。如果正义不是诗人和暴君宣称的东西，那它到底是什么呢？"

第一章　将诡辩家驳得哑口无言
  (336b-357a)

苏格拉底的问题堕入沉重的沉默中。色拉叙马霍斯意识到,他的时刻来临了。在此前的讨论中,他多次被想要参与其中的强烈欲望折磨。但周围的人阻止了他,因为他们想跟上辩论的思路。这一次,因为问题回到原点令众人万分惊愕——这回归的确来得十分意外——,色拉叙马霍斯趁着众人的慌乱,摆脱了别人强行命令他保持的平静,绷紧全身肌肉,蜷缩起身体,像一只即将挥出巨爪的野兽一般,大步走向苏格拉底,准备把他撕裂并生吞。苏格拉底和玻勒马霍斯吃了一惊,向后退了两步。"野兽"走到房间中央后,向众人投去凶狠的目光,随后开始说话。听他说话的声音,仿佛大厅高高的天花板、落地玻璃窗、栖息在帆船上的夜晚和整个世界都向他传递了惊雷的力量:

"这个苏格拉底,唠唠叨叨、胡言乱语折磨了我们那么久!一边轮番拿蠢话糊弄我们,一边又互相吹捧,你们这是干什么呢?如果你想知道什么是正义,就不要再提空洞的问题,也不必因为驳倒了一个连话都说不清楚的无名小卒就得意扬扬。提问容易,回答就没那么容易了。请一次性跟我们解释清楚,你自己是怎么定义正义的。别来跟我们瞎扯说正义就是正义以外的一切东西,是责任,是效用,是好处,是利润,是利益,等等等等。把你的想法确切清晰地告诉我们。因为我可不像这些在你的马戏团里跑龙套的演员,我受不了你的连篇废话!"

听到这些话,苏格拉底表现出——或真的感到?——惊惧。他盯着色拉叙马霍斯看了一会,就像人们在雪夜里碰到狼时常做的那样。这头狼可能会用它那双残酷的眼睛看着你,于是——乡下的老妇人说——人们就会变得默不作声。随后他用有点颤抖的声音紧接着说:

"幸好今晚让我第一个碰上你,凶猛的雄辩师!我差点说不出话来了!我还是想试试哄骗一下这头狼,刚才它像扑向濒死的羊一般扑向了我们的对话……亲爱的色拉叙马霍斯,别生我们的气!要是玻勒马霍斯和我在讨论这个问题时完全弄错了,你知道我们不是故意的。假设我们是淘金者,像西部片中演的那样,头戴大帽子,诸如此类,你总不至于认为,脚泡在水中、手拿筛子的我们会把时间浪费在互相鞠躬上,说些'您先走,亲爱的同行!'之类的话,导致最后什么都没有找到吧?现在我们正在寻找正义,它可比一堆金子重要多了。你认为他和我,我们只会没完没了地寒暄,却不能用最严肃的态度让正义的**理念显现**吗?当然不是!绝不可能是这样的。最好的假设是,我们之所以这样做,仅仅是因为没有能力找到正在寻找的东西。在这种情况下,我要跟你,也跟所有像你一样的能人说一句:与其打击我们,不如同情我们!"

这段长篇大论结束后,色拉叙马霍斯爆发出一阵挖苦的笑声,笑声令在场的人都瑟瑟发抖:

"我果然没有说错吧,该死!著名的苏格拉底式讽刺又来了!我早跟旁人说过了,我早跟他们预言过了:苏格拉底永远不会答应回答别人。他会想尽办法冷嘲热讽,千方百计避免给出一个确切的答案。以海格力斯之名起誓,我早跟你们说过了!"

"那是因为,"苏格拉底打断他,"你是个了不起的智者,说预言时极其用心。如果你要问一个人，如何在计算中得到 12，依照我对你的了解，你一定会补上几句：'朋友，千万不要跟我说是二乘以六，或者三乘以四，或者二十四除以二。更不要说是十一加上一，或八加上四，或者像那个可怜的康德那样写成七加上五。不要向我提供这一类的愚蠢答案。'其实你心里很清楚，有了这类限制，任何人都无法回答你的问题。但是你的对话者也有权向你提问。比如：'哦，心思缜密的色拉叙马霍斯，你的目的到底是什么？禁止我用被你禁止的答案进行回答？可是如果这些答案中有一个甚至几个是正确的，那么你那秘而不宣的意图到底是什么呢？是让我说真理以外的东西吗？'你怎么回答这个假想的对话者的问题呢？"

色拉叙马霍斯并没有被这番话击垮：

"很简单：同正义问题到底有什么关系？每次一看到自己的马要输了，你就只会再换一匹马，你一贯如此。"

"有关系！我的 12 和我的正义是同一个马厩中的马。不过先假设其中没有任何关系吧。如果你的对话者认为其中有关系，你觉得他仅仅会因为你的禁止，就改变他信以为真的答案吗？"

"真是活见鬼！你也想这样做吧！你想用我禁止你使用的词汇来定义正义！"

"有可能。如果我经过严密、辩证的考察,认为这是合适的词,我就会这么做。"

"责任,合适,利益,好处……真是乱七八糟!你就靠这些废铜烂铁来堵住你演讲中的漏洞吗?真是见鬼!如果我向你证明,首先,存在一个你可能想都没想过的答案,其次,这个答案会令你们翻来覆去说的蠢话变得毫无意义,你会对自己下怎样的判决?"

"一无所知的人必须承受的判决:拜那个知道的人为师。我判处我自己接受这样的惩罚。"

"你不会遭受很大损失的,"色拉叙马霍斯阴阳怪气地说,"除了拜我为师,你还得付我很多钱。"

"等哪天我有钱了,假如哪天我能有钱的话……"

但是有钱人家的儿子格劳孔不希望正在酝酿的对抗因为钱的问题而受到拖延:

"您什么都不缺,苏格拉底。而您呢,色拉叙马霍斯,如果您要的是钱,那行!我们所有人都会为苏格拉底募捐的。"

"正是如此!"色拉叙马霍斯发出嘘声,"好让苏格拉底用他那惯常的把戏来损害我:自己从不回答,让别人回答,把他的话碾得粉碎,把他驳倒,然后就大功告成了!"

"亲爱的,"苏格拉底平静地打断他的话,"你要我如何回答呢?因为第一,我不知道,第二,我毕生都在说,我唯一知道的,是我一无所知这件事,第三,就算我知道并且说我知道,我仍会保持沉默,因为某个高人——也就是你——事先已经禁止我针对这个问题给出我认为合适的回答。应该说话的是你,因为第一,你说你知道,第二,你知道你在说什么。来吧,别再让我们三催四请的了!如果你说了,我会很高兴,而且你也能证明你没有蔑视格劳孔和他朋友的愿望,他们很渴望受到伟大的色拉叙马霍斯的教导。"

格劳孔和其余所有人都随声附和,他们恳请色拉叙马霍斯作出让步。色拉叙马霍斯显然很想答应请求,因为对于大家正讨论的"什么是正义?"这个问题,他确信自己那震撼人心的回答一定会为他赢得阵阵喝彩。但他假装继续纠缠苏格拉底,要他回答问题。这样又纠缠了好一会,最后他终于妥协了,并说了如下这番话:

"苏格拉底式'智慧'的典型表现:他号称不是任何人的老师。可是,在偷窃别人知识时,他永远会说'到',却从来不说'谢谢'!"

"当你说,"苏格拉底反唇相讥,"我从别人那里偷师时,你说得完全正确。当你宣称我从不表示感谢时,你就说错了。当然了,我的确不交学费,因为我既没有美金,也没有欧元,也没有德拉马克,也没有日元。但我从不吝啬赞美之辞。事实上,一旦你回答了我们的问题——直觉告诉我,这个答案会令我们所有人吃惊——,你就会明白,我会对那个能言善辩者报以怎样热烈的赞赏。"

色拉叙马霍斯于是笔直朝前走了几步,像沉思中的皮提亚那样闭上了眼睛。被阴影占据的天井里,是一阵出奇的沉默。

"听着,听好了。我认为,正义是而且只能是强者的利益。"

说完朝苏格拉底投去压倒一切的目光。然而,沉默在延续,因为矮小又大腹便便的苏格拉底圆睁着双眼,低垂着双臂,好像一条看到别人递过来一小块南瓜的狗。

色拉叙马霍斯有些不高兴:

"怎么没听到你那大名鼎鼎的赞歌?你怎么像条鲤鱼一样不吱声?你真是个蹩脚的玩家,完全无法为对手的胜利而高兴。还说自己是最有智慧的人呢!向他致敬!"

"对不起,但我首先得确定自己是真的理解你了。我们一起来看看。你说：'正义是强者的利益。'这句话的确切意思是什么呢？以一个自行车手为例。假设他在骑车登山时是最厉害的。假设他的利益是在臀部注射兴奋剂促红细胞生成素，好骑得更快，并且粉碎所有纪录。你总不至于说，既然正义是强者的利益，那么正义对我们来说就是毫不留情地在自己屁股上扎针吧？"

"你简直太无耻了，苏格拉底！你先是曲解我的意思，又把它跟一则令人作呕的小道消息相比，想尽一切办法让我出丑。"

"我完全没有这个意思。我只是觉得你应该解释一下你那精彩的警句。它像煤炭一样又硬又黑……"

"煤炭！你在胡说什么呢？"

"……在说能够提炼出钻石的煤炭。用现代演说家的话来说，请把你的警句在它的语境之汤中再煮一煮。"

"我明白了。你知道不同国家的政体可以是王制、贵族制或民主制。另外，在所有国家，政府垄断了对权力尤其是军权的控制。我们会发现，每个政府制定的法律都是有利于自身利益的：平民制定民主法律，贵族制定贵族法律，以此类推。总之，权力在握的政府将符合他们利益的事物宣布为合法和正义的。如果哪个公民胆敢违抗，政府就会以触犯法律、行非正义之事的罪名来惩罚他。亲爱的苏格拉底，这就是我所说的正义，它在每个国家都是一样的：正义就是执政的政府的利益。既然这个政府垄断了权力，那么随便哪个理智正常的人都能从中得出一个结论，即无论何时何地，正义都无一例外是强者的利益。"

色拉叙马霍斯用胜利者的目光扫视了一遍在场的所有人。

苏格拉底的脸庞顿时熠熠生辉：

"我明白你想说什么了！"

但他的脸随即又阴沉下来：

"不幸的是，我完全不能确定你所说的是否正确。一个刚才听了你发言的人可能会说，"苏格拉底模仿喜剧演员，用鼻子说起话来，"'真奇怪！真奇怪！请允许我再说一遍：真奇怪！色拉叙马霍斯之前明确禁止苏格拉底说正义是利益。两分钟后，他用号角一般的声音说了什么？他说正义，就是利益。'我自然会这样反驳这个伤风感冒的人：'当心，先生，当心！利益，的确，但是是强者的利益！'"

"这样的说明，说了等于没说！"色拉叙马霍斯冷笑着说。

"这个说明是否重要,目前还看不清楚。一清二楚的是,我们必须研究一下,从你口中说出来的是否是真理,如同小天使一般纯洁无矫饰的真理。"

"瞧瞧这个苏格拉底吧!"色拉叙马霍斯面朝听众,开怀大笑道,"他认为我能口吐天使!"

"我们晚点再来讨论你吐出来的东西。正义同某个**主体**的利益相关,这点我表示赞同。是不是还要加上'最强大的**主体**',这点我不太清楚,需要仔细地看一看。"

"看吧,苏格拉底,研究吧,思考吧,衡量吧,找碴吧。我们都了解你的,开始吧!"

"我是这样理解的,对你来说,服从国家领导人,即为正义。此外,我想你也承认,这些领导者并不是无懈可击的,他们也是有缺陷的。"

"那当然!"

"因此,当他们颁布法令时,时而做得很好,时而却完全不得要领,对吗?"

"要得出这样一个平淡无奇、毫无建树的结论,恐怕得早早起床才行。"

"可能吧,可能吧……但是按照你的观点,我们会说,对一个领导者来说,颁布合宜的法令,就是为他的利益服务,而颁布不合宜的法令,就违背了他的利益,对吗?"

"显而易见。"

"而我们应当执行领导者的决策,你觉得这是正义的吗?"

"你可真啰唆!是的,是的,是的!"

"这样的话,如果我们接受你对正义的定义,我们可以下结论说,正义不仅是做符合强者利益的事,而且还是——这可太了不起了——其反面,即做违背强者利益的事。"

"你在说什么呢?"色拉叙马霍斯叫起来。

"从你的定义得出的不可避免的结论。我们放慢一点速度。刚才我们就某个在你看来甚至有点平庸的观点上达成了一致意见。也就是说,当领导者强制被领导者做这做那时,尽管领导者有时搞不清楚什么是他们真正的利益,但无论何种情况,正义就是被领导者严格执行领导者的命令。是不是?"

"我已经跟你说了又说。真累人啊!是的,是的!"

"因此你也同意,当领导者无意间下令做一些不利于他们自己的事时,违背领导者也就是强者的利益也是正义的,因为正义就是——你已一遍又一遍地指出过——执行上述领导者的一切命令。这不可避免地会导向一个结论:正义就是你所说的反面，因为眼下我们所讨论的案例中，做违背强者利益的事，恰好就是强者命令弱者所做的事。"

这长篇大论在人群中引起了不小的骚动。玻勒马霍斯惊醒过来，面色苍白的克勒托丰脸涨得通红，格劳孔直跺脚，阿曼达神经质地揉着她的左耳。玻勒马霍斯忍不住说：

"我想色拉叙马霍斯只有打道回府了！"

"是啊，"脸色恢复死尸般苍白的克勒托丰低声说，"既然玻勒马霍斯这么说了，色拉叙马霍斯就得照做。"

"是色拉叙马霍斯搬起石头砸了自己的脚！"玻勒马霍斯回敬了一句，"因为他之前已经同意，领导者有时会下令做些违背他们利益的事，而正义就是被领导者对命令的执行！"

"色拉叙马霍斯只提出了一个原则，"面色如石膏的克勒托丰尖声说，"正义是执行领导者的命令。"

"色拉叙马霍斯，"玻勒马霍斯气急败坏地说，"提出了两个原则，而不是一个。首先，正义是强者的利益。其次，正义是对领导者命令的服从。在确立利益原则和服从原则之后，他不得不承认，强者有时会命令弱者和被统治者去做有悖他们——也就是强者自身利益的事。由此可推导出结论，正义既不是强者的利益，也不是违背这一利益的东西。"

"可是，"克勒托丰尖叫起来，突然间脸又变得像牛血一样红，"当色拉叙马霍斯提到强者的利益时，实际上指的是一种主观现象，也就是强者自认为符合他们利益的事。弱者有义务完成的是这些事，色拉叙马霍斯觉得正义的也是这些事。"

"他说的完全不是这个意思。"玻勒马霍斯尴尬地小声说。

"是不是这个意思不重要！"苏格拉底打断他的话，"如果色拉叙马霍斯想到了刚才没说的，他会把自己的想法，或者说他认为自己正在想的说出来。来说说吧，尊贵的色拉叙马霍斯，你刚才是这样定义正义的吗？正义就是强者认为符合强者利益的事物，而不考虑这些事物实际上是否真的符合他们的利益。我们能不能说，这是你刚才的演讲真正想说的意思呢？"

"绝对不能！"色拉叙马霍斯生硬地说，"难道你认为我会有这种可笑的想法，觉得强者就是那个在犯错误的时刻犯错误的人吗？"

"说实话，刚才我的确认为你是这样想的，因为你也和我一样，同意领导者并非无懈可击，他们有时也会在事关自身利益的问题上犯错误。"

"在理性论证领域，苏格拉底，你就是个诽谤者。这就像在医生弄错了病人病痛根源时叫他'医生'；或者在数学家犯了重大计算错误时叫他'数学家'。依我之见，当我们说医生出错了，或数学家出错了，或语法学家出错了时，我们说的这些话是空洞无意义的。依我之见，只要这些人的本质，或者更确切地说，只要这些人的行为符合我们给予他们的称呼，那么他们是不会出错的。所以，还是依我之见，而且为了表达得严谨一些——因为苏格拉底总是自诩严谨——，无论是工匠、专家、创造者还是艺术家，只要他的行为符合那个确定他身份的谓词，他就永远不会出错。实际上，那个出错的人只有在知识弃他而去时才会出错，即他不再是工匠、专家、创造者或艺术家时。我由此得出结论，依我之见——始终是依我之见，被我们称为工匠、学者或国家元首的人，只要名副其实，他们就不会出错，哪怕所有人都傻乎乎地重复说医生出错了或者领导出错了。所以，苏格拉底，我请求你参考这些合情合理的说明，好好理解我刚才的回答。为了表现得百分百严谨，依我之见绝对百分百严谨，纯粹的真理需要分四个步骤来表达。首先，国家元首作为元首，他不会出错。第二,既然他不会出错,那么他能确定对他来说什么是最好的东西。第三,这就是被统治者,也就是被元首统治的人唯一应该做的。最后,我们又回到了我一开始说的话,苏格拉底当时假装没有注意到这番话已经击碎了他的连篇累牍:正义表现为一切实践均以强者的利益为法则。"

仿佛受时间重力的牵制,苏格拉底缓缓地点了点头。随后说:

"依你之见——还是你而且始终是你——,我是个诽谤者吗?依你之见,我刚才那样盘问你是为了损害你吗?是吗?你真这么想吗?"

"活见鬼!这难道不是一清二楚的吗?苏格拉底的诡计,大家都知道!但是,依我之见,你一定会铩羽而归的。你无法在我面前掩饰你的把戏,面对一个像我一样看穿你全部花招的人,你不可能在辩论中占很大的上风。"

"幸福的夸夸其谈者啊,其实我根本没这样想过!但是,为了不给我任何施诡计的机会,你可否告诉我们,你刚才重复了那个著名的论断,即'正义是国家元首——即强者的利益,它是被统治者——即弱者必须执行的命令。'那么你说的'国家元首'或'政府'这类词语,以及'强者'这一表达的意义究竟是什么呢？你使用这些词语或表达时，考虑的是它们对我们来说可能具有的确切含义呢，还是仅仅是泛泛而谈呢？依你之见——再一次地依你之见，这是属于'说'的范畴呢，还是属于'可以说'的范畴？"

"依我之见，当我提及政府及其余一切时，我是从最严谨意义上使用词语的。试试在这上面做文章来打击我，尽情诽谤吧！你奈何不了我的。"

"依你之见，企图诽谤一个像色拉叙马霍斯的人，我八成是疯了，就跟用锋利的剪刀去剪奔跑的狮子的鬃毛没有两样，对吧？"

"但你刚才不是试了吗？愚蠢的理发师！"

"暂且先不管有关毛发的隐喻。让我们回到眼下的困难中来。确切意义上的医生，就是你刚才谈论的那个，他真正的目的是什么？是挣钱还是治病？请只着眼于行动符合'医生'这一总称的医生进行回答。"

"当然是治病！"

"那海军上将呢？名副其实的海军上将是水手们的统领呢，还是仅仅只是个水手？"

"你可真烦人啊！他是水手们的统领，行了吧，这么说完全是为了取悦你。"

"那么一位海军上将在偶然情况下独自驾驶

一条普通的驳船航行,这一件事并不会对他的称谓'海军上将'有任何影响,也不会导致他被称为'普通的水手'。因为人们称他为'上将'并不是根据他所采取的这种或那种航行方式,而是根据他的能力和他在水手中的威信。你同意我的观点吗?"

"同意。但是说这些跟海洋有关的废话会浪费我们时间的。"

"总而言之,医生和将军很显然有属于各自的利益。他们独特的技能旨在为其本人寻找并获得这一利益。当然了,从其本身来看,技能除了尽可能地完善自身以外,并不关心其他利益。因此我们可以……"

"别那么快!"色拉叙马霍斯打断他,"你扯技能的利益做什么?技能唯一关心的利益,是拥有这种技能的人的利益?我看见苏格拉底式的冷箭正飞过来。"

"我会像泉水一样清可见底的。假设你问我,身体是否能够自给自足,还是缺少点什么东西,我会回答你说:'很显然,它缺少点什么东西!正是因此,人们发明了今日我们所了解的医疗能力。身体经常出问题,而且无法满足于现状。医疗能力于是就有序地发展起来,以便为身体的利益服务。'凭我对光明磊落的色拉叙马霍斯的了解，他一定会赞同我这个回答的。"

色拉叙马霍斯冷笑了几声，大声擤起鼻涕来。

"要赞同这种浅显的道理，一个傻瓜就能胜任。"

"所以你是赞同的，"苏格拉底温和地打断他的话，"现在我们来想一想，医疗能力本身是否也会像身体那样出问题。如果是的话，那么它可能就需要另一种能力来为它的利益服务，向它提供它所欠缺的东西。还要继续吗？是不是应该承认，这第二种能力出于同样的理由，需要第三种能力？以此类推，直至无限。如果这一无限递推法显得有些奇怪，我们可以回到出发点，假设医疗能力担负着弥补自身缺陷的任务。还有第三种可能性，那就是一种能力既不需要依靠另一种能力也无须依靠自身来获得它欠缺的东西，因为作为一种真正的能力，它既没有缺陷也没有错误。事实上，我们的确发现，能力寻求的只是应用这种能力一方的利益，至于它本身，假如确实货真价实，那么只要它在整体上保持自身，始终符合'能力'一词的严格意义，它便会一直毫发无伤，处于完整状态。因此我们有三种可能性。其一，为了弥补缺陷，每种'技术'——我们有时会用

'技术'一词来翻译希腊词 technè,'能力'其实更确切,但这个词太笨重——都需要有针对这种技术的技术,如此直至无限。其二,每种技术直接就是针对它自身的技术,因此有能力弥补自身的缺陷。其三,从本身来看,技术没有任何缺陷。亲爱的色拉叙马霍斯,思考一下这三种可能性,然后告诉我们——当然是依你之见——哪一种是好的。"

"依我之见,肯定是第三种。"

"好极了!所以,医学并不考虑医学本身的利益,只考虑身体的利益;赛马技术毫不关心马术本身,只关心马匹的状况。技术毫不在意自身的利益——此外它也没有任何自身利益可言——,只在意它的对象的利益,只在意应用定义这种技术的能力一方的利益。"

"我已'依我之见'选择了第三种,你只是在重复我的选择而已。总也摆脱不了苏格拉底式的连篇废话!"

"这是为了防止你责怪我给你下套。下面是我的问题:一种能力从应用它的一方那里获得它追求的效果,对吗?否则的话,它就不是能力,而是毫无价值的技术了。"

"当然了!你这样'没完没了地拐弯抹角',

简直像个天真汉！"

"可是，从其他事物中获得预期的效果，这实际上就是在发号施令，就是在对该事物施加影响力，不是吗？"

色拉叙马霍斯皱起了眉头，他闻到了陷阱的气息。可是，怎么避开这个陷阱呢？他选择勇敢面对：

"依我之见，我不认为有谁能够否定这种说法。"

"所以，面对其对象，技术总之就是处于与管理者、与首领一样的地位。医学管辖着身体，海军上将是水手们的首领。对于受病痛折磨的身体和辛苦劳作的水手来说，医生和将军就是强者。然而，你自己也毫不犹豫地承认，他们完全不是为了自身的利益，而是为弱者、为被管辖者的利益服务的，也就是说，他们希望病体康复，水手能够成功驾驶航船。如此一来，没有哪一种技术能力会为强者的利益提供服务，或者作出这样的规定。最后，我们看到，没有哪个首领，没有哪个被视为领导者的政府会提供或规定符合其自身利益的事物。恰恰相反，他下令维护的是那些受其指挥或管辖的人的利益，并在他们身上施展他的能力。一个真正的主人的一言一行，全以这些人,即这些被管辖、被统治、受折磨、生活艰苦的人的利益为归依。"

这时人群中出现了"骚动"——各种会议小结报告中常出现这个词。有人在微笑,有人在窃窃私语,大家脸上露出神气活现或不堪重负的表情。所有人都知道,辩论出现了转机:色拉叙马霍斯提出的正义的定义的的确确变成了它的反面。众人怜悯地看着他,不抱太大希望地等着他回击。不得不说,当反击最后来临时,众人都大吃一惊:

"告诉我," 色拉叙马霍斯问,双眼突然因兴奋而熠熠生辉,"你是不是独自一人?你的保姆和家庭教师有没有陪伴在你左右?"

"为什么这么问?"苏格拉底明显被问了个措手不及,"与其说这些蠢话,不如回答我的问题。"

"这是因为,依我之见,要是你的屁股也像你的言论那么臭的话,你的保姆就该好好擦擦它!而你的家庭教师该教会你怎样区别羊和牧羊人。"

"等等,"越来越困惑的苏格拉底问,"你在说什么?"

"你似乎认为牧羊人和牧牛人一心只想着让羊牛过上舒适的生活,好像养肥它们、照料它们,是为了取悦这些羊太太和牛先生似的。这太滑稽了，可怜的朋友。他们这么做，只是为了让他们的主人，即这些长角产乳的漂亮牲畜的所有者从中获取巨额利润罢了。那么，一个国家的掌权者又如何呢？我说的是那些真正掌握权力的人。你觉得他们与牲畜群的所有者有什么不同吗？你不会天真到认为他们并不关心从被统治人群中牟取巨大私利，而只关心其他事情吧？你自认为在有关正义性与非正义性——或者你高兴的话，也可以说是正义与非正义——的讨论上，你处于领先地位，实际上你连最基础的知识都没有搞明白。你不明白'正义'和'正义性'指的是一件属于他人的财产：利益，当然了，可是是他人，即强者、首领的利益。由此产生的结果是，属于被统治者或仆人的，唯有——我的朋友利奥塔可能会这么说——他受到的损害。'非正义'的含义则完全相反。它是某种行动的名称，在这种行动的迫使下，一些人不得不屈服并遭受奴役，而这些人实际上都是正义之士，认为在任何情形下都应该遵循道德准则。在一连串的经验性常识上，你出于最可鄙的无知，一直在胡言乱语。比如，被统治者的行动唯一遵循的，是强者利益的铁的法则，这样做的同时，他们为强者而丝毫不是为他们自己的福祉作出了贡献。归根到底，让我震惊的是你那不可思议的天真。你怎么会看不到，正义者与非正义者的对峙哪一次不是以正义者的失败而告终？假设他们合伙做生意，并通过签署合同确立了需要向对方履行的承诺。之后当公司解散时，你会无一例外地发现，正义者把自己的贴身衣物都投在冒险中了，而非正义者却早已拿回了本金。再以税收和报酬为例。在收入同等的情况下，正义者总是比非正义者交更多的税，而且从国家那里得不到任何好处，而非正义者却总能领到一大笔钱。现在我们假设正义者和非正义者先后被任命为国家某部门的负责人。正义者这一方身上会发生什么事呢？在最好的情况下——大多数情况都要比这糟得多——，一方面，他会弃私事于不顾，因为他无法对此投入必要的时间，另一方面，既然他是正义的，那么他会禁止自己从公共财政收入中渔利，哪怕只是很小的数目。这个可怜的家伙会遭到亲戚熟人的憎恨，因为他时刻不忘正义，会断然拒绝举荐他们，令他们无法在仕途上平步青云。而非正义者这一方身上会发生什么事呢？完全是上述不幸的反面。我讲的自然是真正的非正义者，那个把下属踩在脚下的人。要想衡量非正义者在不为人知的私生活中的享受和生活在光明之下的正义者那可怜可叹的平庸状态之间的差距，非正义者才是你应该观察的对象。如果你去观察完美的非正义，你就会对这一差距有完美的认识。完美的非正义把至高无上的幸福给予最可怕的流氓无赖，却将后者的牺牲品，即那些凭良知拒绝一切下流行为的人投入毫无出路的极度不幸之中。非正义的这种纯粹形式其实就是僭主政治。僭主要的不是小打小闹的非正义！他要的是在更大范围内，通过暴力或诡计夺取别人的财产。他什么都要，完全不顾公家与私人的区别，也不顾世俗与神圣的区别。你会发现，假使一个无名小卒无法掩盖这一级别的非正义，他就会受到严厉惩罚，看到自己耻辱加身。根据他所干下的不同龌龊行为，各种骂名会雨点般落在他身上：人肉贩子！亵渎神灵的！窃贼！土匪！三只手！这与我们的僭主形成了多么鲜明的对比啊！后者不但窃取了同胞的财产，还将他们变成了奴隶！而人们非但不会辱骂他，还称他为'有福之人'或'神之宠儿'。拍他马屁的不止他的同胞，还有所有对他臭名昭著的卑鄙行为了然于心的人。因为批评非正义的批评家并不怕做出非正义之事，只是害怕自己成为受害者而已。所以，亲爱的苏格拉底，我们已经证明，一旦将非正义进行到底，它就比正义显得更强大，从本质上说更为自由，而且更具王者之气。正如我从一开始就反复重申的那样，正义从本质上说是强者的利益。而非正义自己向自己支付它所代表的资本产生的利息。"

色拉叙马霍斯像救火的消防员一样，往目瞪口呆的听众耳朵里灌入了他滔滔不绝的演说。说完后，他准备在掌声中，以不容置疑的演讲比赛赢家姿态全身而退。然而，听众并不同意。他们想强迫他留下来，让他用更清晰的方式总结一下刚才那番话的核心观点。苏格拉底也掺和进来：

"亲爱的色拉叙马霍斯！擅长说漂亮话的天才！你抛给了我们这段宏论后，脑子里只有一个念头：既不充分论证你的观点，也不问问其他人你说的是真相还是歪理，只想着溜走。你认为你谈论的是无足轻重的小事吗？别天真了！你刚才试图定义的，是整个存在的法则，是绝对必要性，因为有后者的存在，我们才能指望过上最繁荣昌盛的生活。"

"难道我看起来像个乡野村夫，不懂自己谈论的事情的重要性？"色拉叙马霍斯尖刻地说。

"无论如何，你令人赞叹地扮演了乡野村夫的角色！或者你压根不把我们这些听众放在心上，完全不在乎可能会发生在我们身上的事。由于无法理解你声称掌握的知识，我们的生命在被放上善与恶的天平衡量时，可能会倾向最糟糕的一边。所以，最亲爱的朋友！行个善吧！把这知识传授给我们！为我们这群围绕在你周围的人提供便利不会对你有什么损害的。为了打开你的话匣，我会先把我的想法告诉你。我准备对你直言不讳：你刚才没有说服我。即便是在你向我们巧妙描述的极端条件下——比如非正义从某种程度上说是被允许的，没有什么能够阻挡引发非正义行为的欲望——，我也不认为非正义比正义更能令**主体**受益。把这一切都解释清楚吧，亲爱的朋友。我们假设存在一个非正义者。我们假设他拥有实施非正义的可能性，一种无限的可能性，既包括偷偷摸摸的方式也包括公然利用暴力。即便如此，我也丝毫不信此人能从他的非正义行为中获取比严格遵守正义原则时更多的利益。而且我不认为只有我一个人这么想。我确信这个房间里还有其他人赞同我的信念。来改变我们的信仰吧，了不起的演说家！给我们几个决定性的理由，让我们意识到自己把正义置于非正义之上时，实际上是犯了可悲的错误。"

"可是我怎么说服你呢？你能告诉我吗？如果我那无懈可击的推理都没能做到这一点，我看不出来还能做些什么。除非我亲自把我的论证移植到你大脑里！"

"哦不！那太可怕了！不能这样！不如从坚持你的立场开始，而不是不事先通知一声就改变立场，引我们误入歧途。我给你举个例子，来说明这类不恰当的转变，这类转变总是会把我们带回到讨论的起点。先前你先是定义了医生，实事求是地如实呈现了他的本质。但当你随后提到牧羊人时，你不认为自己有义务以一种连贯的方式，从头到尾都从本质上来思考牧羊人的身份。在你的演说过程中，牧羊人不再是那个心系羊群冷暖的人，而是随心所欲地转变成了其他人：只想着饕餮羊肉古斯古斯[1]的宴会宾客，或者从未踏进过羊圈一步却在交易市场出售成吨羊肉的投机者。各种各样的身份，唯独不是牧羊人！然而，对一个牧羊人的技术来说，除了无微不至地照顾自己的对象即羊群之外，其余一切都是不合适的。因为假如有什么东西以一种完全内在的方式定义了这一技术的品质，那么对于这一技术来说，只要它已获得自身身份——即成为看护羊群的技

---

[1] 原文为"couscous"，北非一种用粗麦粉团、牛羊肉、鸡肉或鱼加佐料等做成的食物。——译注

术——，它从本质上说就肯定拥有这样东西。"

"也就是说，"阿曼达插话道，"只要这技术始终名副其实。"

"没错。出于同样的原因，我认为你和我，我们刚才不得不一致同意，从本质上看，权力在财产方面只会考虑一部分人的利益，这一部分人既是权力照顾的对象，同时也接受它施加的权威。这对所有权力来说都成立，无论它是国家层面的还是家庭层面的。"

"无论它是公共还是私人领域的。"格劳孔补充道。

"要我说，"阿曼达纠正道，"无论是政治的，还是家庭内部的。"

"这让我萌生了问你一个问题的念头，"苏格拉底一边继续说着，一边向色拉叙马霍斯投去犀利的目光，"那些领导国家的人——我是说真正的领导者，而不是那些傀儡、装饰门面的总统、资本代理人或乔装打扮的'代表'——，你觉得他们是心甘情愿做这份工作的吗？"

"活见鬼！"色拉叙马霍斯大声叫道，"我不是觉得，我是知道。"

"科学，是神圣的。但是科学，也就是高尚的社会学也会告诉你，面对大部分政府部门岗位、这个或那个分秘书处、部委办公室、各种委员会、大小办事处，没有人会愿意无偿承担这些职务。当人们无法从这丁点的权力中获得个人利益，并且还得伺候被管理者时，人们就会要求有一份工资，一份数目相当可观的工资。所以，让我们从最远处开始重新讨论吧。每当一种技术不同于其他技术时，我们都会说，它不同，是因为它的功能不同于其他技术的功能，对吧？"

"啊，"阿曼达转身对色拉叙马霍斯说，"您可千万别在这个迷宫里迷路了啊，一物不同于另一物，是因为其余事物都不同于它……"

"我的回答，"色拉叙马霍斯不无夸张地说，"既清晰又干脆。一种技术正是通过它的功能有别于另一种技术的。"

"而且，"苏格拉底继续说，"每种技术都向我们提供了特殊的服务。就医学来说，是健康，就飞行员来说，是旅行的速度和安全，其余一切也与此类同。是不是呢？"

"是的！我再强调一遍。是的！"

"那么技术……哦！我实在受不了'technè'这个词的这个翻译了。今天夜里我再想一个。总之，过去被称为'受雇能力'的技术如今已经很普遍，并被称为'挣钱能力'，它除了帮助挣得工资以外没有别的功能。你肯定不会把医生和飞行员混为一谈。如果——这是你这美言的狂热爱好者给我们定下的规矩——我们必须以最严谨的态度来定义每个词，那么我们永远不会把一艘船的船长叫作'医生'，就算在乘客受海上空气刺激导致健康受损时也不会。所以我问你，我们能不能因为雇员在领了薪水之后身体变好了，就把随便哪个雇员叫作'医生'呢？"

"你想用这些无稽之谈说明什么问题啊？"色拉叙马霍斯抱怨道。

"当所有线索都汇集到一起，当一切都变得清楚无误时，我自然会到达论证的关键时刻。请仔细听我的问题：你会不会因为医生治病要收钱，而将医学与'挣钱能力'混为一谈呢？"

"这太可笑了。"

"你已经承认，每种技术本身会为我们提供一种服务，这种服务是特殊的，有别于另一种技术向我们提供的服务。如果几种不同的技术向我们提供了同一种服务，那么很显然这种服务产生自某个共同元素，后者并不包括在我们所考察的几种技术各自的功能之中。这一原则应用起来很简单。以我们正在讨论的情况为例：当一个技师收取报酬时，他在自己专精的技术上又添加了另一种更为普遍的、刚才被我们称为'挣钱能力'的技术。就算他完全不收钱，他自己的技术才能也不会因此被取消。它并没有改变性质，而且它的存在也与报酬完全没有关系。"

色拉叙马霍斯感觉到论据像老虎钳一样，快要把他夹碎了。他端出大老爷的姿态，嘲讽道：

"如果你要这么说，苏格拉底，那我们就这么说吧。"

"那你就得吞下后果。实际上，有件事从此以后是确定无疑的了，即没有哪种技术，没有哪个统治阶级是以自身利益为目的或功能的。我们已经说过，如果这里涉及的是一项技术，那么该技术考虑并谋求的，只是与其对象或核心问题相关的利益。而如果涉及的是统治阶级，那么这一阶级关注的，只是被统治者的利益。亲爱的色拉叙马霍斯，这就是为什么刚才我说没人会主动请缨担任领导者，而愿意无条件去照顾、医治他人的人就更少了。因为在这种情况下，人们就得考虑弱者而非强者的利益。结果就是每个人都会要求获得薪水。这是显而易见的！为顾客服务、以高效合宜的方式运用技术的人从来不会考虑也不会谋求自己的利益，他只对他所效力的人的财产负责，却又高于后者，因为他掌握了一项对方不懂的技术。正是为了矫正这一表面的悖论——也就是高级为低级服务——，所以在几乎任何时候，都应确保那个愿意接受高级别岗位的人能拥有一份优渥的薪资，以金钱或各种荣誉的形式进行支付。至于那个固执地拒绝这个岗位的人，惩罚将成为他的'报酬'。"

格劳孔发现色拉叙马霍斯一脸厌恶的表情，正准备有策略地撤退，于是认为自己应该加入讨论：

"苏格拉底！您到底在跟我们说什么呢？我明白与薪水制度有关的，是技术人员的不同薪水，这个技术人员或者适合从医，或者适合担任国家某个重要机构的领导人。可是惩罚——而且什么惩罚呢？——也能作为薪酬发给某个拒绝接受工作岗位的人，这我就无法理解了！而且由于此人没有提供任何服务，他实际上不配获得任何薪酬。"

"你想一想，我们最好的支持者，比如说一个非常出色的哲学家，他能获得怎样的报酬。难道你不知道他为何有时会委曲求全接受某个重要国家职务吗？难道你不知道对他来说，野心勃勃、贪图利益都是恶的表现吗？"

"说实在的，他们的确是这样的。那又如何呢？"

"您自己，"阿曼达接过话茬，"如果我没记错的话，您就曾同意承担雅典议会主席一职。差不多同一时期，您亲爱的亚西比德在诺丁姆战役中吃了个大败仗。您当时的薪水是多少？"

"姑娘，你唤醒了一个极其沉痛的记忆。无论如何，你肯定也知道，这既不是出于对权力的爱好，也不是觊觎权力能带来的利益。在文化大革命的白热化时期，毛泽东曾发出如下号令：'你们要关心国家大事'。当我们遵守这一号令时，我们并没有想过要像职员那样，为自己的付出讨要薪水，也没有想过像小偷那样，从这付出中获取秘密的利益。也不是为了追逐名誉，因为推动我们行动的并不是野心。实际上，我们这些新时代的哲学家都认为，不受任何特殊情况制约而自愿加入现有的国家权力机构，这完全不符合我们的政治原则。因此，唯一能迫使我们从政的，必然是预见到不这样做会受到某种内心的惩罚，这惩罚甚至比我们追逐职位和声望时体会到的耻辱更严重。而在此类情况下，什么是最让人无法忍受的事？是受到无耻之徒的统治。而会出现这样的结果，仅仅是因为我们自己拒绝了权力。唯独出于对这一惩罚的恐惧，所以时不时会有可敬的人参与到最高级别的国家事务中。我们看到他们这么做,既不是为了个人利益,也不是为了个人兴趣,而是认为非如此不可,因为面对国家要经历的种种考验,他们无法找到更好的或至少同样好的候选人,来承担他们即将承担的职务。"

"等一下,请等一下!"阿曼达打断他的话,"您跟我们讲的是正直人如何矛盾地投身于国家事务的事。这个国家已经相当腐败,统治它的一般是一些野心家、唯利是图者和煽动者,而正直人的忠诚从来起不了多大作用。我在想,在一个正义原则治理下的理想国,又会发生什么样的事。"

"如果这样一个国家能成立的话,人们会组织各种比赛,赢取不进入权力机关的资格,正如今天人们争取进入权力机关一般。"

"消极选举!太不可思议了!"格劳孔冷嘲热讽道。

"人们会因自己被选中不担任任何职务而自豪。因为这个国家由自由的女人和男人组成,遵循的是平均主义原则,它认为真正的领导者不应该考虑自身的利益,而只能考虑全体人民的利益。比起亲自去背负庞大人群的命运,人民大众觉得将自己的命运交给值得信任的人更令人安心愉快。因此,我一点都不同意色拉叙马霍斯的观点,正义不是也不可能是强者的利益。"

"您在驳斥诡辩家时,并没有正面提出反对意见,"阿曼达低声埋怨,"正义到底是什么呢?"

"我们晚点再回答这个问题。眼下,色拉叙马霍斯刚才说的话还有一点困扰我。"

"我觉得您准备换马了!"阿曼达大声说。

"让我把这一点说出来。色拉叙马霍斯声称,非正义者的生活比正义者的生活更好。那你呢,格劳孔,你会选择什么样的生活?这种等级的真相到底是什么?"

"啊!"阿曼达说,"我弟弟太清楚您想让他说什么话了,让我来代替他回答:正义者的生活是最好的生活!"

"你们俩都听到了,"苏格拉底还在坚持,"色拉叙马霍斯对非正义生活的种种闻所未闻的好处作了详尽描述,难道你们还没有被说服吗?"

"我更希望,"阿曼达也不示弱,"别人从正面说服我正义者更具优越性。至于眼下,我满足于不被非正义者的优越性说服。让我们就潜伏在否定之中吧。"

"她终于说对了一次。"格劳孔表示赞同,"直接证明 A 比 B 优越,与证明 B 不可能比 A 优越,这不是一回事。"

"向逻辑学家致敬!"苏格拉底欢呼道,"但是必须选择方法。我们可以通过长篇大论的反命题形式,轮流演讲进行辩论。我方先将正义的好处一股脑儿全列出来,随后由色拉叙马霍斯来列举非正义的好处。我们需要计算每段话列举的好处的数量,从总体上衡量一方与另一方的观点。这样我们就需要外来的正义者来裁决争端。另一种做法是今晚开始时采取的模式:通过针锋相对的提问与回答,两方之间达成一致意见,这样就不需要任何外来的第三者了。我们双方轮流变换角色,既是辩论人又是评判人。"

"后一种好多了。"格劳孔赞许地说。

苏格拉底于是转向色拉叙马霍斯。色拉叙马霍斯脸色阴沉,正半仰躺在一把扶手椅中,说的全是些轻蔑的话,语气也是那些"见多了"、"别人骗不了他"、"再也不会相信了"的人最爱用的不耐烦语气。

"来吧,色拉叙马霍斯,鼓起勇气!让我们再从头开始。你的观点是完美的正义远不如完美的非正义那么有利,对吧?"

"对,"色拉叙马霍斯放弃了抗争,"我已经跟你们解释过原因了。"

"让我们来看一看。你可能会给'正义–非正义'这一组真实的对立配上'邪恶的–有德的'

这样的谓词。而且我假设你会像所有人那样,把'有德的'分配给正义,把'邪恶的'分配给非正义。"

在苏格拉底的假设的鞭笞之下,色拉叙马霍斯突然放弃了疲惫的怀疑论者的架势。他几乎尖叫起来:

"你在说笑吗?你还想让我再尝一遍苏格拉底式讽刺的滋味?看谁笑到最后吧,老兄!我已经证明,在任何地方,非正义都有利于非正义者,在任何地方,正义都有损于正义者。"

"所以你认为正义才是邪恶的?"

"不,说邪恶不确切,"洋洋自得的色拉叙马霍斯纠正道,"不如说它是一种高贵的天真吧。"

"这样说来,"苏格拉底打断他的话,"非正义则是庸俗的。"

"完全没有的事。它是对时势、对我们能从中获得的利益所作出的一种精确评估。"

苏格拉底于是表现出困惑的神情。他挠了挠脖子,然后说:

"亲爱的朋友,你是不是坚信,非正义者都是些谨慎的人,都深刻了解各种情形的真相呢?"

"是的。我说的当然是那些有能力控制整座城市甚至整个国家的人。你似乎以为我说的是地铁上窃取乘客钱包的扒手。当然，只要失窃的不是我们自己，我并不否认这些小窃贼的利益。但是，同我刚才所描述的僭主的大尺度非正义相比，这些小偷小摸行径根本不值一提。"

"我知道你心里想的是什么，"苏格拉底说，"可是，每次你在公共场合重申你的观点，我都会很吃惊，仿佛我从没听你高谈阔论过一般。所以你将非正义归入美德和智慧一边，将正义归入相反的一边，对吗？"

"完全正确。能让苏格拉底吃惊，我感到很高兴。"

话里提到的苏格拉底又挠了挠脖子，神情若有所思。

"不得不承认，这下你的立场就很鲜明了。眼下我还不知道应该怎样反驳它。假如你一面提出非正义大有裨益，一面又像几乎所有人那样，也承认它是邪恶的、令人厌恶的，那么我们就能借助时下的舆论来回答你。但是很显然，你坚持主张非正义不但有利，而且还是高贵且了不起的。我们给予正义的所有品质，你都会赋予非正义，而且刚才你已经作出了智力上的大胆之举，将它与美德和智慧相提并论了。"

"你完全猜中了激发我演讲的真相。"

"就算如此，"苏格拉底温柔地说，"我们也不会认输的。辩论应该继续。至少在我们有理由认为你是在实话实说时，辩论就该继续。其实我觉得，幸福的人啊，你并没有在开玩笑，而且你以最自然的态度，向我们透露了你所构想的真理。"

"对不起！我说的是不是我心里'真正'想的，这跟你有什么关系啊？如果有能力——我对此表示怀疑——，你就老老实实地反驳我那明明白白的观点，不要把时间浪费在翻找空垃圾箱上，企图找到我'真正'的想法。仿佛我们'真正'能思考似的！"

"你说得对。我为我真的认为你真的在思考而道歉。但还是请试着回答几个问题吧。"

从这一刻起开始了一场真正的决斗，而不是花拳绣腿的比画。阿曼达、格劳孔、玻勒马霍斯和余下所有人都开始为双方计算得分。苏格拉底首先"挥剑出招"：

"告诉我，色拉叙马霍斯，依你之见，正义之人会不会试图表明他比另一个正义之人更高明呢？"

"永远不会！如果他有这种野心，想用正义来压倒对手，那他就不是我所说的有教养的天真汉了。"

"他会不会渴望出现某个正义之举,让他能够征服其他正义者呢?"

"出于同样的理由,肯定不会。"

"那么打败一个非正义者呢?正义者会不会有这种渴望?对于这种渴望,他会认为是正义的呢还是非正义的?"

"正义者就像个糊涂虫,他会认为打败一个非正义者是正义之举,但他自己对此无能为力。"

"他有没有能力不是我们要讨论的问题。我只是想请你说明自己的想法,亲爱的色拉叙马霍斯。下面我来复述一下:正义者认为打败正义者一点都不光彩,而且也没有任何这样做的欲望。反之,他却渴望征服非正义者,并认为这一欲望完全与他的身份相称。对吗?"

"你只是重复了我的回答。"

"我是个谨慎的人。我需要脚踏实地地来构筑一个你我将一致认同的观点。现在来看看非正义者。他会不会声称要打败正义者,并采取各种办法压制一切正义行动呢?"

"毫无疑问!非正义者的固有欲望便是统治全世界。"

"因此,非正义者也期望能够打败其他非正义者,并通过自身行动压制一切外部的非正义行动,以确保自己对一切事物的控制,对吗?"

"这是不消说的。你真是累死我了!"

"因此,关于正义者和非正义者与他们的同类或异类之间保持的关系,我们已经达成了一致意见。"

"哦!哦!"格劳孔插话道,"别那么快!论证面目全非了。讲究点形式主义不是坏事。"

"那你还等什么呢?"苏格拉底说,"逻辑学家可是你啊!"

"好的,"格劳孔说,因为终于能够提出他的公式而高兴,"我用 J 来称呼一般的正义者(juste),如果要区别两个正义者,我们就说 J_1 和 J_2。我用 I 来称呼一般的非正义者(injuste),如果要区别,就说 I_1 和 I_2。我用数学中表示不相等的符号来标记'打败'这种关系。例如,J>I 意味着正义者征服了非正义者。请注意,这只是个简单的标记,目前还不是真理。我用数学里表示'等于'的符号来标记'没打败'或者'相似或相同'关系。例如,$J_1=J_2$ 意味着两个正义者是相似的。这很简单。"

"然后呢?"阿曼达尖刻地问。

"然后我就能用两个公式,很清楚地说明我们目前所处的阶段。在正义者一方,我们有:

$[(J_1=J_2)$ 并且 $(J>I)]$。这个公式表明：对正义者来说，两个正义者谁都无须打败对方，但正义必须打败非正义者。而在非正义者一方，我们有：$[(I_1>I_2)$ 并且 $(I>J)]$：非正义者必须既打败任何其他非正义者，也必须打败任何正义者。"

"啊，"阿曼达说，"这正是色拉叙马霍斯和苏格拉底所说的。你的公式有什么用呢？"

"你会知道的，"格劳孔神秘兮兮地说，"你会知道的……"

"无论如何，"苏格拉底又发话了，"从形式到内容，我们大家的意见都一致了。下面来看看真正的困难吧。出类拔萃的色拉叙马霍斯啊，依你之见，非正义者代表知识和智慧，而正义者代表无知和愚昧，对吧？"

"你这是在用我的嘴说话。"色拉叙马霍斯揶揄他。

"所以我们可以说，非正义者同每个主体特征为知识和智慧的人是同类对吗？"

"显而易见啊。具备某些品质的人与另一个具备这些品质的人相似，与不具备这些品质的人不同！这就是伟大的苏格拉底刚刚发现的道理。"

"逻辑学家怎么认为？"苏格拉底问。他似乎对冷嘲热讽毫不介意。

格劳孔立即抓住机会：

"如果 S 代表有智慧（sage）、有知识（savant）的人，那么，根据之前所说的记号，色拉叙马霍斯的观点可以表示为：I=S。"

"而且，理所当然地，"苏格拉底说，"既然正义者如色拉叙马霍斯说的那样，都是愚昧无知的，那么他一定是愚昧者中的典范，完全不识字的文盲。从逻辑上说，这会导出什么结论呢？"

"如果 A 代表愚昧（abruti）无知（analphabète）者，"格劳孔说，"那么色拉叙马霍斯的观点可以写成 J=A。"

"妙极了！现在让我们来谈谈音乐和医学吧。"

"总而言之，"色拉叙马霍斯尖刻地说，"让我们继续东拉西扯吧。"

"怎么会呢，只是类比而已。在音乐方面，乐师是有智慧、有知识的，而不识谱的人既没有智慧也没有知识。同样地，关系到公共健康时，医生是有智慧、有知识的，其他人则没有。"

"你到底想说什么？"色拉叙马霍斯不耐烦起来。

"我的了不起的朋友，当一个乐师调校钢琴时，你觉得他的意图是想在琴弦的松紧方面胜过另一个乐师吗？不如说是为了取得无论哪个有才能的乐师都认为正确的结果吧?"

"琴弦只有唯一一个正确的位置,所以你的第二个假设是对的。"

"反过来,我们的调音师一定会希望自己比随便哪个不太懂钢琴的人做得好,对吗?"

"如果看到我同意这种幼稚观点能让你高兴的话,我不会拒绝让你高兴一下的。"

"逻辑学家意下如何?"

"如果 M 代表全体乐师(musicien),"格劳孔略微有些卖弄地回答,"N 代表不通音律的人(nul),M_1 和 M_2 分别代表不同的乐师,那么我们能得到:$[(M_1=M_2)$ 并且 $(M>N)]$。"

"这看起来很像正义者的公式!"阿曼达点评道。

"不要比……音乐走得更快!"苏格拉底开玩笑道,"我觉得还有一个显而易见的事实,即一个医生最主要的意图——至少在纯粹医学方面——不会是胜过另一个医生。他的意图是治愈病人,而他所作出的决定都是经过与同行讨论并一致同意的。反过来,他一定胜过任何一个不懂如何区别麻疹和晒斑的人。从普遍角度看,拥有某个特定领域的智慧和知识的人,也就是小格劳孔所说的 S,他渴望与同行做得一样好,同时胜过那些对此领域一窍不通的人。相反,那个既无智慧又无知识的人如果狂妄自大,胆敢高调掺和到自己一无所知的领域,那么他会宣称自己胜过了鱼龙混杂的全体成员,因为他根本无法区分良莠。逻辑学家对此怎么看?"

"如果我用 S 来标记那个有智慧、有知识的人,用 A 来标记'愚昧无知者',即那个一无所知的狂妄自大者,那么可以用下面的公式来表达他们各自的看法:

对 S_1 来说:$[(S_1=S_2)$ 并且 $(S>A)]$

对 A_1 来说:$[(A_1>A_2)$ 并且 $(A>S)]$。"

"跟刚才 J 和 I 的情况一模一样!"阿曼达叫起来。

"的确如此,"苏格拉底表示同意,"你可以比较一下这些公式,亲爱的色拉叙马霍斯。你声称非正义者才是有智慧、有知识的,因此格劳孔不得不写出 I=S。随后你又理所当然地认为,作为非正义者的反面,正义者既没有智慧也没有知识,他们是无知又愚昧的,于是格劳孔建议标记为 J=A。但是,根据我们举的例子和提到的公式,你现在可以清楚地看到,如果非正义者具有智慧和知识(标记为 S),那么他应该自视为所有兼具智慧和知识之人的同类,也就是所有非正义者,并且只能打败那个愚昧无知者，也就是正义者。然而，正义者既然无知又愚昧（标记为A），那么他就应该号称能打败所有人。但是，你刚才已经强硬地肯定了反面的观点，而格劳孔也用公式表达了你的信念：依你之见，能够打败所有人的，是非正义者。"

"很有可能。"色拉叙马霍斯一边说一边装出满不在乎的样子。

"其间到底发生了什么事呢？你只是在能让你证明非正义者能够打败所有人的论据之外，又额外补充了两个陈述：非正义者智慧和知识并重；正义者则无知又愚昧。是这两个额外的陈述将你拽入了矛盾的泥坑，所以应该把它们丢掉。事实上，我们应该颠倒一下形容词：兼具智慧和知识的是正义者，愚昧无知的是非正义者。"

"我们已经用归谬法证明，我们应该这样假设：J=S 并且 I=A。"格劳孔庄严地宣布。

"你们爱怎么样就怎么样吧。"色拉叙马霍斯说。

"你刚才已经认同了证明的所有步骤，根据这证明的效力，你也应该承认下列观点的正确性：正义者握有知识的真相，而非正义者身处无知的黑暗之中。"

色拉叙马霍斯勉为其难、不甚甘心地同意了这一点。他的汗水大颗大颗地冒了出来，尽管已经时值深夜，海上吹来的微风给房间带来了凉意。围观者们甚至断言自己看到了任何人都以为不可能看到的一幕：色拉叙马霍斯脸红了！

然而，苏格拉底还想在伤口上撒把盐：

"正义者拥有智慧和知识，从此以后，这个结论对你我来说都是正确的了。但还有一个令我感兴趣的地方。刚才我们中不知哪一位说，非正义比正义更强大，你还记得吗？"

"记得，"色拉叙马霍斯不满地嘟囔，"但你刚才说的，我一点都不喜欢。一点都不！对于你所说的，我也有很多评论，对于你认为我应该说的，我的评论可就更多了。可是，我非常清楚，如果我开始说话，你就会宣称我不是在和你对话，而是在对听众发表长篇大论。我的结论很清晰干脆：或者就让我随心所欲地说话，或者，如果你像看重自己眼珠那样看重你所谓的'对话'，那就来吧！向我提问吧！我会表现得像在听老太婆讲乏味的故事：我会一边点头一边心不在焉地低声说：'是的！'"

"如果你内心的信念想说'不'，那就不要点头称'是'！"

"既然你禁止我说话，我就照你说的做。你还想要什么？"

"什么都不想。你就从心所欲吧。我呢，只负责提问。"

"既然你硬要这样，"色拉叙马霍斯冷笑着说，"那就提吧！马不停蹄地提，提完我们就休息！"

"还是和刚才一样的问题，"苏格拉底耐心地说，"这样可以保持讨论的统一性。同非正义相比，正义可能是什么呢？有人曾说——记不得是什么时候说的了——非正义比正义更强大，它会为生活开启更多的可能性。现在既然我们已经知道正义代表了智慧和美德，那么很容易下结论说正义才是最强大的，而非正义者只代表了无知。从今往后，谁都不能再否认这一点。但是，我想要的不是通过如此简单的方法获胜，而是从另外的角度去考量事物。假如我们说在过去、现在和未来，我们分别看到了、正看到并且还会看到一些不正义的国家不正义地奴役其他国家，将后者久久地控制于其刀剑淫威之下，或者意欲如此为之，你同意这样的说法吗？"

"当然！而且最好的国家，也就是那个最明目张胆行非正义之举的国家，它的行动比任何国家都积极！"

"我知道这是你的立场。"苏格拉底平静地回答,"但是让我们单独看看下面这一点:假设一个国家变得比另一个更强大,那么它能否在毫不借助任何正义表现形式的情况下组织政权呢?还是说,无论如何都得有一个此种类型的标准登场,哪怕这标准十分虚幻?"

色拉叙马霍斯没有给出斩钉截铁的回答,而是巧妙地避免了陷阱:

"如果我们从你规定的前提出发,即正义是智慧和知识这一前提,那么一切持久的政权都要求某种正义的在场。如果像我坚持的那样,认为非正义才是智慧和知识,那么一切理性的、有效的政权都呼唤非正义,甚至是绝对的非正义。"

"无论如何我都很开心,亲爱的色拉叙马霍斯,因为你没有仅仅满足于摇头晃脑来表示'是'或'否'。你的回答完全是彬彬有礼的。这证明我并不是一个啰里八嗦的老太婆。"

"只是为了让你高兴而已。"

"让我高兴!多好的主意!那就请继续回答我的问题让我高兴。在你看来,某个集体行动,即使它是完全非正义的,它的成功与非正义在这个集团内部无法无天的统治是兼容的吗?我想到的是可能被雇用来从事非正义活动的政党、军队甚至盗窃团伙。"

"如果他们成天妨碍他们亲爱的同伙,那么他们的坏事肯定是做不成的。"

"放弃这种内部的非正义,他们更容易成功吗?"

"显然如此。"色拉叙马霍斯阴郁地说。

"为什么呢?是不是因为非正义会在所有共同体中制造突然的分歧、仇恨和争吵,而正义却能促成情感和思想的友好交汇呢?"

"是的,是的,苏格拉底!我不想再跟你争辩了。"

"亲爱的朋友,你太好了。还有一个问题。我们发现无论在什么地方,只要出现了非正义,就立刻会出现仇恨。不管人们是自由身还是奴隶都改变不了结局,非正义总是会造成所有人之间的相互厌恶。这是最凶残的分裂的胜利,全体团结做事变得完全不可能。就算只有两个人,他们也会产生分歧,互相敌视,彼此憎恨,正如他们憎恨正义的人。而如果最后只剩一个人,比如卓越非凡的色拉叙马霍斯,非正义的这种属性是不是仍然无法改变呢?我们所说的这个人会不会与自己产生分歧呢?"

"我感觉你希望事实如此。"

"你的感觉很正确。无论是处在城市、民族、政党、军队还是任意一个共团体内,非正义都会因分裂和冲突的加剧,立即导致相关共同体产生行动上的无力感。随后,它会令这个共同体既与自身为敌,又与其他因坚守正义而与它对立的共同体为敌。即便非正义只扎根于个体内部,它也会在这个体身上产生同样的影响,因为这是由它的本质所决定的。非正义会令个体丧失行动能力,因为他内心产生了分歧,也因为他的自我与自我之间无法达成友好的一致。最后,他会变成自身的顽敌,以及所有其他受正义驱动的人的顽敌。不过,我可以再问你一个问题吗,杰出的演说家?"

"你既能,也不能。"色拉叙马霍斯神秘莫测地说。

"这个问题很简单:诸神是正义的吗?"

"我猜你希望他们是正义的。"

"你猜对了。既然诸神是正义者的朋友,那么非正义者将成为诸神的敌人。"

"你就津津有味地吞下自己那抹了蜜的言论吧,苏格拉底。我肯定不会反驳你的。你的整支啦啦队都在这里呢。"

"好吧!你得回答我的问题,为我献上你那份甜蜜。我们已经证明，正义者出现在世界舞台上时，比非正义者具有更多的智慧、主体品质和实践能力，而非正义者却无法团结起来做成任何事。有人声称，就算身上潜伏着非正义因子，某些人还是能够积极、成功地参与集体行动。'有人'真是错得离谱！如果这些假想的人是完全非正义的，那么他们根本不会放过彼此，他们的全部行动将一败涂地。所以很明显他们心中还存有一丝正义感，分量足以令他们在齐心协力损害敌人利益之时，不至于去损害自己人的利益。正是仅剩的这点微不足道的正义感将他们团结了起来。当他们投身于非正义行动时，他们仅仅被非正义腐蚀了一半。因为那些完全被腐蚀的、实施起非正义来心中没有半点正义感的人往往一事无成。事实通常如此，而不是像你刚才声称的那样。至于正义者的生活是不是比非正义者更好更幸福，之前我们承诺要提出这个问题，现在我们可以说我们已知道答案，甚至可以说这个答案是显而易见的，因为我们可以从刚才说的话中立即得出结论。尽管如此，还是让我们看个究竟吧。这不是一个简单的修辞学诡计，而是我们应该遵循的生存原则。"

"如果你想看个究竟，"色拉叙马霍斯打断他的话,"那就凑近一点。"

"我觉得你好像满腹嘲讽啊,可怜的朋友。不如告诉我:依你之见,马有没有独特的功能?"

"好你个苏格拉底,真行啊!我们来讨论讨论你的马儿辩证法吧。是的,马有特殊的用途。"

"而这个功能——不管是马的功能,还是小野猪的功能,还是红尾蟒的功能——是我们只能利用这种动物做成的事,或者至少是在它的帮助下我们能尽善尽美地做成的事,对吗?"

"自然如此。不过,等论证结束后,你得悄悄告诉我,小野猪的功能到底是什么,还有蟒蛇的功能,不管它是红尾还是黑尾的。"

"总是嘲笑我举的例子,真过分!我再举一个。我们只能用眼睛看,用耳朵听。这是眼睛和耳朵的功能。另外,我们可以用大匕首、小斧子或长锯子来修剪葡萄树,同意吗?"

"我身临其境地看到了你在修剪葡萄树!苏格拉底身上沾满锯末,正在用吱吱作响的锯子锯葡萄树!"

"但最好的工具,是专门用来修剪葡萄树的截枝刀。"

"可不是么!诗人说:

> 若要修剪葡萄树，请你拿起截枝刀，
> 因为锯子、斧子和刀子根本不够好。"

"这诗人是真正的田园诗人！总之，修剪葡萄树是截枝刀的功能。"

"我要对你说'是是是'！我要为你鼓掌！你真的太厉害了。苏格拉底，拐弯抹角的截枝刀哲学家！"

"你的喝彩声表明你赞同我的观点，即某物的功能就是唯独它才能做的事，无论如何由它做起来更得心应手。但是拥有某种功能意味着必须拥有一种特有的品质，有了这种品质，它的功能才得以实现。由此，眼睛或耳朵之所以拥有某种特定的功能，能看或能听，全靠这些器官的特殊构造，全靠这一构造的品质。如果这些器官具有相反的品质……"

"你是说失明状态取代了看的能力？"

"什么是某个器官的特殊品质，什么是与这一品质相反的缺陷，这属于生理学范畴，不是我们今天的问题。我只问你，存在物是不是从自身品质出发，令那个可以属于它的功能投入良好运转的？是不是当它们依据与此品质相反的缺点行事时，功能就陷入了紊乱？"

"您的话有点绕。"阿曼达轻声说。

"那到底是不是呢?"苏格拉底发火了。

"对任何一个可通过功能来定义的存在物来说,是这样的。"格劳孔插话道。

"这是关键的时刻,我们找到了能把我们带往目的地的道路,"苏格拉底不无庄严地说,"会不会有一种特殊的**主体**功能是其他存在物无法承担的呢?这种功能往往被称为'关注',或'执行原则',或'具有意图',诸如此类。我们能不能将这些功能赋予**主体**以外的事物?我们难道不该说这些功能是**主体**特有的吗?即便是生存的事实,从最深层的意义上说,它难道不是**主体**特有的功能吗?"

"是的,行了,行了。"色拉叙马霍斯心不在焉地说。

"由此可知,**主体**有一个特有的品质,一种特殊的道德,没有这种品质或道德,**主体**就无法实现它的功能。"

"那就让我们承认这个有道德的品质吧。"色拉叙马霍斯边说边鞠了一躬,仿佛站在他面前的是某位外省省长。

"所以你也应该承认由这第一次点头带来的逻辑性结果。"

"什么结果？"

"一个道德败坏的、反动的或糊涂的**主体**无法找到正确的方向，或者心中只有邪恶的念头。反之，一个忠诚的、恪守原则的**主体**懂得完全正确地履行自己的义务。"

"随便你想讲多少道德故事，我都不反对。"

"我们不是已经一致赞同正义是**主体**最根本的品质、最特殊的道德，而非正义是**主体**的致命缺陷了吗？"

"那是为了让你高兴。"

"这也是一个很好的理由！由此可得出最终的结论：某个投入正义**主体**生成过程的个体将拥有与'**主体**'这一称谓相符的人生，而非正义者只配拥有可悲的人生。"

"看吧！苏格拉底的辩证法像笼子里的松鼠一样原地打转。因为'正义者拥有美好的人生'这个结论不过是你最初的信念。而你却妄图让我们相信这是你论证的结果！不过，不提也罢，不提也罢！"

"那个拥有真正生活的人是幸福的，甚至是非常幸福的。那个过着可耻生活的人是不幸的。因此，最后我们终于获得了下面这个至关重要的结论：正义者是幸福的，而非正义者是不幸的。不幸不是优势，幸福才是优势。最后我可以毫不犹豫地断言：非正义比正义更有利的观点是不正确的，色拉叙马霍斯教授。"

"苏格拉底教授现在只需尽情吃喝玩乐到天明了！至于我色拉叙马霍斯，我唯一能做的就是闭嘴了。我会克制住自己的，朋友们。你们会见识到什么是能言善辩者的沉默。但我的思考不会停止。"

说完这番话，色拉叙马霍斯拖着一把椅子走到房间最阴暗的角落，坐下来，闭上了眼睛。他就这样一动不动地待了很久。苏格拉底还在对他说话，却没有看着他：

"你是此次舌战的得胜者，亲爱的色拉叙马霍斯。你几乎可以说是友好地回答了我的问题，既没摆大架子也没说让人受不了的话。我觉得这次的智力盛宴并不是很有营养，但错在我，不在你。我就像那些贪吃的人，还没仔细品味上一道菜，就已经迫不及待地扑向了刚端上桌的另一道菜。最开始，我们寻找的是对正义的严密定义。还没找到这个定义，我就已经投入另一个派生问题中，讨论起适合正义的谓词：正义是恶习与无知还是智慧与道德？随后又有另一个问题横空出世：非正义是否比正义更有利？于是我立即抛弃了前一个主题,开始考虑'新生儿'……我们的对话结束了,而我一无所获。因为如果说我不知道什么是正义,那么对于它是否有资格被认为是'道德的',我知道得更少,而对于正义者是否幸福的问题,我知道得就更少了。"

接着苏格拉底也效仿色拉叙马霍斯——尽管他在房间另一头——一屁股坐进自己的扶手椅。他擦了擦额头的汗,随后说:

"请原谅我,小年轻们。现在已经很晚了,我非常累。刚才话语滔滔,但我们所知道的,跟之前港口的维纳斯祭典后我们半醉半醒走在雅典路上时没什么分别。"

第二章　青年男女恳切的问题
(357a-368b)

论战结束后,被驳得哑口无言的色拉叙马霍斯在阴暗角落里生闷气,苏格拉底觉得自己大战告捷,可以躺在桂冠上休息了。他的确让步说,归根到底他也没能成功给出"正义"的定义。不过他也禁止了人们将它等同于权力的统治。他觉得自己差不多成功了。但他很快就明白这只是个序幕,因为年轻的格劳孔其实比他哥哥(圈内人称"吹毛求疵的柏拉图")还好战,他不赞同诡辩家就这样投降,开始猛烈抨击起苏格拉底:

"亲爱的大师,让我们严肃一点吧。这次智力竞赛的关键是要弄清楚,正义者是否在任何场合都能胜过非正义者。对此,两者只能取其一,要么您仅满足于假象,假装已经把我们都说服了,要么您渴望让我们拥抱真理。"

"当然是拥抱真理,"苏格拉底抗议道,"假如我有此能力的话。"

"那您远没有达到目的!"格劳孔说,他因抓住了对话主导权而激动万分:"您首先要做的,是对被您称为'善'的不同事物进行归类。我至少看到三类'善'。对于第一类'善',我们孜孜追求它,不是因为它的作用,而是因为我们重视它本身。例如,感受愉悦这事件,以及一些纯粹的享乐。随着时间流逝,这些乐趣除了让**主体**从中感受到愉悦之外,没有任何别的作用。接下来是第二类'善',我们既因它本身也因它所起的作用而喜爱它。例如想、看、保持健康等等。我们因上述双重动机而珍视这类'善'。最后是'善'的第三种形式,例如练体操、治疗疾病、医学本身或其他有利可图的实践活动。对于这些善,我们显然可以说它们是令人痛苦的,同时又是对我们有利的。我们渴求它们不是因为它们自身,而纯粹是为了它们能够带来的回报,或者从更宽泛的意义上说,是为了它们带来的效果。"

苏格拉底对这样的分类表示赞同,但也问年轻人到底想说什么。于是格劳孔说:

"您把正义归入哪一类善?"

"归入三种类型中最好的:第二类!如果我们想获得幸福,就得既因这类善自身,也因它们产生的作用而爱它们。"

"我不得不跟您说，苏格拉底，您不属于多数派！大多数人都把正义归入第三类，这一类善的内在形式只会惹人生厌，然而我们为了回报，或者为了保护自己的名声不受阴险舆论的侵害，却不得不去实践这类善。仅考虑其自身特征，它们让人避之唯恐不及，因为它们实在太折磨人了。"

"我知道大家的想法如你所言，"苏格拉底接着说，"无论何时何地都是如此。而且色拉叙马霍斯刚才不是一直在我们耳边说：'让我们歌颂非正义吧！让我们谴责正义吧！'但我坚持自己的步调。只有别人长时间地向我解释，我才能很快明白过来。"

"那好，"格劳孔说，他很高兴又能长篇大论了，"请听我说。您很可能会同意我的观点。我觉得您就像一条蛇一样把色拉叙马霍斯催眠了，导致他匆匆忙忙就投降了。依我看，你们双方都还没有达到根据真正的思考展开论证的程度。我想从本质上去理解正义和非正义，而且假设一个**主体**具备它们的话，我想理解它们在他身上表现的内在的自然行为。回报啊，鸡毛蒜皮的效用啊，我都不感兴趣。让我向您透露我的计划，亲爱的大师。从某种意义上说，我现在是在扮演色拉叙马霍斯的角色,我将详细分析三点。第一点:重申正义的本质和来源,至少是主流舆论认为的正义;第二点,证明所有以正义理念来规范自身行动的人,他们的行为是违背内心意愿的,他们之所以这样做是出于需求所迫,根本不是因为正义本身是一种'善'。第三点:他们这么做是有道理的,因为在他们看来,非正义者的生活远远优于正义者的生活。"

于是苏格拉底仿佛失去了耐心:

"你的'在主流舆论看来'、'所有人'、'在他们看来'都快把我们淹死了。那么你呢,格劳孔,你自己是怎么想的呢?哲学不像'民主'辩论,只需谦和地研究一下别人的观点,然后在一时的多数派面前退让就可以了。在我们这里,得为了获得真理而冒险。"

"苏格拉底!"格劳孔惊慌失措地叫道,"您很清楚我的想法跟色拉叙马霍斯不一样!当然我也承认这个问题让我浑身不自在。一方面,色拉叙马霍斯和他身后成群结队、令人生畏的诡辩家们那强有力的演讲还在我耳朵里嗡嗡作响;另一方面,我没有听到一个人如我期望的那样,为正义之于非正义的优越性辩护。其实我非常希望大家能够因正义的本质而颂扬它,而且我认为尤其应该由您——苏格拉底——来完成这个任务。因此我会尽力歌颂非正义者的生活,之后我会告诉您我希望在哪些方面听到您谴责非正义、歌颂正义。您觉得这个计划可行吗?"

"绝对可行!我看不出还有什么问题比你向我提出的这些更迫切需要讨论。无论如何,对一个思考的**主体**来说……"

"也就是那个存在的**主体**!"阿曼达咯咯地笑起来。

"很好笑!"格劳孔语气生硬地评论道,好像他无法欣赏颠倒时代的玩笑,"听着,你们两位,我准备正面迎战公牛了。正义究竟是什么?正义究竟源自何处?"

苏格拉底、阿曼达和其他观看这场智力竞赛的人都感觉到一番长篇大论即将来临,于是都闹哄哄地伸起了懒腰,同时躺倒在垫子上。但他们根本吓不倒格劳孔。

"几乎所有人都说,如果任事物自然发展,那么实施非正义是好事,而忍受非正义是坏事。然而,忍受非正义要比实施非正义更糟糕。这种不对称的结果就是,眼见着同一批人时而主动滋事,做出无数非正义之事,时而又被动挨打,无数次遭受非正义的侵害,那些无法使自己免受非正义迫害，同时也无法将自己的意志强加于别人的人最终会产生一个念头：最好的办法是所有人共同签订一个契约，根据这个契约，任何人都不会再行非正义之事，也不用再受其害。这是法律和条约确立的源头。法律的训诫于是被称为是'合法的'和'正义的'。亲爱的朋友们，这就是正义的起源，这就是它的结构：它位于最崇高的善和最彻底的恶的中点，前者也就是实施非正义却不会恶有恶报，后者也就是忍受非正义的侵害而无法复仇。你们肯定会认为，这中庸的正义观很难引起别人的热情。事实上，没有人会像喜欢真正的善那样喜欢正义，最多只是出于软弱，因为无力实施非正义而对正义产生敬意。因为能够实施非正义的——也就是真正的人会告诫自己不要签署任何契约来妨碍他的非正义行动！除非他头脑发昏了才会这样！好了，关于正义的内在本质，关于公众对正义之自然起源的看法，我已经言无不尽了。

"于是乎我就来到了这个决定性的问题面前：是否仅仅因为不具备非正义者的力量，所以那么多人才心不甘情不愿地遵从了正义的指令？最好的办法是，由我给你们讲一则寓言故事来进行说明。这个寓言类似一个理性的虚构故事。假设我们允许正义者和非正义者完全随心所欲地行事，然后再观察欲望会将此二人带向什么地方，那么我们会当场抓住正义者正在行非正义之事。为什么？因为人这种动物的自然举动，也就是他心目中的好事，是始终要求获得比他所拥有的更多的东西。他只有在法律制约下，才会服从平均主义的准则。

"我心中设想的虚构考验是把裘格斯的魔戒同时给正义者和非正义者。大家都知道这个故事。几个世纪前，有个叫裘格斯的牧羊人负责给图勒国王放养美利奴绵羊。一天，牲畜吃草的田野遭到了暴风雨的侵袭，地面出现了一个巨大的裂缝。虽然受到惊吓，但勇敢的裘格斯还是下到了洞里。传说他看到了无与伦比的金银财宝，宝物堆中有一匹神奇的青铜马，马是中空的，身上开了很多小窗子。裘格斯从其中一个窗口探头进去：他在马肚子里看到了什么？一个巨人的尸体。巨人全身一丝不挂，只有手上一枚金戒指在闪闪发光。裘格斯不假思索地偷走了戒指，并逃之夭夭。几天后，牧人们召开了每月例会，他们要在例会上起草交给图勒国王的报告，汇报羊群和美利奴羊毛库存的情况。裘格斯也在人群中，手上戴着戒指。像往常一样，会场上全是无可救药的话痨，裘格斯感到烦不胜烦。他机械地把戒指底盘转向了手心的位置。奇迹出现了！裘格斯不见了！惊魂未定的他听到身边同伴在谈论他，那口气就仿佛他不在场似的。他又将戒指底盘朝反方向也就是朝手背方向旋转，忽的一下，他又重新出现了！他反复试验了几遍：毫无疑问，戒指是有魔力的。如果将底盘往里转，别人就看不到你，如果将它往外转，别人就能看到你。于是裘格斯就被选为牧羊人在国王身边的代表，来到了王宫。靠着这枚神奇的戒指，他的行动完全随心所欲，时而现身，时而完全隐身，他也因此上了王后的床。王后为他疯狂，从此成了他的同谋，他们给国王设下一个局，然后杀死了他。牧羊人裘格斯，只在戒指的武装下，就夺取了政权。

"现在来看看我们的关键性试验。我们有两枚裘格斯戒指。我们把一枚戴在正义者手上，另一枚戴在非正义者手上。这时我们发现——显而易见——，当可以毫无风险地在市场上取走任何中意的东西，可以深夜走进邻居家中随意强奸任何人，可以杀死主人释放奴隶……总之在人群中可以像神一样行事时，这两人谁也不具备钢铁般的坚强意志，能够恪守正义，阻止自己掠夺他者的财产。于是，我们清楚地看到，当正义者和非正义者在生活中受到同样的指引时，这两类人并不存在任何差别；而且我认为对于正在论证的观点，我们掌握了一个决定性的证据：没有人会心甘情愿成为正义者，人们只有在限制和强迫之下才会成为正义者。坚守正义从来没有被看作是一种内在价值，能够照亮个人的生活，因为个体刚开始思考怎样的处境能允许他实施非正义时，他就已经是非正义者了。事实上，在人这种动物的心目中，非正义远比正义更能满足牟取私利的需求。如果我们赞同色拉叙马霍斯及其同党的观点，那么上述一切都是千真万确的，而且我也正用他们的言论支撑我的论证：如果谁拥有裘格斯戒指的力量，却无法忍受自己变成非正义者，同时还能克制自己的强烈欲望，不去抢夺他人享有的东西，那么所有知道这件事的人一定会把他当作一个不幸的疯子。当然了，在公开场合，他们也会假惺惺地称赞他，但他们这样做的唯一目的是欺骗他们的下人，因为后者一想到要承受可怕的非正义就会吓得不知所措。问题的这个层面分析完了。

"下面我们来评价一下这两类人的生活质量。我们只有分别将他们推至最高程度的正义和非正义的地步，才能作出正确的判断。否则我们什么都明白不了。怎么设置这最大的差距呢？无论是正义者还是非正义者，我们都丝毫不更改定义他们的本质要素：对于一方是正义，对于另一方是非正义。我们假设两人是自己那一类型所有人的完美代表。例如，让非正义者表现得像高级技师：出类拔萃的医生或技术精湛的飞行员非常清楚什么是他们力所能及的事，什么又是他们力不从心的事。他们会视情形是属于前一种情况还是后一种情况，来决定自己是坚持还是放弃。如果不小心弄错了，他们也懂得改弦更张。这个非正义者如想名副其实，还得用最秘密的手段来掩盖他无时无刻不在实施的非正义。但凡被抓个现行的非正义者都是蹩脚货色！因为最高级别的非正义，是在行非正义之时却还显得正义非凡。让我们将这一最完美的非正义形式完整地赋予这个完美的非正义者。让他在最不正义的时刻接受舆论颁给他的'全世界最正义者'的称号！假如他在做卑劣勾当时不巧走错了路，他也能立即回归正途。比如要是有人在证据支撑下揭发他所做的某件非正义之事，他能够通过颠倒黑白的雄辩才能，说服众人相信那是他的正当权利，让这件事反过来有利于他。如若不然，他就强行解决，如需动用武力，他就求助于自己的勇气和力量，如需行贿并让控方闭嘴，他就求助于同伙和金钱。面对

这一类人,让我们再来描绘一幅正义者的肖像。此人既纯朴又高贵,对于他们,埃斯库罗斯曾如是说:

> 他们不会假模假式,
> 而是用真正的善
> 把所获得的一切来衡量

所以让我们剥掉他身上一切外在的美德。事实上,如果他表现出正义,那么荣誉和馈赠就会涌向这表象。这样我们就无法知道,我们谈论的这个人有如此表现是因为他确实是正义者,还是仅仅为了享受荣誉和馈赠。为了让他完全有别于非正义者,让我们将他置于完全缺失道德感的状态:除了真正的正义,别无其他!让这个始终清白无辜的人显得像是最卑鄙无耻的非正义行为的始作俑者,这样,当他面对残酷的公众审判和由此导致的可怕结果的考验时,他那内在的正义会通过一件事显露出来,即他不会向他的欲望让步。尽管因非正义的外表而备受折磨——其实他自始至终都是个正义者——,我们这位正义者仍然会至死都忠于他内心的原则。如此达到正义与非正义的极端状况时,我们谈论的这两个人会以很清晰的形象出现在我们心中,而我们也能准确无误地知道这两人中哪个才是最幸福的。"

"我的天哪!"苏格拉底大声说,"你介绍起这两个家伙来,就像一个雕塑家为了参展,把他最漂亮的两尊铜像擦得锃锃亮!"

"我很用心的!"格劳孔说,"这两个家伙——用您的话说——既是上述模样,我们不难预见到等待他们的是怎样的生活,对此我马上会展开讨论。亲爱的苏格拉底,如果您觉得我很现实,请对您自己说,我不过是一部分人的代言人,在这一部分人看来,与非正义相比,正义——请容我说一句——连个兔子屁都不值!这些人会说,正义者如果是我们刚才所描绘的样子,那么落到他身上的,将是萨德侯爵让他那纯洁无瑕、品格高尚、公平正义的女主人公茱斯蒂娜所遭受的一切磨难:被囚禁,被鞭笞,被施以酷刑,被烙铁烫得失明,历经重重劫数,最后被处以木桩极刑而丧生。在可怕的濒死状态中,他终于承认渴望真正的正义不如渴望伪装的正义。这些非正义的拥趸还会说,埃斯库罗斯的话更适用于非正义者,而不是正义者。因为非正义者——拥趸们这样宣称——关心真实存在的事物和真正的事务,他不会活在表象中。实际上,他对非正义的表象根本不屑一顾，成为非正义者才是他的愿望。正如《七将攻忒拜》中的安菲阿剌俄斯：

> 比起表象，他更渴望有血有肉的存在
> 这是思想的收获，其中孕育着他的企图

这个伪装专家摇着虚假的正义之旗夺取了国家政权。他在自己觊觎的家族中挑选妻子。他把女儿们嫁给官居要职的青年，他的儿子们都娶了富有的女继承人为妻。无论是寻欢作乐还是策划阴谋，所有的社会集团都向他开放。为什么会这样？因为他是个既无一丝犹豫又无半点愧疚的非正义者。他只需靠犬儒主义的武装，就打败了所有敌手，无论是风流韵事还是政治冲突，他都能游刃有余地获取胜利。如此一来，他的财富日渐增多，可以随心所欲地宠爱朋友，打击敌人。他也能够给强权在握的人——包括各路神祇——送上各种灿烂夺目的礼物，而这是正义者无法做到的。他由此取得了能在事业上助他一臂之力的人的支持，连神祇都站在他一边。实际上，受贿赂的神祇们很可能更喜欢他，胜过可怜的正义者。亲爱的苏格拉底，有人声称非正义者被应许了比正义者更优越的生活，这就是他们的论据。您会看到，他们甚至坚持认为，无论生活的意义是由人决定还是由神决定，非正义者的优越性在任何情况下都是确定无疑的。"

苏格拉底刚想作答，却给两眼放光的阿曼达抢了先：

"您不会认为我弟弟的这番长篇大论真的解决问题了吧？"

"怎么不会！我刚想说，在这样的努力之后，我们都可以去睡觉了。"

"我们还没触及要讨论的问题，怎么能睡觉！"

"见鬼！让我们给'上阵亲兄弟'这句俗话增加一个性别吧，让我们齐声歌唱'上阵亲姐弟'吧。格劳孔的演说已经咄咄逼人，但如果它实际上还是忽略了某个关键因素，那么，姑娘，你就上阵吧！把他从泥沼中解救出来！至于我，他的话仅靠词语的数量就已经把我打倒在地，根本没有能力来为正义解围了。"

"亲爱的大师，您说的这些都是废话！您得听我说。我们的确有责任详细研究一下与我弟弟刚才说的话相左的论据。正义的热情信徒们，对非正义持有一份圣洁的恐惧感的人们，大家都来信誓旦旦地作证吧，这样我们就能更清楚地理解我亲爱的弟弟的话了。让我们从很重要的一点开始。一家之主,或者更普遍地说是对孩子成长负有责任的人,他们总是在孩子耳边唠叨,应该做个正义的人。他们是出于正义内在的优越性而称颂它的吗?绝对不是。他们根本不关心真实或道德。他们唯一的基准是社会生活。对他们来说,重要的是男孩女孩们——尤其是女孩子——能因这大名鼎鼎的'正义'而获得好名声。要是有哪个摇摆不定的意见宣布谁是'正义者',那么选票啊,重要职位啊,有利可图的亲事啊,马上就全归他了!格劳孔刚才说,一个人能从廉洁公正的名声中——不管这名声是否名副其实——获取诸多好处,他所说的完全正确。而一个推崇此类观点的人可能会走得更远。事实上,他可以凭借凡人能在神明那里享有的好名声,召唤神明亲自来为他助威。有些人说,诸神会用无数的好事来奖励正义者的虔诚。热情的赫西俄德及他的同行荷马的观点即是如此。在《工作与时日》中,赫西俄德宣称,为了正义者,神让橡树

枝头长出橡实,蜜蜂盘旋采蜜于橡树之中。

以及，为了正义者，

> 绵羊身上长出厚厚的绒毛[1]。

在赫西俄德看来，还存在各种类似的馈赠，都是神祇们通过自然赠与正义者的。他的同行荷马对此更是添油加醋：请看《奥德修纪》第十九卷，他将正义者比作了

> 一位没有缺点的君主，他敬畏上天，统治许多强盛部落，主持公道；由于他的贤明统治，玄黑的土壤生长大麦和小麦，树上垂着果实，羊群不断增加，大海鱼类繁殖[2]。

穆赛俄斯及其子代表诸神送给正义者的礼物，是些更为令人咋舌的好事。他们想象正义者死后是哈迪斯的座上宾，他们给他带上花冠，为他烹制美味佳肴……因此这些著名的正义者始终都是醉醺醺的，仿佛美德的神奇回报是一种永恒的醉

---

[1] 这两句译文均出自赫西俄德《工作与时日 神谱》，张竹明、蒋平译，商务印书馆，1991年，第8页。——译注
[2] 译文出自荷马《奥德修纪》，杨宪益译，上海译文出版社，1979年，第243页。——译注

态！其他诗人在描写被自己的名声拯救的死者获得的神圣回报时，总是直截了当地大唱赞歌。'正义忠诚的人，'他们说，'会在身后留下与他相像的子女，子女的子女，子孙后代，生生不息。'我发现人们总是用这种浮夸的风格来恭维正义。

"回到大逆不道者和非正义者身上，我们应该看一看诗人是怎样嘲讽他们的！他们让非正义者在地狱令人作呕的阴沟里，在狗屎、剥了皮的猫和腐烂的尸块之间，像鸭子一般扑腾。或者他们必须一刻不停地用漏斗来搬运成吨成吨的水。至于他们在世间的生活，注意了！如果听信大师们的'颂歌'、'哀歌'、这个歌那个歌，那么非正义者简直生不如死。舆论唾弃他们，我亲爱的弟弟刚才讲的对正义者的惩罚——误入歧途的舆论将他们当成了非正义者——，诗人们不作丝毫改动地把它们写成了真正的非正义者的命运。他们就是用这种方式，而非别的方式，分别将以下事物给予了正义及其反面（请允许我也像他们一样使用诗语）：

> 耀眼的颂歌和阴暗的谴责
> 恰当地落在他们的灵魂上

阿曼达作,《遗著》,第 2 卷!"

"你还是得……"格劳孔企图插话。

"等一下,等一下,我还没说完。亲爱的苏格拉底,我想跟您一起考察一下另一个关于正义和非正义的观点。这个观点,我们既能在酒席中听到,也能在诗人夸张的言辞中听到。所有这些先生们女士们齐声唱着美妙的抒情曲,赞颂着节制和正义。这些美德多么了不起啊!然而,在这充满激情的合唱中,我们很快听到了几个走调的声音。美德是了不起的,这已经盖棺论定,无须再议了。但不得不承认美德也是折磨人的。而且碍手碍脚,这一点用不着我来跟您说明!反之,我们得具备勇气和真诚,才能说出下面这番话:邪恶和非正义相当讨人喜欢,而且易于接近。无论如何,几乎只有平庸的观点和惹人生厌的法律才会给邪恶和非正义定罪。现在颂扬美德的歌曲转变了调子:上流社会人士和诗人们以越来越纷乱的节奏,开始歌颂非正义,因为它几乎总是能带来更多好处。另外,那些歌颂善的唱诗班成员也常常在友人聚会或重大接待场合,听任自己以令人作呕但有利可图的方式夸耀成为当权者座上宾的富有的恶棍,污蔑正直善良的人,高高在上地对待他们。后者可能是正义的,但他们肯定是软弱贫穷的。这类人——请允许我这样说——被上流社会视为粪土,尽管我们的'非正义摇滚乐队'私底下也承认'粪土'们在道德方面优于恶棍。"

"亲爱的姐姐,"格劳孔小心翼翼地插话道,"你就不能……"

"不要总打断我的话,行不行?我还有话要说。真正让人震惊的,是所有对神祇与美德之间关系的看法。他们会说,去看看一个真正的好男人,或一个超级可爱的女人:十有八九神祇会给他们制造一大堆麻烦。而成为生活赢家的,是那些流氓恶棍。除此之外,我们看到一些江湖郎中或穷困术士经常围攻一些海滨别墅,而在别墅里蠢动的,正是那些富有的恶棍。这些走江湖的社会渣滓宣称,借助一次次的献祭和魔法,他们已经从诸神那里夺取了非同寻常的能力。比如,如果某个恶棍或他的哪个祖先曾做了一桩令人发指的非正义之事,那些江湖郎中会一劳永逸地帮您洗脱罪恶感:'您不会再因这件事受累,此世彼世都不会了——如果彼世真存在的话!'为此只需亲手把坚挺的货币付给浑身长虱的术士们,让他们办几场热热闹闹的庆典。如果另一个人想在生意或爱情上让他的对手们出局一阵子,诀窍仅在于：花少量的钱，就能让江湖郎中用谄媚的巫术和无形的链条让你的敌人瘫痪。请注意，在这桩生意中，谁是正义的，谁是非正义的，大家根本没有兴趣知道。所有这些骗子们都号称有神灵助他们一臂之力。"

"等一下！等一下！你想说什么？"格劳孔插话道，"你到底……"

"你老是这么打断我，我真的忍无可忍了，"阿曼达坚决不让步，"我还没有说出最重要的：上面提到的江湖郎中总是躲藏在诗人的证词后。"

"这一点都不奇怪！"苏格拉底大声说。

"真的太神奇了！比如他们会引用赫西俄德，炫耀人是怎样轻而易举就堕落的：

> 人群染上恶习。多么容易！
> 大道已开辟，路程很短暂。
> 可美德是汗水，前路漫漫……

让我从自己的诗歌宝库中汲取点宝藏，把这首诗补充完整：

> ……并非眨巴眼睛就能企及。"

"亲爱的阿曼达！"苏格拉底说，"你即兴创作了一首真正的十音节诗。"

"还有荷马！我们的江湖郎中说，我们也引用荷马，让他出来作证，证明人类对神祇具有的影响力。我们来看看《伊利亚特》中福尼克斯对阿喀琉斯说的话吧：

> 神祇从不是绝对的铁面无私
> 害怕成为诸神打击对象的人
> ——违反了太多法，无疑是罪人——
> 他们通过奠酒、誓愿和献祭
> 懂得平息永恒不朽者的怒气
> 并重新成为愤怒之神的孩子。"

"要我说啊，"苏格拉底微笑着说，"你对我们的荷马的改写可真不赖！"

"还不止荷马和赫西俄德呢。我们的骗子还引用了穆赛俄斯和俄尔甫斯写的一堆神秘的书，说这两人是月神和缪斯的儿子。靠这些招数，他们让头脑简单的人，有时甚至还让政府相信，通过献祭和可笑的仪式，人们能够清洗自身，洗去自己犯下的最可怕的罪行，不仅此世有效，彼世也有效。他们把这些无聊之事称作'秘密入会仪式',据说这些仪式能够保护我们死后免受折磨。他们尖叫着说,如果不入会,我们就可能受到可怕的折磨。所以,亲爱的苏格拉底,请想象一下我们这些年轻人会作何感想吧。我们步入社会,唯有天性引导着我们走正确的道路。刚进入社会,我们就听到了这些言论和诗歌,一遍又一遍,我们的耳朵都起了老茧。我们一无所知,所以我们好奇心重。我们像蜜蜂一样毫无章法地采撷着所有这些修辞术之花。由于不停地听到关于劣习与美德的令人费解的话,听到人与神对劣习与美德的赞扬,我们最后会怎么想呢?我们渴望成为**主体**,而这一切会对**主体**产生怎样的影响呢?如果我们能从这些隐喻中推断出前行的道路,就此过上尽善尽美的生活,那么我跟您说,亲爱的苏格拉底,我们这些年轻人就会像年迈的品达罗斯那样下结论:

> 为了达到生活的高山之巅峰
> 在此筑下保护我生命的堡垒
> 难道我该选择骗子的无尽的
> 迂回,放弃正义生硬的直言?"

"要说'正义的',三个字,才能得到一首拙劣的十二音节诗。"苏格拉底评论道。

"您不听我说话,尽在细节上挑刺,苏格拉底。如果这是因为我的女性身份,您大可立即说出来,我这就走。"

"息怒!"格劳孔打圆场,"你看得很清楚,我们一字不漏地听着呢。"

"无论如何,我们这些年轻人走到哪里都会受到这样的教训。如果我是正义的却没有表现出来,我就会惹大麻烦。如果我是非正义的却处处表现得像个正义之人,我就能过上妙不可言的生活。于是我对自己说:既然所有睿智的老者都向我这个年轻女孩指出,假象每次都能战胜真相,而且还是开启幸福的钥匙,那么我该毫不犹豫、全身心地站到它这边。我会比寓言中的列那狐更狡猾,在我四周——表面也好,轮廓也好——画出一个正义满满的幽灵形象。"

"可是,"格劳孔打断她的话,他急于表明自己很乐意做听众,"别人可能会对你说,如果真是坏人,那么很难一直隐藏真相。"

"我会回答你:重要的东西没有一样是不难的。如果我们渴求幸福,那么除了追随这些讨论开启的道路,我们没有别的路可走。几人一起,我们能隐藏得更好:我们将围绕假象组织自己,我们将异口同声地撒谎。我们认识所有'虚伪'领域的教授学者,他们会把演说家的各种技巧和律师的各种手段传授给我们。条件允许的话,我们就准备充分,让言辞具有说服力;条件不允许,我们就动用暴力。我们会成为胜者,而正义永远得不到伸张。"

"那诸神呢?"格劳孔坚持不懈地发问,"我们不可能逃出他们的视线范围,也不可能束缚限制他们。"

"如果大名鼎鼎的神祇压根就不存在呢?嗯?你说要是他们不存在,还能对正义耍什么手段吗?"

"确实,"格劳孔沉着地说,"但他们也有可能是存在的。你要冒这个风险吗?"

"如果他们的确存在,但对人类做什么根本不在乎呢?无论如何,他们这么做也很正常。"

"是的,"格劳孔说,他越来越沉着,"但万一他们在乎人类的动静呢?果真如此,你怎么脱身呢?"

"让我来告诉你一件好事。关于神祇,我们怎么知道他们存在呢?或者更确切地说,我们是从谁那里听说的呢?我们只听讲述诸神故事的神话学家和诗人说起过。然而,我已经提醒过你们,同一些神话学家和诗人也说过,如果我们恰当地操纵祭品、诚挚的祈祷和供物,我们完全能熄灭诸神的怒火,让他们成为我们的盟友。所以,我们得两者取其一。要么在两点上相信诗人说的话:第一,神是存在的;第二,我们很容易平息神向人类爆发的怒气。要么诗人们说的这两点,我们一点都不相信。这就导致:第一,众神的怒气几乎不可能平息;第二,他们不存在,这就解决了问题!所以,让我们成为非正义者,然后把非正义带给我们的收益的一部分谨慎地贡献在祭品和供物的置办上。"

"可是,"格劳孔仍然面不改色地坚持己见,"做个正义之人,就能确保不受神的惩罚。这怎么说都是最简单的解决方案。"

"图简单的代价就是过上毫无意义的生活!因为你放弃了非正义带来的巨大利益。相反,身为非正义者,我们能够获得这些利益,随后借助一次次的祈祷和献祭,说服神灵无视我们误入歧途、行事卑鄙的事实,让我们免受各种惩罚。"

"可是,"格劳孔穷追不舍,然而始终沉着冷静,"在地狱里,我们在此世所行的不义之事都会受到公正的审判,我们会受到惩罚,或者我们的子孙后代会受到惩罚,这就更糟糕了。"

"亲爱的弟弟,请你偶尔也像个坚强的灵魂、像个真正的自由思想者那样想问题吧！加入神秘组织、认识救赎之神的确能够影响到地狱法庭。无论如何，那些有权势的国家首脑，那些诗人和预言家们都是这样说的，他们都是诸神的后代，毫不吝惜地将真理的符号洒向了我们。"

"你应该把这么出色的论证再重新组织一下，"苏格拉底说，"我从没听你说过这么长时间的话，简直可以和你弟弟著名的长篇大论平分秋色了。同时还得说清楚，在说了这么多之后，你到底对我——苏格拉底——有什么期待。归根到底，我不过是你所说的'睿智的老者'中的一员，年轻人以同样的热情倾听我同时也批评我，既想追随我又想否定我。"

"我永远不会否定您，永远不会！但您不能让我失望……问题很简单。假如我们只需用合适的举止的假象掩藏住自己的堕落，神与人马上就能让我们无所顾忌地去想去的地方，那么'我们'这些年轻人，我们还有什么理由选择正义、摒弃最玩世不恭的非正义呢？因为无论是常人的观点还是知识权威都是这样跟我们说的。听了他们的话后，我产生了一个想法：如果谁是真正的强者，或者非常聪明，或者非常富有，或者出身豪门，那么我们根本想不出任何计谋、任何诀窍，说服他对正义产生敬意。我说的正是'任何'。我甚至认为,就算您本人来歌颂正义,他们也会对您嗤之以鼻!

"现在我终于可以把最后的话和盘托出了。假设存在一个了不起的人——比如说您吧,苏格拉底——,有能力大声断言刚才我所说的一切都站不住脚,而且有能力根据严密知识的原则,不可辩驳地确立正义的优越性。我认为这个真正的智者本人因为性情平和,所以对非正义者只会抱有一种永不枯竭的宽容。因为经验告诉他,几乎没人会心甘情愿做正义之人。同非正义保持距离的只有两类人,一类受到神圣的内心自然的指引,另一类通晓某科学,而这种科学非常高深,尚不为他人所知。换句话说,人数寥寥无几。在眼下的世界,那些喋喋不休厉声斥责非正义的都是胆小鬼、老年人、残疾人,也就是所有因太弱小而无法行非正义之事的人。这太明显了!只需看一看所有这些怒发冲冠反对非正义的演说家。一旦给他们以实施非正义的权力,他们立即就会享用这种权力,甚至还会'物尽其用'。这一切都将我们带回到了出发点,也就是促使我弟弟和我不知困倦地投入这场讨论中的原因,亲爱的苏格拉底。我头脑中有一份请愿书,本想上呈给您,这份请愿书类似：

'哦，了不起的朋友，亲爱的苏格拉底，为什么你们这些公认的正义捍卫者，如若不是出于舆论、荣誉或奖励等可耻动机，就没有一个肯站出来鞭笞非正义、颂扬正义？而且自古代英雄时期以来即是如此。这些英雄的名言警句至今还在被人们传诵。至于自在自为的正义和非正义，它们寄居于**主体**之中，如同居于自己的住所，它们不具任何外形，以致人神都无法察觉到它们的存在。要根据它们对**主体**的实际影响来清楚解释它们的性质，这件事尚没有人做过。因此，没有人能够仅通过理智的力量证明，对于拥有它们的**主体**来说，非正义是恶中之恶，而正义不仅是**主体**至高的财富，甚至还是其内在的**真理**（Vérité）。然而，如果你们这些正义的捍卫者从一开始就让我们相信这个观点，在我们还是孩子时就已经把它灌输到了我们头脑里面，那么现在我们就无须相互监视，防止被舆论困扰的其他人做出非正义之举。我们每个人将自觉成为坚定的卫士，因为我们担心最微不足道的非正义之举都会暴露我们与恶中之恶的密切关系。'

"所以，下面就是我的请愿书，苏格拉底：希望我们的内心能够得到武装，保护作为**主体**的我们不被腐蚀。其余一切不过是某个色拉叙马霍斯——就像在那边假寐的那个——对正义与非正义的胡言乱语，在对这两者的本质差别的争论中，我认为他从一开始便已乱了阵脚。"

"你想从我这里得到什么呢，亲爱的阿曼达？你可真是既活泼又敏感，既悲观又坚决啊。我能为你做些什么呢？"

"不要耍手腕。我奋不顾身地为平庸的见解辩护，其实只是因为受到了某个愿望的折磨，希望最终能够听到您，苏格拉底，以高尚的方式来为反面的意见辩护。是的，我强烈希望您并不仅仅满足于证明正义比非正义更高级。这两者均以纯粹内在的方式，对被它们占领的**主体**产生着影响，我想听到您对这些影响作出令人信服的描述。我希望彻底理解这些影响的性质；人们称一些为'善'，另一些为'恶'，我希望搞清楚如此命名的原因。我希望苏格拉底您抛开对他人观点和评价的所有引用，这一点我弟弟格劳孔也已经劝告过您。如果您不抛开这些纯粹外在的标记，如果不管面对正义者还是非正义者，您的观念链都搞混了'几乎正确'、'错误但也不确定'、'具有可能性'、'不确定'以及所有虚假言论之间的顺序，那么我现在就非常干脆地告诉您：我会到处跟人仅满足于告诉我们正义比非正义更高级，这是绝对不可以的。您应该通过考察一者和另一者在**主体**身上产生的内在影响，为我们，也为您自己下个结论：一方属于**善**的范畴，另一方属于**恶**的范畴。我再补充一点，把该说的都说清楚：关于我们所有人都期待您进行的证明，正义的**主体**性进程是否能从外部被人或神所见，这一点完全无足轻重。最后我要说：打倒舆论！思想万岁！苏格拉底万岁！"

所有人都不约而同地鼓起掌来，甚至包括突然醒来的色拉叙马霍斯，甚至包括烂醉如泥、稀里糊涂的玻勒马霍斯，甚至包括满心嫉妒的格劳孔，因为他看到了姐姐的光彩，还看到她的发言——虽然依他格劳孔之见，这发言千疮百孔——在苏格拉底眼中点燃的明显喜悦。在吵嚷的人群平静下来后，苏格拉底立刻就拾起了话头：

"啊！青春啊！疲惫的世界上不断继起的青春！你值得被阿曼达修订过的品达罗斯专门为你写一首胜利的颂歌，就像这样：

> 格劳孔、阿曼达这样的年轻人，
> 他们比星空更璀璨！葡萄酒为

你们如此重要的思想功绩流淌

献给你们的溢美之词震惊天神。"

大家都笑起来，苏格拉底是第一个带头笑的。接着他又说：

"不过，在你们年轻人身上，的确有一些很神圣的东西，因为在以罕见的热情列举了非正义的无数好处之后，你们却始终无法让自己相信非正义比正义更好，完全无法相信。我尤其是在观察你们的真实举止，观察你们的生活后，才提出你们'完全'没有相信的假设。要是将来只能听你们说话，我就得多多提防了！但我信任你们。而且我越是信任你们，就越是陷入一种悖论。"

"啊！"色拉叙马霍斯突然咆哮起来，吓了所有人一跳，"它来了！苏格拉底式悖论又回来袭击我们了！"

色拉叙马霍斯跳起来，朝苏格拉底的方向冲过去，随即瘫倒，蜷缩成一团，因为疲惫，他又一次倒在了地上。

"我们的色拉叙马霍斯说得对，悖论吞噬着我。一方面，我不知道怎么做才能支援正义。我觉得自己没有这个能力。能力不够的迹象之一是，刚才同色拉叙马霍斯争吵完后，我认为自己已经证明了正义比非正义好的命题。然而我发现你们这些年轻人，你们并没有觉得我有多厉害，因为你们认为一切应该从零开始。但是，另一方面，我不能够不来支援正义。别人当着我的面诋毁它，如果我什么都不做，那将是对我自身存在的一种亵渎。放弃争论？不投入混战中？不，绝不。只要我还在呼吸，还能说话，我就不会袖手旁观。必须作个了结。最好的选择还是在我力所能及的范围内来支援正义。但我提醒你们，我的能力很微薄。我们很有可能一败涂地。"

话音刚落，格劳孔、阿曼达、玻勒马霍斯和刚刚又活过来的色拉叙马霍斯都围在了苏格拉底周围，请求他从自身找到一切方法，对正义者和非正义者的本质，对如何真正理解将此二者对立起来的因素，进行一场胜券在握的证明。

然而，苏格拉底仿佛独自身处孤独的夜中，他不再说什么，他退席、消失于自己的表象之中。

"已经很晚了。"色拉叙马霍斯低声抱怨，随后又瘫倒在地板上，手臂交叉，开始打起呼来。

第三章　社会和国家的起源
　　(368d-376c)

　　靛青的夜在星星点点的灯火的点缀下，四处蔓延开来。他们像置身于一个荒漠，其间住满萎靡不振的影子。狂欢过后，闷闷不乐的沮丧情绪铺天盖地而来，只有阿曼达、格劳孔、玻勒马霍斯和躺在地上鼾声连天的色拉叙马霍斯这几人没有被这沮丧情绪打败。苏格拉底受到对话者的纠缠，要他把讨论继续下去，他却长时间地沉默着。无论如何，"什么是正义？"是一个极其严肃的问题，而且想打赢胜仗，必须具备非常准确的智力直觉。今天的年轻人祈求他在迷宫之中为他们引路，这令他深为动容。可是无路可退的他也有一点气馁。因为什么样的人是正义的人，他自己真的清楚吗？简而言之，他自己是个正义的人吗？他仰躺在扶手椅中，反复咀嚼着这些问题，突然之间有了一个想法，随后立即告诉了稀稀拉拉几个听众：

"既然我们确实没有能力给出正义者的定义，那我们就用类比法吧，或者如果运气好，我们还可以用同构法（isomorphie）。"

"同构法是什么？"阿曼达问。

"如果两种实在具有完全相同的内在关系和结构，我们就说它们是同构的。你可以清楚地看到希腊词根：'iso'指同一或相等，'morphè'指形式。我们说的这两种实在是两种不同的东西，但它们具有同样的形式。"

"什么东西能与正义者同构呢？"格劳孔问。

"千万小心！我们感兴趣的不只是同构法。还有明显程度及可读性。与正义者同构的现实必须在结构上比正义者本人更容易辨别。否则，这种比较就毫无意义了。"

"是的，是的！"阿曼达热情高涨地欢呼起来。"我想我有一个绝妙的比方：我们把一篇文章用小字体写在一块小板子上，放在很远的地方，然后让一群视力差的人来看。他们什么也没看懂。但是，在这群视力差的人中有苏格拉底，他向他们指出，在他们近旁有一块大板子，上面是用大字体写出的同一篇文章。于是所有人都懂了，所有人都为苏格拉底鼓掌喝彩。"

"既然谈到了社会学,那就让我用伟大的莫斯的一句话来回答关于一般交流的问题吧:礼尚往来令每个人都认为自己是交换的受益者[1]。因此,我们是不是可以说,对于我们正在理性分析其起源的政治共同体来说,原则的制定仅仅是出于我们的需求?我说的'需求'是指基本的生存需要。首先是食物,这是所有需求中最根本的,因为生命的延续全仰仗食物;其次是住房;接着是衣服和鞋子、围巾、手套、帽子、袜子、睡帽、别针、腰带、扣子等种种配饰。因此问题全在于弄清楚社会——既然您认为从目前阶段来看,这个词最合适——如何能够满足那么多不同的需求。"

"你的问题,"苏格拉底慈祥地说,"其实已经包含了答案。社会学研究经常如此……必须组织生产。甲做农民,生产食物,乙生产住房,丙做裁缝,生产衣服。要生产配饰,我们需要一名好的鞋帽匠。这样一来,我们的社会至少会有四个成员!而且已经可以进行我们称之为分工的事。如果农民只用四分之一的工作时间生产仅够他个人生存所需的麦子,而不考虑其余三人的生存问

---

[1] 参见马塞尔·莫斯,《礼物》,汲喆译,上海:上海人民出版社,2002年。——译注

题，同时把剩余的四分之三时间用来乱砌屋墙、裁剪太小的衣服、缝制变形的鞋子，这将是一件很荒唐的事。在此期间，鞋帽匠、裁缝和泥瓦匠各自在一些小得可怜的土地上，竭尽全力种植根本不能吃的麦子。专业化才是更为合理的做法，至少表面看来如此，比如农民把全部时间用来给别人及自己种植优质的麦子，然后用这麦子去交换结实的鞋子、漂亮的房子和合体的衣服，这些东西是由鞋帽匠、泥瓦匠和裁缝投入全部时间，为了整个社会的利益而制造的。"

"为什么您要说'表面看来'？"机灵的阿曼达问，"劳动分工难道不像它看起来的那样合理吗？"

"啊！"苏格拉底笑起来，"我被抓住了马脚！劳动分工毫无疑问解释了现实社会的起源。但我们会看到，它无法成为未来社会的准则。这个未来社会与我们对正义的认识协调一致，在这样的社会，每个人应该能够或者几乎能够从事所有工作。"

"好的，好的，"缺乏诗意的格劳孔说，"眼下，让我们继续走在现实的道路上吧。生产的社会分工是建立在什么基础之上的呢？"

"劳动分工已经存在几千年了，在这种分工背后，我们发现存在两种信念，既根深蒂固又令人生疑。第一种信念是，自然没有赋予个体以相同的能力。人们说，某人天生适合做某种工作，另一人天生适合做另一种工作。第二种信念是，某个掌握了某种特殊技术的人应该全身心投入这种技术中去，而不是将精力分散在不同的技术上，从而降低每种技术的效率。最后必定会出现什么结论，你自己也能发现了。"

"那就是，"格劳孔说，"当个人根据天赋才能，只从事一种工作，埋头苦干，不去管别人在做什么或不在做什么时，一切才会变得更好，数量上和质量上都是如此。"

"多可笑的观点！"阿曼达叫起来。

"可是在整个人类历史上，这一直是压倒多数的观点，直到今天依然如此。"苏格拉底反驳道。

"这是既成事实，是暂时性的需要所致，无法以此证明这一做法的价值。"

"你说的对，"苏格拉底承认，"而且我们会提出不一样的看法。无论如何，这个经验或历史告诉我们，我们需要比想象的更多的人，才能组成一个完整的社会，哪怕原始社会也是如此。农民没时间也没能力做犁，泥瓦匠没时间也没能力做瓦刀和砖头，织布工和鞋帽匠没时间也没能力做毛线、皮革或数不胜数的工具。因此我们这个虚构的小小社会会增加一个铁匠、一个矿工、一个装配工和另外许多有技术的工人。但我们不会就此止步。我们还需要饲养员和牧羊人,这样农民的犁才有牛来拉,泥瓦匠的小车才有强壮、温和的骡子来拉。这还没算上希望获得制作精良的皮革的鞋帽匠。诸如此类,诸如此类。另外,国家的首都还应进口一些对它的发展来说必不可少的东西,于是运输工和批发商就来了。商业的萌芽反过来会刺激包括农业在内的生产。因为批发商到一个国家买自己国家所需的东西,他不能两手空空地来。为了买,他得卖;为了进口,他得出口。这就是为什么我们需要生产出比本地需求更多的麦子、葡萄酒或山羊的原因。这就是为什么新的种植者、耕作者、牧羊人和饲养员纷至沓来的原因。这些人显然需要安家落户,拥有必要的工具。因此又出现了新的铁匠、泥瓦匠、鞋帽匠和其他工人。在此基础上,商业蓬勃发展起来,涌现了一大批经纪人、金融家、转售商、运输工、代理人等等。"

"这还不算船只,"因这突如其来的经济腾飞而热血沸腾的格劳孔说,"那些为重要国际贸易服务的船只,还有船主、水手、码头工人……"

"是的!"苏格拉底笑起来,"一大群人,包括干苦力的，比如装货，拉纤，卸货……这些壮汉日复一日地出卖他们的劳动力，以换取一点点钱，也就是人们所说的薪水。他们也由此构成了庞大的领薪人群。请注意，人们从此开始购买劳动，就像购买其他必需的商品。这样我们就需要市场和货币，而后者是在交换中流通的一切事物的抽象符号。阿曼达！你睡着了吗？"

阿曼达没有反应。她确实睡着了，头仰靠在扶手椅背上，双手垂落在扶手上。看起来她对经济毫无兴趣。格劳孔则正好相反，一副热血沸腾的样子。

"苏格拉底，请告诉我，假设一个农民或工人来到市场，想卖掉两头牛或园艺工具，如果没有任何买主对这些东西感兴趣，那么他会不会一连几个小时甚至几天停留在原地等待顾客，却对自己的庄稼或作坊不闻不问呢？这样的话，买卖行为同您之前说的工作时间必要的持续性之间就构成了矛盾。"

"一针见血！这就是为什么我们还应该为我们的原始社会加上各种各样介于生产者与消费者之间的中介人。这些人成天泡在市场或商业办事处，他们的角色是负责实现金钱与待售产品的交换，或者已购产品与金钱的交换。在此期间，直接的生产者已经回去工作。我们应该区分职业商人和批发商，前者成天围着国内市场跑，都是些见钱眼开的人，后者则要冒风险长途旅行至国外，由此活跃了国际贸易。"

"我觉得，"格劳孔总结道，"我们确实已经盘点了社会存在需要的工作和人数。"

"差不多吧。这样我们就可以回到那个对我们来说唯一重要的问题：在一个此种类型的原始社会中，哪里会涉及正义或非正义呢？"

"啊！真让我好等！"阿曼达醒了过来，又变得精神抖擞。

"无论如何，我是看不出来。"格劳孔承认，"正义？在生产力如此低下的阶段？可能它存在于这些小原始共同体成员之间的交换过程中吧？"

"这个假设也不坏。我们先别气馁，好好审视一下这个问题。首先让我们来思考一下，在被你称为'原始共同体'而卢梭称为'自然状态'的地方，人们是怎么生活的。这些'原始人'肯定生产麦子、酒、衣服及鞋子，同时还建造房屋。如果说他们夏天干活时几乎总是赤身裸体、不穿鞋子，那么冬天他们一定是视寒冷程度穿衣穿鞋的。"

"那么这些未开化之人吃什么呢？"格劳

孔问。

"主要吃面粉。如果是大麦,就在炉子里烤熟,如果是小麦,就揉成面团然后晾干。啊,这些所谓的野人做的大饼!它们的高贵品质比我们那些波尔图甜酒和生姜煮狍子肉糜更为确定可靠,相信我!还有小面包!招待客人的食物都被放在刚割下来的芦苇和新鲜叶子上。客人们躺在紫杉枝和香桃木枝铺成的床上。男女老少都在一起大快朵颐。他们头戴花冠,喝着清冽的酒,用歌声颂扬着**大他者**的荣耀。他们由此在幸福的氛围中,不分彼此地混居在一起。如果说他们按收入控制出生率,那不是出于吝啬或自私,而是为了永远不陷入极度贫困或战争之中。"

格劳孔再也忍不住了:

"什么!您让这些人参加干面包宴会吗?"

"十二万分的抱歉!你说得对!我忘了调味品。当然有盐、橄榄、奶酪和洋葱。还有煮蔬菜,煮蔬菜如今已成为农民家中的一道家常菜。甚至可以加上几道甜食:无花果、鹰嘴豆、蚕豆等等。你说的'未开化之人'把香桃木浆果和橡果埋在灰烬下烧,吃时再伴以一杯淡酒。他们就这样宁静地、十分健康地度过他们的一生。他们通常能活到极高的岁数,去世时都会温柔地说:'我们年事已高!'他们留给后人的，是与他们相似的生活。"

格劳孔这下真的发怒了：

"您深夜把我们喊来谈话就是为了建立这个猪的国家？我们只差四脚着地吃您的橡果和煮土豆了！"

"可是，"苏格拉底平静地说，"你想让我给这些人吃什么呢？我们怎么解释他们宁静的幸福呢？他们之所以幸福，难道不是因为他们懂得保持自然天性，并下定决心不过分远离命运中兽性的那部分吗？"

"至少您可以让他们睡在真正的床上，让他们坐在真正的桌子前和真正的椅子上，吃饭时给他们吃肉，甜点就让他们吃奶油蛋糕。这不算太奢侈吧！"

"我懂你的意思了。这貌似无足轻重，实际上会完全改变方法。因为这样一来，主要研究对象就不再是社会和国家的起源，而是这二者在物资极度丰富、各种所谓的现代生活趣味开始出现的条件下会产生的变化。或许你是对的。你的方法可以帮助我们理解在哪个确切的时刻，以及在何种条件下，正义和非正义会在国家中应运而生。我坚持一点，真正的政治共同体呈现的是我们刚才描述的模样，我把它视作集体生活的健康状态。

现在，如果你们坚决要研究一个病态的、狂热的政治共同体，那我们就开始吧！其实我的确感觉到，就像你举的例子那样，亲爱的格劳孔，对很多人来说，我说的简单共同体无论多么自然，都无法满足他们，与这种共同体相适应的生活方式也无法满足他们。他们想要床、桌子、各种崭新的家具、三星厨师烹饪的佳肴、名牌香水、性感妓女、波罗的海鱼子酱、银杯里焚烧的香、最高档的东方糕点，总而言之，各种稀少又无用的东西。在这样的世界，认为'必需品'——也就是必须获得的东西——指的是房屋、衣服、鞋子这些东西，这种观点是错误的，因为我们还可以加上绘画、人们展出的五花八门的东西、金子、象牙、铂金、铱金、各种各样的贵金属。"

"我们终于来到了一个文明的国度！"格劳孔赞许地说。

"但这样的话，我们就得设想，这个作为我们理论故事根据的国家，它得比目前我们描述的规模大得多。那个处于永恒的健康状态的'原始社会'无法满足需求。必须给它填补上大量的人，后者同严格意义上的公共生活需求没有任何联系。例如我们会有形形色色的猎人：猎兔子的，猎鹌鹑的，猎山鸡的，猎狍子的，猎野猪的……

还有形形色色的摹仿家：利用形象和色彩的，是画家；利用音乐和词语的，是诗人，是作曲家；追在这些人后面的，是讲述荷马史诗的游吟诗人，是迷人的歌唱家，是摇滚乐队、探戈舞团或说唱乐队，是交响乐演奏者，是舞者，是演员，是发行人，是制片人……再来看看另一些人，他们追赶着前面已经追着别人跑的人：美容产品制造商还有——*last but not least*[1]——女性时尚设计师和手工业者，以及一个新近时髦起来的类别，即男性时尚设计师和手工业者。还需要设立大量岗位，为左邻右里提供服务，比如给天资不够聪颖的孩子补习数学或古希腊语课的家教，给不愿伤害乳房的优雅母亲带孩子的乳母，给长青春痘的孩子上钢琴课的老师，豪华酒店女清洁工，梳髻的理发师，还得算上厨师和水产养殖者。就算再加上猪圈清理工，也没有实现最终目标。说实话，设立岗位这件事是永无止境的。在我们的第一个社会不存在上述工作，因为根本不需要它们。但在眼下讨论的社会里，我们需要所有这些人，瞧，我刚想到，我们还需要牲畜，多多益善，因为这类社会的居民都已成为肉食动物。另外，因为这

---

[1] 意为"最后但并非最不重要的一点"。

样一种堕落的饮食习惯，我们还需要……阿曼达！打瞌睡的好女孩！我们还需要什么？"

"医生。"阿曼达沮丧地说。

"大量医生！不仅有给市民看病的医生，还得有军医。因为这个国家虽然到目前为止在食物上还是自给自足的，但它已经变得太小，无法供养正在快速增长的人口。一个念头就此产生：侵占邻居的土地可能也不是件坏事。这样我们就有足够的土地发展农业、养殖牲畜了。如果这个邻居也像我们一样跨越了简单需求的界限，由此陷入占有的无限欲望之中而不可自拔，那么他们也会得出相同的结论：侵占邻居土地，也就是我们的土地。对待边界问题的同种欲望会导向什么呢？"

"导向战争。"阿曼达说，她的情绪越来越沮丧。

"是的，战争……这可是哲学家的重要话题啊！"苏格拉底高声说出了心声。

"您能不能给我们证明一下战争的结果必然是灾难性的呢？"阿曼达接过话茬，"和平主义者和非暴力主义者都这么认为。或者说，我们是否应该设想存在有用的、甚至正义的战争？比如不少古典思想家就这么认为，大部分革命派也这么认为。还有黑格尔老爹，对他来说，战争是揭示一个民族主体性的辩证时刻……这个问题已经困扰我很长时间了。"

"对这个问题下结论的时刻还没有到来。我只想强调一点：我们发现战争的根源在于可怕的掠夺激情，在于对增加财产——不管是金融资产（钱、股份）、不动产（房屋）、动产（贵重物品）还是地产（土地）——的无止境的渴望。不管在什么地方，只要这种业主本能占据了人们的思想，它就会成为最致命的灾难的根源，公共领域、私人领域都是如此。只不过，立足当下，我们还没有能力依靠不容置疑的证据制定取缔私有财产的章程。你们知道，我们将此称为'共产主义'，总有一天我们会实现它。但我们得有方法。我们遵循社会发展的力线，只是为了抓住正义与非正义相对抗的时刻。"

"那您从战争的起源中得出了什么结论呢？"失望的阿曼达问道。

"很简单，我的姑娘，结论就是我们还得扩大国家的疆域。而且不是扩大一点点！因为我们需要根据战争规模创建军队，时刻准备着用我们已有的资源，去保卫新近用武力夺取的资源，同时毫不留情地与侵略者展开斗争。"

"可是，"格劳孔提出反对意见，"这个虚拟的政治共同体的成员难道没有能力这么做吗？他们也可以拿起武器的吧！可以发布总动员令啊。"

"你看你不走方法给我们指出的道路，结果又掉进壕沟里去了吧。不管是你还是其他人，我们都已经约定，从目前我们对社会起源的研究来看，我们的原则是劳动的严格分工。根据传统观点，一个男人——当然也可以是一个女人——不能够真正掌握几种不同的技术。而战争从方方面面来看难道不成其为一种技术吗？我怎么觉得在壕沟深处的你认为鞋帽匠比士兵更重要呢！"

"啊！"阿曼达说，"我亲爱的弟弟终于说对了一次。做好鞋子显然比奉命杀死邻居更有价值，更为重要。"

"我们不需要此类价值判断！"苏格拉底发怒了，"目前来看劳动的社会分工源自一切真实的社会运动，在这一分工的背景下，我们已经说过：鞋帽匠不能，因此也不该……"

"这太稀奇了！"阿曼达跳起来，"一面禁止我作价值判断，一面却说'不能因此也不该'，好像事实与价值是一回事似的！"

"在我们的方法允许的背景之下！也就是将劳动分工视作一种客观必要性。只考虑这种情况！在这种情况下，是的，我们应该说，鞋帽匠不应成为纺织工、信息技术员或农民。他既然是鞋帽匠，就应该一直是鞋帽匠，这样才能在他那独一无二的职业中臻于完美。我们可以将士兵的职业排除在外吗？出发前往战场，掌握战略战术，有效使用任意一种武器——从匕首直至反坦克火箭筒——，驾驶歼击机，摧毁敌军坦克，这难道真比缝合军鞋鞋底简单很多吗？即便是玩距骨接子游戏，也得从小练起。你们真的认为，仅从墙上取下盾与刀，或者枪与弹，我们就立刻成了出色的斗士，只要在前线一露面，就会让敌人像兔子一般四散逃窜了吗？我的天哪！你们可真是吹牛不打草稿！"

"别生气！"阿曼达打圆场，"您自己也一样，根本不相信鞋帽匠同士兵的比较能够站得住脚。士兵同全民族的主体性相关，士兵不是一种职业，除非我们身处腐朽的帝国主义阶段。士兵是时势对个体的需求和征调。我们完全可以在愚蠢的劳动分工背景之外研究战争对人类的要求。另外，原本是数学家、卖花生的或造劳动工具的市民，一旦同法西斯侵略者作起战来就变成了狮子，这样的事屡见不鲜，这可比鞋子的故事有意思多了！"

"啊！"苏格拉底睁大了眼睛，"我听到了什么！那你呢，亲爱的格劳孔，你怎么看？"

"我也觉得不需要把目光局限在工作分类之中

也能分析士兵的特点。"

"因为，"阿曼达还在坚持，"在一个自由国家，当兵涉及的是军事原则。这不是社会学家该管的事。不要忘了我们目前的精神事业是正义概念，而不是鞋帽匠与骑兵将领之间的薪水差距。"

"好吧，好吧，"苏格拉底像投降一般高举起双手，"我认输了。我们又一次改变了方法。在等待正义的概念来临之前，让我们先套用阿曼达口中的'黑格尔老爹'的术语——其实我真不知道为什么要这么叫他——，研究一下自在（en soi）、自为（pour soi）的士兵概念。让我们从头开始：那些因情势所迫成为士兵去保卫祖国的人——如果我们过早地选择了共产主义假设，那就是所有人——必须具备哪些主客观条件？"

"是的，"阿曼达说，"保卫祖国。把征服和掠夺的意愿以及致命的贪婪排除在讨论范围之外。我们谈论的士兵被迫成为士兵，是为了维护在这个国家好不容易建立起来的正义。我们这是在步让·饶勒斯的后尘：在其《新军队》一书中，每个士兵都是市民，他们不仅保卫领土，更保卫理念。是的，让我们把这类士兵称作'卫士'。'卫士'是介于'士兵'和'政治活动家'之间的人。"

"听起来不错，"格劳孔说，"一起来进行关于卫士的现象学研究吧。"

"既然现在讨论被你们牵着鼻子走了,那么提第一个问题吧,青年们。然后,快马加鞭,我们就起程了。"

格劳孔身先士卒:

"哪些特征可以帮助我们辨识一个好士兵?"

"让我们从远处开始,"苏格拉底不慌不忙地说,"越远越好:从自然开始。请允许我做一个比较,一边是被召集投入保卫战的人这种动物,也就是我们的卫士,另一边是恰好被称为警卫犬的狗。我觉得卫士与警犬一样,都得机警、敏捷、强壮。机警以便发现潜藏的威胁,敏捷以便在发现威胁后立即展开追捕,强壮以便在追上目标后立即展开搏斗。"

"我还觉得,"格劳孔说,"要搏斗的话,客观上的强壮是不够的,还要有主观上的勇气。"

"绝对是的。无论是机警的、敏捷的、强壮的还是英勇的,反正这都是培养卫士需要达到的明确目标。然而,在这一切之后,我觉得存在一种**主体**心理层次,我们可以称之为活力(énergie),一种怒气和勇气的混合体。我们都知道,在愤怒中存在着某种难以驯服、几乎不可战胜的东西。一个被我所说的活力刺激的**主体**不知恐惧为何物,也从没想过要让步，哪怕一寸都不让。"

"我知道了！"阿曼达笑起来，"刚才我有点生气，所以苏格拉底您做出了让步。"

"你得当心了：'敌进我退，敌驻我扰，敌疲我打，敌退我追。'"

"这话是谁说的？"

"毛。让我们概括一下。我们这位理想的卫士需要具备以下客观上、身体上和心理上的条件：警惕性、速度、力量和勇气。能令他成为**主体**的是活力，或潜藏的怒气，后者能封锁住他身上的懦弱。"

"易怒的人的问题在于，"阿曼达反驳道，"当他们遇到另一个同类时，很容易变得残暴凶猛。我经常会对另一个女人大发雷霆，仅仅因为我看出她有反对我的苗头。这就像一头警犬在街上看到另一头警犬。小心被咬！最好给它们套上嘴套。"

"可是，"格劳孔打趣道，"总不能给我们的卫士也套上嘴套，防止他们互相撕咬吧！"

"但是的确要解决这个辩证的问题，"苏格拉底插话，"我们的卫士在战火中对待敌人很凶残，但他们在对待全体人民，尤其是对待其他卫士，甚至包括被俘或受伤的敌军时，应该表现出令人称道的殷勤。怎样让我们的同胞身上产生这样一种能够联结残暴和殷勤，温柔和冷酷的结构呢？如果我们毫无新意地承认冷酷和温柔是互相排斥的，那么我们永远也找不到一个合适的卫士。"

"我们进入死胡同了。"格劳孔说，他已经很疲惫了。

"一点都没有，傻瓜！"阿曼达反驳道，"想想苏格拉底的比方，想想那些狗。"

"狗？什么狗？"格劳孔困惑地问。

"一条好警犬能够嗅出威胁和不良企图，然后露出利齿。但是，碰到熟悉或软弱的事物，它就完全是柔情和友谊的化身了。看看它们，这些跟孩子、老人、家族的友人、文质彬彬的访客在一起的好狗狗们！它们四脚朝天地打滚，它们的眼睛脉脉含情，它们乖乖地让别人拉扯它们的耳朵……"

"这就是爱动物的方式，"苏格拉底笑着说，"就是了解它们！是的，温柔和冷酷的辩证法关乎认识和辨别活动。重要的是一种机敏，凭借这种机敏，我们能够将来自别处的、威胁到集体进步的事物同鼓励集体进步的事物区别开来。然而，我的问题其实并不在此。问题在于，我们忘记了卫士的一个本质特征，而这个特征实际上是从阿曼达的评论中派生出来的。"

"哪个？"格劳孔问。他希望大家可以快快结束讨论。

"阿曼达赞不绝口的狗实际上是只哲学狗。"

"什么？一只哲学狗？"

"这只狗能分辨什么是好的，什么是危险的，什么是无害的。正是这种辨别力决定着它的愤怒活力的爆发：露出利齿，进行攻击；或者反过来决定着它的快乐活力的分泌：蹦蹦跳跳，乞求爱抚。因此，合格的警犬依靠善的理念来调节**主体**的活力。这是个完美的哲学家。它并不贪求权力，但十分渴求知识。"

"卫士的定义由此而来，"阿曼达总结道，"卫士是一条好狗！"

"无论如何，真正的卫士跟警卫犬一样，根据一种更高级的欲望，也就是对知识的欲望来调节内心的辩证法，表现得或残暴或殷勤。刚才我们回顾了社会的起源。因为整个社会都浓缩在卫士的定义中，我们因此可以知道，这个社会的所有居民——因为所有人都被要求成为卫士——都应该尽力变得机警敏捷、强壮英勇、活力四射、爱好哲学。"

"多么伟大的计划啊！"格劳孔兴奋起来，"让我们一遍又一遍地重复：多么伟大的计划啊！"

第四章　精神的学科：文学与音乐
(376c-403c)

苏格拉底开始摩拳擦掌，这在他是思想高度集中的象征。

"朋友们，我们已经给卫士——从潜在角度看也就是每个人——画了一幅令人印象深刻的肖像。可是怎么培养这样一个人呢？怎么驯服他身上永恒的童心呢？这个问题很难回答。另外，我们也可以思考一下，假设我们能够回答这个问题，那么答案能否帮助我们解决那个唯一真正的问题，那个从一开始就困扰我们的问题：正义与非正义在某个政治体内（corps politique）出现的模式究竟有哪些？我们必须将注意力集中在这个问题上，不要忽略任何具有重要意义的论据，也不要提出完全无关紧要的问题。"

阿曼达激动起来，大声说：

"我们怎么可能不把政治权力问题与代表这一

权力之人的想法，与他们的知识和无知，与他们的追求和厌恶，因而也就是与他们的童年和教育联系起来呢？"

"说得好！让我们先来绕个弯，尽管这个弯可能会绕很远。我们先来讲个美好的故事，这个故事同诗人们醉心的神话故事比起来毫不逊色。这个故事就是，由我们唯独依靠理性来决定未来卫士的教育大纲，也就是培养青年一代，因为每个人都有可能成为卫士。"

"我真喜欢住在您身上的寓言家！"阿曼达笑起来。

"而且还是个没有创造发明能力的寓言家。因为我们想象得出比传统教育更好的教育方式吗？这传统教育包括锻炼身体的体育和锻炼精神的科学、艺术和文学。而且怎么拒绝一切应从艺术和文学开始的想法呢？所以我们的第一个问题便产生了：什么样的文学艺术教育适合我们未来的同胞？格劳孔，该你发言了。"

"什么样，"格劳孔勇敢地说，"什么样……我一点想法都没有！"

"好，让我们有条理地分析一下吧。不管是在文学艺术中还是在科学中，都存在陈述、句子、论据、话语。我们也知道存在两种类型的话语：

一些为真,一些为假。假设这两种类型的话语都会进入到我们的教育大纲中,但获得优先权的是假话。"

"太可笑了!"阿曼达不满地说,"未来的政治共同体成员刚进入人生的朝阳阶段,却教给他们一切虚假的东西!您这是在嘲笑我们大家吧!"

"怎么会呢!这是我们日常之所见啊。我们在教育孩子的时候,不都是从讲故事、讲寓言开始的吗?而寓言不过就是掺杂了少许真相的谎言。"

"那该怎么办呢?"格劳孔有些不知所措。

"万事最重要的是开头。这条准则对童年这一人生开端来说尤其适用。儿童时期不正是塑造个体的最好时期吗?人们希望个体成为什么样的人,就这样去培养他。既然如此,那么用不知由谁想出来的不知什么神话去折磨孩子,这还是明智之举吗?我们希望他们长大后拥有某些观念,但上述做法等于是让他们听取完全相反的观念。因此我们首要的任务是监控说故事的人。有人讲好故事,我们就选择他们,有人讲滥故事,我们就抛弃他们。然后如果奶妈、母亲或父亲想干预,就让他们给孩子讲经过选择的故事,这样孩子们的精神就能被喃喃道出的寓言所塑造,效果胜过爱抚所塑造的身体。"

"那我们不能按照今日的儿童教育要求自己编写新故事吗?"阿曼达插嘴道。

"你哥哥柏拉图写得都不错。但眼下你我都不是诗人。我们正忙着思考国家的起源、本质和组织。因此我们需要了解怎样的寓言类型适合于被创作成培养国民的诗歌。至少我们可以表明自己敌视一切使用明显不恰当类型的行为。但作诗本身不是我们的责任。"

"一面宣称要审查诗人,一面又承认我们自己不是诗人,我们这样做难道不是在自掘坟墓?"阿曼达说,"归根到底,您想禁止什么呢?"

"真正的谎言。深思熟虑后有意识地说出的假话既与神为敌,又与人为敌。"

"为什么是谎言?"

"因为对于决定性时刻发生的至关重要之事,没有人甘愿受骗,即便他对此毫不知情也不行。就这样被虚假紧紧包围,这是我们最害怕的事。"

"我还是不太明白。"格劳孔坦白道。

"不要再认为我只会说圣言!我只是说了件很简单的事:**主体**搞错了现实的本质,在虚假本质中停滞不前,甚至对此毫无意识,并由此保护了我们身上的假。当我们最终意识到这一点时,前面提到的错误是最让人无法承受的。发现自身的积习会在我们身上引发对谎言的憎恶。"

"我就是这样的！而且我永远不会改变！"

"如果要说得精确一点，那么应该说，我所谓的'真正的谎言'实际上是一种现实的无知。个体以为自己从内心来看已经成长为他能够成为的**主体**，实际情况却并非如此，那一刻在他身上体现的便是这种现实的无知。欺骗性言论只是模仿了这一现实的**主体**感状（affection），是从后者派生出的一种形象，严格来说它已经不是处于纯粹状态的谎言。'真正的谎言'是**主体**的疾病，只有它才会引起人神共愤。"

"我全懂了，谢谢。"

"接下来还得研究一下作为真正谎言之错误复制品的欺骗性言论。在某些情况下，与真正的谎言不同的是，欺骗性言论不会成为仇恨的对象。比如当它是说给敌人或所谓的朋友听的时候。疯狂或重大误会会驱使这些朋友背叛我们，或摆我们一道。此时欺骗性言论能起到解药的作用，用来中和谎言那可疑的意图。再比如刚才我们谈到的例子，也就是神话的例子。神话讲述的是遥远的过去，我们不知道当时的真正背景，因此我们可以创造一些传说，让传说涉及的背景尽可能地接近于被掩盖的真相，由此在说谎的同时创造有用的作品。"

"可是,"阿曼达反驳道,"疯狂和无知完全是人类的感情。您所说的这一切都无法给予诸神以说谎的权利,假如我们说的'神'指的是达到自身无限完美状态的人类的象征。"

"你说得完全正确。正如我在拉康之后常常说起的那样,'神'只不过是那个**大他者**的昵称——也就是任何一个偶然遇到的他者身上值得升华的那部分的总和。在这些条件下,我们可以说任何一个说谎的诗人都无法与神圣性为伍。"

"真的吗?"格劳孔问。他一直受神话故事中不胜枚举的、与性欺骗有关的轻浮故事所困扰。"诸神真的不会在任何事情上说谎吗?"

"如果**神**是**大他者**,是一切言论的担保者,那么他绝不会在任何事情上说谎!"阿曼达严厉地打断他的话。

"**主体**身上那属于神圣的精神实质的部分同谎言格格不入,"苏格拉底补充道,"如果'**神**'是**大他者**的纯粹本质——这本质是否存在另当别论——,那么唯一能被称为'神'的,是某个象征性的存在,他的一言一行都十分简单真实,他既不会变身,也不会利用诸如幻术、诡谲的言论或伪造的符号等人工手段来迷惑他人,不管别人是醒着还是睡着都不会这样做。"

"你看到了吧!"阿曼达对窘迫的格劳孔说。

"格劳孔应该承认,人们在讲关于神的故事或写关于神的诗歌时,让神像拙劣的魔术师一样变形,或者宣称他们用欺骗性话语或弄虚作假的可耻行为来迷惑我们,这本身就说不通。这也是为什么尽管我们仰慕埃斯库罗斯,却无法赞同他的悲剧《争夺兵器》[1] 中的片段。在片段中,忒提斯说,出席她婚礼的阿波罗

> 笑着向我预报了良子的诞生
> 亲爱的孩子们将免受一切恶疾,
> 被麻痹的爱神会为幸运的我创造
> 那被我高涨的勇气所焚烧的生命。
> 我所有的知识告诉我,谎言永远不可能
> 走在阿波罗的前面,走在他那神圣之口

的前面。

他站在那儿,他的歌声触动了我
承诺着未来,说它定然光辉璀璨。
可是,正是他,阿波罗,这杀手、骗子、

---

[1] 《争夺兵器》法文 Jugement des armes,据传为埃斯库罗斯写的关于希腊英雄大埃阿斯的三部曲之第一部,剧作名源自大埃阿斯与奥德修斯争抢阿喀琉斯的盔甲和武器的故事。——译注

可疑的东西，

  他即将成为杀人犯，谋杀我的亲子，
神啊！

如果一个诗人这样评价神，或内在于**主体**的神圣性，那么我们是不会高兴的！我们不会把他的诗歌推荐给负责教育我们公民的教师。"

"所以您同意康德的观点？"格劳孔说，"您是不是认为，无论在何种情形下，谎言都是一种恶？一种绝对的恶？您会像他那样，怒斥本杰明·贡斯当为'所谓的说谎权利'辩护吗？"

"我不是形式主义道德的拥护者，完全不是。我觉得将谎言神圣化是不可能的，不过我也承认说谎从经验角度说可能具有必要性。"

"在什么情况下？在什么条件下？"阿曼达严厉地问。

"当敌人力量强大，迫使我们使诡计耍手段时。但即便在那种时刻，政治领袖们也须独自承担说必要谎言的不名誉责任。而且当威胁远离时，他们必须公开实情。如果个人因一己私利向共同体说谎时，他在我们看来就是犯了错误，比起学生因羞愧向体育老师掩盖了自己平足的事实，或者病人因害怕诊断结果而'忘记'向医生描述最严重的症状，或者水手为避免在船上像苦役犯一般劳动而不向船长汇报发动机的过热现象，他的错误要严重得多。因此作为普遍原则，一旦被要求，年轻人就必须如实汇报自己的行动。"

"说得倒好，"阿曼达说，"但做起来难。"

"如果老师看到有人说谎，比如：

> 渴望成为真正的无产阶级的小伙子
> 梦想成为魔法师的女孩
> 或者自认是土地耕耘者的人
> 正如向春天作出回应的诗人……"

"《奥德修纪》第十七卷，"阿曼达打断他的话，"再配上芥末蛋黄酱！"

"好样的！"苏格拉底兴高采烈地说，"于是，老师就会指出小撒谎精的所作所为，并在众人面前向他证明，一切谎言都会损害语言赖以确立的约定，由此严重地削弱政治共同体。"

"这么解释谎言才算清楚，"格劳孔总结道，"面对这些寻衅滋事的青少年，生命力过度旺盛的女孩，我们怎么做才能保持克制、节制和有意识的适度呢？"

"大家听听这个有智慧的小老头儿说的话

吧！"阿曼达讽刺他。

"啊！他说得对，这可不是件易事啊！"苏格拉底说，"我们可以宣扬对秩序的遵守，因为我们已经明白这样做的价值，可以宣扬对强烈欲望（酒精、毒品、性等等）的控制，因为欲望很容易分解思想和行动。城邦的卫士需要绝对服从的是节制的要求。我们终于有一次可以赞同荷马的观点了。荷马让狄俄墨得斯对斯忒涅洛斯说：

请坐吧，不要说话，听从我的指令。

他对希腊军队的描述，我们也同样很满意：

希腊人充满勇气，悄无声息地
前进，惧怕首领毫无征兆的怒气……"

阿曼达说："这个描述有点像出自爱咕哝的将军之口！"

"你没打过仗，一眼就看出来了！无论如何，同一个荷马在《奥德修纪》第九卷让主人公说话时却失控了。那人说，世界上最美妙的事物，不外乎

被肉和面包压塌的桌子

而此时葡萄酒正被斟至黄金杯里。

教导女孩男孩养成节制品德的可不是这一类小调!"

"还有更槽糕的呢!"格劳孔说,"我记得是在《伊里亚特》第十四卷中。荷马讲了宙斯的故事。在整个宇宙的人神共同沉入睡眠之时,若有所思、孤孤单单的宙斯突然被一阵淫邪的欲念控制,这欲念如此强烈,以至于他忘掉了思考的内容。看到惊醒的赫拉,他甚至没有耐心同她一起去卧室,就撕掉了她的睡衣,把赤身裸体的她扔到地上,连抚摸都不抚摸一下,就进入了她的身体。他一边在她的深处探索,一边在她耳边低语,说他从来没有如此渴望过她,甚至当他们还年少时,'背着父母亲'偷偷摸摸上床时都不曾如此。"

"《奥德修纪》第八卷讲到,全身一丝不挂的阿瑞斯和阿佛洛狄忒在最缱绻旖旎的时刻,被赫菲斯托斯的链条锁住,这个故事也是很淫秽的。"阿曼达补充道。

"可是,"苏格拉底纠正她,"荷马同样懂得歌颂某些名人在艰苦卓绝的环境下表现出的坚忍不拔的品质。我们绝对应该牢记下面的诗句:

> 捶打着自己的胸口,他向自己的心发难:
>
> 坚持住,虚弱的心脏!笑看眼前的危难!
>
> 你曾承受住的不幸,不知比这沉重几多。"

"《奥德修纪》第二十卷对不对?"格劳孔指出。他很高兴赶在姐姐前头,在文化常识上得了一分。"关于节制还有什么言论?"

"我希望我们能够谈谈腐败、礼物和财富,"阿曼达说,"难道不该提醒我们的卫士提防这些东西吗?"

"在这种情况下,我们就不能附和老赫西俄德。他说:

> 没人能够抵抗巧妙的贡品
> 年轻的神衹,年老的国王,
> 他们都得投降。"

"是的,是的,"阿曼达抱怨道,"老诗人们的这种道德剖析听着让人生厌。而且,您完全没有提到形式、节奏、形象……这和电视新闻有什么区别啊！"

"那就暂且不提寓言的道德内涵吧，"苏格拉底作出让步，"我们就谈谈风格吧。这样的话，我们就能把准备放入教育大纲的文学作品的内容和形式同时与年轻卫士的教育问题联系起来了。"

"'形式'、'风格'……它们到底是什么啊？"格劳孔有点挑衅地说。

"让我们从两个基本观点出发。第一：诗人如果是寓言作者，那么他们的言论就应该被看作对正在发生、已经发生或即将发生之事的叙述。第二：叙事是间接的、直接的——也就是摹仿——或混合的。"

"我糊涂了。"阿曼达宣布。

"唉！你觉得我是可笑的老师？语焉不详的学究？"

"您只需按照庸师们惯用的方法脱身：举一个有点愚蠢的例子，用来代替对主要观点的解释，然后就万事大吉了！"

"我看出来了，你对我的教育才能有很高的评价。那好，我会完全遵照你说的去做。我想你一定对《伊里亚特》的开头烂熟于心了吧。阿波罗的祭司克律塞斯请求阿伽门农释放他的女儿。阿伽门农大发雷霆并打发了他。受到羞辱的克律塞斯便向神祷告，让希腊人命运多舛。看这两句：

> 克律塞斯哀求希腊人、所有战士，
> 以及受命于民的阿特柔斯之子们。

你看此时诗人并不试图让人以为说话者不是他本人。他汇报克律塞斯的话，就像一个证人汇报他的所见所闻。此时风格是间接的。但是，在接下来的诗句中，诗人说起话来，仿佛他就是克律塞斯本人。他确实试图说服我们，说话的不是他——荷马，而是年老的祭司。荷马就是用这种风格，也就是将言论分配给诗人以外的某个说话者，写成了几乎所有发生于特洛伊或伊萨卡岛的故事。这是直接风格，或者说摹仿风格。荷马就像一个用诗句扮演父亲角色的演员。"

"我们不应该稍微梳理一下概念吗？"阿曼达建议道，"叙事的特征究竟是什么？"

"当我们客观地，某种程度上说也就是从外部来转述别人的言论以及一切发生于这些言论间的活动时，我们就说有叙事。"

"那摹仿呢？"

"如果我们说话时仿佛在用自己的口说别人的话，那么我们会尽最大努力，让自己说起话来尽量像那些我们宣称讲了这番话的人，不是吗？"

"这就是摹仿的艺术吗？"

"在语调和态度上让自己像另外一个人，试图变成与他相似的人，这难道不是在摹仿那个人吗？"

"显然如此。"

"结果就是，即便是在叙事中，荷马及其后继者用的也是摹仿的手法。假如诗人从不掩饰一切言说都是他本人的言说这个事实，那么诗性叙事中就没有摹仿的位置。为了防止你们再说听不懂，我马上会回到我最喜欢的例子，《伊里亚特》第一卷。在这卷中，荷马讲到克律塞斯前来哀求希腊国王接受赎礼，释放他的女儿。如果他继续以间接风格写作，同时也不掩饰这是荷马而非克律塞斯在说话，那么这里就没有一点摹仿，有的只是简单的叙事。我们可能会看到如下的句子（我没有遵守格律，因为我不是诗人）……"

"那也不尽然吧，"阿曼达暗示道，"无论如何，您最钟爱的弟子，我哥哥柏拉图，他曾写过悲剧……"

"后来都烧了！"

"那是他说的。应该去他的床垫下面翻一翻！您自己不也经常跟我们讲动人的神话传说吗？您本人不正是用散文写作的诗人吗?"

"我会让你看看什么是用散文写作的诗人!下面这段话就是在我的戒尺下,用散文和间接风格改写的《伊里亚特》第一卷第22至42行诗句:

'祭司来了。他向天神祈祷。他乞求他们让希腊人攻占特洛伊。却不必在此丧命。之后,他转向希腊人的国王。他哀求他们看在赎礼份上,出于对神明的敬意,把女儿还给他。他说完了。希腊人都很感动,都被说服了。只有阿伽门农是个例外。他大发雷霆。他对克律塞斯说,他那身祭司行头保护不了他。他还补充说,他的女儿会老死在阿尔戈斯,而他本人,这个大步向前的大胡子国王,正是这个地方的国王。还说在阿尔戈斯,他女儿会一次又一次地为这个大胡子国王铺床。阿伽门农说完,让克律塞斯滚蛋。让他别再惹他发火了。如果他想全身而退的话。阿伽门农摸着胡子补充道。老祭司转身就跑。真的滚蛋了。速度飞快。然而一出希腊人的视线他便停了下来。他跪在一棵棕榈树下,向阿波罗祷告。他一遍又一遍地呼唤着神的各种称谓和小名:我那温柔脆弱的太阳,我那金灿灿的乳酪,我那可爱的把关者。他问他是否对亲爱的祭司,那个叫克律塞斯的人建造的神庙称心如意。问他是否对肥硕的鸡、肥美的牛和发臭的羊满意,那是专门为他——饱满光明的耀眼圆盘——宰杀的。如果答案是肯定的,那么克律塞斯——克律塞斯说——就请求阿波罗用他的火矢刺穿希腊国王的胃肠。如此用血来偿还他——克律塞斯——为女儿的不幸命运洒下的眼泪。'

亲爱的朋友们,这就是用间接风格写的、没有摹仿的简单叙事。"

"不能说这段话写得很漂亮。"阿曼达赌气地说。

"这是不是因为你更喜欢与此截然不同的风格呢?在那种风格中,只有直接引语,因为人们毫不犹豫地删掉了诗人在两段人物对话之间说的话。"

"您说的是悲剧吧?"格劳孔发表意见了。

"如你所说。喜剧也一样。"

"现在一切都清楚了,"格劳孔放心了,"我完全明白您的分类了。诗歌和虚构作品可以完全是摹仿性质的,例如喜剧和悲剧的例子,诗人在其中只用直接风格写作。"

"舞台提示不算在内。"阿曼达突然学究气地说。

"同意,"格劳孔生硬地说,他姐姐又一次惹恼了他,"第二种可能性是一切都用间接风格写成:此时作品就是作者的叙述。今天的'客观'小说或自传,从前的酒神赞美曲或哀歌都是这一类例子。第三种可能性是这两种风格的混杂,例如史诗及其忘恩负义的儿子——伟大的古典小说。"

"完全正确。现在让我们从描述过渡到规约,从结构过渡到标准。从政治角度,我们要对作家说些什么呢?以现实主义为名,他们可以完全自由地摹仿他们想摹仿的一切?以理想主义和光辉未来的权威为名,必须禁止他们的一切摹仿行为?还是说只能摹仿有教育意义的、英雄主义的、有用的典范……"

"总之,"阿曼达用尖锐的声音补充道,"只摹仿'积极的英雄'。"

"所有这一切,"格劳孔赞同道,"都涉及新的革命艺术的问题,它最后会导向一个确切的问题:我们是像希腊人那样,正式允许包括悲剧和喜剧在内的戏剧演出,还是像基督教会那样禁止戏剧演出?还是像社会主义国家那样严密监控戏剧演出?"

"这些社会主义国家射杀了梅耶荷德,混蛋!"阿曼达义愤填膺地说。

"我们看到了,"苏格拉斯若有所思地说,"这个问题很复杂。但我们的理性言论像风一样把我们带到哪里,我们就应该去哪里。"

"我觉得,"一心想平息自己怒气的阿曼达插嘴道,"应该以最泛的形式提出这个问题:不管何种类型的领导,成为摹仿专家对他们来说是否重要?能够照搬照抄一种典范,或者从更广泛的角度来说,拥有再现力对他们来说是否重要?"

"困难在于,"苏格拉底严肃地说,"摹仿会带来专业化。我们已经看到,当二十世纪的共产党受那个唯一的模式启迪之时,机械、奴性的摹仿带来了怎样不幸的结果。这个唯一的模式是苏联模式,是'社会主义国家',在这个国家,党永远有理,而其天才领袖斯大林是各民族慈祥的父亲。目前的条件导致我们都具有局限性,同一个人不能恰当地摹仿与自身差别太大的事物,或彼此之间差别太大的事物。一个作者只不过擅长喜剧摹仿,就已经无法有效地写悲剧。阿里斯托芬不是索福克勒斯,莫里哀不是拉辛,费多不是易卜生……甚至摹仿专家演员们,也无法成功饰演所有的人类形象。大名鼎鼎的阿尔干们[1]可以是妙

---

[1] 阿尔干法文为Arlequin,意大利喜剧中穿彩色菱形格子镶拼衫的丑角,泛指丑角。——译注

手神偷和精力旺盛的贪吃鬼，却做不成令人瞩目的被命运撕裂的忧郁王子。"

"那应该得出什么结论呢？"不知所措的格劳孔问道。

"要在时间中加以考量。从长远角度看，我们对人类的认识以及实现人类能力的集体劳动都会发生界限的变动。就算是胡子拉碴、大腹便便的粗鲁男人，说不定也能惟妙惟肖地摹仿衣领低到令人眩晕的俏少妇，或正用恶毒、稀奇的语言辱骂丈夫的老妪。所有女人都能扮演硬充好汉的人物，赖在酒馆柜台上，吹嘘自己力大无穷，并意欲同诸神一比高下；或者扮演嫉妒心重的爱哭鬼，正蜷缩在他那不忠的情妇脚下。没什么好大惊小怪的：在我们这里，根据形势和抽签结果，鞋匠也可以成为部长，面包商也可以成为军队首领，泥水匠也可以成为建筑师，超市收银员也可以成为间谍或外交官。类似的角色转换将在社会游戏中拥有坚实的基础！"

"马上就实现？还是明天？怎么做？"

苏格拉底思考起来，他明显有些尴尬。他喝了一口干白葡萄酒，默不作声，随后又拾起话题。像往常一样，他又有点答非所问。

"我们的首领应该是什么样的呢？也就是说我

们国家的所有居民应该尽快地变成什么样子呢？我的定义是这样的：他们应该成为为国家自由而劳作的工人。"

"真动听，"阿曼达低声说，"'为国家自由而劳作的工人'！"

"在这个活跃思想的工作中，一般来说不应该进行随意的摹仿。我们需要调查、创造、决定。真正的政治排除一切再现，它是纯粹的表现。因此，如果说摹仿是必需的，那也只能是对童年时代获得的典范的摹仿，用来作为美德的支撑，因为在人群中进行调查、创造一个新方向并将其付诸实践，这些活动都需要美德。我们都知道这些美德是什么，它们是勇气、节制、专注、自由思想的超脱……如果热衷于摹仿下流行为，哪怕是出于讽刺目的，都会令摹仿者承担风险：由于他大量展现的形象都取自现实，长此以往，他可能会被这一现实腐蚀。当然了，我们应该知道人类是疯狂的，有可能做出卑鄙下流或凶残无比的事。但这并不要求我们去再现、去摹仿这些行为，更不必说听从疯狂人性的命令，实践它唆使我们同时代人那误入歧途的灵魂去做的一切事情。"

"您拒绝——暂时拒绝？——一切纯粹的摹仿性语言，至少在政治领域是如此，这在我看来似乎表明我们国家未来的领袖在意欲表达或讲述时，必须遵循一些明确的形式。这与我们今天看到的那种衣衫不整的'民主派'形象相差甚远。"

"没错，我亲爱的格劳孔。在尺度感的要求之下，那个不得不讲述某次口头干预或实际行动的人必须明白，向直接风格的过渡在何时以及以何种方式才是可以接受甚至是必要的。一旦行动的真实性能作为榜样，我们就有必要通过摹仿，赋予我们所见证的一切以更多的说服力。这些行动即新思想、明确原则指导下的冒险行动，前所未有的反压迫、反愚蠢形式。反过来，当涉及某个受疾病所困、受醋劲折磨或受战争威胁的个人时，我们在摹仿他的优柔寡断、软弱甚至懦弱前，都需要三思。此时需要遵循的是冷静的间接风格。任何**主体**都不可能变成上述个体形象，因此我们为什么还要摹仿这些形象呢？最后，我们未来的公民如果需要讲述他目睹的现象，他会使用混合的叙述力量。他会根据主题，使用不同的比例来组合摹仿和简单叙事，直接风格和间接风格。因为真理往往少于普通的缺陷，所以间接风格——或称简单叙事，因为间接风格被视作是一种简单叙事——将会在对话中尤其是在公共话语中占上风。"

于是格劳孔开始做起他擅长的"综合分析"来：

"总之，那个不属于我们同类的人，他越是随意摹仿、戏仿、假扮，我们对他的审判就越严厉。他觉得任何东西都值得得到他雄辩的口才的称颂，因此会毫不犹豫地装腔作势、拿腔怪调摹仿随便什么人或随便什么事物。放屁弄出雷声，吹口哨弄出风声，舌头抵住上颚弄出下冰雹的声音，打鼾弄出各种马达声，捏住鼻子弄出双簧管或单簧管的声音，咬牙切齿弄出车轴和滑轮的声音……他觉得学狗、猫、羊、牛、驴……的叫声妙不可言。他会变成一个摹仿的万花筒，其间偶尔夹杂叙事性的只言片语。就这样，他同我们的讲话方式形成了绝对的对立。因为我们重视的是叙事和间接引语，对我们来说重要的是一种简单的协奏，其中不乏微妙的变化，节奏时而有规律地展开，时而美妙地加快，时而短暂地停止。而糟糕的口才恰好相反，它要求的是一种节奏、音响、形象和修辞格的巴洛克式大杂烩，如此才能展现演说者无尽的摹仿，而且像个会腹语的人那样，让所有类型的人物、各种动物甚至清晨的微风和涨潮的夜晚涌上沙滩的激浪都能开口说话。在我们国家，我们会将这些无原则的矫揉造作和巴洛克风拒之门外。我们首先是古典主义者。简单叙事即可满足我们的需求,这种叙述只有在提及美德时,才会勉为其难地运用摹仿的手法。"

"但是,"苏格拉底反驳道,"你所反对的驳杂不一、色彩斑斓的风格是令人愉悦的,它尤其会吸引儿童和他们的教师,以及——说实话——大部分人。可能你认为这种风格与我们对共同事务或者说公共事务的设想不协调,因为在我们这里,在工作的多元性中必须确立**主体**的统一性。在我们所建设的社会,每个人的确可以成为鞋帽匠或民航飞行员,可以成为农民或高等法院法官,可以成为将军或杂货商。但我们也应该明白,杂货商不会摹仿将军,当他是将军时,他就是如假包换的将军。现实的多样化之所以有可能,是因为一种被人们所共享的思想的普及。通过某种共同语言的中介,人们意识到无论实践的多样化达到何种程度,都不会改变这一思想的力量。每个人都能做人类行动能力所允许的事,这恰恰要求语言在本质上的简练。我们已经在数学中看到过这种简练,而只有数学才能让我们进入到一种关于可见物的统一思想中。因为对存在物的思考不是对该事物多元性的摹仿,而是要进入到——这种进入始终令人讶异——其存在的统一性中。这就是为什么我们迫切需要一种尽可能适合于这种统一性的语言的原因。"

"如果是这样的话,"阿曼达忧心忡忡地问,"那我们怎么对待那些伟大的诗人呢?他们通过婉转的隐喻,曲曲折折地俘获我们的心,令我们感到愉悦。我们又怎么对待我们生活的世界中那无限多样、神奇变幻的美呢?"

"如果有这样的诗人,擅长运用不断变形的语句来诱惑我们,如果这样一个诗人来到我们的国门,我们将公开向他献上激动人心的赞歌。我们会毫不犹豫地宣布他是神圣的、神奇的,是存在的歌颂者。我们会在他头上撒上各种阿拉伯香料,再给他带上花冠。之后,我们会列队把他送回边境,向他解释我们这里既没有、也不能拥有像他这样的人。因为我们已经创造出一种更为质朴的诗歌,这种诗歌不能一下子引人注目,它更接近散文甚至数学,与我们的总体规划及符合这种规划的教育是相适应的。"

"这一切听起来很美,"阿曼达说,"可是我们国家既没有国门也没有边境啊!您知道的,它要实现一个纯粹国际化的计划。无产阶级没有国籍。'一个共产主义海关官员',多么糟糕的矛盾修辞法啊!"

"这仅仅表明我提出了一种形象,表明我是用隐喻来说话的。"苏格拉底反唇相讥,"相信我,这个被驱逐出城邦的诗人形象,它一定会获得知名度的。"

"啊!原来您才是那个以言语乱人、以形象诱人的诗人!"

"所以,"苏格拉底总结道,"我拜托你们亲自将我赶出城邦。"

所有人都大笑起来。然而,格劳孔坚持保持讨论的严肃性:

"音乐对年轻人那么重要,可我们几乎什么都没说呢。"

"让我们从最简单的说起,"苏格拉底平静地接过话茬,"一首歌的构成元素有四个:歌词、旋律、和弦和节奏。我们对歌词的要求和对诗歌的要求一样。旋律是根据歌词来调整的,它是音乐对诗歌的礼赞。接下来是和弦与节奏。这都是些技术问题,它们发展很快,一面也不断受到质疑。是用调性和弦还是非调性和弦?用规则节奏还是不规则节奏?音质呢?是用古代乐器、传统乐器还是现代乐器?还是用电子乐器?这一切都该是开放的,艺术从来不能被等同于技术。我所看重的东西相当明确:就是一种能将各种情境形式化的音乐模式。在这些情境中有一个介入的**主体**，他能够超越惯常和怯懦的行为，表现出崭新的能力，而音乐应该以辩证的方式赞颂这些新能力的价值。我们喜欢表现个人情绪的音乐，但我们也希望存在表现勇气的音乐。如果音乐能够'摹仿'一个人的主体性，表现这种主体性仅依靠自身意志或依赖友情支持，要去经历严峻的考验，坚忍不拔却不自卖自夸，那真是太好了！这就是我们在任何情况下都需要的和弦和节奏，也就是歌颂勇气和耐心的和弦和节奏。"

"一言以蔽之，"格劳孔概括道，"您想对我们说，在一首歌中，美好的歌词、旋律、和弦与节奏都来自一种**主体**的单纯。不是蠢货或无知者的单纯，而是富有创造力的单纯，意在通过独一无二的智力运动，达到真与美的境界。"

"这个原则，"苏格拉底补充道，"适用于一切艺术。**主体**的单纯造就了优雅的姿势和词语，它与一种为震慑无知者而付出的努力所体现的畸形虚荣之间形成了对立。这种对立也体现在绘画上，体现在挂毯或刺绣上，体现在建筑或设计上。如今哪里的标准都是表现力，谁如果宣称不在意这种标准，便会被归入粗俗的行列，无论对于表达还是对于更深层的审美主体性来说均是如此。由此可见，我们提出的规则也适用于其他艺术类型，这些规则意在限制诗歌或音乐作品中的摹仿或再现维度。我们之所以不厌其烦地只谈论诗歌和音乐，是因为比起其他形式的艺术来，美好的旋律具有规则的节奏，演奏起来排场盛大，对**主体**的内心能够产生更为强大的影响。这就是为什么如果音乐与我们的教育相适应，那么从孩提时代起，无须理性介入，人们就会自觉厌恶恶与丑。如果激起我们少年时期最强烈感受的是真正的音乐，那么当理性发声时，所有人都会满怀热情和柔肠地赞同理性的评判。"

所有人都被苏格拉底几近仪式般的口吻震惊了。他紧闭双眼、面无表情地继续说道：

"在学习期间，只有当我们能够辨认出字母元素时——此外，这类字母数量很少——，我们才认为自己认识了书写符号。这些字母可以出现在各种组合中，我们都能将它们辨认出来，无论包含这些元素的整体是长是短。我们认为自己就是这样成为真正的读者的。若想让我们在水面或镜子的倒影中认出符号，除非我们事先已经学过这些符号本身。研究形象的科学与研究现实的科学是一致的，因为现实的形象就是形象。"

"他想说什么？"阿曼达低声说。

"我想说的是，本着同样的理由，无论是我们本人还是我们国家未来的卫士，都只有在能够辨认节制、勇气、心灵的崇高、精神的自由及各种美德的理念时，才能成为真正的音乐家兼诗人，这些美德恰如名副其实的生命的字母元素。卫士必须既能辨认出美德的理念，也能在存在美德的任意生命组织中，辨认出与美德如影相随的邪恶的理念。无论走到哪里，无论形势重大与否，只要遇到理念及其形象，卫士们都能将其辨认出来。而且他们还得知道，理念的科学，反理念的科学，有关一切理念之形象的科学，它们构成了同一种科学。这就尤其导致了一个结论：如果女孩或男孩不仅有良好的性格构成的主观内在，他们的外在同样是出色的典范，那么对于有幸遇到他们的人来说，他们是所能看到的最美好的事物。不必怀疑他们会受到诗人、音乐家及各种有教养的人的喜爱。反过来，如果在这内外的结合中存在真正的缺陷，爱意就会减弱，对不对？"

"也就是说，"格劳孔红着脸结结巴巴地说，"如果存在性格上的重大缺陷就不行。但身体上的微小缺陷不一定会阻止别人的爱。"

"啊！"苏格拉底微笑起来，"你说这话一定事出有因！你肯定爱过，或者还爱着一个不能算是'阿多尼斯'的少年……但你总不会说,在爱情里只考虑快乐的一面是一种节制的表现吧?"

"当然不会,"格劳孔可怜巴巴地说,"快乐与痛苦一样,都会让我们迷失。"

"快乐会产生一些暴力、极端的东西,对吗?"

"并非总是如此,但很多时候的确这样。"

"你能不能说出一个比性愉悦更持久、更强烈的快感呢?"

"没有这样的快感。性是身体真正的疯狂。"

"可是还有一种爱,它的作用是令一个活着的人将理智所获得的形象传递给另一个人,例如师傅向年轻的弟子传道授业,这种爱的确是依据我们刚才讨论的节制音乐的典范,受到美的理念的驱使,不是吗?"

"我想是的。"

"这种爱从某种程度上说具有教育学意义,弗洛伊德称它为'移情',因为它从身体转向了理念。必须让它免受疯狂和堕落行为的侵扰。年迈的老师和年轻的学生真心实意爱着对方,他们的爱渐渐被一种对理念的分享意识所覆盖,他们之间当然有身体接触,但完全与性的无与伦比的愉悦无涉。或者说,这些愉悦感处于背景中,像一种隐形的能源,思想从这能源中汲取力量,以便升华至理念。在我们理性地设想的国家中,所有人都会承认,身体同真理的生成是有关联的。对性的禁止不能禁止教学关系中的感性维度。教育活动暗含着教学者的身体及其声音。必须爱我们所教育的人,必须爱教育我们的人。不管性别如何,老师接近年轻人,与他们来往,跟他们说话,亲吻他们,触摸他们……这些都没什么可大惊小怪的。老师就像父母,他们的目标是向孩子传递人世间最美好的东西:一种真正的生活的奥秘。"

"但他们不能跟他们的学生上床。"阿曼达突兀地说。

"或者,至少,"苏格拉底纠正道,他的小眼睛闪闪发亮,笑意盈盈,"如果他们真的这样做了,那就是一种爱的激情,独特的、持久的甚至是永恒的激情,而师生关系只不过提供了一个机会。"

"这著名的机会造就了盗贼!"阿曼达打断他的话。

"无论如何,"格劳孔满意地说,"我们已经结束对文学和音乐的讨论了。"

"为了达到这个目的,"阿曼达轻声评论到,

"我们不得不提到爱情。"

众人沉默了好一会。外面,正如诗人说的那样,夜已被统治[1]。

---

[1] 原句为"Dehors la nuit est gouvernée",法国诗人勒内·夏尔的诗集名,该诗集内也收录了同名诗歌。——译注

第五章　身体的学科：营养学、医学和体育

(403c-412c)

阿曼达大声打了个呵欠，然后说：

"我担心讨论过文学和音乐之后，你们要开始讨论体育了。"

"当然！"格劳孔说，"普通青年都很好斗，如果不引导他们对体育感兴趣，怎么约束他们呢？"

"都是些臭气熏天的雄鸡、公牛、公鹅、种马、公猫、种猪、公羊！"阿曼达反唇相讥，"刚成年的愚蠢雄性！不过你们讲吧，讲吧，我听着。"

"我想说服你，"苏格拉底一副和事佬的样子，"我跟你的想法一样，也认为赤裸、孤立的身体从来不会要求获得教育。无论身体多么矫健，它都无法促使依靠它生存的个体投身于对真

理的追求中，由此成为一个**主体**。相反，**主体**融入（incorporation）真理中——'融入'一词值得强调一下，才将身体所能体现的美德赋予了它。所以，把必要的注意力给予分析性思维后，我们最好再交给它一个任务，让它说明适合于身体的事物。我们只简要展开分析，以免迷失在细节中，其实我也承认，亲爱的快要睡着的阿曼达，这些细节很可能非常枯燥乏味。"

"我已经看到一条非常重要的原则，"格劳孔严肃得不能再严肃地说，"是有关酒精的。我们的斗士，我们的卫士，我们的领导人，我们的士兵——其实说的是同一群人，也就是所有人——，他们不应该酗酒。一个保卫自己熟睡同胞的人绝对没有权利随地呕吐，或走路趔趄，不知身处何方。"

"卫士还要派人保卫，这肯定不是什么好事……"阿曼达说。

"在想到喝酒之前，应该先吃饭。"苏格拉底接过话茬，"我们可以在一点上把我们的卫士同运动员进行比较：他们可能不得不进行艰苦卓绝的斗争。那么我们需要采用运动员的饮食制度吗？"

"这个嘛！"格劳孔咆哮起来，"他们一生都在睡觉与训练，所以他们肯定是过量饮食的。他们还常常注射可卡因和其他毒品,年纪轻轻就去世,口吐白沫,也没人敢说出原因。厉害啊,运动员!"

"所以我们要确立一种更为简单但更为精细的饮食制度。因为我们的青年男女必须一直保持清醒状态,能够看到、听到并说出发生在他们身边的一切异动。尽管他们在行动中有可能遭遇突变——在战争中,水、猎物、习俗……一切都可能与他们已经习惯的环境相左——,尽管他们不得不忍受沙漠里的阳光和极北地区的风雪,他们仍然必须保持完美的体魄。因此我们可以下结论,饮料、食物和体育锻炼必须遵循一些规律,这些规律同我们在讨论文学和音乐教育时得出的规律一致,那就是简朴、节制和差异。在这个问题上,战争可以引导我们。"

"战争?引导我们?为什么这么说?"阿曼达感到很不可思议。

"让我们再来读一读荷马吧。"

"我还以为他不值一提呢。"

"但其他所有诗人加在一起还不如他。你们还记得《伊里亚特》的主人公在战争中吃的是什么吗?荷马让他们吃的既不是鱼——当时他们可是驻扎在海边啊——也不是熟肉。菜单总是一成不变：烤肉，色拉，奶酪。这种菜谱口味清淡，营养适度，对士兵来说也便于遵循。只需用木头生起火，然后用炭火把肉烤熟。根本用不着大锅，而搬运这些锅通常令军队头疼不已。也用不着蛋黄酱、番茄酱和其他没法消化的酱汁。至于西西里烩羊肉和法式烧兔肉，完全可以不吃。"

"我也不认为有必要花重金养一个习惯刮阴毛的乌克兰金发情妇，这是节制问题。"阿曼达一派天真地说。

"哦！阿曼达！"格劳孔脸都红了。

"不说这个，不说这个。"苏格拉底笑着说。

"也不应该像我一样，贪吃东方的蜜汁糕点。"阿曼达继续说。

"也不说这个……最普遍的原则是一种简单变化的原则。在音乐上，我们需要了解调性、无调性或序列的种种可能形式，以及规则的、东方的或不可逆的节奏，却不必任何时候都产生将它们任意混合的意愿。同样地，我们可以合理但又有节制地吃所有东西，却不必像那些贪婪的北佬那样，把所有东西堆在一个巨大的盘子里，然后狼吞虎咽地吞下它们。我们的口号是：精致，可以；肥胖，不行！"

"这样的类比不胜枚举，"格劳孔说，"在精神教育方面，无政府的无节制会导致集体性的方向迷失；在身体保养方面，无政府的无节制会导致种种假想的疾病的蔓延。"

"确实如此，"苏格拉底表示赞同，"如果一个国家到处都是误入歧途的精神病患者，那么我们只能看到两种国家机构即法庭和医院的繁荣。甚至连健康聪明的人都迫不及待地冲向这两个地方。判断一种公共教育是否有缺陷，是否是庸俗的，最明显的标志是看社会对医生和律师是否有着狂热的需求。这种需求最终会影响社会的所有部门。对自己正义的一切只能由别人来确定，而且因为我们自己无能为力，所以将别人视为自己灵魂的独裁者，仔细想想，这真是个耻辱，是教育缺失的铁证。"

苏格拉底于是发起火来。听众对他狂热的口吻很是吃惊。

"有人大半生都在法庭度过，时而是被告，时而是原告。不仅如此，最俗不可耐的是，此人还认为炫耀自己的'非正义'专家身份是件很正常的事，真是可耻！还有人趾高气扬，因为他能在曲折的意义中穿梭自如，靠关系安全着陆，躲避攻击时那么灵活，以至于迅速就能避免受到法律的制裁，这种人也可耻！而这一切都是为了一些无关紧要、毫无价值的事情,因为此人不知道,真正的生活其实是依靠内在真实的美来建立秩序的,根本无须求助于一个鼾声如雷、胡言乱语的冷漠的法官。"

"天哪!"阿曼达插话道,"多么厉害的抨击啊!"

"而且,"苏格拉底继续往下说,"对于那些一天到晚往医生尤其是心理医生那儿跑的人,我也要说同样的话。当然了,当然了,如果你在事故中受伤了,或者因流行性传染病发高烧、卧床不起,或者某个畸形的染色体令你脑浆变黑,那你当然得去治疗。要是有人因先天的悲剧影响了象征组织,令他难以成为**主体**,那么他躺在精神分析师的躺椅上也情有可原。但是,如果我们仔细观察,会发现很多时候所谓的病要么是懒惰,要么是为掩盖对真理的'食欲不振'而患上的贪食症,要么是政治上的怯懦导致的抑郁症,要么是因为对现有世界的接受是一种有毒的行为,它导致了神经官能无力症。所有这一切迫使沙可、弗洛伊德、拉康那些医术精湛的后继者们通过一门拥有各种复杂名称的科学,对我们的混沌情绪,对失眠导致的气郁进行了如下归类:躁郁症精神病、焦虑性神经官能症、妄想症、癔症、恐惧症、强迫症、遗弃综合症、重度抑郁症、神经衰弱……这不正是对现代耻辱感的博学的全景描绘吗?"

"没错,"格劳孔说,"这些名称就足以让我们成为'吸血鬼之夜'中的梦游者了。"

"只要看看现在有多少嗜血、阴森的电影就可以知道了。"阿曼达说,"电影里到处都是疯子,他们代表了我们对一切腐蚀**主体**的东西的狂热。"

"啊!"苏格拉底感叹道,"回到比希波克拉底还早的阿斯克勒庇俄斯时代!我们在荷马作品中看到的简朴的医术……如果没记错的话,《伊里亚特》十一卷中,欧律皮洛斯受伤了。为了给他治病,一个女人给了他一副由帕特洛克罗斯发明的解药:撒了面粉和碎干酪的普兰那葡萄酒。今天的人肯定会说,这样的药只会令体温升高。可是在荷马作品中,每个人,包括病人在内,都因这个药方而兴高采烈!"

"苏格拉底!"阿曼达打断他的话,"我不得不责备您了。您把细节都搞混了。在荷马诗歌中,喝这个酒的是马卡昂,而不是欧律皮洛斯。在另一段中,帕特洛克罗斯的确为欧律皮洛斯治了病,但他用的是碾碎的草根,而不是掺了面粉的葡萄酒。"

"无所谓了。反正我喜欢这种细心的民间医学。"

"只要治不死人,这种医学还是挺好的。"格劳孔开玩笑道。

"现代营养学的确能够紧跟病情的客观发展来制定饮食规律,这是现代营养学的优势。但让我们想想这一学问的奠基者,墨伽拉的赫罗迪科斯。赫罗迪科斯是著名的运动员。由于得了抑郁症,而且长期疾病缠身,他发明了这种身体锻炼和草本治疗双管齐下的办法,草药疗法可是当今的流行趋势啊。你们一定见过这样的人,穿着浅蓝色运动服,在街上气喘如牛地跑步,身上挂满各种仪器,用来测量血压、呼吸、出汗、心跳情况。他们喝百分百无农药污染的泉水,他们膝盖跪地迎接日出,他们品尝粉末状的牡丹花瓣。他们都是赫罗迪科斯的后人。"

"那赫罗迪科斯本人呢?"格劳孔问,"他后来怎么样了?"

"在把门徒们弄得晕头转向之前,他被自己发明的营养学折磨了很长时间——真是恶有恶报。他以为自己患上了一种慢性的'特殊癌症'。实际上,这是个忧郁的懒虫。他用脚尖走路,在白天打盹,吃素食,尤其青睐无油蒲公英色拉,敷印度泥巴。但是再怎么多管齐下,他最终还是死于'特殊癌症'。他年纪轻轻就已放弃了一切,好为自己治病。可是,在漫长的生命里,他时时被焦虑侵袭,因为他用脚指甲走路时没有走完规定的步子,或者不小心吃下了藏在蒲公英里的一只鼻涕虫,诸如此类的事情。"

"啊!真是生也营养,死也营养啊!"阿曼达评论道。

"赫罗迪科斯不明白,战胜忧郁的方法,是做自己分内的事。不是为了自己,而是听从**真的理念**的命令。一旦感受到这个要求,我们就会明白,花费一生去生病治病是件很荒诞的事。随便哪个工人都明白这一点。可有钱人呢,尽管人人羡慕他们所谓的幸福,他们却成天往诊所跑。"

"那您怎么解释这种怪现象呢?"格劳孔问。

"一个工人如果生病了,他会要求医生把他治好——抗生素也好,消炎药也好,必要的手术也好——,并给他开张假条,因为虚弱的身体不允许他挥动工地上的十字镐,或者不允许他在充满钢板和压缩机嘈杂声的组装流水线上重复机械动作。我们这位工人不会用没完没了、令人衰弱的营养学来治病,何况这种营养学还得辅以心理和道德誓言,时刻要沐浴,还得参加集体治疗,在治疗过程中摹仿新生儿发出能够释放情绪的尖叫声。对这位工人来说，医学同工作之间是一种辩证关系，他还是要回归工作的。如果一生都得戴着一顶纯生态山羊毛睡帽，忙着舒缓夜间惊悸或无法解释的麻痹症状，他会觉得这样的人生没有指望。因此他很可能会对医生说：'您不用管我，看我的病就行了。您的作用是把我治好，而不是偷走我的生活。您的工作是让我不需要您。'"

"啊，"格劳孔说，"身为工人，他说得很对。"

"什么叫'身为工人'？你认为理性的医学需要考虑病人的社会阶层吗？"

"因为一个靠交易所投资生活的人如果病了，他不会考虑要不要回去上班。"

"我不认为他平时会考虑很多事！既不会考虑他不做的工作，也不会因为某个**理念**的迫切性而考虑投身其中，反而小心翼翼尽量避开。我们当然可以给他念两句从前很有名的诗：

> 如果你生活富足无须劳作
> 请成为思想家而不是蠢货。"

"这么蹩脚的诗是谁写的？"阿曼达气愤地问。

"一个已经被遗忘的人,名叫福库利得斯。"

"而且,"格劳孔说,"穷人也应该努力思考。"

"穷人尤其应该努力思考,"苏格拉底纠正道,"但不要为了一个福库利得斯而争吵吧,我们会被嘲笑的!不过总的来说这确实是实情,大部分有钱人都不认为思考和正义应该在他们大量的空闲时间中占据一席之地。他们倒是有一个怪癖,就是提前治疗可能会得的疾病,每当莫名其妙产生想让人挠一挠腿肚子的欲望时,他们就惊恐万分。"

"很对!"格劳孔激动起来,"爱护自己的身体,'保持健康'是上层阶级的信条。我们经常看到他们在气喘吁吁地打网球,在办公桌上做俯卧撑,在露台上练习打高尔夫,在知名的整形医生那里重塑脸部,就像弗兰肯斯坦的人造人一样。"

"他们更应该学习哲学,阅读真正的书籍,背诵诗歌,复习数学。他们从前为了通过'精英'考试,汗流浃背地学习微分方程,如今却早已把这些忘在了脑后。他们更应该去虚心认真地调查一下他们的大多数同胞过着怎样的生活。身体拜物教和健康强迫症处处都在妨碍自身融入真理——哪怕是最微小的真理。别人跟他谈哲学,他回答说'头疼',别人跟他谈绘画,他尽数他的伤口和突起，别人跟他谈序列音乐时，他就该滔滔不绝地描述他的腹泻和腰疼了！"

"我见过这样的人！"阿曼达表示赞同，"很受不了他们。"

"传说中的阿斯克勒庇俄斯也像你一样受不了这些人。身为医生，他只喜欢身体健康的人。他曾说过，疾病只是整体健康之中局部、暂时的例外。在他看来，病人应该尽可能正常地生活。如果需要吃药或者在活体上切掉器官，就得做得又快又好。他说这些都是**健全身体**上进行的局部动作。他看过尼采的书，知道生命即是速度。任何事情都不应该拖延。对他来说，死亡是人们违反常理地沉湎于疾病的后果。有人反驳他，人总有一死，他回答说：'那是因为年纪大的人容易对流逝的时间感到疲惫。于是我们对睡眠和疾病的重视胜过了行动和健康。'有一天，他说了一句话，这句话看似荒诞，却非常深刻。他说：'死亡与身体、与疾病都无关。如果没有'时间'，我们都将永垂不朽。'"

"他真像个哲学家。"

"也像政治家！他提出了一种世界观，很适合我们祖先生活的那些军事国家。你还记得《伊里亚特》第四卷中潘达罗斯射伤墨涅拉奥斯的情景

吗？那时所有人都跑过去，

> 张开嘴贪婪地吮吸伤口
> 喝下有毒的不洁的血液
> 再往伤口敷上温柔的毒药。"

"哦，苏格拉底！"阿曼达责备道，"您在打什么哑谜！这不是引用，这是戏仿！而且跟往常一样，您又记错了！在《伊里亚特》第四卷中，只有马卡昂一个人这么做了，不是'所有'希腊人。"

"亲爱的老师，请接受我对造假业的贡献。不管怎么说，有一点正确无误，那就是对阿斯克勒庇俄斯的门徒来说，治愈一个战士，是尽可能运用内在于他天然力量中的方法，达到让他重新投入战斗的目的。让一个年老又有钱的食利者成天沉浸在臆想的疾病中，或者让一个被压力击垮的年轻干部恢复健康，这些事他们根本不屑一顾！"

"啊！"格劳孔敬佩地说，"这个阿斯克勒庇俄斯真是高瞻远瞩。"

"亲爱的，我们说起阿斯克勒庇俄斯，仿佛他是共产主义医学的一个偶像。但不是所有人都会同意。埃斯库罗斯、欧里庇得斯甚至老品达罗斯首先会说，阿斯克勒庇俄斯是阿波罗的儿子。然后会说，有一天，他明知一个很老的有钱人从临床角度说已经死亡了，却还是答应给他治病，仅仅因为那个有钱人的家庭已经提前支付了一笔巨款。他们还会说，为了惩罚他那自负的贪婪，宙斯使他遭受了雷击。"

格劳孔的逻辑思维又占了上风：

"这说不通。我们已经讨论过'神'的含义，指出神是**真理**的内在权威的诗意名称。因此我们不能同时接受品达罗斯和其他人说的这两件轶事。如果阿斯克勒庇俄斯是阿波罗的儿子，他就不可能是堕落、造假的医生。如果他是堕落、造假的医生，他就不可能是神的儿子。"

"完美的论证！"苏格拉底高兴地说，"祝贺你，我的朋友！"

开始感到无聊的阿曼达希望大家回到这一切之中唯一令她感兴趣的话题，也就是政治：

"这种阿斯克勒庇俄斯崇拜的确很有意思。但在我们构想的政治统治下的国家更需要真正的医生，不是吗？而真正的医生得要有经验。他得了解健康身体所隐藏的力量，这不假，但他也得了解各种疾病，各种病理状态。如果他只'医治'那些体魄强健的军人，我是不会信任他的。"

"我也想过这个问题,"格劳孔顺水推舟地说,"适用于法官的规则应该也适用于医生。一个好法官应见过形形色色的人,从只是在自家楼下抽大麻就被逮捕、殴打的年轻无产阶级,到很久以后才被揭穿的隐藏于上流社会的连环杀手,以及大大小小的流氓混蛋。如果他只见过清白无辜、诚惶诚恐的小资产阶级,那么他就没多少分量。"

"我觉得,"苏格拉底沉吟了一会之后说,"你把同一个逻辑框架套在两个差别非常大的问题上了。让我们先从医生说起。最好的医生常常很年轻时就已开始科学地学习这门技艺。他们见过大量有问题的身体,也包括他们自己的身体。如果他们自己也频患重病,不会像另一些人那样,因为自己——用阿曼达的话来说——'体魄强健'而厌恶别人遭受的折磨,这对他们来说非常有益。如果医生是用自己的身体去医治病人的身体,那么他绝不能身体虚弱、经常生病。可是现在医治病体的是医生的智力。要是这个属于**主体**的智力受到思想而非身体疾病的影响,那么它的确会无法胜任对身体的治疗活动。而法官的情况完全不同。让我们暂时将法官定义为一个声称要对个体行动作出评判的**主体**。一个**主体**如果年轻时只接触过堕落的灵魂,还和他们一起干过各种不法勾当，那么他之后完全不可能具备足够的能力，来正确评判他人的犯罪行为，这与医生从自身经历出发来诊断病人病情的情况不同。作为未来的**主体**，法官如果只能凭自身的**主体**品质，公正不阿地评判出现在法律面前的一切事物，那么他应该尽可能远离各种常见的堕落形式。也正因此，身上有着鲜明的正直品质的年轻男女，比如你们，亲爱的阿曼达和格劳孔，你们的单纯令你们很容易中不义之人的诡计，因为你们自己身上没有那些啃噬堕落之人内心的典型情感。归根到底，一个好法官不应该是个毛头小伙子。他只有在上了年纪以后才懂得非正义的本质。他之所以能够认识这种非正义，并非因为这种恶深深扎根于他自身的主体性上。他是通过研究别人身上的这种恶慢慢认识它的。对这种恶的确切本质的思考，他是科学地而非经验地建立起来的。"

"您是想说，"阿曼达总结道，"完美的法官，他的学识来自对外物的智力上的直觉，而非来自对个人经验的内省？"

"你比我说得好多了。从本质上说，法官代表了绝对的正直。换句话说，他拥有他必须成为的**主体**的正直。他同那些狡猾多疑的个体形成了鲜明的对比。后者曾掺和到多起可疑事件中，自认为特别精明能干、经验丰富。这样的人如果与自己的同类干不法勾当，他会显得特别狡猾谨慎，因为他遵循的是在自己身上找到的行为模式，而这些模式也反映了他的对话者和合谋者的模式。可是，当他同一些上了年纪、刚正不阿的人在一起时，扎根于这个假机灵鬼身上的愚蠢就会显现出来。我们看到他毫无理由地怀疑别人，完全不懂什么是坚毅的性格，因为他自己身上没有这种模式。话说回来，因为他同恶棍流氓在一起的时间比同正直的人在一起的时间多，因此人们总说他是现实生活的大行家，而不是一无所知的蠢货，尽管这是他的真实身份。如果法官的标准是智慧和能力的混合体，那么我们就不能选这一类人来当法官。我们会选一开始谈论的那个人，即那个具有**主体**特殊品质的人。

"可是，"格劳孔忧心忡忡地问，"这对我们的教育计划会产生什么影响呢？"

"你只需宣布在我们国家，医学和法制机器必须同我们刚才简单介绍的模式相吻合。这一结果是，大部分人会发现自己的身体和道德能得到最大限度的发展。其他人，那些得慢性病的，残疾的，懒惰的，堕落的，我们不但不会放弃他们，反而会倾尽全力使他们的身体能够做出陌生的、有用的举动，使他们的灵魂能够散发新的光芒。这一切需要时间，但我们从来不会吝于把时间花在做这类事情上。"

"我觉得您讲的，是一种不被西方民主人士看好的实践，"阿曼达皱着眉头说，"也就是20世纪社会主义国家大量出现的'改造营'。"

"我确信所有的'营'都是可恶的或者无用的或者罪恶的。但我们能抛弃'再教育'思想吗？眼看当前主导的教育方式教育出那么多思想反动、极度保守甚至一无是处的人，除了实行'再教育'还有什么方法可施呢？"

"那年轻人呢？"格劳孔问。

"如果他们受到这种既简单又充实的音乐、文学、诗歌教育的熏陶，他们就不会同法律和法官扯上关系。我们已经说过，这种教育有利于人们过上既有激情又适度的生活。我们也可以说，年轻人如果同时接受这种教育和恰当的体育锻炼，就不太用得着医学和医生，不是吗？"

"有可能。一切问题均在于合理地确定文学教育和体育教育的强度。"

"是的，这不是个简单的问题。我认为，运动及一切需要付出体力的活动，其目的应该是唤醒**主体**自身的能量形式，而不是为了身体自身的强健。我们的理想典范不是普通运动员，因为普通运动员进行大强度的训练，遵守饮食规律，都只是为了增强蛮力。我们看重的是**主体**的形式，而不是身体的力量。"

苏格拉底不再说话。夜色浓得像墨一般。裹在这件混沌的大衣里，阿曼达就地躺下，很快就睡着了。色拉叙马霍斯则像一尊埃及神祇一般，一直一动不动地坐在他的扶手椅里。他似乎深陷于自己的沉默中。

"您是不是认为，"格劳孔又发话了，"如果教育一方面建立于诗歌音乐教育之上，一方面建立于体育锻炼之上，那么这种教育旨在分开来塑造精神和肉体？"

"不是的。令个体成为**主体**才是这两种学科必须致力的目标。你可能已经注意到，纯粹的运动员，也就是每天前往健身房的人，他们既粗暴又野蛮，而音乐的狂热爱好者们，也就是每天抽着大麻听歌谣的人，他们都很虚弱无力。"

"是的，我注意到了，那又如何呢？"

"我们可以这样理论：首先，运动员的粗野来自一种情感活力。这种活力如能得到良好的引导，可能会成为令人赞赏的勇气，但反复的体育锻炼会令它过于紧张，使它只能成为一种无形式的硬度。其次，至于配乐诗歌的狂热爱好者，他们的平和来自一种爱沉思的天性，这种天性很适合于哲学学习，如能得到良好的引导，就能变得平静、准确，但当它太松弛时，就只能塌陷成一种令人无法接受的软弱。"

"所以一切都是剂量的问题？"

"应该说是节制或学科间平衡的问题吧。你还记得吗？我们曾说，我们的卫士、我们的共产主义公民应该将情感方面的真正勇气与精神方面的一种真正的哲学天性结合起来。一切问题在于如何令这两者和谐并存，这种和谐状态会赋予**主体**以恒定性和节制力。如果它们之间出现了不调和，那么个体就会变得懦弱、粗暴。要是我没搞错的话，你很懂音乐！"

"什么意思？"格劳孔吃惊地问。

"我认识你的一些朋友，"苏格拉底说，"成天没日没夜在外头游荡，狭窄的耳道塞着耳机，像漏斗一般让他们最心爱的音乐那具有催眠效果的咚咚声在此流淌。不过我也承认，他们这样做的同时，也催眠了自己身上那易怒的冲动，而这种冲动是**主体**的第二个心理层次。他们就像是生铁，在音乐之火中渐渐变软，他们从前是一无是处的狼，最后都变得像安哥拉兔一般：毛茸茸的、柔软温顺……但是，如果他们继续在音乐的包裹下——虽然这是无比美妙的经验——瓦解自己的生活，那么当勇气的原则消失后，他们身上的**主体**就会失去一切统辖。当战争爆发或不得不对强硬的镇压作出抵抗时，他们只能成为'面无血色的战斗者'，如同荷马笔下的墨涅拉奥斯一般。"

"这些头上'长着'播放器的废物，您对他们的描述栩栩如生！简直像是我朋友佩内洛普的肖像！"

"但是，你的朋友中，也有一种完全不同的类型。他们放弃了智慧的音乐——更不必说政治或哲学，只有在遵循一种特殊的'塑形'饮食制度时，才会离开体育馆或健身房。不得不承认，变得强壮自信之后，面对入侵者或戴着'民主'、'共和'面具的穷凶极恶的反动警察时，他们能够表现出可嘉的勇气。然而，因为无法进入艺术领域，因为不懂什么是知识，什么是研究，因为没有辩论实践，也没有任何普通文化领域的实践，即使作为**主体**他们渴望学习，他们在智力方面的渴望也会被一种无可救药的无力感蚕食，于是他们就像是失聪、失明了一般。由于缺乏训练，他们无法唤醒并维持一些真正分化的感觉。他们几乎无一例外地成了文盲，成了理性语言的敌人，当需要与他人结盟或批判对手时，无法运用说理能力。他们就像是暴怒的野兽，无论在哪种场合，都只凭暴力夺取自己中意的事物。他们的生活同一切知识断绝了关系，因此无比笨拙，而他们只能滞留在这样的生活中。"

"这活脱脱是我朋友克拉底鲁啊！就是那个大名鼎鼎的克拉底鲁的儿子。"

"如果说**大他者**向人类建议了两种根本的训练类型，一类是体育，一类是艺术，我想我可以下结论，他并不是通过刻板地区分**主体**及其身体来提出建议的。他的目的是要让这两种决定性的品质——勇气和哲学——在**主体**身上形成张力，而张力的强度能够完全根据形势需要而改变。"

"啊！您真是太让我吃惊了！"突然醒过来的阿曼达叫起来，"您翻了一个完美的跟斗后，又稳稳地落在了您那两只哲学的脚上。"

"但这是艺术的萌芽啊！你自己不也早就知道，谁如果依照合适的比例，令体育教育和音乐诗歌教育适应于**主体生成**的需求，这个人就像是自己灵魂的崇高乐师，他对最微妙的和谐感的认知，远远胜过任何一个钢琴调音师！"

"我早就知道，我早就知道，"阿曼达喃喃自语道，"可能吧。但说出这个道理的是您。"

"不管怎么样,在我们未来的共产主义国度,无论轮到谁担任教育部门负责人的职务,只要他想让我们的政治平安无事,他就得注意这种情感上的和谐。"

"那么,"完整清单和完备计划的忠实爱好者格劳孔意犹未尽,"我们怎么看待体操比赛、杂技表演、围猎活动、方程式赛车、赌球、奥运会……?"

"完全没有看法,我的朋友,完全没有!"苏格拉底打断他的话,"我们会将我们的原则应用到这些乱纷纷的事物上,然后我们再静观其变。"

说完这番话,他突然像一只破碎的闹钟那样停了下来。他咳嗽起来,有一瞬间似乎表现出一种最奇怪、最强烈的慌张。

第六章　客观正义
　　(412c-434d)

大家已经有点倦意。大量的细节也是导致疲惫的一个原因。西蒙尼德斯和品达罗斯的话，荷马的反驳，各种体操，音乐模式，由欲望引发的疯狂，医学，营养学……所有这一切都发生在夜的内脏之中……阿曼达是不是又睡着了？我们还有一个心不在焉的格劳孔，一个已经躺下的玻勒马霍斯，和一个固执己见的色拉叙马霍斯。苏格拉底决定直击要害：

"那么谁来指挥国家呢？"他用低沉有力的声音问。

所有人都惊跳起来。苏格拉底不依不饶：

"是老人还是年轻人？是知识分子还是军人？是职业政客还是普通公民？谁来指挥呢？到底由谁呢？"

"呃，"格劳孔含糊地回答，"我哪里知道。最优秀的人吧,我想。"

"啊!最优秀的!在政治上,什么样的人能算作最优秀的?最优秀的汽车修理工,是那个懂得摆弄发动机、修理各种故障的人,对不对?"

格劳孔心甘情愿地变身应声虫:

"在这一点上,很难不认同您。"

"所以,考虑到我们讨论的关键问题,最优秀的是那些能够推动政治进程的人,他们在必要情况下能够克服困难,或者走出困境。要做到这一点,我想他们应该是开明的、能力非凡的,而且特别关心公众的福利。但我们所关心的东西,从本质上说也是我们所爱的东西。而在一切之上,我们最爱的是这样的事物:它的利益与我们的利益相吻合,而且,幸运也好,不幸也好,它的命运始终与我们的命运相交织。我说得对吗?"

"对。"格劳孔顺从地说。

"在投身政治的大量个体中会出现这样的人,他们在权衡利弊之后,终其一生都会表现出无与伦比的热情来加快政治进程,同时坚决拒绝成为妨碍政治变化的人。"

"毫无疑问,"格劳孔打断他的话,"这就是我们需要的人。"

"一件很有意思的事,是密切关注他们每个年龄段的生活，观察他们怎样忠于我们的政治准则，怎样既不背叛也不放弃它们。当情势向他们暗示贪污的甜头，或迫使他们诉诸赤裸裸的暴力时，他又是如何坚持自己的**主体**选择的呢？这个**主体**选择可以归结为：做最能保证政治进程连续性的事。"

"您说的'放弃原则'是什么意思？"阿曼达问，"'背叛'，这个我懂，但是'放弃'是什么意思呢？"

"好问题……我觉得我们的理智在放弃一个观点时，要么是自愿的，要么是非自愿的。当我们明白观点有误时，我们会自愿放弃它。但当它正确时，我们的放弃行为就是非自愿的。"

阿曼达显得迷惑不解：

"自愿放弃一个错误观点，这很正常。但我不明白非自愿地放弃一个正确观点究竟是什么意思。"

"为什么不明白？至少你也承认，我们被剥夺自己珍视的东西时，都是心不甘情不愿的，而当我们摆脱自己不喜欢的东西时却满心欢喜，对吧？而对我们来说，走入歧途、远离真理显然是件可恶的事，而融入**真理**显然是件可贵的事，不是吗？要是你认为支持适用于存在的观点的行动本身不是**真理**的一种内在形式，我会很吃惊。"

"这是一种内在形式，"阿曼达承认，"您的观点很正确，我们只有在非自愿的情况下才会放弃正确的观点。"

"而且我们是在消失作用、迷惑作用或暴力作用下承受这种缺失的。"

"这我就不明白了！"格劳孔插话道，"这些不同的感觉都是怎么回事啊？"

"天哪！"苏格拉底咆哮起来，"难道我开始像悲剧诗人那样说话了？让我们用平淡一点的话来说吧。我要说的第一点是，当人们被一个具有欺骗性的论据说服，认为一个正确观点是错误的，或者这些人只是遗忘了这个观点，那么这个正确观点等于是在这些人身上消失了。实际上，被某种似是而非的言论所害，或者受到时间的磨损，这个观点会自动消失。我要说的第二点是，当身体或精神上的疼痛导致信仰被颠覆时，一个正确的观点就被暴力取消了。我要说的第三点是，当起作用的是感性魅力或恐惧的暗中折磨时，正确的观点就在迷惑作用下瓦解了。"

"据我的经验，"阿曼达赞同地说，"魅力和折磨的确会迷惑我们。"

"亲爱的阿曼达，这可真是重要的支援！说到频繁地体验最细微的生活经验,谁敢跟一个女孩相提并论啊?不过我们先谈谈眼下达成的一致意见会导向怎样的结论吧。让我们来看看在政治进程的推动者中,能坚守自己根本原则的人究竟有多少?这个根本原则是:人应该做的始终是那些从本质看能促进政治进程的事。在这一点上,领导人可以设立各种培养政治**主体**的考验,而且可以——为什么不呢?——让人们自儿童时代起就接受考验。比如,假设其中一个考验如下:年轻人被安置于一些特殊环境中,环境令他们变得健忘或容易受迷惑。我们会看到谁还记得行动准则,无法被腐蚀,而且仍旧青睐能够维持**真理**进程的有利时机。我们也可以把这些年轻人投入劳动、苦难和战斗,然后对他们进行同样的观察。最后我们还可以让他们去流浪,让他们犯错误,让他们产生错觉,看他们到时如何脱身。"

"我们可以做得更好,或更糟糕,"格劳孔激动起来,"我想到那些幼马了。人们把它们扔到怒气和喧哗声的漩涡中,以此来测试它们的勇气。为什么不把我们的年轻男女集合,带到令人毛骨悚然的地方,然后再突然让他们受到最醉人的享乐的诱惑呢?这样我们可以看到他们能否无所畏惧地面对恐惧和诱惑。既然他们的命运是守护政治进程，令后者保持富有创造力的强度，那么他们至少应该是自己的守护者，是他们自小接受的艺术教育的守护者。他们的生活应该在良好的节奏和准确的和弦中展开，这样一来他们为自己和为政治共同体提供的服务之间就不会存在任何差别。从少年到老年，此类考验分布于不同的年龄阶段，只有在它们的基础上，那些得到一致认可的能人才能显露头角。这些人最有能力为其他人创造令人振奋的条件，实现一种新的政治！"

这时阿曼达发话了：

"亲爱的弟弟，你可真热情啊！简直可以说，你们正在为我们准备一个理想的城邦，其中**善**将不可阻挡地占上风！"

"代价就是得经受最严酷的考验、最枯燥的反驳，"苏格拉底指出，"有一个著名的哲人王，马克·奥勒留，他看过你哥哥柏拉图的对话录《理想国》对我们眼下的讨论的记录。这个马克·奥勒留对我们的观点很不以为然！他白纸黑字地写道：'不要对苏格拉底的**城邦**抱任何希望！'这真的是一道王家禁令了！但是，我们和他不一样，我们还是充满希望，没错！我们渴望一种新的政治，也就是共产主义。不管现在还是将来，这都不仅仅只是一种渴望。"

"这种希望真的太棒了,"阿曼达坚持道,"但我也害怕它包含了高剂量的谎言。"

"一切政治表象不都含有一点类似有益的谎言、必要的谎言、真正的谎言的东西吗?"苏格拉底突然之间分外严肃地说,"我想起很久以前一个腓尼基水手给我讲的一个故事。他说:'在很多国家,社会被严格分成三个阶层,互相之间不相往来。第一个阶层是金融家、大业主、大法官、军队首领、议会主席、政客以及公关、媒体、广电巨头。然后是中层职业从业人员大军:办公室雇员、护士、小主管、大学老师、文化活动主持人、没有主见的知识分子、商业代理人、心理医生、文员、资深售货员、小企业工程师、外省工会会员、花店老板、独立保险员、小学教师、郊区修车工……我列举的不全面,但很可靠。最后一个阶层是直接的生产者:农民、工人,尤其是那些新兴无产阶级,他们从黑大陆大批大批地来到我们这里。我们腓尼基人的神话告诉我们,这种区分是自然且不可避免的。仿佛有一个神灵用泥土和金属的混合物捏造了我们国家的居民。一方面,因为他们都是用同一种泥土捏出来的,所以他们属于同一个国家,都是腓尼基人,都必须热爱他们的国家。另一方面,金属的含量令他们互相区别。体内含金的人被制造出来统治他人，含银的人成了中产阶级。而那些底层的人，神灵随随便便在他们身上混入了一些废铁。只不过，有人认为，神话并没有止于此。那些试图颠覆社会的预言家说，总有一天会出现一个'反神灵'，虽然我们还不知道这个'反神灵'会以怎样的形式出现。是独自一人吗？是一个美艳动人的女子吗？是一支队伍吗？是一个如同可以燎原的星星之火一般的理念吗？无人能够知晓。有一点可以确信，这个'反神灵'会融化所有腓尼基人，甚至可能融化整个人类，然后再重塑他们，令他们从此以后无一例外由一团泥、铁、金和银组成的不可分的混合物构成。从此他们只能不分裂地生活着，所有人在命运面前一律平等。'"

"这的确是个漂亮的谎言！"格劳孔感叹道。

"可是我们的政治结构以及伴随这种结构的教育，它们不都像是腓尼基人的反神灵吗？所以就让这个故事自行发展，直至最终生成匿名的生活吧。至于我们，应该马上思考一下，假设金、银、铁不复存在，假设高级和低级之分也不复存在，只剩下平等的人，假设对于这些人来说，不存在必须由哪个低级群体来完成的工作，只有所有人必须为了所有人的利益去做的事情，那么社会会变成什么样子?"

阿曼达没有被说服:

"那么对于那些暂时身居要职的人,我们应该怎么监控他们呢?要我们像那些糟糕的牧羊人那样做,那也太丢人了。这些牧羊人为了保护羊群,把狗训练得穷凶极恶。而这些狗最终会因为饥饿或邪恶的本性扑向羊群。这样它们就从警卫犬变成了它们本该抵御的生物,也就是狼。"

格劳孔添油加醋地说:

"说得妙,亲爱的姐姐!轮到谁承担军事职务,我们就必须利用一切手段,阻止他们对我们做出类似的勾当。因为他们完全可能仗着自己拥有军队,从应该承担的全国百姓的仁慈保护者角色,转变成吸引力更大的贪婪、残酷的独裁者角色。"

"最好的办法,"苏格拉底总结道,"最高级的预防措施,是让所有人接受合适的教育。必须由共产主义理论来指挥枪支。"

"在我们的构想中,他们难道没有接受这样的教育吗?"格劳孔吃惊地问。

"我们现在对此还一无所知呢,我的朋友。我们唯一能说的是,要令这些临时的军队首领无论在军队中,还是在面对这支军队的保护对象时,都能表现出最高度的超脱和最敏感的温情,那么他们必须曾有机会接受真正的教育,不管这种教育背后的理念是什么。"

"可是,"格劳孔坚持道,"我们难道不需要管控他们的财富吗?他们也不该拥有宫殿、军队、豪华轿车、古董花瓶、漂亮女人、香水和首饰,不是吗?如果他们拥有这一切,由于迷恋这些东西,天天为它们操心,权力就会令他们变得傲慢多疑起来。"

"这个问题处于一个更高的层次,在这个问题上,政治决定只能是绝对激进的。必须取消私有制。我们这一政治共同体的任何成员都不能私自拥有住房,更不必说工作室或储藏商品的仓库了。一切都将属于集体。"

"那女人呢,孩子呢?"阿曼达问。

"朋友之间一切共享。劳动者——包括男女——同时也是集体主义的拥护者,有时甚至是响应号召起来保卫集体主义的战士,他们需要的粮食将会按一周之量平均分配给他们。在欲望方面,既要避免缺失,因为缺失会刺激欲望,也要避免过度,因为过度会削弱精力。鼓励人们集体就餐,尤其是在吃午饭时。从更普遍角度说,对于任何关于这一时间段的集体计划,我们都应提供便利，这些计划构成了最基本的生存需求。我们会分阶段来解决如何取消货币的难题。迫使我们采取这一措施的最主要原因是，一切**主体**都拥有与**大他者**相同的能力，能够在人世间参与某些永恒真理的构建。因此我们现在可以谈谈**绝对**的货币了，这种货币会令一切可计数的货币失去效用。事实证明，通常意义上的金钱是大部分犯罪事件的起因，无论犯罪者是个人还是国家都是如此。与此同时，扎根于**主体**中的，是一种无法被腐蚀的光。因此我们组织物质生活的方式，应该能够促使资本流通渐渐受限，促使操纵金钱的机会越来越少，无论金钱是以黄金的直接形式出现，以硬币或纸币的媒介形式出现，还是以汇票、期票及其他信息化媒介的非物质形式出现。我们将把黄金、硬币和纸币从长远的流通中抽取出来，同时禁止对那些非物质钱财的投机性使用。对任何一个想确保我们这个政治共同体获得拯救的人来说，这些都是无法避免的决定。因为一旦个人或集团占有了土地、房屋、工作室、矿藏、资本，他们就只能追逐自己的利益，而且变得吝啬自私。他们原本是共同体的斗士和保卫者，现在变成了寡头，声称拥有不受限制的权力。他们憎恨集体，也被集体成员憎恨；他们是迫害者，但轮到自己受迫害的那天总会到来；他们一生都在防备内部的对手而不是外部的敌人。他们的行为可能会令自己所属的暴发户集团走向灭亡，但更多情况下会给整个政治共同体带来灾难。"

格劳孔感到是时候发表他一贯擅长的长篇大论了。他一鼓作气地说：

"苏格拉底，如果别人前来对您说，您这个政治共同体里的公民，尤其是那些即将担任民政或军事职务的人，他们将像鹅卵石一样不幸，您会怎么回答？而且他们的不幸恰恰是由自己一手造成的，因为他们完全认可了某个丑陋的条件。不是吗？这些人，我们可以将他们与他们所属的真正意义上的共同体画上等号，他们无法从自己的地位中获得任何好处！他们同我们经常看到的领袖反差太大了！后者常常是大地主、超级别墅的建造者，这些别墅里的家具、游泳池、花坛、油画……无一不让人羡慕。他们时常出入生意场，同电视制片人关系密切，还控制着金融流量……总之，他们在社会中拥有稳固的地位。而您设想的那些领袖，苏格拉底，他们只是得到了一点口粮，如果我没有理解错，他们连一个小钱都拿不到。他们根本不可能坐朋友的游艇去南方国家游山玩水，也不可能一时兴起就肆意挥霍金钱，甚至不能像那些因奢侈、权力和幸福令舆论艳羡不已的人常常做的那样贿赂自己的对手。老实说，我们这个共同体中的人除了尽可能做好自己分内的事，简直没有别的存在目的！"

"说得太好了！"苏格拉底鼓起掌来，"作为结论，你可以引用法国诗人德·维尼的诗句：

> 全力投入漫长而沉重的职责中去吧
> 走命运呼唤你走上的道路
> 随后，像我一样，受难，进而无言地死亡

诗句中的情景跟你的描述很接近。如果有人像你刚才那样跟我说话，你知道我会怎么回答吗？"

"如果我是您，我就不开口。"

"你会看到的！我会比你更啰唆。首先，我会跟他说，我们的思考是从夜幕刚降临时开始的，如果他一直紧随我们的思路，那么他会毫无困难地找到一个答案，解答他所有的问题。在共产主义规章制度下，我们的人民最终会过得特别幸福，这并不值得大惊小怪。然而，当我们解释这个制度时，我们并没有考虑到某个特殊社会阶层的幸福，而是整个共同体无差别的幸福。从一

开始，我们的方法是假设只有在此类共存（être-ensemble）形式中，我们才能找到正义的定义，正如我们将在被蹩脚的政治削弱的共同体中找到非正义那样。然而，莎士比亚会说，'正义还是非正义，这是个问题。'既然眼下我们在寻找共同体的幸福形式，那么我们会直接拒绝在其中选择一小撮特权者。我们要的是一个全面的观点。之后我们再来看与这些原则对立的形式。

"我还会说：泼凉水先生，请允许我打个比方。想象一下，我们正在给一尊雕像上色。我们小心翼翼地在它的眼睛上涂了一层黑色。有人走到我们身边，猛烈地批评起我们来：'什么！你们把眼睛涂成了黑色？它们可是人脸上最动人的珍宝啊！应该换成华贵的紫色！你们应该知道，人身上最美丽的部分应该配上最美丽的颜色。'难道我们不该平静地回答他：'了不起的先生！请不要认为我们会以纯粹装饰性的手法给眼睛上色，这样最后它们都不是眼睛了。对于身体的其他部位也是如此。我们的目的是整体的完美，要做到这一点，我们必须给每个部位涂上适合的颜色。'接着我会从人体过渡到政治：'亲爱的泼凉水先生，请不要强迫我们将享乐的权力赋予我们这个共产主义共同体的临时领袖，寻欢作乐能给他们带来一切，就是无法带来领导能力。无论如何，我们也可以想象有这样一个女人，每次去农村劳动时——每个人都要定期去农村劳动——，她都穿耀眼的长裙、高跟鞋，戴金项链，心血来潮时会爬上拖拉机，在乡间小路上展示一下自己。或者这样一些人，他们正在工期中，却躺在火堆边，抽着大麻，喝着威士忌，只有在聊天聊累时才会关心一下他们的黏土和其他东西。其他人也都一样：派对啦，闲逛啦，帮派啦，剧院啦。这样的社会，从头到尾都是享乐！可是，这显然不是我们希望看到的。因为享乐的后果就是：与遭到破坏的农业生产、消失的手工业和破产的工业一样，令我们这个共同体得以诞生的一切实践活动都将不复存在，因为投入其中的人没有一个遵守这些活动的形式。'

"私底下，我还要再补充一点，用这些生产实践作例子，和用严格意义上的政治实践作例子，说服力是不一样的。比如临时的鞋帽匠做出来的都是劣质的鞋子，都堕落到只是名义上的鞋帽匠了，这的确让人不适，但对国家来说还不是灾难。反过来，那些在某一刻保护共产主义准则，因而也就是保护整个政治共同体的人，假如他们在担任领导人职务时也只是徒有虚名，从没有实际行动，这个共同体就很有可能会全数覆灭；而他们——也只有他们——本来拥有独一无二的机会，能够为了所有人的幸福，更好地组织起整个集体。我们培养的是真正的领袖，他们出身于平民家庭，任何情况下都不会破坏我们的政治。所以，如果有人前来跟我们说，领袖必须是醉醺醺的农民，或不知疲倦的派对狂人，或者说他们的职位不应该在国家的心脏，而应该在议会的某些委员会中，我们会回答他：'等一等！你说的不是政治吧！'在政治上，我们必须认真核查一下，我们选择领导人的动机究竟是为了让他们享受权力保障下的种种穷奢极欲，还是为了整个国家的福祉。如果是第二种情况，那么人民不管用什么手段，都得说服轮值的各个层次的领导人成为该工作领域的优秀工人。对于政治共同体的所有成员来说都是如此，因为在共产主义国家，没有人可以宣称他没有任何责任。在这些条件下，变得强大、和平的国家会拥有最出色的集体组织结构，也会看到国家各个组成部分根据自己的意愿，投入为全体创造幸福的事业中来。"

"说得多好听！"阿曼达叫起来，"真是善有善报！我感到四处都弥漫着玫瑰花水的芬芳！什么是政治共同体的各个'组成部分'？之前没听您提起过这个词。"

"嘿,姑娘,"苏格拉底微笑起来,"你难道没听到我们谈论富人和穷人吗?"

"正是啊,在您那美丽的构想中,他们现在怎么样了啊?"

"我觉得我们应该超越贫富差距,建立起我们的共产主义社会。财富和贫穷都会侵蚀我们的公民。"

"为什么?"格劳孔吃惊地问。

"假设一位建筑工人一夜暴富了,你觉得他会继续安心灌水泥、铲土地,来取得一份微薄的工资吗?如果我们强迫他这样做,那么时间越长,他就越有可能破坏工作,或以各种各样神秘的疾病为由不来上工,不是吗?"

"总之他变成了一名坏工人。"

"正是。但是,反过来,假设他的工资很低,低到工地上都结冰了,他却连保暖的衣服和结实的鞋子都买不起,那么他的热情就会受到影响,也没有任何欲望让他的儿子们对此类工作产生兴趣。可是,这类工作其实是整个集体最迫切需求的。"

"于是他也成了一名坏工人。"

"你说得不错。因此必要的前提是,领导人不管什么出身,都必须避免这两种灾祸的出现。这个前提是他们平均主义世界观的重要部分。"

"什么灾祸?"阿曼达问,她的头发乱糟糟地纠结在一起,"我有点糊涂了。"

"不劳而获的财富和辛苦换来的贫穷。"

"同意,"格劳孔学究气地说,"但我仍有一点困惑。如果我们这个共产主义政治治理下的理想国禁止一切形式的私有资本积累,那么这个理想国如何抵御一个强国的入侵呢?因为这个强国可以让国内的巨富出钱聘请外国雇佣军团,并给军队配备超现代的武器。"

"我给你讲个小故事,重振一下你的士气。想象一下,现在有一个体型消瘦、行动迅捷的拳击手,极其擅长防御,也擅长打出让人防不胜防的狠招。假如这个冠军每天强迫自己进行大强度的训练,难道你不觉得他一人足以对抗三个肥胖、愚蠢、训练不得当的对手吗?"

"三个人同时上吗?很难吧……"

"他可以假装逃跑,然后转身,用剑刺死离他最近的、已经气喘吁吁的敌人,然后再离开,再像闪电一般迅速转身,打倒第二个人……"

"可是,"阿曼达叫起来,"这是罗马人的故事啊!这是贺拉斯兄弟中最小的一个在一次追逃中分别杀死居里亚斯三兄弟的故事。"

"是的。蒂托·李维和高乃依是这样说的：

> 孤独地以一对三，然而这次冒险中
> 那三人都已受伤，只有他安然无恙，
> 面对群体他太过弱小，
> 面对个体他又太过强大……"

阿曼达兴高采烈地接下去说：

> "……他十分清楚如何脱险；
> 他以退为进，他的急智
> 巧妙地分裂了上当的三兄弟。"

"妙啊！"苏格拉底微笑起来，"你的记忆力果然训练有素。顺便问一下，那些富人区的纨绔子弟，他们在网球场练体力，在森林里跑步塑形体，你觉得他们有没有准备好上战场，为**祖国**和**美德**奉献生命呢？"

"那些人？想都别想！从前他们还可能是后备役军人，现在嘛……"

"所以我觉得，面对没落的寡头政治的雇佣军，我们共产主义国家的年轻人定能轻而易举地守住阵地。"

"我们也可以实行一种钟摆外交,"格劳孔插话道,"假设我们的边境上有两个国家潜在地威胁着我们。我们可以向那个看起来相对弱小的国家派遣一个庄严的外交使团,在任的所有领导人都是这个使团的成员。我们可以先告诉他们一个真相:'我们国家禁止囤积财富和宝贝。但你们国家却正好相反。'随后巧妙地引开话题:'不过让我们暂时把这些意识形态问题搁置一边吧。'最后再透露我们的想法:'如果你们和我们签署一个约定,敌人——也就是这一事件中的第三者——的所有财产都归你们,我们什么都不要。'毫无疑问,对方肯定选择跟我们这些禁欲的、削瘦的豺狼结盟,共同反对肥胖软弱的羊群,而不是孤身投入结局不明的战争中,去与一群作战意志坚决并且家徒四壁的狼群为敌。"

"说得好听!"阿曼达打断他的话,"在这种小花招的帮助下,我们的某个邻国会背着其他国家积聚所有财富,无节制地扩张自己的国土,豢养一支庞大的军队,成为世界霸主,最后扑向我们,毫不犹豫地将我们消灭。"

"亲爱的姑娘,你把这样一个财富和暴力的结合体称作'国家'(pays),你真是太善良了。从政治角度看，只有我们正在讨论、正在定义其形式的组织才配得上'国家'（pays）这个名称。"

"为什么？"阿曼达尴尬地问。

"因为普通国家（État）需要一个符合其多元性的名称。而地理意义上的'国家'（pays）这个名称瞄准的是统一性，并不适合普通国家，因为后者内部至少包括两个以上的敌对群体，即富人群体和穷人群体。"

"那中产阶级呢？"格劳孔提出异议。

"除了在历史上少有的有限几个革命时期，一般所谓的'中产阶级'是富人政治的群众基础，在民主政治中尤其如此。这也证明了事实上所有这些'国家'（pays）中只存在两个群体，而这些群体本身又可以被分成众多小群体。这些'国家'是由各种隔离区拼凑成的，人们在同类人之间通婚，完全不了解他人的生活，而国家（État）凌驾于这一切之上，表面看来是一种同所有人分离的权力，实际上却掌握在富人及其附庸手中。这就是为什么我们未来的外交家必须谨记，不能将其他所有力量都当做'国家'（pays）来对待。如果保持这种视野，我们将必输无疑。反过来，如果我们将这些力量视作多元性（multiplicité），如果我们渗透到它们的内部冲突中，向甲承诺权力，向乙承诺财富，再向丙承诺自由，这样我们将始终拥有大量盟友、少量敌人。如此一来，我们的国家（pays）即便表面看来很弱小，它仍将被所有人视为最强大的国家，因为它闪耀着正义的光芒，闪耀着思考热忱的光芒。就算它的常规军只有十万人，我们也找不出一个能战胜它的国家，它的邻国没有这个能力，全世界也没有哪个国家有这个能力。"

"所有这些'外交手腕'在我看来都是令人恶心的犬儒主义，"阿曼达说这话时的确一脸厌恶的表情，"听起来像苏德互不侵犯条约，听起来像斯大林的做派！"

"啊！终于说到我心坎上了！"苏格拉底大声说，"我还以为你们准备眼睁睁看着我稀里糊涂陷入现实主义中了呢！我们当然不能这样论证！正是因此，我们谈论的建设实际上只能是一种包含全人类的建设，尽管眼下我们像往常一样，不得不从一个确定的地方开始。"

"不管怎么样，"格劳孔总结道，"我们发明的这些规则不能遮盖它们背后那个伟大的理念，那个唯一的或者说充分的理念。"

"这个理念是？"苏格拉底十分好奇地问。

"教和育。如果年轻人在接那些即将退休的人的班时,已经接受过既自由又有序的教育,那么他们肯定能轻而易举地解决一切细节问题,包括我们还没怎么讨论的问题,比如跟家庭有关的一切问题:婚姻、性、孩子、遗产等等。"

"你说得很对。如果我们从一开始就实施一种真正建立于原则之上的政治,那么一切都会遵照一个自行扩大的圆的模式展开。合适的教育能够为所有人塑造良好的性格。而我们国家的居民由于一心想将他们受到的教育传给下一代,因此会在过程中改良这种教育,因为他们既意识到了其价值,也意识到了其不足。结果就是每一代人都会超越上一代人。"

"看到我们那么漂亮,那么优秀,老人家们一定会觉得自己很失败!"阿曼达开玩笑道。

"总而言之,领导人首先要考虑的问题是不要令自己被贿赂,不要令教育体系崩溃。当我们认识到不同种类的节奏、舞蹈、歌曲对青少年具有至关重要的作用时,将这一切弃之不顾或排除在思考和言辞激励之外的行为都将是荒谬的。这种犬儒主义的冷漠很适合资本主义市场统治的世界,因为后者唯一的念头是用各种新'产品'——用别人的话说——淹没青年一代,而不是希望他们获得**主体**的力量和思考的勇气。对我们来说,'一切活动的都是红色的'是一种政治不正确，而将'新'本身作为一种评价标准是一种艺术不正确。"

"可是，"阿曼达兴高采烈地打断他的话，"荷马在《奥德修纪》开头就已经宣布：

> 假如大家不认为这是最新的歌曲
> 那么游吟诗人的歌其实一钱不值。"

"好啊，"苏格拉底反唇相讥，

"我觉得'大家'像是一群小牛犊。

音乐新类型的出现可能是无法避免、众望所归的。但我们不能将这一变化看作无法改变的命运。在这方面，我还是谨遵我的音乐老师——伟大的达蒙的教诲……"

"……同时也是开奥斯的皮索克勒斯的弟子，松弛的吕底亚调式的发明者。"阿曼达用一种稚嫩的声音背书一般地说。

"一点不错，"苏格拉底抱怨道，"伟大的、非常伟大的达蒙！他曾说过一句话，你们必须牢记在心：流行音乐中产生的每个重大变化都表明了国家最重要的机制内部所产生的变化。"

"这个奇怪的联系是怎么发生的呢？"格劳孔问。

"通过'简单渗透'发生的。我们哼唱歌曲，我们倾听，我们重复。新的节奏在日常生活中流淌并得到加强。节奏体现的快速、漫不经心、迅猛等感觉也存在于将个人联系起来的种种关系或协议中。最后它还渗透到法律和原则中。我敢说，政客们一直操纵着别人，让他们踩着新音乐的节奏跳舞，这些人既包括下流放荡胚、不负责任者，也包括在夜总会震耳欲聋的烟雾中出没的青少年。正是因此，我们应该期待并支持富有创造力的深刻的音乐，能够以它们的方式，通过它们的美和它们激起的情绪，来证明在声乐拼盘中昙花一现的理念的力量。我们应该在这样的音乐中，带着些许忧郁度过我们的青少年时期。"

"您几乎没有谈论细节。"格劳孔遗憾地说。

"你指什么？"

"我指的是需要灌输给青年男女的一切生活能力：在长辈说话时保持沉默，在公车上让座，照顾生病的父母，听从老师教诲时表现出最起码的注意力和敬意，剪头发，洗指甲，给鞋子打蜡，收拾房间，同家人一起吃饭，而不是萎靡不振地守在电视机前，用披萨填饱肚子……"

"为这些无关紧要的事情立法简直愚不可及。制定关于头发长度和蜡的颜色的法律？多傻啊！一个人如果通过受教育而确定了方向，那么这个方向将影响他的整个成人生活。这样一种影响，无论好坏，最终都会实现与它相适应的结果。那些吹毛求疵的条例和无穷无尽的法令对此能起什么作用？什么作用都起不了！法律必须决定事物真正的命运，而不是试图去定义这种命运。"

格劳孔身上的法律学家和经济学家向来只闭着一只眼睛睡觉，此时更是彻底苏醒过来：

"那么对于商业合同、供应商提供的发票、周边产品规定、确定汇率的行为，您都怎么看呢？换个领域，对侮辱行为的起诉、法庭权力的延伸、邻里纷争，对这些您又怎么看？税收、海关税、豪华游轮下锚仪式、国库收缴房产交易增值税，对这些您又怎么看？对这一切难道不需要制定精确的法律吗？"

"亲爱的朋友，如果人人正直，那么他们会寻找到适合彼此的规则。如果他们不正直，那么他们会大范围地造假，贿赂人民代表，让后者投票决定能够为他们服务的法律。对于这些问题，有些人终其一生都在反复制定一大堆法律预案，幻想能够建立一种完美的法律秩序，而这实际上可笑至极。他们就像患了轻度抑郁症的病人,每天都在寻找能够产生奇迹的新药方,而不去尝试改变自己的生活方式,去除让他们受折磨的真正病根。他们只是加重了病症,却还要坚持吃各种药,因为某位萍水相逢的'朋友'曾向他们夸耀过这些药的药效。"

"没错!我见过这种人!"格劳孔突然说,"别人劝他们别再喝那么多酒,别再抽那些臭烘烘的雪茄,别再吞食肥牛肉糜和奶油四季豆,他们就把这些人当作自己最大的敌人。"

"要是整个国家都效仿这些'病人',那你可就高兴不起来了。可是,那些国家不就是这样做的吗?尽管治理得很差,它们却还以死刑相威胁,禁止百姓改变任何方面的既定指令和法律。与此同时,有一些人却误被当作好人和应该载誉而归的真正智者。这些人甜言蜜语地恭维这个可悲国家的居民,揣度并努力满足他们的欲望。但他们奴颜婢膝做这一切的目的并不是为了服务公众,而是因为他们打算参加下一届的选举。"

"是的,"格劳孔表示赞同,"我们见过此类蛊惑人心的政客。"

"无数人愿意接管此类国家,热忱为它服务,对这些人你有什么看法?难道他们不勇敢吗?难道他们的意愿不美好吗？"

但是格劳孔似乎一点不在乎这种冷嘲热讽：

"话虽如此，我们也不能原谅那些被舆论欺骗的人。仅仅因为他们的走狗在电视上吹嘘了他们两句，仅仅因为傻瓜们在会议上为他们鼓了两下掌，他们就自认为是了不起的大政治家了！"

"你真是铁面无私啊！但这些人可能只是不了解最基本的数量法则而已。即便他们是侏儒，只要所有人都肯定他们身高超过两米，他们就会视自己为巨人！不要责备他们了。他们仅仅是滑稽而已。狂热地立法，增加各种修正案、追加遗嘱和执行条例，始终心怀一种不灭的渴望，希望可以在合同和我们刚才提到的各种污浊事件中，为金融贪污确立一条底线。他们从来没有想过自己的做法只能治标不治本。"

"您是想说无论在什么样的国家，一个真正的立法者在面对上述法令时，无须时刻忧心忡忡？如果国家治理得很糟糕，那么这些法令将毫无用处，因为它们不会令国家有任何起色；如果国家治理得很好，那么，要么人人知道该做什么，要么法令是其他已经确立的机制的自动结果。那我们在立法方面有什么计划呢？"

"我们没什么可做的。普遍**理性**会完成这项工作。在我们这里，阿波罗是这种**普遍**理性的代表。因为这事关原则，而原则应该先于法律。所以我们可以说，如果法律关乎人性，那么原则就带有神性。"

"这个理性的阿波罗会跟我们讲些什么呢？"阿曼达挑衅地问。

"讲每个作为**主体**的人内心的圣殿，这圣殿的建立是为了庇护**主体**已融入其中的真理；讲把我们与真理联系起来的不确定的忠诚；讲那些极度忠诚的英雄应该获得的荣誉；讲人们怎样在丧葬上热烈谈论上述英雄，尤其如果后者是在听差、清洁工、机修工、农工或收银员岗位上大显身手的；讲魔鬼和恶灵怎样散播**真**的拟象，怎样鼓励背叛，怎样吓退军人。在所有这些方面，指导我们针对具体问题做出努力的，必须是一般思想，或普遍**理性**，它们被我们放置在了世界的中心。"

"由此，"阿曼达特别严肃地说，"我们国家就能加盖印章，宣布成立了。"

"也许吧，也许吧，"苏格拉底委婉地说，"不过我们还有最后一个小问题要解决。"

"什么问题？"格劳孔吃惊地问。

"其实对我们来说，这个问题是唯一重要的问题，但我们还没有作出任何回答。这个问题就是：正义在哪里？给你自己找一个强大的保护人吧，亲爱的朋友，把玻勒马霍斯、色拉叙马霍斯和其他人都叫醒，让他们帮助你，随后在阿曼达的带领下，把我们这场无休止的讨论的各个角落都照亮，找一找正义藏在哪里，非正义躲在哪里，看看它们的区别在哪里，想想如果要获得幸福——无论是藏身于孤独之中的幸福还是人神都能见证的幸福，我们应该投身于正义还是非正义之中。"

"您说了跟没说一个样！"阿曼达叫起来，"昨晚您答应要亲力亲为的。您甚至还说，如果不竭尽全力、想尽办法来支持正义，那么您就只是个背信弃义的哲学家了。"

"倒霉！"苏格拉底击掌大叫，"我忘了！你说的很对。正义就像洞穴学者一样迷失在讨论的深渊中。我必须指导拯救行动。不过，你们都是拯救小组的成员，对吗？"

"是的，是的，"阿曼达微笑起来，"我们会助您一臂之力的。"

"那么走吧！我们已经掌握了有关某种真实性的观念，如果我们的政治与这种真实性是协调一致的，那么它就应该是自省的、勇敢的、节制的、正义的。假设我们在它身上只发现了上述美德中的一种,那么其他三种美德应该是还没有被发现。"

"听起来像有点幼稚的纸牌游戏,"格劳孔嘲讽道,"桌上有四张牌,我们知道这是四张 A,而我们要找的是红心 A。我们将这四张纸牌一一翻转过来。如果红心 A 在前三张翻转的牌中,那么我们就可以停止了。而如果它不在前三张牌中,那么也没有必要翻转第四张,因为第四张必然是红心 A!这个故事告诉我们:尽管有四张牌,但即便在最糟糕的情况下,我们也能三下定输赢。"

"妙啊!"苏格拉底鞠了一躬,"让我们把这四种美德看作你的四张 A。我先翻开第一张,一眼就认出其关乎自省,或智慧,或深思熟虑。我甚至在其中看到了一些奇怪的东西。"

"要让您觉得奇怪,这东西肯定不简单,"阿曼达惊讶地说,"我很想见识一下被吓唬住的苏格拉底是什么样子!"

"说一种政治是自省的,或智慧的,或深思熟虑的,这等于在说,这种政治下召开的会议,它们的商议方式所产生的最终决定总是符合形势的需要,不是吗?"

"啊呀,苏格拉底,"格劳孔插话道,"您终于到主流中游了一会泳。您跟我们解释说,在政治上，我们应该做应该做的事……谁会反驳这个不证自明的道理呢？"

苏格拉底假装什么都没听见，像只倔强的骡子一般继续往下说：

"然而，议事能力需要一种理性知识的形式。真正的政治下召开的会议中，无知和修辞没有任何价值。"

"我们听着呢！"阿曼达嬉笑着说。

"可是理性知识的种类太多了，而且每一种都是国家必需的。比如一个好的信息技术员。他能够解决电脑程序出错的问题或找回硬盘里的数据，但这种能力会不会令他成为内行的政治拥趸呢？"

"不会，"格劳孔有点机械地回答，"这种能力只能令他成为内行的信息技术员。"

"那工业绘图员呢？他们能够精确无误地画出机器图纸。粉刷匠呢？他们掌握的光滑颜色的知识让所有人都钦羡不已。他们的理性能力是真正的政治会议所需要的吗？"

"不是，他们只是在自己的专业领域很出色罢了。"

"啊，你终于说出了这个词。政治不是而且也不可能是一种'专业'。在政治上，人们的商议对象不是某个特殊物品，而是本国居民需要面对的一切形势。这方面的能力首先应该是所有人的能力,而不是某几个人的能力。因此,作为一种美德,商议和决策的智慧应该不只是存在于某几个特殊训练出来的公民身上,而是存在于每个人身上,这样每个人都能适应我们共产主义的一般条件,成为我们共同命运的一份子。"

"这样的话,"阿曼达的热情爆发了,"我们这里就不会再有政治家了!"

"是的,不会有。政治知识将会是这样一种知识:在某个特殊时刻,它会通过拥有这种知识的人的数量,绝对地囊括一切技术或专业知识。实际上,全部人口都将拥有这种知识,它独一无二,配得上政治智慧这一名称,它不仅控制着商议过程,也控制着由商议产生的决定。"

"那勇气呢?"

"我们可能会认为在社会中找到勇气的藏身之处不是一件难事。要知道一个国家是懦弱的还是勇敢的,只需看看其中的一部分人,即投入重大战争中的那一部分人。那些留在后方的人是懦弱还是勇敢,对于确定国家是懦弱还是勇敢没有多大的影响。至少大家是这么认为,也是这么说的:军队的勇气是衡量国家勇气的唯一标准。"

"'大家'终于说对了一次。"格劳孔乐不可支地总结道。

"你上当了,年轻人!大家错了,你也错了。你忘了两件事。首先,在我们的政治观念中,不存在单独的军队,当国家遭受无理的侵犯时,大家都会被要求参与到保卫战中来。其次,我们的勇气更应该是渴望战争结束的勇气,这样我们就能毫无保留地投入建设永久和平的事业中去,同时如果某个国家想要摧毁我们,我们也能随时投入抵抗运动中。"

"就像毛说的,"阿曼达插话道,"'我们反对战争,但我们不怕战争。'"

"一点不错。也就是说,对勇气的智性认知存在于整个政治肌体中。它既是一种对应该畏惧的事物的正确看法,也是一种对值得期盼的事物的正确看法,如果有谁宣称要阻挠这种期盼,我们就坚决抵抗到底。从这个意义上说,勇气应该属于每个人。我们可以自相矛盾地说,勇气有一种保守的功能。"

"它要保持的是什么,这个勇气?"格劳孔困惑地问。

"与被教育成功改造成法律的一切保持良好的**主体**关系——也可以说是正直的观点——,这一法律规定了我们可以合法畏惧的事物和形势。从长远来看,勇气能够维持这种正直的观点,无论是悲是喜,无论是欲求不满还是满怀恐惧,人们都不能避开良好的法律。"

"您说的这些都相当含糊!"阿曼达抗议道,"您不能解释得清楚点吗?正直的观点为什么是耐用的教育法则呢?给我们抛出一个只有您才懂得个中奥秘的'形象'吧,这个形象在您看来既不摹仿任何事物也不摹仿任何人。"

"你的愿望就是命令,姑娘!让我们来想象一个染色匠……"

"染色匠,为什么?"格劳孔惊愕不已。

"你会知道的。当染色匠想把毛料染成紫色时,他会先在多彩的布料中选一块纯白的织物。在精心准备以便白布能够吸收最鲜艳的色彩后,我们这位染色匠才会把布浸到紫颜料中。这样染的布不会掉色,就算用大量水冲洗,甚至用肥皂洗,色泽始终不会黯淡。如果用别的方法,也不好好准备底子,不管它是有颜色的还是白色的,那么你们都知道结果:第一次洗涤,颜色光泽就都掉了,看起来非常可笑。现在,大家想象一下,为了将全国百姓都培养成政治的卫士,我们的教育工作与染色匠的工作具有同种性质;再想象一下为了获得最高贵的原则,我们需要充分准备好的**主体**。正是为了这个准备工作，我们要向年轻人提供文学、音乐、数学教育，同时还要教他们革命史或搏击运动。所以，假定我们的政治的基本原则是给灵魂染色，而我们的教育计划的唯一目的是为年轻人打下基础，使其在吸收原则的颜色时能够不掉色，最终令其依靠良好的天性和教育，在畏惧心及一切重要问题上形成不可动摇的观点。这个观点产生后，无论是那可怕的、能够消解一切的肥皂——我是说盲目的享乐，它在清除**主体**价值时，比灰烬或刷子更为有效——，还是由痛苦、恐惧和私欲这三者构成的、能产生可怕洗涤剂的化学配方，都无法将它抹去。我把这种力量称作'勇气'，无论在何种情形下，它都能保护一种关于可畏之事物或不足惧之事物的正直合法的观点，防止后者被生存的波折洗去光泽。我的朋友格劳孔，这个定义能让你满意吗？"

"反正我也没有别的定义可以提供。动物或傻子面对威胁都会产生一种本能的知识，我想这种本能知识因为同教育的决定作用没有任何关系，所以在您看来可能太局限，无法被冠以'勇气'这种名称吧？"

"你想得对。另外，这也是我们可以将勇气视作政治美德的原因，亚里士多德用各种腔调宣称人是'政治的动物',他说的即是这个意思。他是你哥哥柏拉图的弟子,一个很出色的年轻人,不过我不太喜欢他。不过这些问题需要另外单独讨论。眼下还是回到我们最关心的问题,也就是正义问题上来吧。"

"可是,"格劳孔提出疑议,"在这个游戏中,我们只翻转了'智慧'、'勇气'这两张牌。还剩下两张牌,不知道哪张是'正义'。我希望您能翻开'节制'这张牌,最后必定就是'正义'了。"

"节制又被叫作'克制'、'有度'、'适中',比起智慧和勇气这两种美德,它更像是一种和谐关系,一种一致性,一种**主体**的共鸣。它是**主体**身上的有效机制,能够抵制短暂享乐欲望产生的诱惑。在类似'自制'或'自主'这种几乎不可理解的词组中,以及从更普遍角度说,在保留了这种特殊美德痕迹的语言中,都隐含着节制观念。"

"为什么您认为'自制'这个词不可理解?"阿曼达打断他的话,"我完全理解它的意思啊!"

"这个词很可笑!自制即受制,同样地,受制即自制。因为这类现成的词语涉及的是个体自己。可是,同一个人怎么能在同一时间,在相对来说同一个存在也就是他本人身上,既制服又受制,既是主人又是奴隶呢？"

"可是，"阿曼达坚持己见，"'自主'这个词并不是真正地应用于同一个存在身上，因为它意味着**主体**的分裂。在被视为**主体**的人身上有两个部分，一部分相对较好，是融入真理的部分，另一部分相对较差，是以个体冲动为准则的部分。当本质较好的部分控制较差的部分时，我们说这个**主体**就是自制的，因为他控制住了身上纯粹个体的部分。这是一种褒奖。而在平庸教育的影响下，加上经常与可疑的人来往，**主体**身上较好的部分被削弱，导致追求真理的激情屈服于死亡本能，我们就会谴责甚至辱骂这个**主体**，在各种场合宣布其是不自制的，是真正无节制的。"

"好吧，"苏格拉底低声抱怨，"想象一个被我们的政治塑造的国家。你会看到，我们应该褒奖它，它属于你所说的第一种情况：它是自己的主人。因为在你看来，只要事物身上较好的部分战胜了较差的部分，它就能被冠以这个名称。"

"我在想象，苏格拉底，我在想象！但我们只能基于自己的经历展开想象。在您这个神奇的国家，我们肯定会发现享乐的欲望，哪怕表现这种欲望的只是任性的孩子，或抽着烟四处晃荡的少年，或为数不少的年轻情侣，后者一般生活安定、自负傲慢,成天谈论的只是自己在波斯的旅行。"

"你低估我们了,阿曼达。你低估了行动与思想一致时,智力训练能够带来的无与伦比的幸福感。我们之所以认为这些没有明确对象的欲望,这些表面看来简单的无限欲望是合理的,仅仅由于它们能准确判断自身的创造价值,因为它们同真正的观点和纯粹的思想是兼容的。在我们国家,几乎所有人都会在人类特有的天然而隐秘的善良之外,加上讲究的教育带来的启发。今天,资本对集体资源的利用到处鼓励着人们的自私冲动和不计后果的可耻行为。我们会一起努力,很好地组织与思想关联的欲望,让它们成为主流。在当今社会,这些欲望还只是以小圈子形式进行斗争的少数人的特征。"

"因此,对于我们的政治观念,"热情高涨的阿曼达大声说,"我们应该说,它能够让集体成为自身冲动的主人,克制住想要寻欢作乐的可怕执念!"

"所以我们可以说,"格劳孔也来添油加醋,"我们意欲建立的社会要确保最平静、最不容置疑的节制。"

"请大家注意,"苏格拉底不甘落后,"在这个大家轮流执政、轮流参军的社会,因为干脆利落地取消了某个问题,使得领导者和被领导者之间始终能够保持一致性。这个无论何时何地都会蛊惑人心乃至引发内战的问题就是:'谁有指挥权?'"

"这样的话,"格劳孔指出,"我们可以说,节制不仅是领导者的美德,也是被领导者的美德,而且……"

"而且如此一来,"苏格拉底打断他的话,"我们就有充分的理由说节制是一种和谐,是一种共鸣。它以一种绝对的状态延伸至整个国家,无论生活于其中的人担任何种临时职务,无论他们具有何种特殊才能——智力或体力上的,仪态或灵巧度方面的,准确性强或创造性强的,擅长写诗或擅长数学的……节制都能促使所有人形成统一意见。由于节制同一切自私冲动相反,因此当所有人一致认同最好的事物可以统辖价值较小的事物,并且这一原则既适应于个体也适用于国家之时,节制就能够赋予这一一致意见以活力。"

"做得好!"格劳孔叹息道,"我们已经认出并定义了我们未来国度的三大美德:智慧、勇气和节制。这样最后一张牌,我们的第四张 A 肯定就是正义无疑了。"

"亲爱的朋友们,是时候吹响号角,大声呼喊

'追啊！追啊！'了！让我们像凶猛的猎人那样围住矮树林，千万小心不要让正义逃跑。决不能让它消失在疑云之中。它肯定在附近，这可怜的母鹿，它被我们的观念吓坏了，它知道这观念已被逻辑的磨石磨尖。前进，格劳孔！把它赶出来！你一看到就告诉我！"

"我也很想……目前我什么也看不到。要是您指给我看，可能我还能认出它来，我能做的就是这些了。"

"行，我冲到树下，让荆棘刮破皮，你就踩着我的足迹来吧。"

"说定了，冲啊！"

"地方不是很招人喜欢。到处是藤蔓和仙人掌。浓重的阴影。没有现成的路……我们慢点前进……啊！格劳孔！我找对路了，正义是我们的了！"

"在哪里？怎么找到的？它还活着吗？"

"不但活着还活得很好，亲爱的朋友，我们才是真正的傻瓜！"

"我咽不下这口气！"格劳孔骂骂咧咧地说，仿佛他并不是在隐喻中而是真的在荨麻上牺牲了他的裤子。

"很不幸，的确如此。这该死的正义蜷缩在我们脚下好一会了,甚至在讨论刚开始时它就已经在那了。是我们自己没有发现它。我们就像那些手上拿着钥匙还到处找钥匙的人一样滑稽。其实正义就在我们近旁,而我们不但没往那个方向看,还要往模糊又遥远的地平线方向眺望。正义之所以没有现身,是因为我们自己的目光迷失在了对远方的浪漫主义幻想中。"

"可是我再怎么往脚下看也没用啊,"格劳孔可怜巴巴地说,"我还是什么都看不见。"

"想想我们刚才冗长的讨论。我有一种感觉:我们一直在谈论正义,却没有弄清楚我们自己到底在说些什么,即使对于没有说出的部分也是如此。"

在他们这样对话的时候,阿曼达一直在使劲拉扯自己打结的头发,此时她再也忍不住了:

"您还真会扭捏,苏格拉底!与其把正义比作一头可怜的母鹿,不如直接说明它到底是什么。我们说了什么,却不知道自己说了什么,可是又说自己知道在已经说出的、说了又说的话里所说出的、说得不好的或者没有说出的一切,却始终没有把这一点说出来,这到底打的什么哑谜啊?"

苏格拉底向天空伸出双臂:

"别生气啊,可怕的小姐!一会由你来判断

我是否有理。当我们开始审视我们的政治基础时，我们认为最根本的价值同**主体**所受限制有关，这种限制表现得比形势变化更为有力。这种普遍义务——或者至少可以说普遍义务的一种特殊形式——在我看来定义了正义。然而，我们已确立并数次重申的观点是——你应该还记得，亲爱的阿曼达——每个个体都必须获得某种能力，来承担社会中的某种职务，但如果他要走自己的路，并认为这条路最适合他的天生禀赋，那么别人也不会阻拦他。总之我们已经指出，正义即意味着每个人都能完善他在自己身上看到的特殊才能，同时以同样的强度将自己打造成马克思所说的'全能的劳动者'。这个劳动者是一个人兽，从泥瓦匠到数学家，从清洁工人到诗人，从士兵到医生，从机械师到建筑师，时代向他或她提供了各种可能性，而他或她不会将任何一种可能性排除在自己的行动范围之外。"

"我们没有说过这种话，"阿曼达抗议道，"无论如何，我们没有用这些字眼来定义正义。"

"你知道我为什么认为这是显而易见的吗？"

"不知道，但我相信您马上会告诉我们原因。"

"在美德领域，正义从某种程度上说像是其他三种美德的'加一'[1]。正义向智慧（经过严密思考的东西）、勇气（对应该畏惧之事物的科学）、节制（对冲动的控制）输送了真正的力量，并提供了力量的场所，在这一场所中，各种美德一旦被激活，便能发挥它们的**主体**效率。我们当然很难断定四种美德中的哪一种更能确保我们的共产主义国家处于完美状态。但可以肯定的是，如果人们不具备有创造力地、有效地在任何岗位上替代任何人的能力，并把这种能力与自身特殊才能的自由完善相结合，那么其他的美德将既没有确定的发挥场所，也没有普遍的开放性。然而，只有场所和开放性的辩证关系才能保证某个**主体**结构的社会或集体活力。因此处于根本地位的是这种辩证关系，它的现实进程的名字叫作'正义'。"

"那时我们会说，"阿曼达打断他的话，她紧皱着眉头，显得非常专注，"个体只有能够从事一切实践活动（praxis）——这一点与他的生存形式（exis）或者说他自身结构的发展形成了一种矛盾

---

[1] 原文为"le plus-un"，为拉康精神分析学中的一个重要概念。拉康曾设想并实践了一种叫卡特尔（cartel）的工作组织形式，小组成员为三到五人，围绕某个共同感兴趣的主题展开工作，"加一"是被小组成员指定的额外的工作监督协调人，有时也被翻译成监控者。——译注

结合体——，才能实现自身与整个社会之间的理想关系。"

"由此，"苏格拉底指出，"非正义要么会妨碍每个人的普遍能力，要么会以这种普遍性为名，禁止所有人培养自己的特殊才能。"

"双重犯罪，"格劳孔总结道，"或者无法与别人相似，或者无法与别人相异。"

"因为缺乏集体同一性造成的非正义，因为这种同一性泛滥造成的非正义。"阿曼达说。

随后以她惯用的卖弄口吻继续说：

"或者说：出于平等的非正义，出于自由的非正义。"

苏格拉底也被这抽象性的抒情感染：

"侵犯'同'的权利犯下的罪不能够消除侵犯'异'的权利犯下的罪。"

"反之亦然！"格劳孔微笑起来，终于有一次，他成了人群中最开心的那一个。

第七章　主体正义
(434d-449a)

"别浪费时间了，"苏格拉底说，他突然奇怪地焦躁起来，"我们离目标还远。我们暂时不进行多余的探讨，先承认如果一个国家人民的生活受我们刚才所说一切的约束，那么这个国家就可以称得上是正义的。这样我们至少有一种正义的临时形式，一种对正义的观点，而这种观点与集体生活是相适应的。如果这种临时形式同作为统一体的个体可以重合，如果我们假设这种情况也可以被称为正义，那么我们可以下结论说，我们的讨论终于有了结果。"

"著名的同构法。"阿曼达说。

"同构不是被发现的，而是被证明的。或许我们只能满足于获得一种相似性。我们最初的期望是什么？是希望通过发现最大整体中包含的正义并解释清楚对这一正义的直觉，来更容易地获知最小整体即个体身上包含的正义。因为我们觉得'最大'整体是一个国家,因此便集中全力对什么是一个国家人民能够实施的最好政治作出了定义,因为我们确信,在一切都符合政治真理的地方必然存在着正义。我们从大整体也即国家之中发现了一些东西,现在让我们将其搬到存在的小元素即个体之中。如果这两者之间存在明显的相似性,那就再好不过。如果在最小端出现了差异,我们就回到最大端继续思考。也许通过在这两端,即国家和个体之间来回,通过将它们像火石一样摩擦之后,我们能够让正义的火花绽现,并用正义的亮光来观照我们自己的问题。"

"我觉得,"格劳孔摆出大人物的架子,"您已经规定了方法,我们只需照您说的做就行了。"

"认真听我说。两样东西尽管一大一小,我们仍断定它们是同种事物,那么它们是不相似的吗?因为人们在没有考虑尺寸差异的情况下才宣布了它们的同一性。还是得说它们是相似的呢?"

"相似的!"格劳孔回答得很干脆,像军人啪的一声并拢鞋跟。

"所以,在正义**理念**领域,一个正义的个体同一个正义的集体没有任何差别,前者与后者一模一样?"

"一点不错。"格劳孔以立正的姿势回答。

"可是我们已经下结论说,政治只有在使任何人都有能力承担生产、防御、领导这三大职责中的任意一种,令国家继续存在下去时,它才是正义的。这就要求政治在自身进程中将节制、勇气、智慧结合起来,因为三大职责出于不同的理由需要这些美德,不是吗?"

"是的!"格劳孔叫道。

"所以,如果我们在暂时被当做**主体**的个体身上发现了同种形式结构(disposition formelle),后者受同样的情动(affects)支配,那么我们有充分理由认为,那些我们认为适合用来称呼我们理想国的名称,也适合用来称呼这个个体,对吗?"

"非常充分!"格劳孔咆哮道。

"啊,现在一切都非常简单了!我们只需弄清楚,个体层面的**主体**是否也同政治场所一样,由三大层次构成。在集体层面,我们已经从三种基本职责即生产、防御、领导出发,提出了这三大层次。"

"简单,简单……我不认为简单。不如让我们引两句斯宾诺莎的名言……"

"用拉丁语,"阿曼达打断他的话,"这样听起来更崇高:'*Omnia praeclara tam difficilia quam rara sunt.*' [1]"

"我不知道我要说的事物是否'*praeclara*'[2]，"苏格拉底微笑着说，"实际上，我觉得答案是否定的。在今晚截至现在为止的讨论中，我们使用的方法无法令我们获得足够清晰的答案。通向目标的道路显得越发漫长曲折。不过眼下我们可能还是得停留在预备性讨论和引导性研究中。"

"我看差不多了，"格劳孔叹了口气，"这些扭曲的论证把我累死了。"

"好吧，"苏格拉底作出了让步，"那就让我们选择距离最短、障碍最少的路吧。到该'提速'时我们再作打算。首先是一种相当简单的经验性论证，可能太简单了：每个个体身上必须承载与他所属的国家同样的形式结构，或者也可以说同样的性格。因为国家的构造除了来自个体，还能来自哪里呢？让我们像在小酒店吧台那样理论吧：'色雷斯人，斯基泰人，所有住在北方那些国家的人，他们都脾气暴躁，性格野蛮，这点大家都知道。而靠近我们国家这一带，既不算太北方，

---

[1] 斯宾诺莎《伦理学》最后一个命题的最后一行，中译文为："但是一切高贵的事物，其难得正如它们的稀少一样。"出自《伦理学》，贺麟译，商务印书馆，1997年，第267页。——译注

[2] 按照《伦理学》中译文，praeclara意即"高贵"。——译注

也不算太南方，大家都喜欢聊天、讨论，见多识广。在南方人、腓尼基人或埃及人住的地方，人人眼中只有金子、银子、麦子、满载酒瓮或橄榄罐的大船、象牙雕像。'朋友们，所有这些都来自人的脾气，如今已经成了国家的性格。"

"呸！"阿曼达吐了口唾沫，"我们肯定不能跟这些种族主义乡巴佬一般见识。"

"好的，好的，"苏格拉底表示投降，"我们找点更讲究的。困难在于弄清楚腓尼基人无法餍足的贪欲、雅典人对智性活动的爱好以及斯基泰人无所畏惧的凶残是否出自同样的根源，还是说我们看到的恰好是一个经验性证据，证明确实存在三种相互区别的、特殊的主体层次。总之，假设之一：知识被我们获得时，与容易被冒犯的固执所走的道路不同，与另外两条欲望之路也不同，不管这欲望的对象是食物、性还是别的什么。假设之二：每次有某个行动——具体什么行动无所谓——向我们发出命令时，投入行动的是从某种程度上说不可分裂的整个主体。组织起严密的论证，迫使人们选择其中一种可能性，这是一项真正的挑战。"

"一个您肯定会接受的挑战！"阿曼达兴奋地说。

"那我们要从很远的地方说起。有一件事千真万确,那就是一个与自己完全一致的'一',他不能通过'同'的方法,在'同'的视野内,同时做出并承受相反的事。如果我们看到有人这样做了,那么他就不是'一',而是'多'了。"

"一个例子不嫌多。"格劳孔腼腆地请求道。

"一个统一的、同一的事物有没有可能在同一时间,在整体上既是静止的又是运动的呢?"

"肯定不可能。"

"让我们每走一步都确认一下意见的一致性,这样就不会在前进中陷入自相矛盾了。如果有一个执着于表象的辩证法的对手前来对我们说:'看,那个家伙,对面人行道上的那个,他一动不动,两腿站得稳稳的,可是他点头称'是',还转动着大拇指。所以,他既是静止的又是运动的。'你会怎么回答他呢,我忠诚的格劳孔?"

"太简单了!就是我一直跟我那些痴迷赫拉克利特的朋友们说的:我们谈论的人动了身体的某些部分,而他身体的其余部分是静止的。这看起来并不矛盾啊。"

"请注意,你的论证从运动与静止这对概念过渡到了一与多这对概念。这样你的对手就能寻找并找到一个更好的反例。比如一个陀螺!当陀螺的中心也就是没有面积的那个点纹丝不动，而整个陀螺绕着自己旋转起来时，这个陀螺在同一时刻是既静止又运动的。"

"不是的！我们必须区分陀螺身上的轴心和边缘部分。如果轴心是直的，我们可以说陀螺从轴心角度看是静止的，从边缘角度看它在做圆周运动。另外我们会发现，越是靠近轴心，圆周运动就越慢，因为在同一时间，靠近轴心的点所经过的距离比位于陀螺边缘的点要小得多。我们可以说陀螺结合了运动原则和静止原则，这两种原则相互区别，但陀螺的统一性并不会因此受到影响。"

"说得太好了，格劳孔小徒弟！无论我们的感性经历能提供怎样的矛盾表象，我们都不会受到动摇，而且我们永远不会承认，某个统一的、与自身同一的事物能借助'同'的调解，并在'同'的视野内，在同一时刻做出、成为或承受相反的事物。"

"我不是很肯定，"阿曼达疑惑地说，"一个孩子玩的普通陀螺就足以证明这个'非矛盾'律的变奏了吗？我哥哥那出色的弟子亚里士多德肯定会觉得这样做草率了。"

"你知道我不喜欢这个亚里士多德。啊！让他走自己的路去吧！反正我不喜欢他。不过你说得没错。我们需要反驳一切可能出现的反对意见，来确保我们的原则。我们尤其需要正确定义这个原则适用的背景。但这样我们会浪费大量时间。让我们先承认这个'非矛盾'律为真，然后继续前进。如果半途发现这个原则是错误的，那么到时我们再宣布前面得出的所有结论都作废、都无效。"

"到时我们不得不这么做！"阿曼达开玩笑道。

"让我们'具体问题具体分析'——政客或记者每次听别人跟他们提起平等或真相时都会这么说。无论在行动还是在激情关系中，回答是与非，接受或拒绝，吸引或排斥，这些不管怎么说都算是反义词吧？"

"当然了，"格劳孔耸耸肩回答道，"就跟渴望和不渴望一样。饥饿，口渴，一切欲望，还有意志，或者愿望，它们同不渴望、勿近身、无意志、不希望，诸如此类，结成了相反的对子。如果我渴求什么东西，那是因为我这个**主体**趋向了我所渴求的东西，或者将渴求对象拉向了自身。比如说，如果我希望别人向我提供毒品，在毒贩问我这个问题前，我已经对自己说了'是'，因为我是那么急不可耐地希望他满足我的欲求。然而，如果我要戒毒,那么我必须在赶走诱惑我的人之前,断然地对自己说'不'。在这一切之中,我们总是会发现最重要的两组相反的对子:行动中的积极性和消极性,语言表达的是与否。"

"小心了!"苏格拉底在空中竖起食指,"以一种常见的欲望——口渴为例,你刚刚也提到了它。对**主体**来说,这是不是一种比我们想象中更为多变的欲望?我们是不是从一开始就得确立或定义这一欲望的各种变体呢?我们想喝冷饮还是热饮?我们想牛饮还是浅尝辄止?总之,渴是对某种特定饮料的渴望吗?还是说这一切全部只是外部原因,与作为欲望的渴不存在根本关系呢?如果天很热,那么口渴时还会渴望获得清凉;如果天很冷,还会渴望获得温暖。如果我疲惫流汗,那么口渴时还会渴望喝很多水;如果我在休息,那么一杯水就已足够。但口渴本身只是一种与它的自然对象即饮料相关的欲望,正如饥饿本身是对食物的欲望,而不是对某种野兔肉糜的强烈渴望。"

"同意,"格劳孔皱着眉头说,"每种欲望如果只看它自身,那么它只和它自然对象的一般性有关,只有在外部条件影响下,它才会表现得像是对某个特定对象的欲望。"

"亲爱的朋友，如果第欧根尼的朋友——你知道，就是那个反对你哥哥柏拉图所谓'**理念论**'的家伙，他到处跟别人说他认得马，但完全不认得马的**理念**——前来悄悄对你说：'我的小格劳孔，人们渴望的从来就不是什么大写的**饮料**，而是一大杯白葡萄酒；能够平复我们饥饿的，也不是什么大写的**粮食**，而是一个妙不可言的蘑菇煎蛋。因为我们渴求的自然是美好的事物，而不是恶心的杂烩。如果渴是一种欲望，那么这一定是对可口饮料的欲望，而不是对一碗驴尿的欲望，其他名副其实的'欲望'也都如此。'如果他这样跟你说，那么你那满满的确信就该崩溃了。"

"我承认到时我肯定会很尴尬。"格劳孔可怜巴巴地说。

"试试坚持下面这个原则：要通过一事物与另一事物的关系来定义前者，那么这另一事物本身得是确定的才行；但是，一事物如果是通过与自身关系来定义自身的，那么它要与另一事物建立联系，则这另一事物也必须是通过与自身关系来确定自身的。"

"啊，这我就不懂了！"阿曼达抗议道，"完全是柏拉图式行话。"

"我们一起来看看吧，姑娘。人们说某个存在物'更高',那是同另一个存在物相比而言的,这你总明白吧?"

"您当我是傻子吗?"

"当然不会。那么对这另外一个存在物,我们可以说它更小,对吗?"

阿曼达只是点了点头,神情沮丧。

苏格拉底不依不饶:

"那么一个大得多的存在物之所以显得如此,是因为同另一个小得多的存在物进行了比较。对吗?"

阿曼达仅仅说了一句"太可悲了"作为评语。

"那么在过去,那个更大的显得如此,只因为同比它更小的事物确立了关系,正如在未来,那个将变得高级的之所以能够如此,只可能因为它在变化过程中,同某种低级的事物确立了关系。"

阿曼达激动起来:

"您还要说很久吗?"

苏格拉底不为所动,他心平气和地坚持往下说:

"同样,我们会说,多同少相比才多,两倍同其一半相比才是两倍,所有此类的概念组都能以此类推:重与轻的对比,快与慢的对比……"

"还有热与冷的对比,"阿曼达滑稽地摹仿着苏格拉底，打断了他的话，"还有最酸的醋配最甜的油，这可是色拉成功的关键。"

苏格拉底在暴风雨下显得越来越平静。他突然巧妙地转换了矛头：

"那么知识呢？是不是也是同一种辩证关系？也就是被你称作色拉的那个辩证关系。知识本身是对事物的认识，或者你也可以说，知识是对我们假设为知识所知的事物的知识。但是，'这个'特殊的知识之所以特殊，是因为它是有关某个特殊对象的知识，或者说，'这个'知识是对我们假设为这一特殊知识所知的特定对象的知识。"

阿曼达思忖她到底会掉进哪个陷阱，随后有些虚弱地反驳道：

"这些，您都已经说过了！如果说我知道，我知道我所知道的，是的，大家都懂的！"

"我很喜欢重复自己说过的话。这次我要举一个明白无误的例子。当人类历史上出现了造房子的真正技能时，人们为了把这种技能同其他技能区别开来，不得不将它命名为建筑学对吧？"

"显然如此。"阿曼达表示同意。

"这种知识是通过与其他知识的差别得到定义的，当然这种定义要将知识视作是对某个特定对象的知识，而其他知识在得到辨认时，无须与这个特殊对象建立联系。在知识和技能逐渐产生的历史过程中，这个原则帮助人们对它们作出了一般分类。"

"我明白了，我想我懂了，"阿曼达突然之间变得有点胆怯。

"刚才你号称什么都不懂。让我们最后再来总结一下。一个存在物同某个任意事物建立了联系，我的同事康德会说'客体=X'，作为一个同一体，按照同一性法则，它完全是自我限定的。但这与下面的事实并不矛盾，也即当这个存在物与某个特定事物建立联系时，它就受到了多重限定，前提当然是：首先'多重限定'并不意味着存在物得将与它确立联系的外物的限定条件加诸自己——比如当我们说一些鬼话，类似'关于有益或有害健康的事物的知识本身是有益或有害的'，或者'关于善与恶的知识本身是善的或恶的'，这时便是存在物将与它相联系的外物的限定条件加诸自己身上的情况；其次需要准确解释一点，即如果某种知识——比如医学——明显涉及某对由矛盾术语构成的特定对子，在这里也就是健康和疾病这对矛盾，并且出此缘故不能将其等同于对象完全不同的知识本身——'知道'本身，'可知性'本身——，那么我们必须给这个特定知识一个名称,不是简单地称它为'知识',而是根据附加到纯粹知识之上的特定对象,给予它'医学知识'这样一个多重限定的复合名称。"

阿曼达擦了擦额头,叹口气说:

"我认输了。您说的肯定是对的。"

"我们的对话让你口渴了吧!那就让我们回到口渴这件事上。口渴毫无疑问属于一种特殊的存在类型,这一类型中的事物只有与其他事物建立联系时才能是其所是。实际上,口渴是渴望……"

"……饮料。"格劳孔兴高采烈地接过话茬。

"是的,但我们已经说过,当我们把口渴看作是与某种特殊饮料的关系,那么它就是一种特殊的口渴。但口渴本身并不是对大量或有限饮料的渴望,对可口或难喝饮料的渴望,总之不是对某种特殊饮料的渴望,而是根据其固有本质,完全是对大写的**饮料**的大写的**渴望**。"

"您准备跟我们重复多少遍呢?"阿曼达发怒了,"简直像是一首悲歌的重复部分。"

"概念之歌从不悲伤。所以,被视作**主体**的那个人口渴了,只想着喝东西,这是他的目标,这是他的方向。"

阿曼达睚眦必报:

"是的,当然了,同意,很显然啊,我们懂

了，我们赞成，我们鞠躬。不过您到底想说什么呢？"

"马上就知道了。如果有什么东西内在地阻挠了口渴**主体**的冲动，那么这必然是**主体**内部另一种冲动所致，后一种冲动不同于刺激口渴的人像动物一般去喝东西的那种冲动。实际上我们也已经承认，在同一时刻，面对同一对象，他身上的同一个部位不可能产生相反的效应。"

"嘿！"阿曼达悄悄说，"赫拉克利特已经宣告了您的失败。他一贯痛斥你们这些人，'不明白与自身相对抗的事物具有深层次的和谐这个道理。'"

"你总是把赫拉克利特扔到我脚下。赫拉克利特是你的宝贝吗？关于'对立行动之和谐'，他举的拉弓的例子其实很傻。他号称弓箭手用同一个动作既推又拉弓。根本不是这样的！其实是一只手把弓的木条推向前方，另一只手把弓弦和箭矢拉向后方。赫拉克利特总是如此，将两个分开的行动的结合看成一个唯一的矛盾。相悖事物的统一体以及它们的融合根本不存在！"

"话是如此，"格劳孔抗议道，"弓箭手还是统一了这两个动作啊。"

"他能这样做是因为他有两只手！'二'是给

出的，并且强加到了'一'之上。并不是'一'在自身上产生了'二'的矛盾举动。你们瞧，'一'和'二'的故事归根到底也就是否定的故事，这个故事是十分微妙的。为了解释清楚，让我们再回到口渴的人身上。"

"啊，他啊！"阿曼达咆哮起来，"如果他还口渴，我就把他的脖子拧断！"

"那你们同不同意，"苏格拉底不为所动地继续往下说，"存在这样一些人，他们在某一刻突然感到口渴，可是拒绝立即去解渴？"

"我见过很多。"格劳孔附和道。

"对这些人，我们应该怎么看？主观上看，他们身上必须同时存在喝东西的冲动和阻挠及时满足渴望的禁令。而且这禁令还必须不同于冲动，并且比冲动更强。"

"是的，"格劳孔表示同意，"如果我们接受您刚才抛出的逻辑观点的话。您的观点暗示着，一旦出现矛盾表象，那么先前就必然已存在'二'的结构。"

"禁令产生于某个理性动因，而冲动和上瘾更多产生于身体或心理的病理突变对吗？如果是这样的话，那么我们并非没有理由强调，我们在此之中看到了两种有区别的**主体**力量。让我们将第一种称作'理性的',它在我们说理时起作用,再将第二种称作'冲动的',它在性、胃口、口渴及其他欲望中起作用,它显然有别于纯粹思想,同时与各种满足感和感官享受有关。因此,每个**主体**身上都有两个不同的层次。另外还需要研究一下非冲动型情感,比如热情、胆识、愤怒等等。它们是不是组成了第三个层次呢?如若不然,又该将它们归入前两个层次中的哪一个呢?"

"可能……"格劳孔大着胆子说,"应该归入冲动层次,是不是啊?"

"那你怎么解释阿格莱翁之子利昂提乌斯的故事呢?这个故事我是几年前听人讲的。有一次利昂提乌斯沿北边的城墙从比雷埃夫斯回来——就像我们昨晚那样——,他看到北城墙和通向法利罗的城墙之间尸横遍野:他正走在刑场边上。这场景让人联想到最血腥的电影。有些尸体正在分解,有些身上有受刑的痕迹,有些尸身支离破碎,胳膊被扯断,切开的脖颈上凝结着大量血块。这些可怜人像鼠疫病人一般被扔在那里,死无葬身之地,任由硕大的蓝苍蝇吞噬他们一动不动的眼珠。于是利昂提乌斯就变成了某个悲剧冲突的舞台。一种病态的冲动驱使他走到近旁去细看可怖的景象。他跟自己斗争了好一会,成功地用大衣遮住了脸。但他最终还是被自己的欲望战胜。他睁大了双眼，一边跑向横在地上的可怕的人肉块，一边大吼道：'看看我，可怜的血淋淋的受刑人！好好看看我吧！现在由我向你们展现最可悲的一幕！'这个奇闻难道不是对我们所说的三大层次的真正诠释吗？**欲望**战胜了思想，而**情动**不知该为谁服务。"

"还是看得出来，"格劳孔评论道，"利昂提乌斯很生气，因为他向病态的欲望让步了。从这个意义上说，即便**情动**没能挽回**思想**的失败，它还是站在**思想**一边的。"

"这种情况很常见。当**主体**身上的欲望玩弄理据时，**主体**会用各种难听的话咒骂自己，奋起反抗在自己主体性中与它背道而驰的东西。这仿佛一场内战：**情动**选择支持**思想**，反对**欲望**。反之，不管在我们自己身上，还是在别人身上，我们几乎看不到相反的情况。"

"什么相反情况？"格劳孔双眼圆睁。

"人们因为**思想**成功战胜了某种强烈的欲望而生自己的气，这样的事在实际经验中几乎不存在。看看在下面的情况下会发生什么事。某人——假设他还没有完全堕落——确信自己做了坏事，那么他不会因饥饿、寒冷或必须忍受巨大的痛苦而生气,因为他认为这些都是对自己可耻行为的正当报应。反过来,如果承受非正义的是他,他就会激烈抗议,组织斗争,为信念而战,忍受饥饿、寒冷、各种折磨,是的,他已经准备好接受一切挫折,这次并不是因为罪恶感让他觉得自己罪有应得,恰恰相反,是因为他知道为了战胜非正义,他必须失败,随后从相继的失败中吸取自然的教训。他可以英勇地胜利,也可以英勇地死亡。但他也可以像牧羊犬被牧羊人唤回那样回归自身,在暂时的撤退中获得宁静,反复掂量自己思想中的理性命令,随后再在新思想的武装下,重新投入战斗中。"

"我们自己也是这样,"格劳孔表示赞同,"一会把那些负责守卫我们共产主义国家的人叫作牧羊人,一会又把他们叫作忠犬。"

"确实如此,但我们现在说的是跟刚才截然相反的情况。刚才我们认为**情动**从属于**欲望**。如果每次**主体**内心挣扎时,**情动**都会拿起武器支持**思想**,如果事实确实如此——其实刚才我们也确认了这一点——,那么我们的立场就会完全不同。"

"原来您已经掉头了,"阿曼达说,"所以现在只需弄清楚**情动**是不是从属于**思想**,这样**主体**的结构就是一种简单的矛盾对立:思想 VS 欲望。

还是说，您会继续在三种政治职责与主体内部组织之间进行有些走样的类比，然后指出确实存在第三种**主体**层次，也就是那不可捉摸的**情动**？比起**欲望**，这个第三者更偏向**思想**，除非它已完全被糟糕的教育体系腐蚀。"

"我选择三项结构！"格劳孔热情高涨。

"我们还得证明**情动**不同于**思想**，"苏格拉底小心翼翼地说，"就像我们觉得它不同于**欲望**那样。"

"我有一个证据，"格劳孔得意扬扬地宣布，"儿童。他们生气时大叫，他们大声笑闹，他们四处奔跑，因发怒而满脸通红，他们有着魔鬼般的情感，而思想在他们身上还处于非常孱弱的状态。"

"说得好！"苏格拉底大声赞扬，"你也可以想想动物。最凶猛的动物也是情感最发达的，例如公牛、公鸡甚至狼，但它们并不是最狡猾的。最狡猾的是猴子、鹦鹉或狐狸。"

"我抗议，"阿曼达叫起来，"我正式反对这种把孩子当动物的老朽教条。先生们，这是庸俗的柏拉图主义，应该把它扔进垃圾箱。"

"那么，"苏格拉底一副和事佬的口气，"为了让你高兴，我来背两句荷马的诗：

> 大手捶打着胸口
> 尤利西斯爆发出人类的怒火
> 词语都带上了最灵活的思想

在这段诗中……"

"……用您的调料拌过的《奥德修斯》第二十卷。"阿曼达评论道。

苏格拉底保持着冷静,尽管阿曼达那被诗歌填满的记忆令他恼火。

"所以,在这段诗中,年迈的荷马很清楚地告诉我们有两种不同的层次,而且它们互相对立:一方能够以巧妙的方式区分好坏,另一方只是盲目的怒气。这次我们终于有**思想**对抗**情动**的例子了。"

"厉害!"阿曼达总结道,"您又一次把我打败了。厉害啊!"

"不轻松啊!"苏格拉底叹气道,"费了一番力气!但我们的意见差不多一致了:如果我们把每个个体都视作**主体**,那么国家有多少职能,个体身上就会有多少层次,在职能和层次之间存在着一种相似关系。说国家的政治是智慧的——或真的思想——也就是以同样的理由说个体是智慧的,而且'智慧'一词在指政治和个体时均指向同样的特征。"

"而且,"格劳孔东施效颦地说,"说个体是勇敢的,相当于说,出于同样的原因,在同样情形下,一个国家的政治也会被赋予这种品质。"

"这种平行关系适用于隐含了'美德'的一切事物,"阿曼达总结道,"当然'美德'应该理解为'完全积极的特征'。"

"在这些条件下,"苏格拉底高兴地说,"我们可以说,确定个体正义的方式与确定政策、地理国家(pays)乃至政治国家(État)正义的方式相同。"

"这就是我们追寻了几个小时的目标!"玻勒马霍斯终于醒过来了。

"我们没有忘记,"苏格拉底继续说,"政治只有在三种主要职责——生产、保卫、领导——之间建立的联结允许每个人能够提出尝试任何职责的要求时才是正义的。"

"肯定没忘记!"格劳孔叫道。

"所以,这三大层次的联结令我们成了**主体**,当其中每个层次都倾向于让我们获得能力,做一切令生活有意义的事时,我们就会是正义的,因为我们做的是分内的事,而且我们因能做这些事而感到幸福。"

"存在感是一种多么令人愉悦的感觉啊!"阿

曼达喜洋洋地说。

"在这些条件下，理性层次必须占主导，"苏格拉底继续说，"因为它自己的美德——即智慧——会要求它对整个**主体**负责，也因为在这一任务中，**情动**只能且必须成为一位忠实的副官。我们已经看到，由文学、诗歌、音乐、体育构成的基础教育正是要在**思想**和**情动**之间建立和谐关系，一方面通过优美的话语和深刻的知识培养前者的张力，另一方面通过最简练的诗歌和最高超的音乐所具备的节奏和和谐来平缓后者。这两个层次受到这样的教育后，便懂得了什么是它们的真正职责，因此会尽可能地去控制**欲望**。纵使**欲望**是一切**主体**活动的原动力，因而也就是**主体**身上最重要的层次，但在如今的世界，如果任它自生自灭，那么它只会走向金钱和财产，将此二者视作获得一切享乐的通用手段。**思想**和**情动**会监督欲望，确保它不会因贪恋无止境的享乐而无节制地加强自身，也确保它不会因忘却自身美德及一切**主体**经济学而宣称能够奴役另外两个层次，进而控制整个**主体**，给所有人的生活带来无法弥补的损害，因为**欲望**实际上并没有能力实施这样一种权力。"

"我觉得您将一切都归入了**主体**内部的冲突。"

格劳孔提出反对意见,"可是还有外敌呢。在非理性的内战中,国家应该努力避免解体,这是理所当然的,但它也得反抗外敌入侵啊。"

"你说得非常有道理。"苏格拉底大声说。他的弟子令他很骄傲。"可是在这种情况下,起决定作用的不也是**思想**和**情动**的联盟吗?**思想**分析形势,评估风险,**情动**促成有活力的反应,甚至是冷酷无情的战斗。**情动**令**思想**的决定成为现实。另外,正是根据这种联盟,我们才可以说某人是勇敢的。**情动**帮助他面不改色地渡过各种处境——舒适的也好,艰难的也好——,因为在该畏惧或不该畏惧的事物方面,他遵循了**思想**的指令。而且,无论**思想**看起来多么软弱无力,它仍旧是智慧的直接来源,它一方面通过向**情动**发出的指令间接起作用,另一方面也提供知识,后者既关乎每种单独的**主体**层次,也关乎由上述三重层次组成的结构。最后还有节欲、节制,**欲望**作为最重要的现实力量,也得接受**思想**和**情动**联盟对其活力的引导。正如**情动**那样,**欲望**也会承认,反对**思想**的引导功能会令整个**主体**陷入内部结构崩溃的危险之中。从这种既是局部(每个层次都有自身的**主体**功能)又是整体(得益于结构的永恒性,思想的领导作用通过**情动**实现后,能够为

欲望指明方向）的和谐中，我们能认出**主体**的正义定义，不是吗？"

"我们终于达到目的了！"格劳孔说这话时，像一个对自己的胜利惊讶不已的人。

"是的，亲爱的朋友们，我们实现了梦想，这个梦想鞭策我们在黑夜的心脏，在港口汩汩的水声和桅杆上风噪声的陪伴下，画出了被某种真正的政治所激励的理想国的草图。我们已经明白，整个国家范围内的标准应该是以连贯的方式，令实施三种职责的能力得到普及，这三种职责即是一切集体生活所要求的生产、保卫和领导能力。这个结论使我们拥有了一个合适的形象，来描绘什么是普遍意义上的正义。普遍意义上的正义即三种**主体**层次之间的关系，这三个层次分别代表了生命力（**欲望**）、智力引导（**思想**）和行动中介（**情动**）。"

"这个梦想是哪种欲望的实现？"阿曼达狡黠地问。

"让弗洛伊德清静一会吧。**思想**、**情动**和**欲望**既不是意识、前意识、无意识，也不是自我、超我、本我。我的主题更好，虽然更老。"

苏格拉底突然也激动起来，又进入另一段滔滔不绝期。这是大家都害怕的，尤其因为我们会心醉神迷地迷失于句法之中：

"真正的正义，朋友们，不管出现于集体生活还是私人生活中，它都有着同样的特征，只不过在后一种情况下，我们参照的不是能从外部观察到的行动，而是那些可以说是真正的内部行动，因为后者涉及的是**主体**及构成**主体**的三大层次，即**思想**、**情动**和**欲望**。这个**主体**并不允许上述层次中的任意一种在局部范围内做明显属于另一个层次负责的事，或者在整体范围内颠覆三分结构。相反地，它支持的是自己的经济原则，它自我组织，它建立起一种**主体纪律**，并在实行这种纪律时学会了如何成为自身的朋友；它让这三大层次产生回响，就像一段完美的钢琴和弦，**思想**是低沉的'哆'，**情动**是中间的'咪'，**欲望**是占主调的'唆'，盖过一切的是正义尖锐的'哆'。是的，**主体**是自身的音乐家，将所有组成部分互相联结，由此从它所是的'**多**'之中提炼出它可能成为的'**一**'。这样一来，不管主体是服务于物质生产领域或身体保养部门，还是身处四大类型即政治、艺术、科学或爱中的任意一种，还是处于与其他个体的友情关系中，无论做什么，既有节制又和谐的**主体**都能发现一类特殊行动，并称其为正义和美的行动。这类行动能够再次令上述主体性音乐的和弦在**主体**身上产生回响，这音乐又名'智慧',它与指导这类行动的知识有关。与此同时,**主体**还会发现另一类行动,并称其为非正义的行动。这类行动只能让人听到不成调、不协调的声音,后者又名'无知',它同主宰这类行动的观点有关。"

"如果这段话说了些什么,那它一定是对的。"阿曼达打哑谜似的说。

"实际上,"苏格拉底用同一种语调回答说,"如果我们要做的事是肯定我们已经发现了正义的意义,不管涉及的是正义个体还是正义的共产主义政治,那么我们可以说,别人若要指责我们撒谎,还得费不少力气。"

"怎么会这样啊!"阿曼达笑起来。

"所以,宙斯在上,"苏格拉底针锋相对地说,"让我们一起肯定它!"

"同意,"女孩也说,"让我们一起肯定它!"

"你们在玩什么游戏啊?"格劳孔担心地问。

"有关不可分的结论的晦涩游戏。"苏格拉底回答。

格劳孔的灯笼没有被点亮。但他还是勇气十足地发话道:

"总之,我们只剩一件事要做,那就是定义非正义。"

"这个问题从细节来看非常复杂,因为正义只有一种,非正义却有很多。但它同时也很简单,前提是我们得置身于一个足够普遍的水平来定义非正义,仿佛它是**主体**结构中的一种叛乱,一种处理不当的分散,一种不祥的混乱,是某个特殊层次为取得对**主体**的控制而对**主体**整体结构作出的反抗,而且采取的还是一种冒险主义的反抗方式。因为我们知道,一种既有效又合理的行动意味着在划分和分配指导性功能时需要有严格的纪律,而当**主体**只是晦暗的混沌或漫无目的地游荡时,我们就会谈论非正义、功能断裂、懦弱、无知,总之就是堕落的行为。"

"这次,"阿曼达发话了,而且我们不知道她到底是想表达钦佩还是意在批评,"我们可以肯定地说,如果这个句子毫不含糊地定义了某个东西,这个东西必须是非正义。"

"实际上,"苏格拉底也模棱两可地反驳道,"如果我们宣布我们已经以无可指摘的方式确定了正义行动和非正义行动的区别,而且我们已经明确掌握了'正义的'、'非正义的'这两个词组的含义,那么别人就不能指责我们一点没考虑'正义'、'非正义'这两个词的隐含概念了。"

"我也是一秒钟都没有想过要指责您。"阿曼达边说边向苏格拉底鞠了一躬。

"所以,宙斯在上,让我们一起宣布吧!"

"必须的,"阿曼达表示赞同,"让我们一起宣布!"

"别再开始你们的游戏了,"格劳孔呻吟道,"让我们前进,前进啊!"

"我想到一个很好的教学方法,"苏格拉底说,"正义 – 非正义这对概念在我看来同健康 – 疾病这对概念毫无差别,只不过前一对概念是就**主体**而言,而后一对是就身体而言的。健康只不过是健康实践的结果,正如正义是正义实践的结果,而非正义的实践会导致非正义,正如有毒物会导致疾病一样。"

"我们可以说得更明确一点,"格劳孔用严厉的语气打断了他的话,"健康不过是对身体各组成部分之间有序关系的维持,这组成部分可以是大的生理功能,可以是荷尔蒙系统,也可以是细胞集块。疾病会打乱这些关系,就像癌细胞扩散、甲状腺机能亢进或呼吸衰竭等症状所呈现的那样。同样地,您已经证明,正义只不过是对**主体**三大层次之间协调、有效关系的维持。而非正义要么是一种局部的功能混乱,从而令这个或那个层次降级,令另一个层次得利,要么是一种整体的颠覆，从而摧毁一切引导**欲望**走上真正的**主体**创造之路的可能。因此我们说，正义是**主体**的健康，健康是身体的正义。"

所有人都为这番话鼓起掌来。当大家再次安静下来时，苏格拉底试图重新获得行动的领导权：

"现在我们只需再探讨一个问题：即便没人能注意到正义行为，即便大家确信自己就算做出非正义行为也不会受罚，那么正义是否还是比非正义更为有利呢？"

格劳孔因为受到刚才成功总结的刺激，想展示一下他在响亮的反驳和雄辩的长篇大论方面也很拿手：

"我亲爱的苏格拉底，您这样的人问这样的问题，我觉得很滑稽，因为您很清楚就算能自由地获得最美妙的享受（饮料、食物、无尽的财富、性感的女郎、绝对的权力……），如果身体完全衰弱了，那么谁也无法忍受继续苟且偷生。所以您同样非常清楚——这点从您对正义和非正义的定义就可以看出来——，当**主体**的原则飘忽不定或受到腐蚀时，生命就更加难以承受，此时人们虽然能够随心所欲，却恰好无法做出能令其摆脱邪恶和非正义的事。"

"我从前最想做的就是滑稽演员,"苏格拉底承认道,"但我还是更喜欢哲学表演。我们已经到了这一步,即事物毫无疑问符合我们的预想,所以现在还不是放弃的时候。"

"谁说要放弃了?"格劳孔有些不快。

"人们想到美德时,它只有唯一一种形式,而我看到邪恶的形式却有无数种。我们必须想到这一点,必须命名、分类、排序。初看之下,在可能存在的无穷无尽的邪恶中,我看到了四种值得我们花点时间研究的恶。"

"四种?为什么四种?"格劳孔吃惊地问。

"有多少种意义明确的政治及它们自身的派生物,就有多少种相关的**主体**,不是吗?考察我们的政治,我们会发现五种重要政治,其中四种是畸形的,只有一种非常优秀。"

"那就请将这些政治的名称告诉我们吧。"

"对于我们期待的政治,它的不朽名称为'共产主义'。在这种情况下,领导人的数量是一个或几个并没有任何关系,因为所有人都可能被召唤去担任任意的职务。另外,从这个意义上说,这样的政治仿佛是一种普遍的贵族制。说它是贵族制,因为一切都是由最高雅、最开阔的思想引导的。说它是普遍的,因为任何人都能够并且应该成为这种思想的拥有者。法国导演安托万·维泰提出了'所有人的优越感'这样的口号。我尝试提出另外一个:'人民的贵族制'。无论如何,这第五种政治是善的,是真的。正如形成于这种政治下的**主体**。另外四种政治是假形式,在此形成的**主体**只能是畸形的**主体**。"

"那么这些派生物叫什么名字呢?"格劳孔不耐烦地问。

第八章　女人与家庭
（449a-471c）

天色越来越暗。油灯在此处彼处照出小小的光圈，光圈中央挣扎着摇曳不定的火苗。苏格拉底正准备一一列举前面提到的四种有缺陷的政治。他准备按照逻辑及历史顺序，正是这一顺序决定了这四种政治之间的相互依赖关系。这时玻勒马霍斯碰了碰阿曼达裸露的肩膀。这个性格刚烈的女孩勃然大怒。后来明白她身边的人只不过是想引起她的注意，便向他靠近了一点。他在她耳边悄悄说：

"我们真的就这样让他如入无人之境一般跨越障碍吗？"

"必须阻止他这么做。"阿曼达回答道。

"阻止谁做什么？"苏格拉底扭头问道。

"阻止您，"阿曼达说，"把我们都当糊涂虫。"

"见鬼！我到底做什么了？"

"您对待我们的态度带着一种不可饶恕的轻率，请允许我这么说，"阿曼达怒气冲冲地回答道，"您跳过了一个至关重要的问题，因为您不想冒风险。提到女人和孩子时，您只是一带而过，说很显然——让我引用一下您的原话——'朋友之间应该分享一切'。您认为您可以全身而退吗？"

"可是，亲爱的阿曼达，我说得不对吗？"

"除非您说的是猪圈。我本人，作为年轻女性，我甚至不懂这句话是什么意思。朋友们'分享'的究竟是什么啊？我们已经纠缠了您好一会，希望您可以谈谈对性别差异、生育、幼童教育等问题的看法，但您每次都语焉不详、含糊其词。"

"她说得对，"玻勒马霍斯插话了，"有一次，您几乎是在嘲笑我们，您是这样说的：'我就像老托尔斯泰。当别人问他关于这些事的看法时，他总是回答，有关女人的真相，他只有在盖上棺材盖那一刻才肯透露！'"

"如果不从方方面面解释清楚有关性的一切，您就别想继续研究那四大非共产主义政治了。"阿曼达说。她的情绪越来越激动。

"我承认，"格劳孔说，"我也不会让您无声无息地漏掉这个根本问题的。"

这时色拉叙马霍斯也活了过来，可能因为他听到了"性"这个词，而且还是从一个女性嘴里说出来的。

"这下你可麻烦了，苏格拉底，"色拉叙马霍斯得意扬扬地说，"我一直说，一旦提到具体问题，苏格拉底就会开溜！"

在四面八方的压力之下，我们的主人公摆出了一副哀求的神情：

"你们在做什么啊，朋友们？在集体生活最阴暗的边缘，你们又在嚷嚷什么谬论？其实我确实以为已经巧妙地回避了性的问题，以为简短地抛出些平等主义的暗示你们就会满意。你们唤醒了一群马蜂，接下来我们得花两天时间去讨论这个问题！"

"那么，"已经完全苏醒的色拉叙马霍斯一副冷嘲热讽的样子，"你认为我们今晚住在这个别墅是为了尽情地打呼，还是为了听些老掉牙的东西？既然性是目前我们考虑的问题，那么你就该告诉我们你的性学理论，很简单。"

"可是，"苏格拉底还在负隅顽抗，"关于这类主题，任何讨论都会有失分寸。"

"涉及性，亲爱的朋友，"色拉叙马霍斯已经打定主意要在伤口上撒盐，"是没有分寸可言的。

整整一生还不足以全方位地考察这个问题呢，因为它对众人的吸引力实在太大了。你不用设身处地为我们着想。回答我们的问题，这次怎么也得把你有关女性教育——包括性教育的学说汇报一下。不要装出一副窘迫哲学家的样子，不要在裸体和亲吻面前后退。告诉我们，面对婴儿和孩子的可怕负担，我们应该做些什么。你会看到我们的反应的。"

"他说得对，苏格拉底，"格劳孔斩钉截铁地说，"今晚您的听众都是受过教育、思路开阔的人，能够接受最具革命性的新事物。把您的怀疑和担心放在一边吧。"

"你觉得这样说能够让我宽心，其实你只是加重了我的焦虑。如果我对自己所说的话隐含的真实知识能有百分之百的自信，那么你的鼓励就来得正是时候。在友善、有能力的听众面前，要么你就真的掌握了一点真理，关乎最重要的主题，而且同你最珍视并沉浸其中的东西很接近，此时你就能平静、大胆地谈论它们；要么你说话时一点都不确信，问题比答案还多——这是我说话的方式——，此时你就身处某种处境，不能说好笑——这种感觉太幼稚——，而是有风险、不稳定的，因为很可能你不仅正在离真理越来越远，越来越远，而且还会连累你的朋友。况且如果在这类问题上迷失了，会令我们付出高昂的代价。一想到你们想强迫我谈论的主题，我就浑身颤抖地跪倒在**大他者**面前，他才是与性有关的事情的杰出判官。我们知道在**大他者**眼中，比起在集体生活的高贵、善良或正义之事上欺诈他人，非故意杀人算是较轻的罪过。就算有可能要犯下这欺诈罪，就像你们希望我做的那样，那么犯事对象最好是敌人，而不是朋友。所以说，把我推进我自己的战壕不是件好事，不，不是件好事。"

格劳孔爆发出一阵大笑，以示向这长篇大论致敬：

"亲爱的苏格拉底，就算您的言论会让我们远离真理之国，我们也会洗脱您杀人犯的罪名，再用同一封判决书，洗脱您骗子的罪名。讲吧，不要害怕会喝到致命的毒芹汁。"

苏格拉底久久地沉默不语，面部表情僵硬而难以捉摸，令听众很是诧异。随后他放松下来，满脸堆笑着说：

"的确，根据我们的法令，谁能洗清谋杀的罪名，谁就能恢复完全的清白之身。如果你们能帮我洗脱骗子的罪名，那么我也能恢复完全的清白之身，对吧？"

"当然了,"格劳孔作出了肯定回复,"这样您就没有任何理由三缄其口了。"

"啊!作为只将男性角色搬上哲学舞台的导演,下面我得考虑女性角色了,这样这出戏才演得起来……"

"感受很不同是不是?"阿曼达揶揄他。

"也没那么不同,小姑娘,没那么不同!不管怎么说,对于每个人身上的主导能力的发展,我们的思考无须同性别挂钩。相反地,它假设我们应该将与男性相类似的天性和存在方式赋予女性,哪怕接下来得检验这个原则是否真正行得通。"

"确实应该好好检验。"格劳孔尖声说。

"你真是个蠢货!"阿曼达反感地说,"试试把我们这个共产主义国家的临时领导人比作灵敏忠诚的警卫犬,守护着由普通公民组成的安静的羊群。这些'卫士'自己就来自'羊群',他们只是临时抽调出来的一支队伍。那么你的意思是不是说母狗只适合带小狗,而保卫、领导的责任应该落到公狗身上呢?"

"我没这么说,可是……"

"所以,小老弟,假如你认为女人可以和男人干一样的活,那么难道不应像对待男人那样给女人提供食物、训练她们、教育她们吗?"

"苏格拉底,"格劳孔哀求道,"您真是这么想的吗?"

"我不得不这么想啊……如果为了集体的命运,我们期待女性提供同男性一样的服务,那么我们就得为她们提供同样的基础教育。我们已经提出将'卫士'也就是全体公民应接受的教育建立在文学、音乐和体育之上,我们没有任何理由因为对象是女性而改变这个计划。而且,过会我们谈论高等教育尤其是数学和辩证法时也是一样。这样对大家都好!"

"她们也参加军事训练吗?"

"是的。我们希望能够一劳永逸地结束被称为'战争'的残忍屠杀。可是如果别人侵略我们,我们也会奋起反抗。"

"把女人们放到最前线。"阿曼达表示同意。

"我们一直是这么说的。"

"这也太过分了吧!"格劳孔还在抗争,"还有廉耻呢,还有性别差异呢,还有欲望呢。男人赤身裸体地锻炼,一边在浴室洗澡一边开开多少带点颜色的玩笑,诸如此类的事情都很平常。几个美丽的年轻女子赤身裸体待在一群嬉皮笑脸的男人中间,这场景您能想象吗?说实话,您能想象吗?"

于是苏格拉底换了一种半严厉、半沉吟的语调：

"亲爱的格劳孔，我们这里不会出现，永远不会出现几个赤裸的女性待在一群雄性中间的情景。可能一个女人和一个男人在私底下会产生爱情。在私生活之外是全体人类，老人，黑人，胖子，白人，瘦子，女人，斜视的，驼背的，年轻人，黄种人，脾气暴躁的，心情愉快的，各种身体都混在一起又相互有别，身体可能会赤裸，但这只意味着大家共同参与到同一种要求赤身裸体的训练中（我觉得这种要求很罕见）。每个个体都会带着同一种热情，尽可能克服共同训练带来的个别差异。"

于是阿曼达想起她偷偷读过的书：

"我们亲爱的阿里斯托芬要是看到了这'很罕见'的裸体混合训练，一定会为合唱队领唱的激烈言辞找到素材的。你们还记得《吕西斯特拉忒》吗？

> 身为男人如果你们不能拥有男人的坚强意志
>
> 让丑女人有机可乘
>
> 她们一定会用裸露的手带来

最肮脏的暴动的种子

这些美人,她们会磨快尖刀
干脆利落地将我们斩杀
将一桶桶粪水运到我们这里
再把它们装满我们的内裤

谁没见过她把阳具塞入体内
骑在她的占有者身上
就不会知道他那带电的配偶
会做出什么勾当。"

"好啊,"苏格拉底取笑她,"这下我知道你到底有多见多识广了。但是阿里斯托芬也不能改变我们的想法,我们仍旧肯定女人能够并且应该——如果古怪的形势要求她们赤裸,她们就得照办——驾驶我们的战斗机,指挥我们的坦克师,或者在水下偷偷操控我们的核潜艇。实际上,隐藏或露出身体的某个部位只与风俗习惯的偶然性有关。爬到高处是件蠢事,因为女人会露出大腿,可是像法国人那样制定法律,禁止女人用头巾盖住头发,这不见得就不蠢了。只有像核桃一样空洞的人才会觉得别人的风俗习惯可笑可耻,其实后者不过是与他们的习惯有所不同而已。如果有谁坚决要求我们对此类无关痛痒的事而不是那些真正荒唐或有害的事生气,那么我们就该怀疑他是否心怀与**善**格格不入的不良企图,这**善**当然是我们可以从现有的真理推得的**善**。"

"说这种话的人一般都是不自知的法西斯分子。"阿曼达生硬地说。

"对我们来说,要紧的是看看我们的想法是否可行,并在这个问题上达成一致意见。为了达到这个目的,我们需要一个对话者,他会就这些想法展开讨论,无论是快乐得像只燕雀还是严肃得像个教皇,他都会试图弄清楚以下问题:人类中的女性分支有没有能力承担男性分支的全部工作?是完全不可能,还是只能承担部分?同战争相关的一切应该安排在哪个工作小组?"

"用如此新、如此绝妙的办法,"阿曼达冷嘲热讽道,"相信我们一定能获得了不起的结论。"

"你就取笑我吧,"苏格拉底反唇相讥,"不如你就扮演那个固执的对话者的角色吧,此人认为他一定会让我们尝到失败的滋味。"

"我很乐意。"

阿曼达于是就摹仿某个法律教授,尖声说起话来:

"亲爱的苏格拉底,亲爱的格劳孔,根本不需要别人来反驳你们,你们自己的话已经足够自相矛盾的了。你们在总结一个国家及其真正性质时,强调了劳动分工,同时也承认对不同职业的兴趣是每个人的天然属性。"

"话虽如此,"苏格拉底抗议道,"可是,在你的刺激下,我们已经修改了分析,把它变成共产主义意义上的了:每个人都有权从事任何职业。"

"肯定不可能达到忽略性别差异的程度啊,这可是既自然又具有象征意义的关键差异,"阿曼达极尽卖弄之能事,"先生们,难道你们要否认这一差异所具有的可以说是本体论的色彩吗?"

"完全不是,"格劳孔忙说,"女人和男人,他们之间几乎没有任何共同之处。"

"这样的话,先生们,矛盾的带子又束紧了你们的论据,扼杀了它的活力。你们一面说,国家需要以一种最适合其独特本质的方式得到领导,而要做到这一点,必须形成一支均质的、有能力的人员队伍,其成员本身来自庞大的普通劳动者群体。一面又说,在这过程中,我们无需考虑男女之间的差异问题,不管这种差异是客观的还是主观的。你们这样的行为太荒谬了。亲爱的弟弟,你能向我们解释一下所有这些前后不一致吗?"

"太突然了,我没有准备,我搞不清楚。"

"那您呢,苏格拉底?"

"从一开始我就在反复对你们说,性别问题是一个比米诺斯的迷宫更复杂的迷宫……"

"而且那个叫忒修斯的男人,他靠一个女人才走出了迷宫。"

"啊,是的,阿里阿德涅,永恒的弃妇……现在你们明白我为什么试图放弃这个讨论了吧?"

"可是您不会那么做的。"阿曼达肯定地说。

"啊,你太了解我了。无论如何,不管是掉进养鸭子的池塘还是太平洋,我们都别无他法,只能游泳。让我们跳进水里,希望我们能像传说中的诗人阿里翁那样,遇到一头海豚,把我们驮在背上,安全地带到马塔潘海角的岩石上。"

"这支队伍真厉害啊!"阿曼达取笑他。

"对男人来说,一个女人已经是一支野蛮的队伍。所以,同时看到所有女人……"

"加油啊,苏格拉底!勇敢面对这些妖怪!"

"如果你下令的话……等等,让我们再来总结一下困难。如果生物之间真的存在本性差别,那么他们几乎不可能同样适合做同一种工作。而男人和女人的本质的确是不同的。所以我们不能像刚才那样下结论说,男人和女人如果受到相同的教育，就能以同样的效率担任同样的领导责任。我说得对吗？"

"完全正确，"格劳孔回答，"而且怎么从这个问题中走出来，我已经完全看不清了。"

"伪辩证法——也就是那个巧妙操纵矛盾的方法——看来确实具有非凡的力量。"

"您在说什么呢？"格劳孔吃惊地问。

"很多人会身不由己地投入这种争论中，以为自己确实是在用辩证法辩论。实际上他们只是在吵架。为什么呢？因为他们没有能力从某个问题所含理念的内在多元性出发来解决这个问题。对他们来说，否定对手的过程纯粹是语言上的，以至于整个讨论只属于好斗的诡辩领域，而不属于辩证法领域。"

"很好，很好，"阿曼达嘟囔着说，"可是这同我们的性别问题有什么关系呢？"

"我们也很有可能身不由己地成为假矛盾的牺牲品。我们先假定'男'、'女'这两个词具有显而易见的意义，然后带着一种可疑的热情对自己说，相同的职责肯定不适合于差异如此巨大的本质。其实我们并没有预先考察一下，我们对这种差异，对这种同一性究竟持什么看法，也没有考察一下当我们将不同职责分配给不同的本质，将相同职责分配给相同的本质时,我们想到的究竟是何种关系。"

"您可以给我们举几个男女问题之外的例子吗?"格劳孔有些困惑地问。

"你先问问自己,在人类的雄性中,秃子和头发多的人属于同一种人,还是构成了两种不同的群体。之后,在看到他们确实存在差别后,你再下结论说,如果我们看到不少头发多的人擅长钓鱼,那么就该禁止秃子从事这一活动。"

"您开玩笑吧!"

"一点都没开玩笑。我只想强调一点:当我们确定人与人之间的某种差别时,应该马上提醒自己说,这种差别几乎永远不可能是绝对的。这种差别同功能有关,而且我们是根据后者来断定差别的重要性的。比如,从'理发师顾客'的质量来看,是'秃子'还是'头发多的'的确构成了重要差别,但在钓鱼活动中,这个差别却不值一提。如果我们说,某人天生适合学医,另一人天生适合射击,这并不意味着他们在任何方面都是有差别的。很可能他俩都有着同样的数学天赋。当我们将整个人类视作一个整体,断言女性的半边天不同于男性的半边天时,还需指明我们是基于哪种能力、哪种功能来思考这种差别,以至于最终将垄断这种功能的权力赋予了某种性别。如果性别差异只出现在繁殖的物质过程中——雌性孕育、生孩子,雄性所做的只是将自己的精子卸载到雌性的肚子中——,那么我们看不到任何证据证明男女在政治能力方面的差别。所以我们还是会坚持自己的观点:在某一刻负责管理国家事务的'卫士'也可以是女性。"

"我不是很确定这番话是否能令所有大男子主义者闭嘴。对他们来说,女人只会做做针线,做做饭,洗洗衣服,给小孩洗澡,吸吸尘,以及张开大腿!"阿曼达不满地说。

"这样的话,那就让我们再问一问我们这位对手,这个阿里斯托芬及整个反动团伙的门徒,请他告诉我们,在政治秩序中,哪种能力只适合由男性拥有,哪种职责只适合由男性承担,女性在哪些方面没有任何天赋。我拭目以待。"

"他会开溜的,"阿曼达尖声说,"他会像格劳孔刚才那样,哭丧着脸说这个问题太微妙、太突然了,他没有准备,他无法回答。"

"这样的话,"苏格拉底息事宁人地说,"那就请他聆听我们的曲折论证,我们会证明在管理国家方面,不存在任何必须由特殊性别来承担的职务。"

"来吧,我来演这个反革命。"阿曼达快活地说。

"当你说,某人在某个特定领域有天赋,而另一个人没有时,你是不是想说第一个人悟性很好,而另一个人却可怜地一问三不知呢?"

"我还会说些什么呢?"阿曼达大声嚷道。

"你还会说,那个有天赋的人在稍加学习后,就能发现别人没教过他的东西,而那个低能的人就算经历了无止境的学习,却连别人灌输给他的东西都想不起来?"

"他完了,苏格拉底这个家伙。他只会说如果低能儿是低能儿。知识分子自说自话起来,真是太可怕了!"

"我们也可以说,在一个人身上,身体是为智力服务的,而在另一个人身上,身体是智力的障碍?"

"苏格拉底,你这是在跟我们打疲劳战吧!你说的'智力'是什么啊?智力能用来做什么啊?木桩得用棍子来敲打,靠智力可不行!"

"正是啊!亲爱的捎客,我们讨论的问题,跟性有什么关系呢?"

"我们早就说过了:思考很好,勃起更好。这就是我们的讨论与性的关系:性无处不在!"

"也就是说无处可寻。根据我们的标准,我们很清楚地看到,在很多领域,不少女人比很多男人都强,同样也可以看到,不少男人比很多女人都强。所以我们无法得出任何结论,只能说对一个国家的管理来说,不存在只适合女性做的工作,也不存在只适合男性做的工作。自然属性均匀地分布于两性身上,因此女性天生适合承担任何职责,正如男性一样。"

"可是我们还是看到,数不胜数的女孩对数学一窍不通,却很少或者说几乎没有一个成为……比如说总司令。"扮演走投无路的厌女症患者的阿曼达还在徒劳无益地挣扎。

"但这些区别明显来自偏见。几个世纪以来,这些偏见影响了女孩的教育,损害了性别之间的平等。至于我们,我们会提议,无论女性还是男性都能从事一切工作。我们只准备简单地说:有些女性天生有医学天赋,另一些则没那么有天赋;有些女性喜爱音乐,另一些则对音乐没什么感觉;有些女性对战争艺术有浓厚的兴趣,另一些却对此满心厌恶;有些女性是哲学家,另一些却喜欢诡辩术;有些女性很勇敢,另一些却很胆小……就跟所有男性一样。我们的不容置疑的结论将是,什么都不能阻止女性在时机来临时行使领导者的职责。女性正如男性,她们身上也存在着适合保卫国家的天性,如果这种天性长期以来在女性身上一直显得较弱,那是因为人们通过粗暴的教育隔离,通过阴险地宣传女性所谓的'软弱',故意造成了这种天性的萎缩。"

"实际上大家都发现我们比男性更具韧性!"又恢复本人身份的阿曼达得意扬扬地说。

"确实如此。而且要是所有这些既具韧性又出色的女性都能投身政治,那就没有比这更好的事了。根据我们的教育计划的规定,女性的这一优秀品质将从儿童时代起,得到文学、诗歌、音乐和体育的加强。"

"这就意味着如有必要,我们也将像雄性一样暴露我们的身体。"阿曼达不无娇媚地说。

"显然如此。女人如果出于集体利益的需求被迫赤身裸体,那么斗争的美德就成了她的衣裳。男人们如果企图趁机开些荤玩笑,我们就会像品达罗斯一样说他们:

> 时日还太早,果实还没有成熟
> 他们却用笑,让甜美的果实长了瘤

这些雄性傻乎乎地嘲笑着自己也在做的事,理由很可笑：因为女人也这样做了。他们应该谨遵谚语教诲：'有用是美，伤害是丑。'"

"然后无声地偷着乐，"阿曼达补充道，"训练的益处竟然能以女性裸体为标志，女性裸体一直以来都是美的象征啊。"

听到这句话，苏格拉底没有反驳女孩。

"要我说，可以用这句话结束讨论了。有关女性角色及她们的教育这个老话题掀起的浪头一点也没有把我们淹没。从这个角度看，男性与女性之间的绝对平等对我们来说不光是个原则问题，我们还有能力证明，它对整个集体来说是最有用的东西。"

可是格劳孔却不认为共产主义立法家的苦难已经结束了：

"还有第二波浪头，这次它可能真的会把我们淹死。"

"哪一波？"

"在您的构想中，家庭这一首要的社会单位会变成什么样子？谁来照顾孩子？顺便再问一下，在这种背景下，女性与男性之间的平等关系会有何变化？因为孩子出生前一直在女性肚子里，她们用自己的血来养育胚胎，她们在阵痛中分娩，她们给婴儿喂奶，而男性在整件事中除了交媾和享受，没做任何其他事。尤其重要的是，在您的构想中，家庭变成了什么样子呢？我们知道，家庭是财富集中的场所，而且财富在此以一种完全不合规则的方式被传给继承人，而不是整个社会，即便财富是工厂、银行、艺术品、房产、森林……也不例外。我觉得家庭对于孩子的教育来说是绝对必需的，与此同时，因为它最糟糕的一面同私有财产互相勾结，它便成了不平等的中流砥柱，以及一切反动政治的护身符。您对于这个悖论有什么要说的，苏格拉底？"

"让我们想想恩格斯那本很棒的书，"阿曼达接着说，"《家庭、私有制和国家的起源》。'起源'是前三个词所共有的，它确定了整个人类历史中最牢固的压迫性胜利。我们已经决定，对整个集体有用的、有价值的东西，我们要禁止私人占有制。我们已经决定解散国家，实行由所有人轮流承担公共职责的全能模式。还有什么能让我们在家庭这个反动偶像前犹豫不决呢？应该考虑让家庭彻底消失。正是家庭令那些本身来看很猥琐的思想具有了外形，什么家族财产啦，遗产啦，继承权啦，高贵出身啦，血脉啦，种族啦，无法避免的不平等啦……纪德大叫：'家庭，我恨你们！'是有道理的。那么苏格拉底，您不说点什么吗？"

苏格拉底已经坐下，看似心不在焉。他擦着额头的汗。沉默在继续，那些不安的年轻人谁都不敢打破寂静。苏格拉底最后几乎有些咬牙切齿一般喃喃低语起来：

"在家庭这个奇怪的而且几乎无法回答的问题上，你们的哥哥柏拉图认为能够以我的名义说话。他的确从我的一些不太谨慎的言语出发，大概让我讲了下面这番话，我凭印象复述一下：'女人为所有人共同拥有。她们谁也不能特别跟某个男人一起生活。孩子也为所有人共同拥有。父亲不认识自己的儿子，儿子不认识自己的父亲。'是的。但如果这样，那么组织情爱生活、性关系、父子之间象征秩序的是什么呢？柏拉图让我作出了如下回答：国家，始终是国家，还是国家。亲爱的姑娘，你举恩格斯的例子是非常恰当的。自那以后发生了什么事？苏联取消了私有制，但强化了本该日渐衰亡的国家；而家庭的力量仍旧很顽强，所以党的干部们的孩子能够成为特权继承人。根据你哥哥的这个苏格拉底所说，在那个太闻名遐迩的'**理想国**'中，私有制和家庭被取消，可是国家不仅没有被取消，还获得了过分大的权力。根据原则，孩子属于整个共同体，从这个原则开始，循着柏拉图式的反家庭主义思路，我们将会到达可以说是'恐怖'的结果。婚姻由国家决定,国家组织弄虚作假的抽签,以便让最漂亮的人结成夫妇,就像我们对待纯种狗或耕牛那样。这一切都是为了确保能够获得'漂亮的孩子'。另外,初生婴儿如果被发现有残疾,哪怕残疾程度极其轻微,都会被警察秘密杀死。兄妹之间的乱伦是合法的,甚至是被提倡的,因为人们期待两个聪明漂亮的成人之间近亲通婚后,他们的下一代也能同样聪明漂亮。孩子的数量也由国家确定。如果没有达到这个数量,人们就会像苏联对待其五年计划目标一样,四处调查,找出罪人,加以惩戒。谁要是超出了标准,也不会像斯大林时期的矿工斯达汉诺夫那样,荣升为民族英雄。此人一样会受到惩罚。"

"无论如何,"阿曼达说,"孩子跟煤矿不是一回事啊。真的有必要给交配冠军或每隔十个月就怀孕的女性颁发勋章吗?"

"一点都不好笑!"苏格拉底抗议道,不过他的声音始终低沉,脸庞始终不动声色。"不要忘了在这个理想国里,老人殴打年轻人的权利几乎是不受限的。想想看,为了训练孩子,让他们将来服务于国家,柏拉图声称必须从五岁起就把他们带到战场中去,在割喉、切腹、砍头、踩着四分五裂的尸体趟过鲜血时,渐渐变得不为所动。不,这一切一点都不好笑。"

"法国天才精神分析学家拉康,"格劳孔对于能够引用拉康很是骄傲,"非常崇拜柏拉图,也非常崇拜您,不过他曾说过,理想国很像'经营良好的养马场'。您大体上同意他的观点吧?"

"你们的哥哥觉得家庭抵制了一切革命热情,他对此很是恼火,并且走到了另一个极端,认为只有将几乎所有私人关系国家化,只有令亲密关系消失,才能最终解决问题。我很理解他。党内因斗争结成的兄弟关系比家庭互助关系更为重要。是的,我能理解别人的这种愿望。不过我可不想要这种思路带来的、如今已众所周知的后果。孩子明知受揭发者会受处决,仍然揭发自己的父亲是'反动派',他这样做并非出于恐惧,而是出于对政治责任的狂热。我能够从中看到一种新世界的恐怖美学,一种极端的'新人'观,但不能否认其中存在某些残忍的因素,而这些因素没有任何延续的可能性。"

"可是我们在二十世纪六十年代又经历了这一切,"阿曼达提醒大家说,"某些革命共同体提倡在集体公寓中过一种完全集体化的生活,在性的方面开放、公开、一视同仁。欲望本身可能是合理的，满足欲望是最符合道德的事。大家都是兄弟姐妹，大家盲目地行乐，毫不在意临时伴侣的身份。当时的情况就是如此，至少刚开始时是这样。在美国的'气象人'组织中，勇敢的年轻人想要将芝加哥白人无产者拉入革命；计划失败后，气急败坏的他们到处投放炸弹，最后在监狱中度过了余生。有时我挺羡慕这个时代的。"

"你说得不对。"苏格拉底说，"不对。这一切都是有害的，得不到任何结果。亲爱的朋友们，我，苏格拉底，我不会为了促成家庭的必要解体付出这种代价。坚决不会。趁巴迪欧给了我这个机会，我在此郑重反对你们的哥哥柏拉图对我思想的阐释。"

"什么？"格劳孔忧心忡忡地问，"我们走进死胡同了吗？"

"我们始终能够从严格限制遗产开始。这已经不错了。不出几代，一切有价值的东西都会属于集体。至于其余的问题，我们应该承认，家庭、私密与公共的辩证关系问题是共产主义的十字架，因为同样作为真理的爱要求有个退隐之处，要求获得一丁点的隐私权。我们不能以家庭生活是反革命的真实负担为由，要求取消公共生活和私人生活之间的一切界限。我们不能走上这样一条路。

另外,威胁并不完全来自共产主义事业。受腐蚀的民主制度是行将就木的资本主义政治体制,它同样钟爱'透明',于是政客们纷纷曝光自己的艳遇甚至狂欢。将爱情那富有创造力的私密性一举消灭的意愿在某些国家达到了明目张胆的地步,在这些国家,人们宣布政治'执掌指挥大权',它应该把一切都揽到自己身上。可是这种意愿在另一些国家同样活跃,在这些国家,执掌指挥大权的是金钱:爱情秘密的免费性激怒了执政的资本家,他们更加青睐的是色情带来的丰厚公共利益。在这两种情况下,对于一切非政治性的真理,人们拒绝承认它们需要退隐之处,需要沉默,需要单独的栖身地——艺术家和数学家也有同样的需求。而自人类起源起,退隐问题、私生活和公共生活分离的问题已经将家庭生活看作其主导形式。即使最相爱的情人也无法逃脱为亲密关系建立这种庇护形式的必要性。正是因为这种受庇护的爱,人们决定在孩子出生时,应该用亲密关系带来的馈赠来接纳他们,而不是无情地令其暴露于公共的冷漠制造的喧嚣之中。归根到底,这就是为什么取消家庭的计划一方面是必要的,另一方面却寸步难行的原因。年轻人啊,让我们扛起这个十字架,不要理会别人的言论。只要现实运动没有在这个问题上产生我们现在不具备的思想，我们就将一直扛着它。"

"总之，"阿曼达嘲讽道，"在家庭问题方面，爱情的私密力量促使您得出了与维特根斯坦一样的结论：'凡是不能说的，就该保持沉默。'"

"不如说，我们期待有一天，在谈到家庭及其与爱情、与孩子的隐晦关系时，我们能够考虑下面这个原则：凡是不能说的，我们就该去做。"

第九章　什么是哲学家?
(471c-484b)

　　已经是下半夜了,大地的沉默变成了一张厚厚的毯子。克法洛斯的客人们都回家了,剩下的几个因为醉得太厉害,直接就睡在了庭院的青石板上。只有苏格拉底、阿曼达和格劳孔挺过了这个通向清晨的荒芜时刻。不只是他们,玻勒马霍斯也还在,沉默又专注。几米开外,色拉叙马霍斯坐在皮椅子里,可能也还醒着。因为他低着头,闭着眼睛,所以无法知道他是在睡觉,还是像个经验丰富的间谍那样,正在不露声色地把所有讨论记在心里。苏格拉底没能成功定义什么是家庭的共产主义构想,大家谁都不愿接过话茬。苏格拉底自己也端着一杯岛上出产的白葡萄酒,小口啜饮起来,仿佛讨论已经结束了一般。阿曼达在充满眷恋地说出有关政治与性共同体的话后,头枕着手在一张躺椅上躺了下来,但她的眼睛却睁得大大的。格劳孔慢慢地来回踱着步，从他那青年人特有的丰润嘴唇里悠悠地吐出一些词来：

"如果我们继续钻牛角尖，系统地列出所有规则，来解释那个您称之为第五政治而阿曼达很早就以共产主义命名的东西，那么我们就会完全忘记我们的根本问题。您推迟对这个问题的研究，转而谈论有关女性与家庭的细节已经好一会了。其实这些细节总的来说用处不大，也没有帮助我们得出什么结论。我们无法成功处理类似婚姻、继承、性这些问题，这本身向我们提出了一个更大的问题，也就是：第五政治有可能实现吗？如果有可能，那么有什么办法可以令它产生实效？当然了，如果我们假设共产主义政治切实存在，那么它一定能给国家带来诸多优势。但我发现您并没有提到这一点。比如说，参战的士兵由于确信不会被抛弃，因而他们的士气始终不会减弱，因为政治上的兄弟情义、集体行动的习惯令'同志'一词在所有人心目中的分量，不亚于那些古老的词汇——例如'兄弟'、'姐妹'或'儿子'在家庭中所具有的分量。与此同时，如果如您建议的那样，女人也参军打仗，或者在先头部队后面，用来震慑敌人，或者作为预备军，以便应付恶战，或者甚至到最前线作战，如果是这样的话，我们无疑会变得战无不胜。另外,在这种政治环境下,国家的每个居民在自己家中都能享受各种乐趣。这点您只字未提,不过我也看得很清楚。苏格拉底,我认为您做的有关共产主义无限好的报告已经过关了,所以我们就不要再讨论这个话题了。从现在开始,让我们把所有论据都集中到两个悬而未决的问题上。第一个问题是,这种政治有可能实现吗?第二个问题是,如有可能,什么时候实现?如何实现?"

吃了一惊的苏格拉底放下杯子说道:

"见鬼!你对我的言论发起了真正的突袭。所以你永远不肯对那个犹豫不决的人网开一面吗?从讨论一开始,我的女性主义就遭遇了理论风暴。我才侥幸逃脱这风暴的杀伤力,就被淹死在了关于家庭的另一重风暴中。现在,你又向我发出了最猛烈、最致命的风暴!真希望你这么做是无意识的。听完后你得完全同意轻判我的罪行,因为你会明白我为什么会犹豫,为什么不仅害怕提出一个明显自相矛盾的观点,而且还害怕对这个观点进行完整的论证。"

"您越是这样逃避,对于您不告诉我们第五政治究竟怎样才能成为现实的做法,我们就越是不能容忍。不要浪费时间了:请讲吧!"

"我懂了……作为开场白,我们需要回想一下,之前我们一直在探讨正义与非正义的本质,而且我们的讨论已经到达了一个关键点。"

"这跟我的问题有什么关系啊?"

"没关系,没关系……但是假设如我们自己认为的那样,我们的确已经发现了正义的本质。那么你认为我们能不能提出以下公理,即正义之人不该同这种根本正义有任何区别,他应该在每一点上都同正义相一致?还是说,只需正义者最大限度地接近正义,只要能说他比其他人更具正义本质就可以了呢?"

"我更倾向于后一种立场。"

"因为我们展开了讨论,调查了什么是正义,什么是完美的正义者——如果这样的人碰巧存在的话;我们也调查了什么是非正义,什么是最非正义的人,而这一切都只是为了建立一种范式。通过准确考察这两种类型的人,考察他们在面对幸福或幸福之反面情况时的生动外表,我们希望一种与我们自身有关的理性制约能够作用于我们,即我们不得不承认,我们越是像他们,我们的命运就越接近他们的命运。我们的目的并不是要证明这些人能够存在于经验世界。想象一位著名的画家,能够在画布上创造有关人类的真正范式，能够思考并完美再现最值得钦佩之人的各个组成成分。如果画家无法证明范式中的人能够存在于现实世界中，那么他的艺术才能是否就降低了呢？"

格劳孔嗅到了陷阱的气息：

"呃……我不这么认为，但是……"

"我们已经在概念层面提出了一种真正的政治共同体的范式，"苏格拉底忙不迭地打断格劳孔的话，"那么你会不会以我们无法证明一种符合我们理论的政治秩序能在这世上得到建立为由，进而认为这个有关范式的建议就此失去了它的价值呢？"

"我不知道。我觉得……"

"这个范式就是真理，无他。可是，如果只是为了取悦你，我不得不强迫自己证明我们的第五政治具有可行性，同时指出实践的合适方法和确切步骤，那么作为证明的前提，我就得要求你像刚才那样信任我。"

"信任什么？"格劳孔狐疑地问。

"我认为行为不可能与语言完全一致。我的信念是，自然令行为承受各种惰性，遭受各种阻力，使它一直比话语低级——当然了，我们依据的标准是对**真**的理念的参与度。别人也可以持相反的观点。关键在你，你同意我提出的这个公理吗？"

"当然了，"格劳孔说，他尤其不想再次耽误苏格拉底对共产主义可能性的讨论。

"所以不要强迫我说，用语言描绘的东西也能以成果的形式完整地存在于经验现实中。如果我们能够找到具体的办法，建立一个尽可能接近我们用理论构想出来的政治共同体，那么你可以认为我们已经如你所愿地证实了这些构想的可行性。无论如何，这样的证明我很乐意做。"

"我也很乐意。"格劳孔觉得这个开场白又长又谨慎。

"之后，"苏格拉底继续说，"我觉得我们可以专心于一项分两步走的严肃研究工作了。首先，指出国家之中功能断裂、没有根据我们的原则组织的一切。其次，通过一个个具体案例，找到一种变化，这变化本身可能无足轻重，但它的影响足以重组受我们检验的政治共同体的格局，令其最终符合我们的共产主义范式。理想情况是这一变化只跟某一点，最多某两点有关。不管怎么样，这些点必须尽可能少。尤其是，从既定秩序的角度看——我们正是在既定秩序中将它们辨别出来的——，它们从表面看必须不具备任何重要性。甚至可以说，在我们意图革新的国家眼中，要实施改变的那个点根本不存在。它不在国家通常需要操心的事务之列,这一点将会为我们所用。我们需要的是一个不存在的、独一无二的却现实的点,对它的辨认、揭示将改变一切,令政治体的真理得以产生。是的!改变位于虚无边缘的这个点,我们就能证明相关的国家整个地发生了绝对的变化。啊!要找出并处理这个点并不简单,做起来也不快。但这是有可能的。"

"您到底在说什么啊?"失去头绪的格劳孔问。

"我现在被召唤到了这个地方,这里涌动着之前被我们称为最大的浪头的东西,它能够晃动、倾覆我们那毫无准备就被抛至理性话语海洋中的船只。然而,即便我的笨拙导致我可能被冷嘲热讽和轻蔑的呼噜声形成的嬉闹浪头弄湿全身,我仍然有话要说。请注意我马上要说的话……"

"您倒是说啊!"阿曼达不耐烦起来,"而不是像现在这样让我们晕头转向,用那么多水的隐喻,只想让我们相信您是冒着可怕的风险在跟我们说话。老实说,我认为这个风险甚至不能吓退一只蚊子……"

"美丽的、发怒的女孩,是你强迫我掷骰子的。那我说了。在所有国家,必须由哲学家来担任领导职务。或者相反,那些受召唤来担任领导职务的人……"

"根据我们的共产主义原则,"阿曼达打断他的话,"也就是所有人。"

"……这些人——其实也就是所有人——都必须成为哲学家。真正地成为哲学家,至少达到集体行动要求的程度。总之也就是政治和哲学能力汇合于同一**主体**中。对于将政治运动功能(被认为是积极的)和哲学表面的批评功能(被认为是消极的)截然分开的自然倾向,如果我们不坚决反抗到底,那么灾难就永不会停止,朋友们。这灾难不仅会压垮这个或那个民族,而且我确信它还会压垮整个人类。除此之外,只要这两者,即作为实践性思想的政治和作为**理念**形成过程的哲学之间这一内在于集体行动的结合没有被试验,我们正在确立其内在理性的政治共同体将不会有任何机会经验地显现其实现的可能性,也没有任何机会诞生于一个已经确立的国家之中。"

"这就是您一直支支吾吾不肯说的东西吗?!"格劳孔叫起来。

"因为我很清楚这是有悖于主流观点的,甚至会令人们很难简单地相信我们的政治纲领。更无法相信这个纲领承载着幸福的象征。因为对哲学来说,个体的幸福是通过个体所参与的**主体**性进程——即真理——创造出来的。一个普通公民听到这一点会很难过。"

"那个微妙的点,"阿曼达吹毛求疵地说,"在我看来跟幸福没关系。我知道您很在意幸福,在意正义者的幸福,认为他们应该比非正义者更幸福,诸如此类。我却一直觉得这有点晦涩,请原谅我这么说。要把幸福同随便什么人结合起来,只需改变幸福的定义,然后呼啦一下,魔术就变好了。如果我们说'幸福就是**理念**',那么要'证明'理念就是幸福也不是什么难事了。"

"你真过分!"苏格拉底乐不可支,"那么那个微妙的点是什么呢?"

"因为共产主义要求每个工人都能参与到国家领导事务中来,也因为任何参与到国家领导事务中来的人都必须融合政治思想和哲学**理念**,所以您断言任何人都能成为深刻的哲学家。考虑到哲学的名声:抽象的,不谙世事的,乌托邦的,极权的,晦涩的,教条的,吹毛求疵的,过时的,纯粹摧毁性的,取代了宗教但还不如宗教的,等等,您会被媒体的口水淹死,或者被当做食古不化的老东西扔掉。"

"可是逼我说出我内心想法的,是你们两位啊,亲爱的朋友!"苏格拉底抗议道。

"这样最好不过!"格劳孔落井下石道,"而且相信我,我不会像我亲爱的姐姐那样,在第一回合就轻易放开您。我会尽全力对待您。您会看到我的心愿,我的鼓励,我的祝贺。我会带着最良善的意愿,接受您那可怕的苏格拉底式盘问。有了这样的支持,您就别再犹豫了!让那些怀疑论者,尤其是那个恶劣的阿曼达看看,您究竟在想什么!"

"既然你向我提供了这么大的支持,那么我尽量一试。首先我认为,要找到办法逃脱媒体、学术界和党派的群起攻之,避免阿曼达预言的被他们撕成碎片的命运,就必须定义'哲学家'一词——我们声称这个词应该适合于任何担任领导职责的人。一旦弄清楚了这一点,我们就能指出哲学符合真正的政治进程对每个人提出的要求,由此来为我们自己辩护。我们将通过反例来强化这一证明:如果某人以政治之名否定哲学,那是因为他所谈论的政治不是真正的政治。"

"这一点怎么也得解释一下吧。"阿曼达埋怨道。

"那就听我说吧。你们会发现,四处游荡后,我最终会找到我的路。"

"赫拉克利特曾写道,"阿曼达用善解人意的语气说,"'我们也应该记得那个忘记自己目的地的人。'"

"啊,这个夸夸其谈的家伙!"苏格拉底恼怒地说,"他为什么不闭嘴。"

"行啦,"格劳孔发话了,"不要作无谓的争吵,请直奔主题!"

苏格拉底沉默了几分钟。众人的期待触手可及,它令时间变得厚实。随后,他突然说:

"我要不要提醒你们,什么样的回忆在你们身上特别活跃?当我们谈论爱的客体时,我们假设爱人爱着被爱客体的全部。我们不会承认他的爱选择了客体身上的一部分,同时弃绝了另一部分。"

两个年轻人露出错愕的神情。阿曼达承担了表达他们困惑的责任:

"亲爱的苏格拉底!爱情方面的这个小插曲同我们对哲学家的定义有什么关系吗?"

"啊!年轻的爱人们啊!她们无法承认——像葡萄牙诗人佩索阿说的那样——'爱情是一种思想'。我跟你们说,年轻人们,不以爱情开头的人永远不懂什么是哲学。"

"就算如此,""谨慎者"格劳孔说,"这个客体的事并不简单。拉康不就说过,一切欲望的客体恰恰是局部的客体,是他者身上的一部分,比如乳房、阴茎、目光、排泄物……"

"这是冲动的客体,不是欲望的客体。欲望也不是爱情。客体的局部性毫不影响一个事实,即承受这种局部性的是一种总体性,而欲望与爱情最终与这种总体性有关。不过还是想想你们自己的经验吧,在欲望的刺激下满世界乱跑的男孩女孩们。作为爱情方面的专家,你们应该知道,比如说一个年轻男子身上感人的、吸引人的是一种色情敏感性,并令被吸引者——不管性别如何——相信这样的客体从整体上值得拥有关注和柔情。亲爱的对话者们,你们在面对漂亮男孩时,不就是这样消耗你们的爱情的吗?部分的缺陷根本不会阻止你们热血沸腾地对待那个青年的全部。如果他的鼻梁是塌的,你们就会说他面容柔美优雅。如果他的鼻尖是弯的,你们就会说他高贵、鹰钩鼻,有皇家风范!如果这个鼻子既不塌也不弯,毫不吸引任何人的注意,那么这个可爱的青年就会拥有完美的比例。如果这个美男子的皮肤被晒成了古铜色,你们就会说他像火枪手一样刚毅,如果他肤色雪白,你们又会说他像神一样优哉游哉。你们甚至把苍白的脸色说成是'蜜色肌肤'。这些文字游戏正是情人的特长,一旦被人打动，即便对方是苍白无力的人，他也会找到动人的溢美之词。一切借口对你们来说都是好的，能调动你们所有的语言储备，让那些被爱的年轻人一个都无法逃脱你们的掌心。"

"如果您雇我为职业搭讪家，"格劳孔说，"我接受，纯粹为了让我们的讨论能够继续下去。"

"伪君子！"阿曼达大呼，"你成天想的不就是这个！"

"那我们就改变话题吧，"苏格拉底调解道，"酒鬼就跟你们这些少年恋人一样，不是吗？为了能灌下一升烈酒，他会找到各种借口。那个醉心于荣誉的人又怎么样呢？如果成不了指挥万人的将军，那么做个指挥三十人的中尉对他来说也是幸福的事。如果成不了军官，他会觉得指挥五人的下士职位也能带来无上光荣。如果连下士都当不上，只能做个士兵，他仍然乐于器宇轩昂地镇压在军营前玩耍的孩子。如果是平民，即使没有任何重要人物会理睬他，只要办公室里的下属，那些他几乎不认识的小人物能对他溜须拍马，他也会感到开心。如果连这都不可能，那么每天早晨他还是能够从街角乞丐卑微的问好声中获得满足的。"

"那哲学在这一切中起着什么作用呢？"格劳

孔贸然提问。

"会说到哲学的。你同意我说如果某个人渴望什么事物，就是将他的欲望同该事物整体联系起来，而非只联系其中一部分，将其他部分排除在欲望视野之外，对吧？"

"对，我同意您这么说。"

"所以，如果我们说哲学家是爱智慧的人，那么他不能在这一智慧的不同组成部分之间作出选择，而是应该选择这一智慧整体。让我们来观察一个年轻人，男女都可以。这个年轻人还没有掌握将重要事物和毫无价值的东西区别开来的原则。假设'他或她'——就像英国人说的那样——对理论知识毫无兴趣，我们不会叫此人'科学家'或'哲学家'，就像我们不会把对食物没兴趣的人叫作'贪吃鬼'、'饿鬼'或'馋鬼'一样。'厌食症患者'这种称呼可能更合适。反过来，如果我们看到一个年轻人想要不容置辩地品尝所有科学知识，如果知识毫无疑问会对他产生吸引力，如果他不知满足地在此自我训练，那么我们不该合理地叫他'哲学家'吗？"

格劳孔于是感到心里涌起了一股无法克服的欲望，想要提出一个他认为无法抵挡的反对意见：

"世界上一定会有符合您定义的人的！而且我们很快就会看到这些人现身。首先是大众电影爱好者，他们以极高的热情，立志看遍所有最新的影片，包括所有新出的好莱坞大片和自命不凡的法国小制作，并发誓它们和电视系列剧一起，向我们提供了对当代世界的真正认识。接着是所有那些在夏天里穿梭于各式节日盛会的人。他们也发誓说，在这些场合，他们总算学到了点东西，总算培养了文化修养，总算体验到了音乐**理念**的美。给这些人颁发哲学家证书其实有点奇怪。他们肯定不会愿意听我们的辩论的，一想到要度过这样的夜晚，他们就会飞也似的逃跑。然而，对于新知识，他们可是热情满满的！只要能够听到歌剧、四重唱、管风琴演奏、钢琴家表演甚至是吉他伴奏的诗人朗诵，他们就会从一个乡村罗曼式教堂奔向一座淹没于山间的城堡，从一个小地方的大厅奔向一处古剧场遗址。他们简直是把自己的耳朵出租给所有的地方文化机构了！我们要把这些热衷于度假式消遣的人，这些雕虫小技的季节工都叫作'哲学家'吗？"

"不要小看这些隐约感觉到自己不该摆脱艺术力量的人。你这种立场是完全反哲学的。"

"没错，这是小资产阶级知识分子的傲慢自

大！"阿曼达叫道。

"行了,冷静,孩子们!话说回来,亲爱的格劳孔,你那些消夏的人,我们不会叫他们哲学家。他们和哲学家之间只是有点模糊的相似性而已。"

"那您怎么判断谁是真正的哲学家呢?"格劳孔不依不饶。

"哲学家就是那些只对一种景观有激情的人,这景观是能令真理来到世界的景观。"

"听起来很美,但您得给我们举几个详细的例子。"

"你说得对,哲学上最重要的是细节,但也正是这些细节令哲学看起来荆棘丛生、无法参透。当然了,跟你在一起就简单得多了。让我们先从一个经典细节说起:二元对立论。比如说,美是丑的反面。此处因此有两个彼此区别的概念。"

"到目前为止,"格劳孔评论道,"没什么特别的。"

"正义与非正义、好与坏的对立,以及你姐姐和你学到的、用来命名**形式**的一切对立都是如此。从本质看,每种**形式**本身是单一的。但它又是多元的,因为从显现角度看,我们看到它到处同行动、身体及其他**形式**相结合。靠着我提出的这一整套有关**形式**,或**理念**,或存在之中向思想呈现自身的部分[1]，或精髓，或真之本质，或真理的理论，我能够明确区分两类人。一类是你刚才说的，即不知悔改的节日观众、女歌唱家的粉丝团、到处参观展览的人和涌向网球公开赛决赛的人潮；还有一类是我们此刻正在定义的人，只有他们才配得上哲学家的名称。"

"您怎么做才能从对**形式**的形而上学理论过渡到对哲学家的定义呢？"阿曼达突然激动起来。

"对于演出、音乐会、油画、体育竞赛的爱好者们来说，歌女极弱的高音、大提琴的震颤、素描的洞察力、色调的繁复度、运动中漂亮矫健的身体，以及向他们的感官展现的一切精工细作、引人入胜的东西都能令他们感受到愉悦。但这种经验性的经历无法令他们的智力构想出思想的真正目的。"

---

[1] 原文为"ce qui de l'être s'expose à la pensée"，是本书中一个重要术语，在书中多次出现。巴迪欧本人在不同场合提到它是对希腊语"ousia"的翻译，也可译成"essence"（本质）或"substance"（实体）。中文中对"ousia"也有"本质"、"实在"、"实体"等译文。考虑到柏拉图意义上的"ousia"比"本质"或"实体"具有更多的含义，也考虑到本书既是巴迪欧对柏拉图的翻译（忠实性），又在其中阐明了自己的观点（创造性），我们在此把该词组直译成"存在之中向思想呈现自身的部分"，有时会视具体语境在语言组织上作出微调。——译注

"可能会有人这样反驳您：这有什么关系呢？"阿曼达挑衅地说，"反正他们感受到了愉悦……"

"愉悦，可能吧。那生活呢，亲爱的朋友？兰波所说的真正的生活呢？那个他说业已消失的真正的生活。他们拥有这真正的生活吗？试想有这样一个人，他承认存在美的东西，却不能承认存在这些东西的美之本质，并将其视作某种思想进程的目标和结果。假设这同一个人无法跟上他的一位朋友的步伐，而后者已投身于思想进程中，自告奋勇要友好地带他一起，直至进程的终点，并由此令他的经验观点转变成理性思想。你认为这个人是否就此觉醒，从此过上了真正的生活呢？还是你更倾向于认为他的生活只是一个迷梦？"

阿曼达反驳道："依据莎士比亚在《哈姆雷特》中的观点，卡尔德隆在《如梦人生》——很应景——中的观点，皮兰德娄在很多处的观点，要把梦和现实区分开来并不是件容易的事。"

"小心！你举的三个都是剧作家，三个有关扮演的、再现的、虚假的生活的专家。依你之见，不管有没有睡着，梦究竟是什么呢？"

阿曼达想了几秒钟，然后回答：

"是相信与某物相似的东西不是相似物，而就是该物本身。"

"不错。那么反梦想者就是承认美之本质如是存在的人。他能看到根本的美，而具有这种属性的事物被称为是'美'的。他不会将存在的美丽事物与它们的美之本质混淆起来，也不会将美之本质同存在的事物混淆起来，后者因为是美的，所以拥有美之本质。对于这个反梦想者，我们难道不能说他是完全清醒的，他没有被自己的幻想淹没吗？"

"是的，可是他可以是诗人，也可以是哲学家。马拉美不是说过：

　　……诗人的姿势谦卑又辽阔
　　阻止他进入梦乡，这责任的仇敌。"

"那就接受这种结合吧。"苏格拉底叹了口气，"无论如何，我认为，因为我们的反梦想者知道存在物的本质，因此他的智力可以被冠以纯粹思想（pensée pure）的名称。而梦想者因为只关注显现的事物，因此他的智力只能获得意见（opinion）的名称。"

"这样的话，"格劳孔说，"一切都圆满了。"

"去你的，什么圆满了！"阿曼达抗议道，

"我们还是不知道'意见'到底是什么呢。在这点上,我们有的也只是个意见!'辩证讨论',这是您的口号不是吗,苏格拉底?我们对'意见'进行了定义,却没有以内在的方式探讨别的方法。我们刚才的方法是分析性的,而不是辩证性的。简直像是亚里士多德的方法!如果因为我们给别人贴上了黄绿色的'意见'标签而不是红色的'知识'标签,使得他对我们大发雷霆,咒骂我们是'迂腐的教条主义者'或'极权主义者',那么我们有什么办法可以安抚并说服他,不会令他觉得我们其实首先把他当做了美帝国主义的奴才?"

"啊!"苏格拉底说,"我们有责任拥有这种能力!我们的中国同事把这叫作'人民内部矛盾的正确解决'。我们最该做的是向这个被我们激怒的人提问。我们会向他保证,如果他拥有真正的知识,那么没人会企图低估他。相反,我们所有人都会乐于同一个有见识的人来往。"

"要是我弟弟能扮演这个被激怒的人就好了。"阿曼达充满敌意地说,"您直接向他提问,我们就能听到现场版的对话了!"

"为什么不呢?"格劳孔勇敢地反驳,"一切与'辩证讨论'有关的东西我都喜欢。来吧,苏格拉底,问吧!"

接下来是一场紧张激烈的交锋，两眼闪闪发光的阿曼达记下了所有波折。苏格拉底先开火了：

"年轻人，你声称拥有真正的知识，那么请你告诉我，一个像你一样有知识的人，他是认识一些东西，还是一无所知？"

"当然是认识一些东西。"格劳孔吃惊地说。

"这些东西是存在的，还是不存在？"

"是存在的。我们怎么可能认识不存在的东西呢？"

"所以你认为，无论在何种条件、背景或前景下，只要事物的存在是不容置疑的或绝对的，那么它就是绝对可认识的，而不存在的事物却怎么都无法被认识。这是个明确的前提对吗？"

"非常明确。"

"我们在这一点上达成的一致意见至关重要。现在，如果某样事物的本质令其既存在又不存在，那么它是不是相当于处于纯粹存在和绝对虚无的'中间'位置呢？"

"我觉得'中间'这个词很恰当。"

"请注意我们此刻辩证讨论的思想内容：我们谈论的事物处于存在的最小值和最大值之间。"

"我不是随随便便同意您的话的，"格劳孔抗议道，"跟您一样，我也同意一个类似我们正在谈论的事物，如果它的存在被揭示出来，那么它应该处于存在的绝对完满和虚无的纯粹虚空之间。"

"如果要把纯粹思想和存在联系起来，同时必要地把无思想与虚无联系起来，那么与我们存在的'中间'状态挂钩的，只能是思想与无思想之间的'认知中点'。总之，我们应该在科学与无知之间的某处去寻找这种状态。当然了，前提是这样的'中点'是存在的。"

"我看不出来还能去哪里寻找这个'中点'。"

"所以，这个悬于思想和无思想之间的认知'中点'，或者换一种说法，悬于科学与无知之间的认知'中点'，我们把它称作'意见'，这是合情合理的吧？"

"当定义很清楚的时候，我们无须对名称斤斤计较。"格劳孔对自己说出了这番话感到很得意。

"这个'意见'如果存在的话，它同科学是一回事吗？"

"我们刚刚说了不是。它既不是知识，也不是无知。它位于这两者之间。"

"因此知识的客体与意见的客体是不同的？"

"哎呀，苏格拉底！您又原地踏步了！让我们跳过这些无关紧要的问题吧。"

"好的，可是注意！科学从本质上看同存在物有关，这样才能认识此存在物的本质……见鬼！我跳过了一个很重要的环节。我应该先在你的帮助下辩证地讨论这种区别的。"

"什么区别？"格劳孔开始感到痛苦了。

"在存在物中，有一类被我们称作'能力'（faculté）的特殊类型。依靠这些能力，我才能做我能做的事，而且任何一个与我有同等能力的人也能做这些事。我们可以拿视觉和听觉举例。我想你应该很清楚我说的'能力'所指向的形式吧？"

"没问题，"格劳孔叹了口气，"我们常常说到这个词。"

"是的，可是还存在一个困难：我既不能通过颜色，也不能通过外形，也不能通过任何此类性质来辨认一种能力。可是这些标准在辨认其他很多事物时都是有效的。我只需使用这些标准，就能立即像工兵卡曼伯说的那样，在'我强硬的内心'[1]，断定这些事物是相互有别的。可是在涉及

---

[1] 工兵卡曼柏，法国 19 世纪连环画主角，因没有文化经常闹笑话。此处"在我强硬的内心"（dans le fort de mon intérieur）在法语中的正确形式应是"在我内心深处"（dans mon for intérieur）。——译注

能力时，这个方法行不通。因为要在各种能力中辨认出其中一种，我只能考虑两种性质：与能力有关联的事物，以及在能力帮助下得以良好运行的进程。我们正是依据这两种标准赋予了各种能力以'视觉'、'听觉'、'触觉'等名称。如果能力与同一事物相关，并组织同种进程，我们便称它们是相同的，如果客体与进程皆不同，那么就说能力是不同的。你呢，你会怎么做呢？"

"一样。"格劳孔小声说。

"既然如此，亲爱的，那就让我们回到正题。科学，你说科学是一种能力吗？或者你有别的归类方法？意见呢，你又把它放在哪里？"

"我承认，"格劳孔恢复了勇气，"科学——科学最普通的名称是'知识'——不仅是一种能力，而且还是最重要的能力。至于意见，它肯定是一种能力：拥有发表意见的能力，意见的本质正在于此。"

"另外，你刚才也肯定，在你眼中科学——或者也可以称作知识——与意见不是一回事，对吗？"

格劳孔出离愤怒了：

"一个有头脑的人肯定不能认为必然性和随机性是同一回事。绝对知识肯定不同于变幻不定的意见。"

"这两种能力的确因各自进程的不同而不同，同时也因与它们相关联之事物的不同而不同。知识毫无疑问与存在物有关，并且能认识存在物的本质。至于意见，我们只知道它组织的是表达意见的行为。但它自己的客体是什么呢？同知识的客体一样吗？被认识的事物和作为意见对象的事物，它们有可能相同吗？"

"根据我们的共识，它们不可能相同。"格劳孔说，"如果每种特殊的能力自然地同某个客体相关，而这个客体又区别于其他能力的客体，如果意见和知识是不同的能力，那么被认识的事物和作为意见对象的事物不可能相同。"

"因此，如果被认识的仅仅是存在物，那么我们意见的对象是有别于存在物的东西。"

"完全同意。"

"在这些条件下，"苏格拉底一边说一边挠着下巴，在他身上，这个动作意味着巨大的困惑——可能是真实的，可能是伪装的，"我们应该得出以下结论：意见的客体既然是脱离了存在的部分，那么这个客体只能是非存在[1]。"

---

[1] 原文为"non-être"，参考《柏拉图全集》(人民出版社王晓朝译本)之《巴门尼德篇》和《智者篇》后，将其译为"非存在"。——译注

格劳孔毫不犹豫、不容置辩地说：

"这绝对不可能。我们不可能对不存在的事物发表意见，苏格拉底！好好想想吧！发表意见者的意见肯定跟什么东西有关。他不能既有意见又没意见。意见持有者的意见针对某个事物，后者显然可以被视作一个统一整体。可是，非存在不是某事物，而是无事物。"

"很正确。另外，将存在分配给思想后，我们将非存在作为客体分配给了无知而不是意见。我们之所以能那样做，是因为无知是一种纯粹消极的能力，而意见却肯定了它的客体。"

"总之这一切看起来很奇怪！"格劳孔自言自语道，"我们证明了意见既不是知识也不是无知，因为它既跟存在无关，也跟非存在无关。"

"正是！"苏格拉底高兴地说，"那么我们能不能说，面对纯粹思想与无知的对立，意见从矛盾的其中一端超越了这个对立呢？能不能说它比思想更清晰，或者比无知更隐晦呢？"

"得了吧！"格劳孔耸了耸肩。

"如果我没弄错你刚才那个动作的意思，你认为意见显然比思想更隐晦，比无知更清晰。"

"当然了。我们已经说过，意见在这两者之间。它在中间。"

"但我们也补充说,如果我们发现某事物的外在既存在又不存在,那么这个事物因占据了纯粹存在和绝对非存在之间的某个中间位置,从而既不属于知识也不属于无知,而是属于这两者之间的东西。现在我们知道了,这两者之间的东西就是被我们称为'意见'的东西。"

"终于解决了一个问题。"格劳孔热情满满地说。

"只不过,"阿曼达尖声说,"你们还没有找到那个'事物',也就是意见的客体。我想看看这个位于存在与非存在之间,却绝不能被归入这两端的'事物'。你们给我展示一下吧!"

"你说得对,"苏格拉底息事宁人地说,"一切还都是假设。如果能找到这个大名鼎鼎的'事物',我们就能名正言顺地说它是与意见相关的**形式**,就能将存在与非存在这两端分配给纯粹思想和完全无知这两种极端的能力,将那个尚未得到确定的中介词分配给意见这一中介能力。"

"因此这是一种纯粹形式上的分类。"阿曼达强调道。

"为了让讨论更深入一点,希望格劳孔再次穿上抗辩者的旧衣。这个抗辩者断然拒绝承认美之本质本身的存在,或任何近似于美之**理念**本身的东西的存在。来吧，格劳孔！为我们扮演这个角色。这个人否认美的真理一旦成为自身的永恒，就会显得与自身完全相同。他只相信存在多种多样、千变万化的美，他是舞台魔术的爱好者，一旦别人提到美或正义——总之就是被**形式**强调和肯定的一切本质的统一性时，他就会奋起反驳。"

"我准备好了！"格劳孔夸口道。

"亲爱的，在你提出的各种美中，有没有一种能称得上是完美无瑕的？对于正义的决定或值得称道的行动，我也提同样的问题。"

"显然没有。我们总是能够在美好的事物上找到一点小瑕疵，对于其他附加问题也是如此。"

"同样地，那双倍的东西换个角度可以被看成是一半，而那乍一看很大的东西随后可能显得微乎其微。这一类性质都可以转变成其反面，不是吗？"

"是的，因为事物总是会参与到两种相反的性质中，这是视角或等级问题。"

"啊，"阿曼达突然说，"这让我想起一个谜语，一个人不是人，他看到却没有看到一只不是鸟的鸟栖息在一块不是木头的木头上，然后向这只鸟扔了一块不是石头的石头！"

"是的，"苏格拉底微笑起来，"这都是儿童游戏。所有这些感性的性质都是模棱两可的。对于其中任何一种性质,我们都无法肯定地说它是或者不是,或者它既是又不是,或者它既不是是也不是不是。"

"我认为,"格劳孔总结道,"应该将这些模糊的概念分布在一个中间地带,两端是向思想呈现的本质和绝对的虚无。因为它们既没有隐晦到令我们称其比非存在更不存在,也没有清晰到比存在更存在。"

"妙极了!"苏格拉底赞赏道,"我们似乎已经发现,一个巨大的间隙分开了非存在和绝对存在,而大多数人有关美及此类事物的大多数念头都出现在这个巨大的间隙中。可是,你和我,我们也承认,如果这是某事物的外在显现,那么我们应该将该事物与意见而非纯粹思想建立联系。因为游荡在存在之中间区域的事物要靠中间的能力来把握。所以我们可以说出结论了。让我们想象一些人,他们觉得美丽的事物只是一种障碍,而这障碍之后并不会显现能被称得上'美之真理'的东西;他们无法跟随那个试图给他们指明真理之路的人;他们认为很多行动都是正义的,却对正义的本质一无所知。总之就是所有那些沉浸于事实的细枝末节却从来没有浮到原则层面上来的人。对于这些人，可以说他们对世上显现的一切事物有自己的意见，却对自己的意见对象没有半点知识。"

"您离奇地重复了所有已经说过的话。"阿曼达悄悄说。

苏格拉底用左手做了一个赶苍蝇的动作。

"现在让我们看一看另一个演化的爱好者。"苏格拉底接着说，"我们将这种演化称作根本性演化：从本质的特殊性上被考虑的事物，尽管其外在发生了各式各样的形变，但其特殊性通过这些形象不停地得到证实。对于参与到此种演化中的人，我想我们可以说他并不是在表达意见，而是确实掌握了知识。"

"幸福的人啊！"阿曼达叫起来。

"对这些'幸福的人'，亲爱的阿曼达，我们可以断言，他们喜爱并珍视那与纯粹思想相关联的东西。至于其他人，就让他们只对意见感兴趣吧。我们已经说过后者——就叫他们'意见派'吧，因为'意见'（opinion）一词是对希腊词语'意见'（doxa）的翻译——喜爱并珍视女歌手甜美的歌喉、奢华墙纸的色调、优雅的女孩手指上蛋白石的光泽、铂铱合金的手机，但他们无法忍受作为真理的美的绝对存在。我们把这些意见派叫作'意见的朋友'而非智慧的朋友有错吗?"

"'智慧的朋友'正是'哲学家'的词源。"格劳孔像说警句一般地说。

"对于那些非哲学家,"阿曼达说,"我们也可以造一句谚语:'一切意见都有毒。'"

苏格拉底不满地看了她一眼,接着说:

"我们把意见派叫作'意见的朋友',他们会发火吗?"

"'哲学意见派'大战'哲学家'。"格劳孔总结道。"如果他们发火的话,我会提醒他们,任何人都不许对真理生气。"

"这才是重点!"苏格拉底说,"那些珍视事物本质的人,我们应该叫他们哲学家,因为他们摆脱了成为头脑简单的哲学意见派的诱惑。"

阿曼达对这个回答并不满意。她在原地打转,揉着自己打结的头发,一脸的忧心忡忡。最后,她终于爆发了:

"你们觉得问题解决了吗,先生们?你们觉得你们的定义让我们前进了一大步吗?绕了那么多弯,只是为了区别哲学家和非哲学家!……我跟你们说:更难的还在后头呢!你们还得把这一切同我们最初的问题联系起来,即正义的生活和非正义的生活的区别。因为你们认为要解决这个问题，需要从国家和共产主义政治问题那里绕个大圈子，现在我们得证明，哲学家的定义同政治行动之间保持着一种理性关系。"

阿曼达不再转圈，变得神采奕奕。她用大眼睛看着苏格拉底，接着说：

"这是我的要求，我的挑战。我已经明白，对您来说，哪怕是在自身的变化进程中，哲学家都有能力触及事物保持不变的那部分的普遍性。我也明白哲学意见派无法做到这一点，而且还觉得这种行为不但无用，甚至是有害的。现在，怎么证明我们第五政治的集体决心要求大众站在哲学这边呢？"

"我这样来回答你：哲学家关注超越变化的内在普遍性，哲学意见派却无止尽地徘徊于存在和虚无之间，哲学家与哲学意见派谁最能坚守共产主义原则，最能保护体现这些原则的机构呢？当我们面临**理念**保卫战，当我们要在盲人和先知之间作出选择时，我们会有丝毫的犹豫吗？"

"当您这样看问题时，"阿曼达抗议道，"您其实在讨论前就已经作出了决定。我们没有选择的余地。"

"可能是我的比喻让你觉得不自在？可是那些人弃绝了纯粹思想的帮助，无法了解存在物的本质，你觉得他们和盲人相比有什么差别呢？这些人即便能成为**主体**，也无法拥有清晰的范式作为思考的出发点，使他们能像伟大的画家一样，凝视一切绝对属于**真**的东西，不断以此作为参照，对此形成最正确的观点，最终在我们所处的世界中确立一切关乎美、正义或善的创造性原则。"

"可是，"格劳孔问，"如果这些原则已经被过去的思想家确立了呢？"

"这样的话，那么我们的预言家们的任务就是通过无懈可击的智力防卫，来确保这些原则能够恒常地运行，令我们得到拯救。而我们的'盲人'被意见淹没，显然无法做到这一点。因此会被我们选为卫士、斗士、领袖……的，是具备纯粹思想、能够触及每个存在物真实本质的人，而不是那些在媒体前高调发表意见的男高音。"

"还有普通劳动者。"阿曼达坚持道。

"当然了，每个人都会被分配轮流去守卫原则和机构，普通劳动者也不例外。另外，这些工人都很有经验，即便在日常的实际事务中，他们也远远胜过那些在电视节目中喋喋不休的蠢货。"

"不过，"格劳孔突然担心起来，"普通工人在成为我们共产主义的保护人时，他是怎么将纯粹思想与经验技能结合起来的呢？这是一个真正的问题。"

"你是想说既是**理念**的哲学家又是集体行动的官员吧。为了点亮你的灯笼，我觉得有必要回到什么是哲学家天性这个问题上来。到时我们会看到这个本质同激进的技能是兼容的，也会看到任何一个如此培养起来的普通劳动者都能建立或保卫体现我们原则的机构，没有什么能够阻挡。"

"那就开始吧，"阿曼达微笑起来，"哲学家的第 N 张全身立像。"

"不要嘲笑我们！能否定义哲学家的天性对哲学来说至关重要。这一天性肯定承载了对一切知识的爱。这爱扎根于存在的永恒部分的明朗处，向纯粹思想开放，并由此与生死的辩证法格格不入。我们也知道哲学遵循爱的法则。存在的这一部分等同于人们就这一部分形成的思想，对于这个部分，我们爱它的全部，因为它本身即是一种**形式**。对于如此显现出来的部分，任何一位真正的哲学家都无法舍弃它的一分一毫，无论后者是庞大的还是微小的，无论它的价值举足轻重还是无关紧要。正是在这一点上，哲学家如我们所见的那样有别于荣誉的狂热爱好者，也有别于固执追求即刻快感的人。"

"可是，"格劳孔问，"除了这一与知识有关的本质特征以外，哲学家难道就没有心理学方面的特殊性吗？"

"心理学，心理学……心理学可不关我的事！不过，我们可以说，面对他真正看重的东西，哲学家是绝对真诚的，而且他的话中容不下把戏和谎言。"

"我觉得这挺说得通的。"

"'觉得'和'说得通'是什么意思？最不可动摇的必要性要求那个生性多情的人必须珍视与其所爱对象密切相关的一切，珍视围绕这一对象的一切，珍视能取悦这一对象的一切。而对哲学智慧来说，有什么东西能比意见织成的单调织物中此处彼处闪耀着的真理更接近它，更吸引它呢？肯定没有。因此哲学天性绝对不可能满足于虚假事物。最后的结论就是，从青年时代开始，哲学天性就会对知识产生真实不虚的爱，并在这种爱的力量作用下渐渐建构起来，形成一股朝向各种真理的张力。"

苏格拉底的激烈言辞令阿曼达和格劳孔吃惊地张大了嘴。大师还在一鼓作气地往下说：

"我们知道，在某些人身上，欲望总是深刻地依赖某个独一无二的客体，因而对其他客体的渴望就没有那么强烈。正如溪流如果汇聚起来朝同一个方向奔跑，水流就会特别湍急。因此，我们完全有理由假设，如果他们……"

"或她们！"阿曼达纠正道。

"或她们，"苏格拉底作出让步，"如果他们或她们的欲望客体是真理以及与真理相关的一切，那么他们一定会只关注纯粹主体性的乐趣。对他们来说……"

"或她们！"阿曼达再次纠正。

"或者对她们来说，"苏格拉底承认道，"即便是肉体的愉悦也该具有某种智力上的共鸣。如果这些男孩或女孩（他迅速补充道）的确是真正的哲学家，而非学院派哲学家、沙龙哲学家或电视哲学家。"

"关于这种真实性，您能再多说两句吗？"阿曼达有点挑衅地问。

"我指的是本质超脱的人。因为敛财和铺张浪费的冲动是我们最不愿意在哲学家身上看到的东西。这种冲动必然会侵蚀思想运动，并且妨碍其融入某种真理进程中。"

"亲爱的老师，您能否允许我批评您，或者至少表达一个不同意见？"阿曼达打断他的话，"我觉得我们从说教色彩没那么浓的前提出发，也能得到同样的结论。当然了，我们应该假设，比起其他人来，哲学家天性不那么容易受到与思想的自由精髓不相符的东西的影响。我也同意没有什么比思想的狭隘更违背哲学主体性。但这是为什么呢？在我看来，这仅仅是因为哲学家追寻的是事物的普遍逻辑，而不去管它们是卑微地出自自然，还是属于思想最为崇高的结构。如果一个人心胸狭隘、善于嫉妒或野心勃勃，那么上述追寻过程就会完全被阻断。"

"是的！"苏格拉底钦佩地说，"我再来补充一点。想象一个女人或男人有时会具备了不起的、活跃的智力，能够控制住简单的时间流逝，凝视存在之中向思想呈现的部分。那么我们是否还能认为，如此被**主体**力量改变的个体，其本质仍旧是其身上简单的动物属性呢？"

"您的例子告诉我们，答案是否定的。"格芳孔严肃地说。

"因此这类男女将克服对死亡的恐惧。反过来，在这挥之不去的恐惧面前表现出怯懦的人是不可能具备真正的哲学天性的。我们还可以加上内心和谐、漠视利益、热爱自由、勇气十足、能够毫不留情地进行自我批评等品质，这一切会阻挡非正义和恶性竞争思想的横行，而恶性竞争会把他人变成一个必须打败的对手，尤其当对方比我们自身强时。正是因此,如果我们要辨明什么是哲学**主体**,我们就该在对个体的考察中,尽早地将注意力集中在正义与社会投机主义之间的矛盾关系上,或集中在有理据的评判和修辞性夸张的矛盾关系上。"

"对知识没有任何要求吗?"格劳孔担心地问。

"当然有,当然有!我们先考虑探讨最基本的品质,也就是任何一个孩子都大量具备的品质:轻松学习的能力。我们不太可能看到这样的现象:某个实践活动令某人厌烦不已,付出巨大努力仍然只能取得微乎其微的进步,而此人却始终对这个活动热情满满。"

"那么记性呢?"阿曼达问,"记性不好是我的弱点。"

"同样的道理。"苏格拉底咆哮起来,"如果你学什么忘什么,或者总是把主要内容忘掉,那么你对一切理性知识就会始终一无所知。这样你就会泄气,最终害怕你正在做的事情。我们不能将健忘的灵魂纳入真正的哲学家的范畴。"

"那审美趣味呢?"阿曼达还在固执地发问,"哲学家可以是一个粗俗的、毫无魅力的人吗?"

"你触及了有关尺度的重要问题。"苏格拉底回答,"你所说的这些人实际上毫无尺度感。我告诉你们吧,真理与尺度有关,与没有尺度的一切毫无瓜葛。"

"您的哲学家,"格劳孔总结道,"因此是一种充满尺度感的、非常优雅的理性精神,他同意陪伴某个与现实相符、受现实支撑的**理念**的自然生成过程。所以我们可以看到,用来辨别哲学天性的必要品质之间都是紧密联系的,它们对某个**主体**来说都是必不可少的,而定义**主体**的,是其对某个运动的全力、全部的参与,在这一运动中,存在向思想呈现了自身。"

"所以依你之见,谁如果具备了这种哲学天性,当他向某个恰好要求记性好、学得快、视野开阔、有一定风度、渴求真理与正义、有勇有节的职位提交申请时,是否就能避免一切批评?"

"真是个理想的候选人啊!"阿曼达冷嘲热讽地说。

"可是,我们正在想象第五政治统治下某个国家的命运,难道我们不希望这个国家的所有居民都属于这种类型吗?难道我们不希望所有居民都拥有哲学家天性吗?因为在一个最终获得自由,最终配得上某个**理念**——即人类超越生存的简单义务后对自身形成的**理念**——的集体,组织集体生活的必要任务都要交托给这些人,只交托给他们,交托给他们所有人,我们这些来自民间的朋友。"

"让所有人都成为哲学家吗?"

"所有人,无一例外。"苏格拉底低声说,"是的,无一例外。"

第十章　哲学与政治
(484b-502c)

苏格拉底的"所有人都是哲学家！"这句话像被压抑的呼唤一般穿过了黑暗。大家感觉到这话中包含的，更多的是一种疲惫的执拗，而不是虚荣。而且苏格拉底坐在那里，张大着嘴，一言不发，用一把叉子挠着左边的大腿。几分钟之后，格劳孔再也忍不住了，他想弄清楚他的老师究竟有多么不确信。

"亲爱的苏格拉底，"他说，"大家都说不出什么话来反驳您的意见。可是您是否曾问过自己，当您无比精明地将对手逼入悖论的陷阱，令他们什么都不敢反驳时，他们心里究竟有什么感受？他们确信在您最喜爱的游戏，也就是问答游戏面前，他们实在没什么经验，以至于话语的微小偏差在不断累积后，最终会促使他们犯下严重错误，与他们最初的信念完全背道而驰。他们自觉像个拙劣的棋手，而对手的攻击一直被其一步步的发展所掩盖，最终必定会出其不意地打败他们，所以他们完全不知道该把国王放在哪里，只能把它放倒来宣告自己的失败。在这局以论据代替木头棋子的象棋游戏结束时，您的听众也会被麻痹，无法说出任何话。但是请不要以为他们会就此认定真理在您那边。根本不是这样的！因为就算他们屈服于论据的象征游戏，他们还是会指出，事实会为他们说话，由此来表现自身的力量。他们会说，大家自己可以看到，那些严肃投身于哲学的人身上发生了什么事，对这些人来说，哲学并不只是一个学科，在青年时代与之打交道后便可放弃。"

"他们身上发生了什么事？"苏格拉底眼睛亮晶晶地说。

"您的对话者背着您讨论时，宣称有两种可能性。这些'哲学家'大多会变成古怪的人，甚至堕落的人。他们中只有极少数人还保留有尺度感。但这些人从您极力为之辩护的智力训练中获得的，只是一种显而易见的无力感，导致他们无法投身政治或担任国家领导者的职务。"

"那你怎么看呢，亲爱的格劳孔？"苏格拉底微笑着说，"你觉得他们在反思棋局的失败时，在我背后说这些话有错吗？或者你认为他们说得有道理？"

"我不懂。我想知道您对此怎么看？"

"没问题！他们说的是事实，都是事实。但要说他们说出了全部事实，那可能不一定。"

"真是太过分了！"阿曼达突然爆发了，"您通过 a+b 的方式向我们证明，只有一个国家的全体居民都成为哲学家，国家才能走出困境。接着您又在我们毫无防备的情况下说哲学家都是政治无能的人！那您的第五政治怎么发展呢？"

"亲爱的姑娘，我只能通过形象来回答你的问题。"

"您经常骗我。所以我要说：当心了，当心了！"

"让他说完好不好！"格劳孔生气地说。

"啊！"苏格拉底说，"这是我的阿曼达。她给我出了道真正的难题，还要嘲笑我。可是亲爱的姑娘，请先听我说完有关形象的几句话，到时你要笑话我拙劣的诗艺就更易如反掌了。"

"请说吧，不要理会我姐姐！"格劳孔怒气冲冲地说。

"只是一个航海小故事。从前有一艘油船，船长孔武有力、神勇非凡，唯一的缺点是耳朵像罐子一样聋，眼睛像鼹鼠一样近视。啊！还有，他的航海知识跟他的视力一样弱。看他这样没经验，水手们就不停地争执，讨论由谁来掌舵，尽管他们其实无一人懂得怎么开船。船的储物舱有一个洞，所以船在身后留下了长长的柴油泄漏痕迹。很多天来，大家一直在讨论怎样才能堵住漏洞，却想不出办法。船上人的普遍意见是：做这件事根本不需要任何知识，也不需要为了慢慢学会如何做而去做这件事。结果就是人们既没有知识，也没有行动。所有人继续围攻船长，大声发表自己的意见，好让可怜的船长把掌舵和堵洞的任务交给自己，而且大家一致认为，叫得最响的那人意见最好。有一天，其中一人终于说服了船长，接替了他的位置。很快，一伙由特别暴力的水手组成的有组织团伙就扑向了老船长，将他一顿暴打，把他关进了底舱。至于新船长，他们让他抽鸦片、吸可卡因，灌他伏特加，把他变成了一个废人。这以后，他们将船舱里的东西洗劫一空，并决定在下一个港口把燃油卖掉，然后瓜分买卖所得钱财，从此过上好日子。与此同时，他们还将油船变成了鸦片馆、饭馆、妓院。问题是怎么开往港口呢？油船失去了有能力的掌舵者，像兰波的'醉舟'一般在海上歪歪扭扭地行驶。但这丝毫不能阻止获胜党夸耀那些与他们联合或帮助他们巩固权力的人:多么伟大的水手!他们说。多么了不起的舵手!甚至当船最终搁浅于一个肮脏的海湾,当水下体爆裂,当黏糊糊的燃料令沿海数以千计的鸟儿中毒时,他们还在吹嘘自己是一流的航海家。他们完全没有想到,要控制一艘大船的航线,必须多少掌握一点有关季节、星体、风、航海图、海底状况、无线电通讯等方面的知识。不,他们认为拥有大多数水手的赞同就已足够。拥有想法根本没用。甚至是有害的!

"这就是我要讲的故事,亲爱的朋友们。现在让我们假设一下,在这样一种背景下,突然出现了一个真正的船长,同时具备航海的智性视野与长期的实践经验。他知道如何跟水手说话,说服他们组织起来修理船只,然后令船真正活动起来,朝事先选择好的目的地进发。你们认为那掌权的无政府集团会怎么对待这位船长?他们会不会称他为晦涩的知识分子、过气的唯心主义者、陈腐的空想家,以此来消解他的信誉?"

"很可能会,"阿曼达回答道,"看看媒体和电视是怎么对待您的就知道了。"

"所以,这就是目前的意见及掌握意见的人给真正的哲学家安排的命运的写照。我们希望所有人都能成为哲学家。如果有人吃惊地发现这样的哲学家完全不受主流意见的尊敬,那么请跟他讲讲油船的故事,这样他就会明白,在目前形势下,如果我们那些在暴风雨中岿然不动的哲学家赢得了声誉,那才真正叫人吃惊,简直可以说是怪事了。"

"啊!"阿曼达轻声说,"原来这艘油船不是用来救急的。"

"你对精神的油船有什么意见?"苏格拉底反唇相讥。

接着,他转过身对格劳孔说:

"希望你这位爱好庸俗意见的朋友不要再用他的老生常谈来烦我们了,他总是说精通哲学的人对大众毫无用处!如果这些人毫无用处,那么请你的朋友去谴责领导人不会用人,而不是一味地指责哲学家。归根到底,请求水手正视船长的权威并不是船长分内的事。而某个伪诗人、真骗子宣称'所有智者都应该拥堵在富人家门口'同样不理智。真理是:病人无论贫富都应该去敲医生家的门;迷失于生活迷宫中的人应该听取方向明确的人的意见。一个有能力的领导人对那些一陷入困境便需要他的人低声下气,并同意接手处理困境,这是很荒诞的。在议会'民主制'中,掌权者其实很像我们这艘油船上醉醺醺的水手，而水手们认为无用的、'脱离现实'的知识分子如果能够得到倾听的话，他们恰恰是真正的船长。"

"可是，"格劳孔反驳道，"在我看来，人们之所以对哲学发起猛攻，并不是因为真正的哲学家被无知者孤立，而是因为那些自称'新哲学家'的人给人留下了可疑的印象。这些人在电视上高谈阔论，在各种杂志上亮相。是他们让我的朋友们觉得哲学家都是些不仁不义之徒，是些媒体骗子。应该解释的是'哲学家'这个头衔变质的原因。而且尤其应该指出这一切都与真哲学的责任无关。"

"浩大的工程！"

"我们总是可以重拾之前说的有关真正哲学家的话题，"阿曼达抗议道，"不管怎么样，可以谈谈那个按照您的要求拥有严密思维，对一切堕落形式都过敏的哲学家。您将这一切都与真理概念挂上了钩。您说因为没有将真理概念作为全部经验的指导原则，那个所谓的哲学家只不过是个招摇撞骗的家伙，与真正的哲学之间永远存在着鸿沟。"

"完全正确，"苏格拉底肯定道，"我们的论据是：知识的真正恋人，即那个以认识存在之真实本质为精神奋斗目标的人，他不会迷恋数不胜数的特殊性，因为后者的存在只能依靠杂七杂八的意见和表象运动之间的关系来证实，而这种关系本身也是变化不定的。他会沿着自己的道路前进，始终保持意志和爱的强度，直至掌握那牵动他的思想、令他以**主体**身份融入其中的事物的真实本质。因为在这样做的同时，在不再害怕分娩之痛的同时，他与其他人一起，令一种全新的真理得以诞生，并能从如下事实中获得享受：真正的生活和真正的知识是不可分割的。"

"啊，苏格拉底！"阿曼达赞叹道，"您真不愧是接生婆的儿子！"

"可是，"苏格拉底继续说，"问题随之而来。我们能不能想象这样一个人在重要的讨论中，竟然可以容忍虚伪或谎言？我们能不能想象，真理成为开路先锋，竟然是为了引导无耻行径？难道它不该是那个以正直和节制抵挡腐败的合唱队领唱吗？当然我们没有必要再来描述一番哲学家天性所具有的品质。你们应该还记得，我们提到了勇气、伟大的灵魂、对知识纪律的服从、记忆工作……格劳孔反驳我时，我刚说到这里。他说我的话有道理，但如果从话语过渡到事实，我们就会发现大部分自称哲学家的人其实是臭名昭著的腐败分子。我们不得不面对这样的指控。这是我们不得不再三重复真正哲学家的肖像的原因：我们必须将他同害人不浅的骗子区别开来。"

"我很明白这一点。"格劳孔说，"但是，我已经解释过，存在两种不同的情形。首先是哲学家天性受到败坏的人，他们由此变得毫无用处，在政治上尤其如此。但还存在另一些人，他们刻意摹仿哲学家天性，好趁机篡夺哲学家的权力。这些人滑稽地摹仿着某种存在和思考方式，而后者其实是他们不配拥有、无法企及的；在任何场合，他们的举止都导致了一种结果：他们使得舆论对严格意义上的哲学产生了压倒性的不信任感。这类人，他们属于什么样的主体**类型**呢？"

"啊，亲爱的朋友！这得从一个可怕的悖论说起。在最初的时候，哲学家天性存在于每个人身上。它也存在于任何一个堕落者身上。为什么这么说？因为这种天性所要求的品质如果在相互无关联的情况下发展起来，那么它们必然会阻止哲学家天性达到成熟的程度。是的，朋友们。勇气、克制、对知识纪律的服从，这一切都在密谋着要败坏哲学，而哲学却需要这些品质，并将它们组织起来。"

"继续这样下去，说句实话，"阿曼达抱怨道，

"我们会陷入死胡同的。"

"我还要雪上加霜:一切公认的好东西,比如财产、美貌、富足、健康、政治组织良好的社会,这一切都会刁难并弱化哲学家天性。大自然本身就能为这个悖论提供例子。看看植物种子或小动物,如果没有合适的食物、场所和季节,它们就会因条件缺乏而受困,尤其因为最初它们都自然地充满了活力。这是一个辩证的事实,即恶与善的差别远远大于恶与不那么善之间的差别。最初很优秀的东西如果受到不公的对待,它会变得比承受同样条件的平庸之物更为恶劣。"

"我知道您想说什么了,"阿曼达半闭着眼睛说,"又是您那一套,教育。"

"你对我真是了如指掌。你说得对!假设所有个体在最开始时无一例外地——我们的同行德勒兹会说虚拟地——拥有几乎同样优秀的哲学能力。如果国家提供的意识形态和教育氛围是可鄙的,那么这种优秀能力会变成自身的反面,最好的会变成最糟的,智力上些微的优越性会无限扩大奸恶。无论如何,我们很清楚,性格节制的人的确不会在善的方面大放光彩,但同样也没有能力做出大奸大恶之事。这一切都是为了说明,我们所定义的哲学家天性如果能够碰到合宜的教育环境,那么它必定能够以肯定的方式前进。反之，如果被播撒到一片贫瘠的土地，又得不到良好的培育，那么这种天性注定会因某种深层的方向性错误而走向各种缺陷。"

"除非，"阿曼达笑起来，"他能在路上巧遇您这样的老师。"

"这可不够！还需要一个事件发生在他身上：爱的激情、政治动乱、艺术变革，什么都行。因为恶无所不在，它扎根于一切情势之中。我们不应该认为年轻人之所以堕落，是由于他们不幸地碰到了蹩脚的老师、冷酷的诡辩家，因为这些人归根到底不过是贩卖修辞的商人。不，不！有执照的道德训诫师在电视上哀叹年轻人遇人不淑，政治家在集会上揭露那些所谓的哲学家的行径，其实他们本身才是最大的诡辩家，永远在组织吵吵嚷嚷的宣传来误导青年，让他们陷入虚无主义的困境中。"

"哪里？什么时候？怎么做的？"格劳孔问，他已经准备好与道德败坏者大军展开斗争。

"仅仅通过流言就达到了目的。这流言日复一日，永不停歇，到处流传，以温柔之名进行恐吓，以友爱之名作出限制，创造出温馨环境，实则冷酷无情。它又被称作'言论自由'。在电视上，在剧院,在报纸上,在选举会议上,当官方知识分子高谈阔论,甚至当朋友聚会喝酒闲聊时,我们看到的是什么?我们听到的是什么?所有人都在谴责宣言、思想、行动、战争、电影,或者为之鼓掌,而这一切都在一片混乱中进行,没有任何具有普适意义的理性原则。无论是叫骂还是鼓掌都带有一种兴奋又阴险的夸张,其间隐含一丝怒气。简直可以说,在城里的每一处,大楼那巨大的玻璃幕墙都在反弹着同一个流言,表面看来充满冲突,实际上却充满共识。这个流言由各种意见构成,后者顽强地相互抵触,以至于没有哪一个能够占据上风,除了如下这个规定:'我有自由发表任何言论。'而正是这'任何言论'战胜了哲学家天性。流言自相矛盾,流传甚广,瓦解了一切真相。面对流言的威力,年轻男女的思想会产生怎样的变化?面对流言,从学校获得的知识能有什么用呢?更何况这知识本身就是自相矛盾的,年轻人在接受学校教育之前就已从匿名评论的自由漩涡中获得了它们。因此,当他们要在美丑、道德或不道德、流行或落伍的问题上作出评价时,他们难道不会像主流舆论那样做吗?他们最终也会将他们桶里的水倒入泥泞的河流中吧?这条河流由无法控制的信息和毫无根据的评价构成,英特网就是其象征。"

"您一点都不信任我们的抵抗能力。"阿曼达龇牙咧嘴地说。

"有抵抗力的人会受到恰如其分的对待！如果你们不是自愿的民主人士，不是'言论自由'的狂热拥趸，那就要小心了！你们会看到各种居心不良的法律，禁止你们干这干那，你们会被拉入浑水中，警察局和监狱会建造起来，惩罚敢于反抗的青年，而且未来如果情势紧张，还会有死亡在等待着你们，就像某些人预言说人们会将死亡加诸我头上那样。"

"难道我们不能通过传播有关真理的哲学来反对舆论的暴政吗？"格劳孔问道，"哪怕必要时得采用偷偷摸摸的传播方式。"

"我跟你说过了，这不足够。任何人都没能、将来也不可能通过简单的道德课来改变已被主流舆论塑造的性格。只有当神圣的政治首先变得活跃起来，只有当某一事件打破习以为常的惯例，只有当某个有组织的创举揭示出那无法化简为'民主'的事物的本质时，哲学才可能变得活跃起来。当真正的行动，即受原则而非意见支配的行动局部地存在时，哲学思想才能从中提取出普适价值。在一些国家，有钱人和暴发户的权力披上了民主伪装，在这些被民主伪装腐蚀的国家，一切能拯救思想和正义的东西都受某个神秘的神祇管辖。"

"这个上天派来的将自己隐藏起来的神祇到底是谁啊？"阿曼达突兀地问。

"是不可预见的事件，是突然出现的口号或集体行动，而在混杂着种种意见及所谓言论自由原则的简单舆论中，人们根本无法预见到这个口号或行动。"

"既然如此，那么没有机会与其'事件-神'相逢的哲学家天性又会遭遇怎样的命运呢？"

"去那些唯利是图的哲学家或频频在媒体上露面的演说家身边打探一下虚实吧。他们毫无顾忌地将自己的行动准则称为'知识'甚至'思想'，实际上这些准则只不过是对特定形势下的主流舆论的综合。他们的'哲学'是对存在物及处于统治地位的事物的奉承。试想这样一个人，他的职业是喂养一只毛厚牙长的庞大动物。他一直仔细观察它的本能动作和胃口。他学着去接近它，去安全地触摸它。他懂得它叫声的意义，他会调整自己的声音，让动物在听到他的声音后或变得温顺或生气发怒。我们谈论的这个人将这种经验性观察命名为'生命科学'。他一鼓作气写了一篇关于这一'科学'的长论文，随后开始在大学教授这种'科学',仿佛它是现代社会的 *nec plus ultra*[1]。对于动物的欲望、习惯、叫声、反应之中可以称得上'正义'或'非正义'的东西,他完全没有头绪。对于他的宠物的内心真实和心理活动,他毫不在意。对他来说唯一重要的,是与意见相当的东西,即那庞然大物重复的举止和定型的反应。我们这位生命科学教授将一切看起来能取悦这头野兽的东西都称为'好的',将那些会激怒它的东西称为'坏的'。尽管他是教授,却无法解释命名的理由,因为他将正义与美同生存的生理学需求混同了起来。他的'科学'只不过是诡辩,因为他对必要性与真理之间的根本差别一无所知。你们认为,对于我们正试图定义的真正生活来说,这样的人能成为有用的教师吗?"

"肯定不能!"格劳孔大声说。

"可是,这个'生命科学'教授真的跟那些将经验知识称作'政治科学'的人有差别吗?这些经验知识谈论的,是一部分民众无区别的欲望,而这部分民众全都屈服于摇摆不定的意见的独裁统治。你们见过这些人,他们通过各种调查来搞清楚哪些事物拥有政治价值,正如另一些人——

---

[1] 拉丁语,即"精华之精华"。——译注

那些'美学'的拥趸——用百分比的形式来确定音乐或绘画的价值。此类人，比如那个政治科学教授，他们会将'公共服务重大计划'这么棘手的东西交由多数原则来决定。比起我们的驯熊师，比起某个将评价诗歌的权利交给大多数电视观众的社会学家来，我们的政治科学教授能强到哪里去吗？每一次他们都不能提供有理有据的批评，也不能触及事物的根本。他们的作用仅仅是让民众确信大多数人的意见是美好的——而且正是因此它才获得大多数人的拥护——，大家最好同这一意见保持一致。但是，你们和我都可以毫无困难地证明，这个结论是可笑的。如果我们在行星运动问题上听从大多数人的意见，或许今天我们还会认为，是那升起又落下的太阳在围绕着地球转动呢。"

"这是我最喜欢的例子，"格劳孔高兴地插话道，"每次我想向朋友解释真理与意见的对立时就会举这个例子。"

"但是，尽管这个例子那么有说服力，它有没有成功地令你所有的朋友放弃数量崇拜、少数服从多数的竞争机制和'言论自由'的教条呢？"

"不得不承认，他们经常会在一时之间被震慑住，但几分钟后就会开始唠叨'不管怎么说，民主，想说就说的自由，这些都是现代社会最宝贵的东西'。"

"那是因为需要漫长的工作，而且几乎需要人类变异，才能令大家承认，可以称得上'新'和'美'的，是那些将创造和永恒综合起来的东西，而不是被意见称为美的多元性。从更普遍层面来说，重要的是存在的数学，而不是大量特殊性的存在。"

"那么，在这项工作没有完成之前，该怎么办呢？"

"无论如何，看到别人大肆批评哲学家也不必太吃惊，不管这批评来自只听信主流意见的人，还是来自只想再次竞选成功的蛊惑人心的政客。"

"做一个您意义上的哲学家，日子应该不好过。"阿曼达一边摇头一边说，"怎么可能抵挡得住这样的压力呢？"

"亲爱的姑娘，其实比你想象的还要困难。试想有这样一个年轻人，对于一切值得思考、值得经历的事物都明显表现出智力上的兴趣。人们常认为他是个与众不同的孩子，在同龄人中他很突出很醒目。他的父母和周围人因此都想让他将来从事有利可图的光彩事业。他们一面吹捧他，一面也想利用他。他们喜欢的是他身上的未来的权力。至于哲学家天性所拥有的品质——对知识学科的兴趣、记忆力、勇气、高贵的灵魂——,他们会劝他另作它用,例如用于生意、媒体和普通政治世界中出现的卑劣竞争。如果这个年轻的天才碰巧出生在一个富有、傲慢的帝国,那么在他先天的品质受到腐蚀后,他很有可能像年轻的亚西比德那样——尽管此人是我的朋友——沉迷于权力。最后,我们这位出身良好的年轻人会产生疯狂的渴望,甚至幻想他能将所有人民集中在他的麾下,将自己的欲望法则强加给整个世界。"

"看来发生在了不起的亚西比德身上的事对您影响很大。"阿曼达说,"我知道,您过去很喜欢他。可是他对权力的迷恋那么深、那么无可救药,就连您走到他身边,低声向他说出真相——他正在失去理智,而且他只能通过不计得失、确信无疑地献身于理智才能找回理智——,就连他老师的干预,他都无法忍受。"

"啊!"苏格拉底温柔地说,"但他感受到了我的论据的力量。他身上隐藏着一种与我思想的默契。但他周围人想到他们的利益可能遭受损失时都惶恐不已,因为他们的利益与他在政治和军事上的成功密不可分。这些在他身边蠢蠢欲动的寄生虫使尽浑身解数,让他偏离我的教诲。至于我,为了打败我,他们不惜使用任何办法。他们给我设下陷阱,造谣中伤我,合谋想将我送上法庭。亚西比德正是因此渐渐放弃了做哲学家的念头!"

"太可悲了!太倒霉了!"阿曼达评论道,"您说得非常对,造就哲学家的这些品质一旦被某个堕落的圈子俘获,就会变成其反面。人们所要做的,只需让意见以真理的姿态出现,只需让年轻人看到金钱和结交权贵带来的权力的夺目光彩。"

"啊!"苏格拉底忧伤地回答,"亚西比德的例子非常典型。迷途的、变质的哲学家走到了自身的反面,这样的人无论精力多么旺盛、才能多么非凡,归根到底是对公共生活造成最大损害的人。"

"总之,"阿曼达总结道,"宁可做一个普通劳动者,或者一个勇敢聪明又有真正原则的工人,也不做这一类'哲学家'。我一直这么想。"

"话虽如此,"格劳孔说,"我们还是需要借助知识分子的力量,才能让大众支持我们的共产主义计划。去哪里找他们呢?苏格拉底啊,您费尽心思描绘了精神堕落的程度,在您的努力中有一种令人绝望的东西。"

"我倒是不绝望。其实还存在少数人,假如他们的队伍还是由离心的特殊性构成,那么这支队伍便会壮大,最终取得胜利。世上有些受过教育的灵魂,因遭流放或受迫害而不得不忠实于哲学;还有些普通人,由于出生在小国家,没见识过权力的诱惑,因而成功地将一种独立的政治经验和一种一流的智力教育结合了起来。有些来自远方的工人,为了亲自搞清楚自己那痛苦的经历而成了哲学家;另一些人因厌倦自己那太依赖现成意见的职业而奋起反抗,并通过这一举动与一些行动主义小共同体和当代思想家的沉思不谋而合;还有一些人如果不是因为身体孱弱无法从事时髦的职业,肯定不会进入共产主义**理念**的迷宫。在某些国家,女孩们迫不及待地冲向哲学和政治,并在这两个领域大获成功,伴随她们行动的是一种狂怒,因为她们长期以来被认为缺乏上述方面的才能。至于我本人,你们知道的,我只是在内心恶魔的驱使下,才坚守住了自己的批评职责。我们这些人组成了一队人马,它肯定有光明的前景。"

"难道我们就不能设想一个教育计划吗?"格劳孔不耐烦地说,"通过它,将您这队奇怪的人马扩大至整个社会的范围。"

"无论如何,让我们与目前的主流观点分道扬镳。现在哲学已经成了青少年的事,一旦碰到真正的困难,他们就会将它抛弃。"

于是阿曼达以一贯的风格突然插话道:

"这些困难是什么呢?"

"辩证法,亲爱的阿曼达,辩证法!这些愣头青们有的投身于商业,有的在广播上夸夸其谈,有的成了纯技术领域的专家,有的报名参加了乡镇选举,有的就七世纪的鳄鱼皮交易写了一篇博士论文……他们都认为读过几篇有关时下舆论的论文,参加过几次名人云集的会议,就已经是很了不起的事了。当他们年老时,他们熄灭的速度比雨果诗歌《撒旦的末日》中的太阳还要快:'太阳就在那,死于深渊之中……'跟我们那古老而美好的真太阳不同的是,他们再也无法重新燃烧。我们要做的与这一切都相反。从孩提时代起就学习哲学,是的,但有一个条件,就是尽早接触辩证法,即便在政治实践中也不忘投身于辩证法的学习。总之,整个生活将由此置于**理念**的指引之下,而所有人一直到极高的年事都能一直享受生活,正如享受自己的独特性,这种独特性令他们成了他们所成为的人,他们有充分的理由对此感到骄傲。"

格劳孔感觉到，苏格拉底那几乎有些洋洋自得的语调掩盖了某种忧虑，或者说是某种犹疑——对哲学和哲学家的真正命运，他并不是很确定。因此他故意往伤口上撒了一把盐：

"不得不承认，亲爱的苏格拉底，您的论证信心满满，令人欢欣鼓舞。但是我也深信，大部分听您讲话的人，甚至将来在一个又一个世纪中通过我那可敬的哥哥柏拉图的对话集了解您思想的大部分人，甚至那些……"

"不要演戏了！"阿曼达绝望地说。

"好吧！那就这么说吧：大部分人在反对您时，他们的信念至少与您一样不可动摇。他们会坚决拒绝相信您的话，色拉叙马霍斯第一个会这么做。"

"啊！"苏格拉底反驳道，"瞧我们的色拉叙马霍斯，他睡得正香呢，看起来像个大婴儿！不要挑拨我跟这个新朋友的关系，况且我们从来不曾相互为敌。我会想尽办法来说服他的，说服他及其他所有人。总之，我会试着为他们的彼世生命尽点力的，在另一重人生中，他们再次转世投胎后，还会像今天这样，再次投入辩证的讨论中。"

"您这是要把他们打发到'猴年马月'吧！"阿曼达揶揄他。

"对于永恒来说,'猴年马月'不过是弹指一挥间。不管怎么样,主流舆论几乎不会因为我们的论据而改变,而我们也无须对此大惊小怪。在一个有限的物质世界,人们尚未看到我们所辩论的**理念**的出现。他们听到的一直都是那些被冠以'社会主义'称号的美丽言辞,有着微妙的对称形式和巧夺天工的语音和谐,而不是我们现在冒险提出的这些大胆论证。人们也尚未碰到过符合如下特征的人:此人能真正地同构成真理主体(sujet-de-vérité)的各种基本道德产生共鸣,从某种程度上说,我们会因此人的行动及宣言,将那个我们试图构想的国家的领导权交给他。人们更不可能想象在某个世界,符合上述标准竟会成为一种普遍法则。这就是我为什么害怕深入探讨这些问题的原因。然而,出于对真理的服从,我最终还是指出,只有目前人数尚有限的哲学家群体扩展至全人类的范围,国家甚至个人才有可能完成其有能力完成的事。我说的自然的是那些为数不多的真正的哲学家,那些没有被主流舆论侵蚀,也没有被金融、政治及媒体权力侵蚀的哲学家,那些被称为'食古不化的'、'无用的'甚至'危险的'人。哲学家群体的扩大是一种必要性,而这必要性本身是在事件的偶然性中展现出来的。

所有人不管愿不愿意，都会被卷入其中。如果有人反对，认为这样一种公共意识的提升在过去似乎从未产生于那些偏远地区，其可能性在未来似乎也无法被他们所谓最全知的灵魂所想象，那么我们可以这样回答：我们这个假设的合理性既不依赖于**历史**，也不依赖于科学预言，而是依赖于那真正本质性的东西。只要能够想象各种交织的或许还很激烈的形势会促使产生一种偶然性，而这种偶然性又会为某种符合共产主义假设的政治打开可能性，那么对我们来说，归根到底也就是对所有人来说，这种可能性就会具备作为行动原则的价值。"

格劳孔还是将信将疑：

"要说服大众中的一部分相信这一切，要令这一部分大众的人数多到足以颠覆民主地区意识形态力量的关系，您可能会很费劲。"

"不要对大众这么苛刻。真诚的工人、职员、农民、艺术家和知识分子无法相信我们的**理念**的力量，那是因为他们受到了伪哲学家的误导。这些伪哲学家都颇有名气，是统治秩序的帮凶，面对已经被哲学以共产主义**理念**之名赋予合法性的解放政治，他们喊出了一贯的骂名：'乌托邦！食古不化！集权主义！犯罪意识形态！'将他们的修辞学都用来为统治秩序服务。可是，只要有斗士们的反思性劳动和哲学家对这一劳动的忠诚，再加上某些不可预见的动荡时不时地削弱国家的宣传和压迫组织，只要这一切唤醒有能力并渴望成为**主体**的个体的激情，人民就能看到景色完全不同的未来。到那时，将很容易说服他们相信，我们的计划是最佳的，正如眼下我们正从哲学层面证明这一点。不仅如此，大众在夺取思想后，还会将其塑造成——用毛的话来说——'精神原子弹'。"

"精神原子弹"这句话一语中的，所有人都沉默不语。这是具有震颤力的沉默，仿佛苏格拉底所说的原子弹随时会爆炸。智力恐怖？正在诞生的信念？深刻的怀疑？在比雷埃夫斯港这个被来自大海的透明的清晨照亮的客厅里，谁能说得清沉默的含义呢？

第十一章　什么是理念？
(502c-521c)

对于哲学及哲学家与政治之间颇受争议的关系，苏格拉底已经进行了一番冗长却不确定的辩护。辩词结束后，众人先是一阵沉默，随后喝了点东西，吃了几个水果。我们看到，听到有人说"原子弹"，就连色拉叙马霍斯也醒了过来。他也兴高采烈地同小团体的成员碰起杯来，脸上始终挂着若有所思的微笑。

色拉叙马霍斯随后又睡了过去。阿曼达在浴室待了一会，再出现时显得光彩照人。格劳孔则一直在不耐烦地摩拳擦掌……苏格拉底明白他不得不发起新一轮的行动。

"现在最核心的问题，"他突兀地说，"是确定模式、数学基础及一切智力训练，由此来安排那些将受召唤担任领导职务的人——是的，亲爱的阿曼达，也就是几乎所有人——的教育节奏，并制定教育的各个步骤。当然,必须承认,出于一种机会主义考虑,在讨论之初,我几乎没有谈论令人困惑的问题,尤其没有谈论我们这一政治的激进拥护者将来取得权力的方式。但我发现机会主义只让我节省了一点时间,我们始终无法避开一件事,即从各个敏感角度证明某种非常坚定的立场的合理性。你们会承认,在集体政治领导方面,在富有战斗精神的人类教育方面,我们不得不从零开始讨论。说实话,从零开始,跟从无开始从来不是一回事。我们已经讨论过那些在某个时间段内受召唤成为政治领袖的人(是的,是的,阿曼达又要提醒我们了,差不多是所有人)。我们已经宣布,他们必须在任何场合——幸福也好,痛苦也好——表明对公共事务的热爱,并且在这个原则上决不妥协,无论是艰苦的工作、令人惊慌的恐惧还是力量关系的颠倒都不能成为逃避的借口。我们也曾宣布,应该尽可能久地给没有能力的人提供教育;并借助同一个行动,为那些经受住一切考验后仍纯洁如金的人提供领导者职位,再为其颁发奖章、授予其公共荣誉,身前身后都是如此。"

说到这里,苏格拉底转身看着阿曼达:

"我们的确是说了类似的话,对不对,

小姐？"

阿曼达便回答：

"听了六七个小时折磨人的对话之后，我对它还有一点印象，是的，我们说过了。不过我印象中您在道出自己想法时似乎很温和，感觉如履薄冰。"

"我不是说了嘛，机会主义。我很害怕触及事实。不过不管了！应该果断一点！让我们坚持己见，说出自己的想法！什么样的人应该被任命为完全适合我们原则的政治领袖？哲学家。好了，我终于勇敢了一次。"

"瞧您说的！"美丽的阿曼达揶揄他，"这我们早知道了啊！刚才我们可是讨论了两个小时呢！"

"我知道，我知道，对于哲学**理念**和政治思想及实践之间的基本关系，我们已经确立了原则。可是还有一个难题。如果我们只依赖出身普通大众的哲学家们自发的能力，那么在正常情况下，这类哲学家的人数不会太多。因为哲学家是一个由各种元素组成的自然结构，这些元素很少共存于同一个**主体**内，而且在产生之初，它们一般是相互分离的。"

"什么意思？"阿曼达不满地道，"您在说什么？"

"不要明知故问，姑娘。你很清楚，在很多时候，有些人虽然擅长学习，记忆力良好，反应灵敏又富洞察力，在这方面具备一切该有的品质，却缺乏理性思维所具有的那种旺盛的精力，而一个人只有靠这种精力，才能在纪律所需要的平静和忍耐中生活下去。他们的活力使他们不得不受制于生存的种种曲折风波，而一切忍耐力最终都将弃他们而去。与他们相对的是那些性格隐忍、稳定的人，这些人最容易获得别人的信任，打起仗来总是坚守阵地、毫不畏惧。但是，你会看到他们缺乏反应力，在智力要求面前笨拙不堪。一旦要他们稍稍开动脑筋，他们就会呵欠连天、鼾声阵阵，导致别人以为他们都是十足的傻瓜。但我们已经指出，标准的的确确在于同时拥有活力和耐力，它们是真正生活的两个维度，一种严格、完整的政治教育的目的正在于巩固拥有上述平衡的**主体**。我们想尊崇和提拔的，正是我们政治共同体中每个个体身上的这种平衡。问题在于这种平衡很难测算。我们当然应该将我们的候选人送去接受刚才谈到的考验，比如说艰苦的工作，迫近的灾难，诱惑满满的享乐。但我们也不得不让他们经受知识的拷问，这样才能知道他们究竟是有能力承担至高的知识，还是对思想充满了恐惧，就像那些害怕体力支出的人，才跑完一圈就已宣布放弃。如果出现后一种情况，说明教育还得继续。我们不会给教育制定任何时间界限，这样才能一视同仁地为所有个体提供机会。"

"美好的教育体制！"阿曼达插话道，"我们无论如何要尝试建立这样的体制。不过，您那么陶醉地谈论的'至高的知识'是什么啊？"

"啊！"苏格拉底说，"要弄清这一点，我们需要作个回顾。当我们区分出**主体**的三个层次时，我们解释了几种最基本的美德，也就是正义、节制、勇气和智慧。我对你们说，要深刻了解这些**主体**结构，得通过另一条思想回路。这条思想回路明显更长，在到达终点时，我们才能完全认识**主体**结构的显著特征。然而，我也补充说，我们可以抄近路，就像此前我们的论证。你们这些年轻人恪守本分，选择了快速向前。所以我对美德的解释在我自己看来严重缺乏精确性，哪怕在你们眼中这样可能更有趣一点——关于这一点，你们可以否认也可以赞成。"

"大家都觉得那种做法好极了。"

"谢谢，亲爱的阿曼达。但我没你那么开心。在这类研究中，某个衡量标准如果不能将存在整个包含进去，那么这个标准只能是蹩脚的标准。

未完成状态不能成为任何事物的衡量标准。然而，有时研究才刚刚开始，就有人认为已经差不多了，认为没有任何理由继续深入下去。"

"可不是么！"格劳孔表示赞同，"无数人对待问题的态度跟您说的一模一样，他们这样做仅仅是出于懒惰。"

"所以，"苏格拉底继续说，"让我们一起宣布，有原则的政治领袖或斗士尤其应该避免的，正是这种软弱的倾向。亲爱的朋友们，他们这两种人必须取道长路径，不仅承受体力训练带来的困难和痛苦，同时直面全部智力理解带来的困难和痛苦。否则，他们永远无法获得我之前提到的那种知识。我已多次强调，这是最高的知识，也是与他们的状态或者他们应该保持的状态最适应的知识。"

格劳孔表现出了一丝惊讶的神情：

"什么？最基本的美德不是最崇高的美德？还有比正义、勇气、智慧和节制更高级的东西吗？"

"是的，"苏格拉底严肃地说，"是的，高很多。但是，即便基本美德不是思想最崇高的挑战，这并不意味着我们可以满足于草率的观察——直到目前为止我们都是这样做的——，也不意味着我们可以放弃追求最圆满的结果。让我再重申一遍：未完成状态不能用来衡量任何事物。如果我们所有人都拼尽全力，尽可能清晰准确地来对待最微不足道的思想问题，同时却又随随便便对待那些至关重要的问题，如果这样的话，我们就会成为滑稽的丑角，只配得到阿里斯托芬在《云》中为我们安排的命运。另外，在这部戏剧中，我显得像个可笑的江湖骗子。"

可是格劳孔没那么容易认输：

"好极了！我来概括一下，您对我们说的话大意如下：'最重要的事物比次要的事物更重要。'这可真是绝妙的同义反复，我不会搞错的！那我这个弟子，我这个毛头小子该如何向它致敬呢？我应该说'是的，毫无疑问！'或'显然如此！'吗？或者您更喜欢'当然了！'？还有'可不是么！'、'很正确！'、'没有比这更确定无疑的了！'、'绝对如此！'，还有很多别的选择。您读过我哥哥柏拉图写的对话录吗？里头的年轻人都是这样说话的，都是些应声虫。我不一样，我怎么都要向您提一个真正的问题：苏格拉底，您认为我们会满足于此类方法论上的老生常谈吗？您认为您可以继续用这种口吻遮遮掩掩地说话，却不说出我们不知晓的至高知识究竟是什么吗？"

"我什么都不认为，"苏格拉底生气地说，"你尽管问吧！"

"这不就是我正在做的事吗！"

"你假装在做的事。因为你在无数场合听我解释过这个问题。今天你要么全忘了，要么就是像你经常做的那样，用歪理来扰乱你老师的思绪，然后你自己便心满意足了。不过我不会上当的，我已经把你看穿了。在场的所有人已多次听我提到，至高的知识与**真**的理念有关。大家都很清楚，正义及其他基本美德只有在理性地与这一至高理念联系在一起时，才会对**主体**的发展起作用。眼下，狡猾的格劳孔同学很清楚即将发生的事：我会重复这些信念。可是，为了不显得啰里啰唆——因为你们似乎越来越觉得我啰唆——，我要增加一个难解的矛盾。一方面，我们对**真**的理念的了解并不是很透彻。另一方面，假设我们还不了解它，那么即便我们掌握了除此之外最完美的科学也无济于事。没有**理念**，我们就一无所有。掌握了一切却没有掌握**真**，认识了一切却没有认识**真**，我不认为在你们眼中，这样的情况对**主体**来说会是真正的收益。因为没有**真**的理念，**主体**就无法认识宇宙之中可以被确定无疑地称为美或善的东西。"

"没有**理念**的人生是凄凉的人生！"阿曼达附

和道。

可是苏格拉底的话匣子已经打开，谁的话他都听不进去了。

"你们知道，大部分人会说：'只有享乐是真的！'当然了，一些附庸风雅的人声称智力是我们的真正源泉，或者是真的源泉。最好笑的是，这些附庸风雅的人从智力出发来定义真理，却无法解释智力是什么，最后只能说，智力，就是关于……**真**的智力。这是在原地打转。"

"他们这是在逗我们。"格劳孔咯咯地笑起来。

"而且他们还鄙视我们，认为我们不懂什么是真理。之后他们还要将自己对智力的'定义'硬塞给我们，表示我们已经知道了关于真理的一切！他们不停地用他们那浮夸的警句'一切智力都是对真的智力'来烦我们，好像他们的对话者一听到'真'或'真理'这样的字眼，马上就能明白个中含义似的。而一分钟以前，他们还在指责我们对此一窍不通呢！"

"简直让人笑掉大牙！"

"话说回来，另一个集团的人，也就是那些认为真理和真实仅同愉悦有关的人，他们即便人数众多也没用，他们同附庸风雅的小团伙一样，都是在胡说八道。因为他们不得不承认还存在一些虚假的愉悦，以致最后不得不面对悖论，比如认为某些快感既真实又虚假的观点。说其真实，是因为我们毫无疑问都感受过它们的**主体**力量，说其虚假，是因为这一力量的负面效应在很长时间内无法被察觉。另外，正是出于这个原因，在最狂热的辩护者——可怕的德谟克利特逝世很久之后，这种将愉悦视作**主体**之真与善的论调今日仍会引起无休无止的讨论。"

"好吧，将这两个集团的人都打发走，"格劳孔作出了让步，"反过来，在著名的'真的理念'（idée du Vrai）问题上，我们还是没有丝毫进展。我觉得我们不如将事情简化一下，就叫它'真理'（la Vérité）吧。"

"可是……"苏格拉底陷入沉思。

片刻的沉默过后，他仿佛突然苏醒过来：

"让我们从日常见闻出发。一旦涉及正义或高洁的道德问题，大部分人都只满足于表象。即便这些表象很虚无，也阻止不了他们以此为镜来调整自己的行动、欲望和生存方式。可是，一旦涉及**真理**，就没有人会再信任表象。大家都在寻找存在物的真实性，所有人都开始鄙视意见。我们可以从中发现我们一开始就提及的矛盾：每个**主体**都在追求这个**真理**，或把它当做行动的准则。

可是**主体**几乎只能大而化之地揣测**真理**的本质。**真理**迫使**主体**痛苦地进入一种思辨困境，因为他无法弄清**真理**的精髓，甚至无法通过坚定的信仰与之建立联系，须知这种坚定的信仰在一般情况下能令其获知剩余一切事物。反过来，如果没有与**真理**建立明确的联系，那么这'剩余一切事物'对**主体**来说就不再具有任何确定的用途。事实上，没有对**真**的理念，**主体**甚至无法在无限延展的可见物中，分辨出那些对他来说确实有用的事物。"

冲动的阿曼达于是再也忍不住了：

"亲爱的苏格拉底，如果这个**真**的理念具备您赋予它的品质和数不胜数的影响，那么它对**主体**，甚至对那些忠实于我们的第五政治、将整个国家的物质和精神命运掌握手中的人来说几乎不可分辨，总之就是被浓重的阴影笼罩的情况还是合理的吗？您似乎接受这个观点。"

苏格拉底温柔地将右手放在女孩的肩上：

"喜爱光明的你啊，不要害怕。你说得很有道理。正义和美的事物因某种本质也作为真理存在，如果这些事物被人为地与这种本质分离，那么此人会因忽略了正义及美与**真**之理念之间的内在联系，从而无法保证**真理**的持续性以及影响。我要像个哲圣——假设这样的人确实存在——那样预言一件事：只要基本美德与**真理**之间的关系没被澄清，它们就将在很大程度上遭到误解。只有人们掌握了澄清上述关系的知识，我们的政治构想——我们的'第五政治'，我们的共产主义——才有可能找到有序的、最终的形式。"

"这也是困扰我的问题，"阿曼达不依不饶地说，"因为这一**真**的理念，这个作为万事万物之根基的真理，我始终搞不清楚您对它的想法，苏格拉底。这是一种知识？还是内心的愉悦感受？还是什么我根本想象不到的东西？"

"啊！年轻的姑娘！我早就猜到，一旦涉及关键问题，别人的观念根本无法令你满意。"

"请停止这种'静观其变'的游戏吧，苏格拉底！这不是我的问题，而是您的问题。您非常清楚如何解释别人的观点，可当别人请您解释您自己的观点时，您就三缄其口，这太不公平了。而且，您关注**真理**问题似乎已经很长时间了，这令您的罪责又加重了几分。"

"可是，"苏格拉底反驳道，"像谈论自己熟悉的事物那样谈论自己不熟悉的事物，你觉得这样就公平吗？"

"又偷换概念。我没有说'像谈论自己熟悉的事物那样'。我只是请您像个有想法的人那样谈谈自己的想法。"

"得了吧！你很清楚，没有知识支撑的想法是不足道的！最好的想法也是盲目的。在盲目向前走的盲人和盲目相信某些事物为真的人之间，你能看出明显的区别来吗？你不去倾听别人嘴里说出的清楚又美好的东西，反而坚持亲自观察微不足道、盲目变形的东西吗？"

失望的阿曼达没有吱声，在自己的角落赌起气来。一阵沉默之后，怒气冲冲的格劳孔闯进阵来：

"可恶，苏格拉底！别投降啊！好像您已经无话可说了似的！您刚才已经清楚地阐释了什么是正义，什么是**主体**和谐，什么是基本美德这些很困难的问题。请用同样的方式对待**真**的理念，求您了！"

"我觉得自己没有这个能力。在这方面，不体面的、无能为力的激情会惹人发笑。还有，亲爱的朋友们，即便会令你们失望，我还是建议你们暂时放弃**真**这个本体论问题。真理问题是一个非常困难的问题，实在太困难了，所以今晚我们的智力再活跃，也无法帮助我们达到我所设想的最终出路。不过为了让你们开心，我还是愿意跟你们谈谈**真**之子，那个与**真**最为相像的事物。如果这样还不足够的话，我们就只能放弃这个问题了。"

"暂时只能这样了，"格劳孔低声抱怨道，"下次您再跟我们谈父亲，清偿您的债务。"

"但愿有一天我能把父亲这笔财产还给你们，而你们也能很好地利用它。我不希望我们一直像今天这样，只能满足于收收儿子这笔利息。不过大家还是先收下**真**之子这笔利息吧。小心了，我可能会向你们报假账，不由自主地令你们在利息的性质上受骗。"

"我们会紧盯着您的！"格劳孔大声说，"我们这就来看看这些账目吧！"

"先不要着急！让我们先就讨论方式达成一致。大家回想一下夜幕刚降临时——以及在过去——我们所拥护的观点。我们断定存在许多美好的事物、各种真相及其他多种多样的事物。我们靠理性思想辨别了这些事物。为了做到这一点，我们也断定存在着美和真本身。对于其他以'多'为本质的事物也是如此。我们将这种'多'的性质归结为与它相关的独一无二的理念。我们强调了这种独一无二性，将其命名为'事物的本质'(ce-qui-est)。我们还指出，直接的多元性是呈现给视觉而非思想的；与此同时，我们把这多元的事物中呈现给思想而非仅仅呈现给视觉的东西称作'理念'——过去人们称之为'精髓',但我不喜欢这个词。作出这样的简要回顾后,我们又补充了一个微不足道的事实:我们通过视觉感知可见物,通过听觉感知声响,通过适当的感官来感知其他的外在多元性。为了简明扼要起见,现在让我们假设有一个工匠创造了我们的感觉。然后我们会发现,比起其他感觉机制,这个工匠在视觉和可视性力量方面倾注了更多心血。"

"我完全没有发现这个现象。"格劳孔说。

"仔细观察一下,听力和声音需不需要借助不同性质的外物来达到听见或被听见的目的?会不会因为这第三者的缺失导致听不见或无法被听到的结果?"

"我没发现在听力和声音之外,还需要别的什么东西来实现听见或被听见的结果。"格劳孔重复了一遍苏格拉底的话。

"而且看起来其他感觉和听觉一样,也不需要这多余的外物。可能它们全部都不需要它。你能想到一个例外吗?"

"完全想不到。"格劳孔越陷越深。

"那你就错了!视觉和可见物需要借助外物。"

"可我想不出这个外物是什么。"格劳孔呻吟道。

"视觉扎根于眼睛之中,对吧?色彩标出了可见物,对吧?然而,还有第三类东西,专门用来确保视觉感知的存在,如果不添加这第三类东西,视觉就会一筹莫展,而色彩也无法被看到了。"

"可是,"格劳孔绝望地说,"这神秘的第三者到底是谁啊?"

"我称它为光。"

"可不是嘛!"阿曼达插嘴道。

"'光'这个词的伟大之处在于,它表明视觉和可见物力量之间的关系从质量上超越了其他感觉与它们特定领域之间的关系。除非你们蔑视光?"

"谁会愿意生活在永恒的黑暗中呢?"阿曼达微笑着说。

"而且谁能免除我们对这无比珍贵的光明的依赖呢?在为天空所遮蔽的所有大他者中,谁又会是这微妙的中介物的主人呢?全靠了这中介物,视觉能够清清楚楚地看到事物,而可见物也能明明白白地被看到。"

"您正在谈论的,难道不是太阳这个可见物的自然统治者吗?"格劳孔问。

"当然了!不过请注意视觉与太阳神之间的确切联系。视觉本身与太阳不是一回事,正如视觉器官——也就是被我们称为眼睛的东西本身同太阳不是一回事一样。但是，请允许我这样说：眼睛是所有感官中最'阳光'的。实际上，我们可以认为是太阳神向我们的眼睛里注入了一种发光液体，由此我们才拥有了看见的能力。我们也发现太阳不是视觉，因为它是产生视觉的原因之一，但视觉能看到它。"

"这些显然都毋庸置疑！可是然后呢？"

"然后，这便是我曾宣布会到来的**真之子**啊！太阳就是**真理**的子嗣，是它最喜爱的象征。因为在思想和思想所思考之事物的领域，**真理**在可思考之物的永恒场所中占据了一个位置，在视觉和视觉凝视之事物的领域，太阳在可见物的经验场所中也占据了一个位置，而这两个位置是完全等同的。"

"问题是，"格劳孔边说边哈哈大笑起来，"眼下，我并不是很确定自己是否看到了您思考的事物！"

"认真听我说。你知道，如果颜色不再被白天明亮的光线浸润，而是被夜晚游移的微光照射，在这种情况下，眼睛看什么都模模糊糊，简直可以说是失明了，而视力也被剥夺了全部的纯度。如果我们转向被强烈的太阳光照射的事物，那么眼睛就能清楚地看到这些事物。尽管这还是黑夜里的那一双眼睛,但很显然这次它们拥有了纯粹的视觉。"

"是的,是的,"阿曼达咕哝道,"我猜您要向我们提出,在太阳与**真**的理念之间存在着一种相似性,或者一种'同构性',像您经常说的那样。一边是视觉、可见物和太阳,另一边是思想、可思考物和**真理**。可是我想知道,这种相似性确切地说以及从细节上说是怎么运作的呢?"

"你可真是个急性子啊,姑娘!"

"那请允许我告诉您,您的性子太慢了!"

"哈哈!"苏格拉底笑起来,"你哥哥柏拉图说我喜欢'绕大大的弯子'……不过你说得对。我们马上来看看这个相似性,从观看的个体流畅地过渡到思考的**主体**。**主体**转向**存在**与**真理**的相互映照状态时,他就进行了思考,了解了这个明亮的场所中存在的一切,而他自己也进入了思想的光辉中。反过来,当**主体**转向一种阴影的混合物,转向仅为增生和断裂的事物,转向热气腾腾的即时生活而不是被精确计算的星体,他就会成为晦暗不明的意见的猎物,摇摆于从四面八方涌来的众说纷纭的意见之间,简直像是丧失了思考能力:与其说他是**主体**,不如说他是处于绝境之中的人兽。"

"多可怕的灾难!"格劳孔惊叫起来。

可是苏格拉底像沉浸在一个思辨的梦中一般继续往下说:

"在同一时间既向某种真知所认识的事物实施馈赠,又向了解这种真知之能力的事物实施馈赠的,你们可以确信,它便是**真**的理念。一旦理智接触到这种理念,科学和准确性就可能由此而生。然而,无论这种知识和准确性多么崇高,我们也只有在假设**真**的理念独立存在且更为崇高时,才有可能理解上述知识与准确性的价值。我们已经说过,即便有充分的理由认为光和视觉同属于太阳的形式,我们也不能认为它们就是太阳本身。我们也可以说:即便有理由认为科学和真知同属于**真理**,我们也不能认为它们就是**真理**本身。因为我们需要赋予**真理**本身以一种更为普遍的功能。"

阿曼达陶醉地说:

"毫无疑问,对您来说,**真理**的价值是不可估量的,因为它产生了科学和一切准确的知识,而且它还属于一个更为高级的行列!"

格劳孔也说:

"我明白了,您所说的至高价值根本不是愉

悦，根本不是。"

"蠢猪！"阿曼达冷嘲热讽道，"苏格拉底从昨晚开始就否定了这种等同关系！"

苏格拉底听到他们的对话了吗？他站起身，双目紧闭，说话声音又慢又轻柔，仿佛晨曦中的呢喃：

"太阳不仅把能被看到的被动能力赋予了可见物，还赋予了它一些主动的性质，比如生成、元气的生长或粮食。但这些并非太阳这个带给我们白昼的特殊光明本身所具有的特点。同样的，可知物只有作为真理出现时，我们才能说它的本质得到了认识。**真理**不仅使它的本质得到认识，对于它那'可被认识的本质'来说也是如此，后者从本质上说只有在向思想呈现自身时才能被认为是'本质'。而**真理**本身不属于向思想呈现自身的事物范畴，它是接替这个范畴的东西，无论从先来后到的次序还是从力量来看，它都被赋予了一种独特的功能。"

于是格劳孔微笑着说：

"多么神圣的先验性啊！"

这时，苏格拉底像是突然醒了过来：

"先验性？你把这一切都简化为先验性吗？……不过无所谓了！一切全错在你们。为什么要强迫我在这个问题上表明我的信念?"

"请继续,亲爱的苏格拉底,"阿曼达息事宁人地说,"请继续。不要理我弟弟的玩笑。"

为了竭尽全力想让这台苏格拉底牌机器再度运转起来,她于是说:

"您刚才说太阳和**真理**都是统治者,前者统治着可见物的类型和场所,后者统治着可思考物的类型和场所。我完全能够想象存在的这两种变格,或者说形式:可见物与可思考物。不过,当我们把这些形式放入它们所属的类型,即将前者放入光明,将后者放入**真理**中时,这些形式之间是怎么连接的呢?"

"好吧,好吧,"苏格拉底让步道,"我会尝试说明这个问题,这也是所有问题中最晦涩的。不过我先声明:不会再有抒情的长篇大论!只有图解、比例和数学。"

"声明收到。"阿曼达叹了口气。

"现有线段 AB,被 C 点分割为不相等的两部分 AC 和 CB。线段 AC 代表的事物本质上属于可见物。线段 CB 代表的事物本质上向思想呈现自身。"

"一言以蔽之,可感知与可认识之事物。"

"大家宣称你哥哥柏拉图就是这样总结我的

学说的。其实比这复杂多了，不过暂且不讨论这个问题。我们先约定 AC 与 CB 的比例是 1 比 2（这个象征性的选择很偶然，但很有效），因此对同一事物——也就是某种多元性——来说，向思想呈现自身的部分的重要性是其感性外表部分的两倍。"

"因为，"阿曼达评论道，"在某个事物之中，向思想呈现自身的部分包含了事物立即可见的部分，从某种意义上说前者是后者的两倍。"

"为什么不呢？不过我们继续我们的讨论。根据明暗原则，某个点 D 将线段 AC——也就是可见部分——分成了两份，新的比例关系仍旧是 1 比 2。线段 AD 代表的是形象，也就是从阴影到电影院大银幕的一切，同时包括水面、镜子及一切光滑闪亮物件上的倒影。"

"所以，AD 只是 DC 的一半显然也就意味着幽魂似的复制品所具备的存在尊严少之又少。"格劳孔插话道，"可是 DC 代表的是什么呢？"

"世上一切可见之物，可以被实验的事物，显现的事物。比如说，首先是属于我们这些活人的一切，但也包括植物及各种各样的工具。你们肯定会毫不犹豫地赞同，这里正在进行的，是以真理是否存在为前提进行的分割，分割的原则是'与另一事物相似的事物'和'另一事物'之间形成的关系是否等同于另一种关系,这后一种关系即众人就此形成的意见——因为具有某个内容——与我们就此构建的知识之间的关系。"

"说'毫不犹豫'实在是言过其实!"格劳孔微笑着说。

"我们把可思考物也分割一下,这样就能看得更清楚了。现在有点 E 出现在 C 与 B 之间,令 CE/EB=1/2。我把 CE 代表的东西称为分析性思考(la pensée analytique)。**主体**在此展开的探索要借助前面部分的真实物体,作为有形的支撑。因此他被迫从假设出发来展开研究,也被迫在没有获得结论性原则的情况下结束研究。在第二个部分 EB,**主体**获得了反假设性原则;尽管他也是从假设出发的,却不需要有形的支撑,因为他的方法涉及且仅涉及**形式**。"

"完全听不懂。"格劳孔放弃了。

"那我们再来一遍。那些研究几何或代数的人是怎么做的呢?他们假设存在一系列整数、平面、角度及其他与他们的问题相联系的东西。他们使用这些材料时,仿佛后者是已知的、足够清晰的数据。大家以这些数据为初始假设,认为完全没有必要向自己或别人说明它们。之后,从这些数据出发,他们以内在的方式澄清了一切由这些数据产生的问题,并由此达到了他们预料的结果。"

"好啊,好啊,"阿曼达说,"我们也学过数学!"

"所以你也利用过可见的形式,而且也讨论过它们,尽管你思考的对象并非它们,而是其他形象,纯粹属于思想的领域,而可见的构造只是与它们相似而已。数学证明实际上只同作为本质的**正方形**或**对角线**有关,跟你画的弯弯扭扭的对角线无关。对于一切在空间中塑造的或在可见表面画出的、能产生阴影或水中倒影的形象,数学都会利用它们,仿佛我们能够通过这些形象拥有对这些事物的直觉,而这些事物只能被分析性思维掌握。可思考物的第一个部分代表的即是上述这一切。当**主体**投入这个部分时,他就会被迫使用种种假设,却无法获得原则,因为他没有能力超越这些假设。"

"为什么?"阿曼达担心地问。

"因为他还在利用真实事物作为有形的支撑。我们已将真实事物归入可见物的第二个部分,它们本身具有处于第一个部分的晦暗形象。如此一来,尽管**主体**置身于思考中,他仍旧依赖于可见物以及统辖可见物部分的相似关系。"

"要我说,您这是在说数学家的坏话吧!"

"最好的好话之中的坏话!不过现在来看一看我所说的存在的第二个部分吧。我之所以这样命名它,是因为它向纯粹的思想呈现了自身。现在论证只建立在辩证的力量之上:我的假设不会被当做原则,它们是而且将始终是假设,用来支撑和铺垫论证,以便最后得到一个非假设性的普遍原则。当我们达到这个目的时,推论就会倒过来变成一个自上而下的行动,罗列出原则所能导致的一切结果,直至获得最后的结论。这一过程丝毫不触及感性的东西,而是通过本身也属于**形式**领域的中介物,从一种**形式**过渡到另一种**形式**,最终的结论也是一种**形式**。"

格劳孔于是开始整理他所理解的老师的言论,他经常这样做,此时更是如此:

"您断言说,在提出关于存在的理论时,比起依赖以几何为模式的科学技术,通过辩证法去考察存在向思想呈现的部分,这种途径更为合适。尽管拿假设当原则的数学家们不得不采取推论的而非经验的方法,但既然他们的直觉依附于假设,完全不向原则开放,因此在您看来,他们似乎对自己论证的东西没有进行过思考,而后者如果从原则角度去看，的确属于对存在的完整看法的一部分。我觉得您似乎将几何学家及其同行的方法称为分析性思维，并认为这种方法不同于辩证性思维（la pensée dialectique）。您将分析性思维置于意见（与线段 AD 吻合）与纯粹思想或者说辩证性智力活动（与至高无上的线段 EB 吻合）之间。另外，这也是与分析性思维相关的线段 EC 的长度与线段 CD——即与意见客体相关的部分——同样长的原因。这与另外两条线段之间的关系形成了鲜明的对比：跟形象相关的线段 AD 和跟辩证法相关的线段 EB 之间存在着很大差距，用比例来表示就是 1 比 4。计算还显示……"

"很漂亮的技巧，很出色的总结！"苏格拉底打断他的话，"我们可以这样来看待以及命名这些东西（苏格拉底于是用一块煤炭在大桌子的桌布上，根据存在的显现 [apparaître] 和**主体**可能构成的方式，画出了有关存在之构造的完整图式）。

```
              A
              |
              | 形象
              D
              |
可见的部分      |
              | 客体
              |
------------- C
              |
              | 分析理念性
              |
              |
              E
              |
              |
可思考的部分    |
              | 辩证理念性
              |
              |
              |
              |
              B
```

"将这四条线段分别对应于四种状态,后者的结合预示着**主体**的到来。对于最长的线段 EB,可以称它为纯粹思想或智力活动,更好的说法是辩证性思维。接下来是 CE,我们将称它为推理性思维,理解力,或者更好的说法是分析性思维。第三条线段 DC,让我们称它为'确实性',最后一条线段 AD,让我们称它为'假设'。实际上,我们假设形象指向某个现实的参照物,而且我们确信现实的客体是存在的。我们还假设数学的理念性存在于分析性思维中。但我们很肯定理想原则具有普遍性,这些原则是我们辩证性思维的终点。这一顺序也表明:存在越是处于**真理**元素中,**主体**的思考就越清晰。"

"也就是说,"阿曼达大声地自言自语,"客观真理和主观明晰性是同一种进程的两个维度。"

"你把我说得太像笛卡尔了!不过,既然你提到了光明,我就试着给你们画一幅明暗相间的画吧。"

"谈完数学,回到诗歌!"格劳孔嘲讽道。

"为什么不呢?想象一个巨大的电影院。前面是银幕,一直拉升至天花板。银幕非常高,顶端的一切都消失在阴影中,人们无法看到银幕以外的东西。大厅很暗。观众自存在以来,就一直被囚禁于自己的座位，双眼紧盯着屏幕，头被盖住他们耳朵的坚硬耳麦支撑着。在这成千上万被钉在扶手椅上的观众身后，在人头的高度，有一座宽阔的木制天桥，整座桥的走向与银幕平行。在这之后是几个巨大的投影仪，在屏幕上投射出一种令人几乎无法直视的白光。"

"多么古怪的地方！"格劳孔说。

"不比我们的地球奇怪多少……天桥上川流不息地行走着各式各样的机器人、玩偶、纸人、木偶，它们或由隐身的耍把戏人牵引和操纵，或由遥控器控制。来来往往的还有动物、抬担架的、背镰刀的、车辆、鹳鸟、形形色色的人、全副武装的军人、成群结队的郊区少年、斑鸠、文化活动主持人、裸体的女性……一些人在叫喊，一些人在说话，另一些人在玩管乐器或六角形手风琴，还有一些则行色匆匆、一言不发。银幕上，人们能看到投影仪在这场奇怪的狂欢仪式中剪切出来的影子。耳麦里，一动不动的大众能听到嘈杂声和说话声。"

"天哪！"阿曼达突然出声，"多么奇怪的场景，多么奇怪的观众啊！"

"跟我们很像。对于自己、邻人、演播大厅和天桥上的种种滑稽景象，这些人除了看到强光投射在屏幕上的影子之外,他们还看到了别的什么?除了耳麦里传来的声音,他们还听到了别的什么?"

"肯定什么都看不到,什么都听不到!"格劳孔大声说,"如果他们的头从一开始就被固定在面朝屏幕的方向,他们的耳朵从一开始就被耳麦堵住的话。"

"他们的情况确实如此。因此除了影子中介,他们根本看不到任何其他可见物,除了耳麦传来的声波,根本听不到其他声音。即便能发明互相讨论的方法,他们也必定会将同样的名称同时赋予两种东西,一种是他们看到的影子,另一种是他们看不到的但产生了影子的物体。"

"更何况天桥上的物体——比如机器人或木偶——本身已经是一种复制品。"阿曼达补充道,"所以我们可以说,他们看到的是影子的影子。"

"而且,"格劳孔也说,"他们听到的是对人声的物理复制的数码复制。"

"是的!这些受缚的观众没有任何办法来断言真实事物不同于仿真物的影子。可是,当绳索被剪断,异化被治愈,他们的处境天翻地覆之时,又会发生什么样的事呢?注意了!我们的寓言产生了一个很不同的转折。想象一下,现在有人给一个观众松了绑,突然强迫他站起来,让他的头左右转动,让他行走,让他看从投影仪发出的光。当然了,他会因为所有这些不习惯的动作而受苦。源源不断的光令他头晕目眩,他无法分辨事物,而在此强制性的转变以前,他一直在安安静静地看着这些事物的影子。假设我们向他解释,过去的状况只是让他在虚无的世界中,有如听了一些无意义的闲扯(bavardages),现在他才真正接近了事物,才终于能够面对它们,而他的视野也终于有可能变得准确。假设我们这样做了,他会不会觉得震惊和尴尬呢?如果我们指给他看天桥上来往的机器人、玩偶、傀儡和木偶,而且在大量的问题引导下,试图让他说出这些东西的名称,情况可能就更糟糕了。毫无疑问,相比我们指给他看的事物,从前的影子对他来说肯定更为真实。"

"而且,"阿曼达指出,"从某种程度上说它们的确更为真实:由反复的经验证实的影子难道不比突然出现、不知来源的玩偶更'真实'吗?"

听了这话,苏格拉底又惊又怒。他一动不动、一声不吭地看了阿曼达一会,随后说:

"可能得听完寓言才能得出有关真实性的结论吧。假设我们迫使我们的小豚鼠直视投影仪。他的眼睛疼得要命，他想逃跑，他想看眼睛能承受的东西，从前的那些阴影，他觉得阴影的本质比我们让他看的东西的本质更可靠。此时由我们出钱雇佣的壮汉粗暴地将他从演播大厅里拉出来，把他从一道小小的侧门推了出去。直至那时为止，大家一直没有发现这道门。他被带入一条肮脏的通道，穿过通道就来到了室外。通道出口位于一座山的山腰，野外正值春天，阳光明媚。他被光线照得头晕目眩，抬起一只无力的手去遮挡眼睛。我们的雇员推他走上陡峭的山坡，在很长一段时间里，一直把他往上推！不停把他往上推！最后他们终于来到了阳光灿烂的山顶。到了那里之后，卫兵们就放了他，自己跑下山坡，消失了。只剩下他孤零零一人站在一片无边无际的风景的中央。过度强烈的光线戕害着他的意识。而且先前被那样地拖曳、虐待、暴晒也让他痛苦不堪。他简直恨透了我们雇来的卫兵！然而，渐渐地，他开始试着看令人目眩的世界，视线时而投向山脊，时而投向山谷。起先，事物的亮光令他睁不开眼睛，对于我们常说的'存在着的、确确实实在那儿的'事物，他什么也看不见。他可无法像黑格尔面对少女峰时那样轻蔑地说出：'*das ist*'，仅仅存在而已。不过，他还是尝试适应光线。经过无数次努力之后，在一棵孤零零的树下，他终于看清了树干的影子和树叶的黑色轮廓，这些都让他想起从前生活中的大屏幕。在某块岩石脚下的一滩水洼中，他终于看到了花草的倒影。之后，他看到了事物本身。慢慢地，他开始对灌木丛、冷杉林或一头孤独的母羊赞叹不已。夜幕降临。遥望天空，他看到了月亮和群星，看到金星正在升起。他僵硬地坐在一根老树桩上，窥伺着艳光四射的女神的到来。她拨开落日的最后一抹余晖现身，变得越来越亮，往下坠落，随后也消失了。金星！最后，在一个早上，他看到了太阳。不是晃动的水中的太阳，也不是在一切外部影子中看到的太阳，而是太阳本身，真真实实存在于自己地盘上的太阳。他看着它，他凝视它，心里感到无比幸福。"

"啊！"阿曼达叫起来，"您跟我们描述的是怎样一幅升华的画面！这是怎样的转变啊！"

"谢谢你这么说，姑娘。你会跟他一样吗？因为我们这位无名氏，他将思想运用到了所见的事物上，证明了时间和季节都依赖于太阳的表面位置，也证明了可见物的本质同这个星体密切相关，以至于我们可以说：是的，太阳是一切事物的统治者，而我们旧日的邻人，也就是封闭演播厅里的观众们，他们看到的只是这些事物的影子的影子。这样谈论着他的第一个家园——大屏幕、投影仪、虚假的形象、冒牌的同伴——,我们这位非自愿的逃兵不禁庆幸自己被驱逐的命运,同时也同情起那些被固定在扶手椅上、还在盲目观看的人。"

"同情很少能有什么用处。"阿曼达反驳道。

"啊,"苏格拉底用一双又黑又坚定的小眼睛看着她说,"姑娘你的确还年轻,又粗暴又无情。让我们回到纯粹思想上来吧。在虚假性的王国中,在相似性的洞穴里,谁能起到最重要的作用?谁能自称胜过其他人呢?能做到这些的恐怕只有一种人:他们目光如炬,记性非凡,能够记住一切转瞬即逝的阴影,从中辨别哪些是反复出现的,哪些很少出现,哪些总是成群结队地出现,哪些一般独自出现。总而言之,他们最善于察觉可见物局限性的表面即将发生的事。你们觉得我们的逃兵在凝视过太阳之后,还会再羡慕玩影子游戏的占卜者吗?还会嫉妒这些占卜者的优越地位,渴望获得与他们同等的、可能非常可观的利益吗?他更可能效仿《伊里亚特》中的阿喀琉斯吧?即便做个被土地和犁车牵制的奴仆,也强于从前那纯粹虚假的奢华生活百倍。"

"哦!苏格拉底!我看到您也愉快地躲到了荷

马身后。"阿曼达嘲笑他。

"不管怎么样,我始终是个希腊人。"苏格拉底充满戒备地低声说。

"假如,"格劳孔生怕他们吵起来,于是打断他们的对话,"我们的逃兵又回到洞穴怎么办呢?"

"他不得不回到洞穴。"苏格拉底严肃地说,"无论如何,如果他回到原地,也会突然失去视觉。上次因为阳光,这次因为黑暗。如果他在眼睛重新适应黑暗之前,与那些从来没有离开过座位的邻人展开竞争,预测屏幕上即将发生的故事,那么他肯定会成为众人嘲笑的对象。大家一定会窃窃私语,说他出了远门、上了高山,回来反倒成了近视的傻子。这件事的直接结果就是:再也没有人想模仿他的行为。而这时如果他因强烈渴望与他人分享对太阳的**理念**,对可见的**真**的**理念**,于是自己也开始尝试给他们解缚、带领他们出去,仿佛他们也像他一样了解什么才是真正的光明,我想人们一定会抓住他,甚至杀死他。"

"您太夸张了吧!"格劳孔说。

"因为你姐姐昨晚嘲笑的那些可怜的占卜者中,有一个曾对我说:别人要杀死我,苏格拉底,因为都七十岁了,我还在固执地发问:这个黑暗世界的出口在哪里？真正的光明在哪里？"

众人突然悲从中来。大家都沉默不语。从遥远的地方依稀传来大海的声音，或者可能是起风了。苏格拉底咳嗽了两声，喝了一杯水，又发话了：

"亲爱的朋友们，我们现在要做的事非常明确：将想象方法和象征方法——或者更确切地说是几何方法结合起来。大家刚才听得**津津**有味的滑稽影院逃兵的故事就是运用了想象方法，而几何方法我们一个小时前就已介绍过了，也就是用长度不等的线段来表示与真实的四种关系类型：从形象到辩证性理念，其间还包括意见和分析性理念。"

"不太容易理解，"格劳孔指出，"一边是两个世界，一边是四种程序。"

"但这四种程序又可分为两类：可察觉的和可思考的。泛泛地说，非常泛地说，我们首先将作为表象的可见物比作电影院囚徒看到的影子。随后再将投影仪的光等同于太阳光。至于我们的逃兵在山里的疾病期和他凝视山脊的活动，我们假设这是**主体**向思想领域的提升。年轻的朋友们，这些对比的结果是我所期待的，也是你们非常渴望了解的。只有从**大他者**而非个体的目光出发——哪怕是苏格拉底的目光也微不足道——，才能确定我的期望是否有据可依。我只能断定，一切向我显现的事物，无论出现于何时何地，依据的都是一个独一无二的显现原则。在知识的一个极端，几乎快要溢出这个领域的地方，伫立着被我错误地称为'**真之理念**'的东西。我说'错误地'，是因为我已经跟大家说过，既然**真理**是支持其他**理念**的理念性，那么**真理**本身不可能成为一种普通的**理念**。这也是很难为它构想一个概念的原因。然而，如果我们做到了，那么我们会发现自己不得不得出以下结论：根据这种'理念'，一切本质将在自己的准确性和美的光辉中显现。如果我们继续比较下去，我们会说，我们在可见物领域体会到的阳光的馈赠和光之主人的行动，正如理智领域之中依据**真**的理念出现的特殊真理，以及与这些**真理**相关的思想。"

"可是，"阿曼达皱着眉头说，"这种比较是站不住脚的。"

"啊，"苏格拉底听到这个回答竟然奇怪地表现得很开心，"那么几何形象和诗意形象有没有可能重合呢？抛开这种不契合现象，你会不会赞同我的观点，也就是说，个体只有在服从**真理**的命令时，才有可能做出理性的举动，不管这个行动是公开的还是私人的?"

阿曼达看起来很不满意,格劳孔替她作出了回答:

"这一点倒是确定无疑的!"

"那么你应该也会毫无疑义、毫不意外地同意我说,滑稽电影院的逃逸者,也就是那些曾成功到达山顶并曾仰望过太阳的人,他们会失去任何介入人世纷争的欲望。他们已经融入'真理**主体**'(Sujet-de-vérité),只渴望能够永恒地逗留于天堂。如果我们的电影院寓言的确如实描述了整个进程,那么他们会有这样的渴望也是人之常情。我说得对吗?"

"对!"格劳孔抽搐一般地喊道。

"在这种情况下,那个先前从**大他者**高度进行沉思的人,当他突然面对尘世琐事时,会显得不知所措,甚至表现得有些可笑,大家也不必太吃惊。重返黑暗,却难以习惯黑暗,他不得不在法庭和国家的各级法院中为自己辩护。在这些地方,在正义方面,人们关心的只是正义的影子,或者最多是由人造光投射到世界大屏幕上的虚假客体。在形象问题上,他肯定很难与那些专家抗衡,恰恰因为后者从来不曾拥有对正义本质的直觉。"

"不吃惊不能代表什么。"阿曼达说。

"你说话也开始打哑谜了吗？"苏格拉底用不悦的声音说，"如果你能更理性地考察我们的问题，你会想起来，根据人是从光明到黑暗还是从黑暗到光明的不同顺序，视觉因两个不同原因受到两种不同方式的干扰。而且，动一动脑子，说不定你就能想到，有关视觉的评论同样适用于**主体**。所以，亲爱的姑娘，下次如果再看到有人十分迷惘，连常识都无法理解时，你不要呵呵傻笑，而是应该思量一下，**主体**之所以有如此的表现，是不是仅仅出于对黑暗的不习惯，因为他是突然被人从自己光亮照耀下的存在中拉出来的。或者恰好相反，因为从一种晦暗的无知来到一个更光明的地方，他一下子被无法承受的亮光弄得晕头转向。在第一种情况下，你知道自己面对的人，他的情感和生活都很幸福。在第二种情况下，你应该同情那个不幸的人，不过如果此时你产生了笑话他的残酷念头，那么比起笑话那个从光明的高处来的人，此时你的嘲笑**相对**没那么可笑。"

"我错了，好老师！"阿曼达笑着鞠了一躬。

"但愿悔意能帮你打开思路，让你获得最重要的结论。第一个结论是：教育同某些人所宣称的并不相同。我想到了那些心理学家和教育家，他们自认能将知识输入知识空白处，也就是输入到一个被假设缺乏一切认知结构的**主体**中，正如别人想给失明的眼睛嫁接上观看的能力。然而，刚才我们所理解和谈论的是，每个**主体**身上都有认知能力，以及激发这种能力的机制。想象有一只眼睛，它只能依靠全身运动才能从阴影转向光明。因此，我们可以这样认为，唯有依赖**主体**的全部激情，人才有可能从变化的错综复杂状态中脱身，直至一种不可分的直觉，也即关于存在及其拥有的内在光明的直觉变得可以接受。我们也将这种直觉称作**真理**。"

"多么厉害的'全部激情'啊。"阿曼达喃喃自语。

"因此教育不是强迫，而是引导。要我说，教育应该是一种转变（conversion）的技术。重要的只是找到最简单、最有效的办法，让**主体**自己实现这种转折，而不是把视力强加给他，因为**主体**早已拥有这种能力。但是，视力之前没有受到好的引导，没有瞄准适当的现实，因此必须不惜一切代价矫正它的方向。"

"可是怎么矫正呢？"格劳孔问，"矫正过程需要什么样的练习和技巧呢？"

"这种转变。"阿曼达接着说，"我很喜欢'转变'这个词。苏格拉底试图把这个词从其宗教命运中解救出来，我很喜欢他这种做法。"

"大部分被我们称为'**主体**能力'的功能，"苏格拉底继续说，"可能与我们的身体条件有相似之处：我们可以利用各种重复性手段——如习惯、练习等，让能力出现在不具备能力的人身上。但是，被我们称为'思想'的能力不能参照**主体**及其肉身之间的这种平行关系。思想属于**大他者**的范畴，因而不可能失去自身的力量。无论多么有用、多么有益，或者反过来，无论多么无用、多么有害，思想都只依赖于这种力量的引导。"

"您帮我澄清了一个许久以来一直令我震惊的问题，"格劳孔打断他的话，"跟一些人有关。别人总说这些人又坏又狡猾。我发现，尽管或者说正是出于可悲的主体性，他们目光敏锐，总能极度机巧地辨别出什么是自己行动的无耻目标，什么是区别于这些目标的障碍。您的解释告诉我们，这些人身上的**主体**之眼根本没有失明，而是在误入歧途后，不得不为恶服务。"

"可不是么！"苏格拉底表示赞同，"导致我们看到了如下的悖论：这些人看得越清楚，就越邪恶。"

"可是，"格劳孔担心地问，"那怎么才能将**主体**的目光引向正确的方向，也就是您有时所说的

'融入真理'的那个方向呢?"

"可能需要经过一个准备阶段。我可以给你打个比方。假设从儿童时代起,我们就给个体做手术,如同放飞一只热气球并让它越飞越快那样,除去我们的动物本性之中那些容易满足于单纯、被动的生长变化的沉重部分。如果我们如此将**主体**的目光从诱人的景象面前转开——这诱人的景象是世界市场上的商品向他呈现的,比如饼干那闪闪发光的包装、模拟裸女的充气娃娃、全身涂镍的汽车、能够进行愚蠢的多人会话的电脑,总之一切令目光转向低级趣味和无意义的东西——,如果这一外科切除术完成后,我们将他带到真理面前,好让他看到它们,如果此时我们立即鼓励这个个体整个地融入**主体**,那么我们会发现,在你前面提到的那些人身上,同一双眼睛能同样清晰地看到真理,尽管今天这双眼睛清晰地看到的,是恶劣事物代表的虚无。如果一来,我们就有理由假设,所有个体身上无一例外地存在着同样的积极思想力量。"

"这就是我们共产主义的平均主义基础。"格劳孔插话道。

"而且这个基础与其说是经济性的,不如说是主体性的。"阿曼达补充了一句。

"这个自然,这个自然,"格劳孔不高兴地说,"不过总有一天它会两者兼备。"

"一步步来,孩子们!"苏格拉底大声说,"我们刚才的讨论会产生一个不可避免的后果:两类人可能无法胜任领导人职务,或者从眼下不利的条件来看,确实无法胜任领导人职务。第一类人完全缺乏教育,从前曾被弃之不顾,这促使他们产生了一种对真理的犬儒主义式的漠然。第二类人则远离社会游乐园,在孤独之中将一生都献给了学习。前一类人缺乏统一的标准作为公开或私人行动的依据。后一类人则相信自己有生之年就已经被带到了'幸福岛',因此会断然拒绝承担任何政治职责。"

"如果这样的话,"格劳孔不无担忧地问,"我们的第五政治不就没人主持了吗?"

"这就要看我们的工作了。我说的'我们'是指共产主义**理念**的先驱者。既然我们知道每个人的思想都有同等的价值,那么我们就必须创造条件,让大部分民众都能朝着一种知识迈进。我们已经宣布这种知识是根本知识,它受到**真**的视野的指引。希望所有人不管是自愿还是被迫,都能走出洞穴!希望走向阳光灿烂的山顶的疾病期能成为所有人的历程!如果只有为数不多的贵族到达了山顶,并享受了**真**的理念,那么我们不能允许他们再做一直以来都允许他们做的事。"

"什么事?"格劳孔激动地问。

"难道你没有听说过,共产主义政党内部有一些精英小团体,他们以惨重的牺牲为代价成功突围后,立即驻扎在了国家的山头,从此不再考虑底层人民的需求?他们再也没有回到工人、农民、士兵中间,和他们生活在一起,像毛说的那样,'和人民群众相结合。'新世界的这种独乐乐,我们不能够容忍。他们必须下来,回到那些无法出去或者在上升过程中自暴自弃的人身边。他们必须带着理念的创新因素,与人民一起分担过渡性的工作,忍受暂时的平庸。"

"可是,"格劳孔反驳道,"革命者付出了沉重代价才得以取胜,得以粉碎压迫性的禁闭,就这样剥夺他们享受更好一点生活的权利岂不是太不正义了?"

"亲爱的格劳孔,'胜利'、'奖赏'甚至'牺牲'其实都不属于我们的词汇表。我们的原则不是要保障国内某个特殊群体享受特别令人心满意足的生活,哪怕这个群体真的非常有资格获得这样的待遇。我们的目标是要令这样的生活方式普及至整个国家。我们会特别重视讨论和协商办法,将压倒性的大多数团结在这个原则周围,必要时面对军事力量也不退缩半步。关键在于所有人都致力于向他人传达自己的经验总结,从中归纳对全体行动有利的因素。如果在某些历史时刻出现了一支开明的先锋队,那么这支先锋队的行动不应该以自己的好恶为导向,而应该为一种人民大团结的高级形式服务。"

"多么美丽的蓝图!"阿曼达说,"四不像。"

"我是在回答格劳孔的问题。"苏格拉底生硬地说,"而且我还没有说完。让我们将那些生命结构受**理念**引导的人称作'哲学家'。从长远来看,'哲学家'可以而且应该是所有人。如此一来,不妨跟你直说,迫使我们的哲学家去顾忌尚未成为哲学家的人的感受,去和后者结成一体,去帮助后者重新确立存在方向……"

"也就是'转变'!"阿曼达打断他的话。

"是的,没错,'转变'……这一切对哲学家来说毫无不正义之处。"

"从根本上说,是最完全的正义。"格劳孔也来声援。

"完全正确。接下来我会提到最具有决定性的证据。朋友们,你们可以将它看作正义的拟人法:

"啊,你们这些尝试生活在**理念**天空下的人,你们配得上'哲学家'的名称!我们明白,受缚于四大坏政治的枷锁,政治事务于你们几乎没有任何吸引力。这四大坏政治并非建立于**理念**之上,而是分别建立于军事荣誉、财富、意见自由和某一个人的欲望之上。你们的哲学家天性是通过个人的、自发的方式形成的,而不是由从各方面来说都与**理念**为敌的政治环境塑造的。一个人如果自学成才,可以说不靠任何人养活,那么他不想向任何人,尤其不想向国家'报恩',他这样做归根到底是正义的,因为国家根本不关心他对**理念**的追寻。可是,如果你们能成为哲学家,是因为我们创建了新的政治环境,因为我们引导集体生活的指南针是共产主义**理念**,如果你们因此而能比别处的哲学家更充分、更恰当地发挥你们活跃的主体性,总之,如果你们依赖我们才具有了更自如地穿梭于**理念**与实践之间的能力,那么你们就有义务轮番回到我们共同的家园,重新习惯观看影子的生活。因为习惯一旦恢复,你们的视力就会胜过那些还没能走出滑稽电影院的人千倍万倍。你们将知道形象的本质,知道它们指向什么事物,因为你们凭直觉就能知道,从**真理**的角度说,什么是美的创造性艺术程序,什么是准确的创造性科学，什么又是正义的政治。如此一来，这个政治共同体虽然还未得到建立，但它已经是你们的共同体和我的共同体，它会实现真正的觉醒，而不是活在交织的梦境中。当今大多数国家都还在做梦，在这些国家，人们为影子而战，可怕的内战只有一个目标，就是夺取政权，仿佛政权真的十分重要一般。事实上，跟你们直说了吧，这个政治共同体的领导们当领导的欲望最薄弱，但它却是最好的政治共同体，最不易发生内战。反过来，那些由极度渴慕权力的人执政的共同体是最糟糕的共同体。"

"瞧瞧，"阿曼达充满恶意地评论道，"这个结论太了不起了，既有说服力，又出人意料。"

"你听到你姐姐说的话了吗，格劳孔？你也被说服了吗？年轻的哲学家们在听完我们的陈述后，是否还会继续孤独地生闷气，坚决不服从呢？他们是否会永久地拒绝参与到政治工作中来呢？当然是在轮到他们的时候，因为大部分时间，他们同其他人一样，只与纯粹真理为伴。"

"毫无疑问，没人想逃脱，也无法逃脱。因为正义的命令只能颁布给正义者。然而，同样可以肯定的是，他们上台执政时会像挨打的狗。这与我们今天在所有国家毫无例外看到的状况形成了鲜明的对比！"

"你说得非常对，亲爱的朋友。你澄清的正是问题的本质。对那些按次序要去承担一部分权力的人，如果我们能够为他们提供一种生活，远远优于权力向他们承诺的生活，那么我们就有可能获得一种真正的政治共同体。因为上台执政的都是这样的人：对他们来说，财富并不等同于金钱，而是获得幸福的手段；幸福就是真正的生活，充满了丰富的思想。反之，如果冲向公共事务的人全都贪图个人利益，并且确信权力总是有利于私人财产的存在和扩大，那么任何真正的政治共同体都不可能出现。这些人凶残地为权力而战，而这场混杂着私人激情和公共力量的战争会在摧毁这些至高职位追求者的同时，也摧毁整个国家。"

"多么丑陋的画面！"格劳孔呻吟道。

"可是，告诉我，你见过什么样的生活会产生对权力和国家的蔑视吗？"

"当然见过！"阿曼达插话道，"真正的哲学家的生活，苏格拉底的生活！"

"休要夸张，"苏格拉底开心地说，"让我们一致认同这一点：爱权力的人不能执掌权力。否则的话，我们就只能看到权力追求者之间的战争。这就是为什么人数庞大的民众必须轮流献身于政治共同体保卫事业的原因。我会毫不犹豫地称这些大众为哲学家,他们都对一己私利漠不关心,本能地懂得如何为公众服务,但也知道除了出入国家办公室带来的荣誉之外,还存在其他形式的荣誉,比起政治领导人的生活,还有另一种更为可取的生活。"

"真正的生活。"阿曼达喃喃地说。

"真正的生活,"苏格拉底重复道,"它并非不存在。或者说,并非完全不存在。"

第十二章　从数学到辩证法
（521c-541b）

"真正的生活。"格劳孔说，他的话仿佛是其他两人的微弱回音，"当然。可是怎样才能使国家的所有年轻人都创造出这样的生活呢？怎样使他们度过疾病期，像堕落天使那样上升至光明之地呢？人们宣称那些堕落天使最终离开了地狱，重返了天堂。"

"这可不像抛硬币那么简单，因为要使融入**主体**的个体离开晦暗的白昼，通往真正的白昼，从而获得真正的生活的秘诀。我们称之为哲学的正是这种转变。因此你的问题相当于在问，哪种知识能够使思想改变方向？或者换种问法，亲爱的朋友们，哪种科学能够令个体摆脱不断变化的万物，转而关注存在本身呢？我突然想起来，我们之前难道没有说过，哲学家年轻时应该是训练有素、名副其实的士兵？"

"是说过，那又怎么样？"格劳孔无精打采地说，因为他觉得苏格拉底又要扯题外话了。

"在学习过程中，新知识必须巩固旧知识。如果我们寻找的这门科学对士兵毫无用处，那么学习的效果将是反建设性的。而这些士兵——或者说卫士、斗士、公民、领导者以及所有你能想到的——是从精神的学科——即文学和音乐——以及身体的学科——即营养学、医学和体育——开始学习的。后三门学科可以放在一边不谈，因为它们涉及的是身体的发育、保养和衰老，而不是永恒的真理。那么我们寻找的科学会不会是文学或音乐呢？"

"当然不是！"阿曼达大叫道，"不要忘了，我们说过这些学科的存在只是为了平衡体育锻炼，为了让大家养成好习惯。例如，音乐和弦可以赋予内心和谐以价值，并有助于维持内心和谐。灵动的节奏有利于规范人的行为。诗歌不论具有神话色彩还是偏向现实主义，都能传达一些性格特征。以此类推：人们努力地训练孩子，反复教育他们如何行为处事。您所寻求的通往真的那种科学在这些预备教育中是找不到的。"

"你的回顾非常准确：这之中已经没有任何可以帮助我们走得更远的东西了。可是，了不起的阿曼达，我们应该朝着哪个方向探索呢？从技能和技术的角度吗？我觉得此时应该朗诵一段悲剧诗了。"苏格拉底说。然后他背起诗来，把亚历山大体的音步都念得特别清晰：

"如此巨大的不幸中还剩什么？
是关系到每一个生灵的算术。"

"求您别说了！"阿曼达喊道。

"老师修改了高乃依的诗句。"格劳孔抢在姐姐之前展现了诗歌方面的渊博学识，他感到很得意。

"我想到了一种十分普遍的知识，"苏格拉底说，他对自己的杜撰感到有些难为情，"技术、分析性学科以及严格意义上的科学都不可避免地要借助这种知识，不论是谁都必须从一开始就学习它。借助这种原始的知识，人们才可以一直数到三，甚至数到更多。这种知识就是基本的算术和运算表，尤其是乘法表。科学和技术都必须以这些基础知识为前提，不是吗？"

"显然！"格劳孔耸了耸肩说。

"就连打仗也要会数数？"

"什么问题啊！当然要了！"

"既然如此,埃斯库罗斯、索福克勒斯、欧里庇得斯向我们介绍的帕拉梅德斯……"

"别忘了还有高尔吉亚,"阿曼达小声说,"他的《帕拉梅德斯颂歌》,我认为写得非常精彩。"

"高尔吉亚我已经谈得够多了,"苏格拉底有些生硬地说,"你哥哥柏拉图还专门为他写了一整篇对话。如果你同意,让我们就此打住吧。我刚才说,无论对这三位悲剧作家来说,还是对整个传统来说,帕拉梅德斯都是算术的发明者。他对自己这个天才发明很自豪,于是声称自己曾在特洛伊城外排列了希腊大军的作战队形,清点了军舰数量,查核了面粉库存,估量了弓箭储备,诸如此类。说得好像在他之前没人会数数似的。他这么说,顺带也使阿伽门农成了一个连自己有多少步兵都不知道的蹩脚统帅!"

"真是一个可笑多过可悲的统帅。"格劳孔表示,"很显然,就算是一名普通士兵,也应该能数出自己包里有几双袜子。"

"士兵当然得会数数,其实任何人都得会数数。活着的人都不能不认识**数**。而且必须从本质上思考算术。"

"也就是说……?"阿曼达有些傲慢地说。

"恐怕这就是我们所寻找的知识中的一种了,

这些知识的精髓在于将我们领入纯粹思想的王国。或者更确切地说,是带我们走向存在之中向纯粹思想呈现自身的东西。但不得不说,实际上几乎没有人从这个角度来理解算术。"

"连我都很难明白您的意思。"格劳孔坦言。

"那么,让我试着来阐明我的观点。我建议这样做:首先,由我一个人按顺序将指明积极方向的事物和使我们偏离积极方向的事物区分开来。这样做完后,你上台来,经过思考后说出你是同意还是不同意我的区分法。这样一来,你就能弄明白我之前所说的话是否合理了。"

"就这么办吧。"格劳孔叹息道,他已经开始泄气了。

"以下就是我的第一个区分:在所有可感知的物体中,有一些是不需要纯粹思想进行额外思考的,而另一些则强烈需要这种纯粹思想。这样一种差别的原则是什么呢?在第一种情况下,仅仅建立于感知的理解就已足够,而在第二种情况下,感知无法正确判断事物的本质。"

"我懂了。"格劳孔说。"您想说的显然是那些从很远处看到的物体,或那些以假乱真的画作,比如用来装饰某些现代建筑外墙的透视画。"

"你什么都没懂。"苏格拉底和蔼地说,"不需要借助纯粹思想的客体是指不会同时引发两种对立感觉的客体。而那些会引起直接对立的客体，我把它们归入需要动用纯粹思想的事物行列。原因就在于此时情形下，对于客体会落入这个谓词还是与之相反的谓词，感知根本无法获得答案。而这与客体的远近毫无关系。"

"您不能举个例子吗？"格劳孔一头雾水。

"我正要举例子。看我右手的三个手指——大拇指、食指和中指。它们三个都作为手指显现，因此都符合'手指'这个词，这与它们的位置在中间还是在两边无关，与它们的颜色深浅、厚度、饱满或瘦削度及其他类似限定也无关。面对这些错综复杂的次要差别，**主体**无需求助纯粹思想解决什么是手指的问题。为什么呢？因为视觉从来没有告诉过**主体**，手指还可能是并且同时是手指的对立物。"

"况且，"阿曼达说，"不得不承认，即便是纯粹思想，恐怕也很难说清手指的对立物是什么！"

苏格拉底无视这个背信弃义的举动继续说：

"然而，如果事关手指的大小，视觉还能有恰当的看法吗？至少，手指在中间还是在两边，这对感知来说不会再是毫无差别的了。一旦涉及成对的谓词，比如硬－软或厚－薄时，触觉也是如此。总的来说，感官能力——我是指我们熟知的五种感知，即视觉、听觉、嗅觉、味觉、触觉——无法正确评价这类特性。在这一点上，我们又回到了我们的对立标准。因为，举例来说，用来评估物体硬度的感官能力同时也用来评估物体的柔软度。这种能力会告诉**主体**，同一个物体的'软'和'硬'并不是感官体验可以明确区分的不同谓项，而是可感知的连续性上的不同程度。正因为这种连续性依靠的是同一种能力，所以我们也可以说，同一个物体可以同时被感知为硬的和软的。在这些情况下，**主体**面临的是一种两难困境。感知既告诉我们某个物体是硬的，同时又告诉我们它是软的。这是什么意思呢？对于重与轻也是同样的道理。如果我们的感官能力告诉我们重是轻的、轻是重的，那么重与轻之间的区别又意味着什么呢？"

"赫拉克利特听了会很满意的。"阿曼达插嘴说，"我爱他那句：'由死获生，因生而死。'"

苏格拉底并没有上钩。他不动声色地继续说：

"**主体**只好求助于推理和纯粹思想，来尝试看清感觉获得的信息中包含了二元对立还是统一。如果思想认为其中有两个物体，那么这二者中的每一个都必须是'一',而且与另一个不同。只要每个物体都是'一',而且它只能与另一个'一'一起构成'二',那么**主体**就认为它们是截然不同的。因为如果它们是不可分的,它们就无法被当做'二'来思考,而只能当做'一'。让我们把这些抽象观点运用到视觉感知上。我们已经说过,视觉观察大和小时,并没有把它们分开,而是合在一起看的。为了使大小区别变得清晰一点,纯粹思想只好将大和小想成分离的而不是不可分的,因此也就与视觉背道而驰了。在此,看与想之间产生了明显的矛盾。正是这种矛盾促使我们去探索大和小的本质究竟是什么。其实刚才我们在可感物和可思考物之间引入'认识论断裂'(用我们的老朋友巴什拉的话来说)时,我们已经在这样做了。以上就是我想说的。我区分了激发智力的物体和不打搅智力的物体。我把那些令感知充分感受到两种相反特性的事物定义为刺激物,同时我认为只能引起单一感知的事物缺乏智力活性。"

格劳孔看起来既松了一口气又困惑不已。他这样解释道:

"我想我终于理解您的定义了。不过我不明白甚至完全搞不懂的,是与算术的关系!"

"你把数和单位归入哪一类客体？"

"我完全不知道。"

"你可以结合我们刚才说的有关感知与矛盾之间关系的话想一想。如果说视觉或其它感官能力允许我们准确把握'一'的本质，那是因为'一'从本性上说不会引导我们的欲望趋向存在中向思想呈现自身的部分。这就是我们刚才谈论的手指的情况。然而，'一'的情况很可能恰好与手指的情况不同。要想确定这种不同，就必须弄明白，对作为一个物体存在的'一'的感知，是否并不一定会引发某种矛盾，使它显得既不是'一'也不是'多'。结果或许会如我们所见，即**主体**面临一种两难困境，为了作出决断，它必须进行一种完全不同类型的考察。它可能需要激发自身的智力来思考'一'的本质。在仔细考察这整个过程之后，我们或许可以得出结论：对'一'的研究可以转变个体，令其开始思考事物的本质。"

阿曼达表情狐疑地听完了这段长篇大论后，忍不住说：

"算术是为了使人成为**主体**？这实在有些夸大其词吧！"

"不管怎么说，"格劳孔反驳道，"可以肯定的是，一个物体就算看起来是明显的'一'，对它的视觉感知中也充斥着矛盾。它一次次地分裂成碎片。我们总能看到同一事物既是'一',又是无尽的'多'。"

"还有,"苏格拉底接着说,"如果'一'是这样的情况,那么其它任何整数都是如此,因为它们都是由若干个'一'组成的。而算术是数的运算。因此,这类科学趋向于某些真理。"

"你看!"格劳孔对他那正微笑着沉默不语的姐姐说,"你还是等论证完了再插嘴吧。毋庸置疑,我们已经证实高等算术是我们所寻找的科学的一种。一方面,几乎所有集体行动领域都需要算术,比如最有效地组织军队的所有兵力进行突袭时。另一方面,哲学家也需要算术,为了成为数论专家,他们必须学会战胜变化的力量,从而掌握向思想呈现本质的东西。而我们共产主义政治共同体的卫士——斗士、工人、士兵、领导者,所有人——既是行动者又是哲学家。因此我认为应该宣布,对高等算术甚至超验高等算术的研究是必须的。任何人如果想在我们的集体中谋得一席之地,并在担任领导人职务时胜任这一职位,就必须研究这门学问并加以练习,不能流于表面,只掌握几个实用的技巧,而是要运用纯粹思想,对数的本质有一个系统的理解。是的,越这样想,我就越觉得这种科学真是我们政治蓝图中不可或缺的一部分。"

"年轻人真是慷慨激昂啊！"苏格拉底感叹道。

"还是要看条件的吧。"阿曼达小声嘟囔道，"毕竟，如今有许多人有一种真正的'恋数癖'。看看选举、民意调查吧，当然还有货币：到处都由数字说了算。我很警惕，不错，就是'警惕'这个词，我十分警惕这种算术崇拜。资本主义奴仆中最贪婪的那些，也就是银行交易人，他们都是十分厉害的算术家，这足以说明一切。我们已经与共产主义相去甚远了，朋友们。"

"你说的没错，"苏格拉底打断她的话，"我们正处在一道分水岭上。右边是对数字的实用主义，它使数字与贸易、银行、民意服从、愚蠢的多数票联系在一起。左边是关于**数**的形式科学，它促进个体融入普遍的**主体**，最终揭示向思想呈现本质的东西的真正面貌。我相信数学。它不会因服务于金融和商品而消失。对数学的超脱的研究会给**主体**带来一种腾飞的冲劲，迫使其就数的本质进行辩证推理，而在这辩证推理的过程中，**主体**永远不会接受将数视作具体可感的实体或类似财富和名望等的社会符号。"

"哎呀！"格劳孔叫道，"您可真了解数学家。他们口中的'数'绝不是贸易中提到的数！数学家对数的操作十分精细讲究。假如你声称找到了分割'一'的理性方法，他们一定会捧腹大笑，根本不会相信你的话。如果你还是假装坚持要分割这个'一'，他们就会使'一'成倍增加，让'一'永远不以本质显现，让'一'显得不是'一'，而是由各个部分组成的'多'。"

"你描述得太传神了！"苏格拉底满意地说，"我建议你问他们这个问题：'令人景仰的学者啊，你们讨论数的时候，好像它们都由'一'构成，而这个'一'完全等同于另一个想象出来的'一'，连一丁点细微的差别都没有。你们说的是什么数啊？'你觉得这些亲爱的数学专家会如何回答？"

"他们会说对于他们谈论的数，如果不借助纯粹思想，我们完全无法了解，而且除了在由纯粹思想构成的场所，在其他任何地方都无法使用这些数。"

听了这番话，苏格拉底显然很为他这个年轻的弟子骄傲，他拍了拍格劳孔的肩膀说：

"无懈可击！所以你知道我们确实需要高等算术了吧。它迫使作为**主体**的、受到**真**指引的我们运用纯粹思想。"

"它对我就有这样的作用。"阿曼达说。

"而且,"格劳孔接着说,"在数学方面有过人天赋的人很快会在其他科学上展露才华。而那些反应迟钝的人呢,如果你强迫他们努力论证定理、勤做练习,那么就算表面看来这对他们没什么作用,我们还是会发现,他们的头脑比以前灵活多了。"

"完全正确。另外,不管是学习还是发明新的解决方法,数论都比其他学科更挑战智力。仅仅是这个事实,就足以说明每个人都必须试着领略它。不学习这种科学,就休想成为一个思维敏锐的人。"

"啊!"阿曼达微笑着说。

"经过以上论证,"苏格拉底满意地摩擦着双手说,"数论,所有年轻人都必须学习!下面我们来探讨一下人才培养计划规定的第二种科学。"

"不用说,"阿曼达叽叽咕咕地说,"肯定是几何学。"

"被你说中了!"

"几何学,当然了。"格劳孔表示赞同,"打仗时可少不了几何学!安营扎寨、包围要塞、展开或集合队伍,总之,通过行军作战时要求的一切复杂操作,我们能够立即看出擅长几何学的人和对此一窍不通的人之间的区别。"

苏格拉底撇了撇嘴:

"坦白说,要做到你说的这些,掌握非常基础的算术和几何知识就够了。我们应该从整体上考虑几何学,尤其是其中最新、最难的部分,由此来判断它是否能帮助我们实现最根本的目标,也就是更加容易地掌握**真**的**理念**。因为大家别忘了,自个体融入**主体**后,他就应该走向一个场所,即本质之中赋予个体根本幸福的部分。唯一可以算是哲学上的迫切要求就是最终进入这个部分,而发现一切阻碍个体走向这个场所的东西,是我们真正的哲学目标。"

"我们又回到转变的动机这个问题上了。"阿曼达出神地说。

"是的,当然!如果几何学迫使我们直面存在中向思想呈现自身的部分,它对我们就是有用的。如果几何学只关注生成变化,它对我们就没用。很多运用基础几何学的人对它的认识令这个问题变得晦涩。真正的几何学家不会反驳我的观点,即大多数时候人们宣扬的对这门科学的解读与几何学的真实本质其实截然相反。他们用十分可笑的术语来谈论几何学,因为这些术语与经验需求紧密相关。他们所做的只是喊出一些响亮的词，比如'倍立方'、'化圆为方'、'画延长线'、'面积相加'及其他诸如此类的表达，仿佛几何学就是一大堆如何在平面上灵活操作图形的秘方而已。然而，我们学习数学只是为了获得纯粹思想。说得更确切些，是为了获得纯粹思想，来思考永恒的存在物，而不是忽生忽灭之物。"

"歌德有句名言，"阿曼达轻轻地说，"'万物有生必有灭。'[1]"

"终于，"苏格拉底回答道，"一个诗人，而且还是个德国诗人，终于说了句中肯的话，即便这句美妙箴言是他让魔鬼说出来的。逃脱了生之诅咒的几何学因而注定要获得永恒，它会将**主体**引向**真理**，并使哲学中的分析性部分获得形式。它预告了一种运动，通过这种运动，我们将通常只是勉强存活于下面的东西转到了上面。"

"还是转变。"阿曼达嘟囔着说。

"总之，我们坚决要求在我们美好的共产主义国家，任何一个居民都不得忽视几何学。此外，几何学还有一些不容忽视的附带好处。"

---

[1] 原句可参见歌德的《浮士德》。此处中译根据巴迪欧引用的法译文译出。——译注

"哪些？"阿曼达有些挑衅地说。

"格劳孔分类汇总的那些，包括战争及其他。不过更为重要的是，当我们考察知识进步时，不管涉及何种知识，我们都会发现，深入研究过几何学的科学家和不了解几何学的科学家之间有巨大差别。"

"因此我们将规定，除了算术之外，这是年轻人必须学习的第二种科学。"格劳孔总结道。

"当然。"苏格拉底表示同意，"那第三种科学呢？是天文学吗？"

"是的。"格劳孔激情澎湃地说，"因为天文学告诉我们身处何年何月。而这个知识，农夫、水手和作战中的将领都必须知道。"

"你这些实用性证明真好笑！这让我想起那些报纸，你可以在上面某个小角落发现类似的'科学'新闻：有人找到了解开某道高等算术难题的方法，在过去的三个世纪，连最伟大的数学天才都对它束手无策。"

"我知道，"阿曼达瞪大眼睛宣布道，"是费马定理，英国人怀尔斯证明的。我在《今日女性》上看到过。"

"这么说这是一本出色的科学杂志！"苏格拉底微笑着说，"你肯定注意到了，在这种情况下，记者总在千篇一律地说两件事。第一，我和我的读者都不可能理解这是什么。第二，很遗憾，这对'实际生活'毫无用处。就好像创造性思维不'实际'似的！其实它比任何东西都实际。亲爱的格劳孔，这就是为什么你不必害怕听众的原因。即便理论天文学不能有助于收割香蕉或改良自行车变速器，我们还是会心甘情愿地学习它。我们正在挑选的科学拥有一种既根本又很难理解的用途，它们可以净化和修复**主体**身上某个因日常琐事而腐坏、变钝的器官。保护好这个器官比日夜睁着巨人阿尔戈斯的一百只眼睛——如果我们有的话——更重要。因为我们只有通过这个器官才能看到真相。了解这种**主体**能力的人不需要你那些实用性证明。而对此一无所知的人绝不会对科学感兴趣，因为他们无法从中获得实用价值。亲爱的格劳孔，你应该确定自己要向谁说话，是向纯粹思想的拥护者还是顽固不化的实用主义者？"

"说实话，都不是。就让双方自己想办法从这门或那门科学中获益吧。至于我，我说话、提问或回答，首先都是为了我自己。"

"有何不可呢？让我们后退一步。在几何学之后，我们还没有挑选合适的科学。"

"难道不是天文学吗？"

"还没轮到天文学。你还记得吗,我们讨论了基础几何学,其中最主要的教学实例都取自平面几何,比如三角形、圆形、方形、抛物线……这些图形都是二维的。而天文学研究的天体是什么?是三维空间中的物体。而且它们还处于运动中,因此我们可以说它们是四维的,包括三维空间和测量天体位移的时间。说实话,事情还要复杂得多。因为可能存在多种空间,可以从任意维度去研究,不仅仅是二维(平面)、三维(空间)或四维(空间-时间)。为了解决这些问题,数学家构想了一些非常宽泛的概念,比如——天才黎曼创造的——n 维流形。还可以列举拓扑向量空间、纤维丛或李群……最终你们会看到比海王星和天鹅座更迷人的东西,它们结合了拓扑学或定位特性(邻域、开集-闭集、覆盖、点、内部-外部……)、度量或测量特性(距离、大小……)以及代数或计算特性(基本群、分解、同构……)。这些是当代数学最重要的分支,即代数拓扑学中最奇特、最复杂的对象。其中有节点、被穿孔或折叠 n 次的曲面、超球面、莫比乌斯带、克莱因瓶,还有其他好多神奇的东西!每个公民无一例外都应该从这一层面来学习数学。关于三角形和圆形的几何是不够的。"

"在这些抽象的构造面前,可怜的天文学怎么办呢?"

"你必须知道一点,唯一能使个体上升至其能成为的**主体**高度的知识关乎存在中某个部分,这个部分隐藏在某处,无法被看到。严格意义上的科学与简单的感性特征不同。诚然,住在我们每个人心里的诗人认为,天空中耀眼夺目的星座尽管是由可感物质组成的,但从它们本身的排列来看,是世上最美丽、最具崇高规律性的事物。然而我们坚持认为,这些星座与本质上的星座是无可比拟的。真正的星座隐藏在我们看到的事物之下,它们的快与慢是真实的,同真正的图形相适应;它们非常精确的运动既取决于各星座之间的关系,也取决于它们与自身的关系。难就难在,对于这一切,存在一种理性和分析性理解,但没有任何知识能够直接通过肉眼获得。"

"既然如此,天文学家的观察、巨大的天文望远镜、射电望远镜还有发射到太阳系边缘的卫星,这些还有什么用呢?"

"天空中那些数不清的天体应该作为我们获知看不见的**理念**的范式。假设有人在山洞的岩壁上发现了一些抽象的图案,出自史前某个天才艺术家之手。今天的某个数学家或许能从中辨识出一些代数拓扑学图形，并对图形的绘制赞叹不已。但这并不意味着目瞪口呆地观看这些杰作就能促进空间理论的进步。同样地，一个真正的天文学家在发现新星系或记录下宇宙大爆炸的背景噪声和微小痕迹时——我们的宇宙几十亿年来一直在恢宏地呈现大爆炸的后果——，他会对这个可感知宇宙中的种种奇迹感到心旷神怡。可是他不会认为这种沉醉或无数类似观察的累积可以等同于——哪怕是一瞬间——一种恒定完整的、从整体和细节探讨宇宙本质的理论。"

"卢梭，也就是我亲爱的让-雅克，他说得很有道理。他讲话向来很有道理，"阿曼达说，"他说，'抛开一切事实'，才能正确思考。"

"的确，我们是通过提出问题而不是记录事实来学习天文学的，对高等算数、基础几何学和代数拓扑学也是一样。止步于可见的事实会阻止我们有益地激活**主体**中可以被称为思想的东西。"

"您现在说的，"格劳孔担忧地说，"是一项比较崇高的工作。"

"唯一能使各种科学为**真理主体**服务的工作。"

"可是，关于这个**主体**，您只向我们介绍了它的雏形。"

"这是因为刚才确认的每一种科学就其本身来

说都可以产生真理,但每一种科学都无法宣称自己掌握了真理的本质。"

"可是在系统地学习了所有这些科学之后,"格劳孔反驳道,"我们总能发现存在于它们中的共同元素,正是后者令它们一起构成了思想的某个类型。我们可以通过严密的论证,揭示这些科学的家园。那时我们才算是取得了显著进展。否则的话,我们说再多都是白费劲。"

"这或许是一项永无止境的工作,而且确实很有用。但是,亲爱的朋友,这项工作完成后,我们也只是来到了哲学所演绎的音乐的前奏部分。我们或许只能停留在认识论层面,而这没什么大用处。一切问题都在于,数学家和学者就算再伟大,也不是真正的辩证学家。尽管这些科学如同艺术、政治活动和情感表达一样,确实十分必要,但仅有它们是不够的。特殊真实只是哲学的前奏。的确,没有这些科学,我们的乐谱就连一个音符都没有了。可是严格意义上的哲学乐曲,只有那些有能力完成辩证讨论的人才能够哼唱。"

"我觉得我们又回到宇宙电影院的话题上了。"阿曼达指出。

"你对我们讨论进程的转变真是出奇的敏感。是的,我们又谈到经验与思想的问题了。视觉最初受制于被奴役之地——也就是形象的集权电影院的阴影,后来在某个从高处回来的人的指引下逃脱。但外界如此耀眼,视觉一开始什么也看不见,于是它便开始模仿思想。它先是在夜晚时分学着辨别树木在池塘中的倒影,然后是夜幕中的星星;接着,它在黎明时分认出了高大的冷杉树、飞翔着的色彩斑斓的鸟儿、蓝蓝的天空;最后是太阳!同样地,当我们在辩证练习中不借助感官,只依靠推理来努力接近万物的本质,当我们如此坚持不懈,直至通过纯粹思想形成对**真理**的概念,那时我们可以说,我们已经到达了可思考物的极限,正如寓言中那个逃脱者到达了可见物的极限一样。"

"这就是您所谓的,"阿曼达欣喜地说,"辩证法?"

"当然!为什么学习科学尤其是数学构成了辩证法的必要前奏呢?因为这种学习无须依赖直接经验的虚假'明证',就可以告诉我们真理是存在的。这些真理的存在是必不可少的支撑,有助于构筑起一些概念,澄清真理的本质问题,以及真理在哪些方面有别于世间显现的万事万物的问题。意识到真理的例外性是哲学思想所能达到的最高点。"

格劳孔和他姐姐不同,每次当他觉得"又陷

入形而上学"——这是他的说法——时,就会本能地采取犹疑的态度,这是具有实用主义倾向的人常有的态度:

"我也很想像您一样看待事物。可是,我常常觉得几乎没法认同您对事物本质的看法。与此同时,我又对自己说,从另一个角度看,不认同也是不可能的。于是我给自己定下一条临时的道德原则:既然我们没法立刻解决这个问题,而且我们还会多次谈到这个问题,那就承认您是对的吧,然后让我们跳过前奏来到乐曲本身。让我们带着与讨论前奏时同样的决心和同样的准确性来讨论乐曲。请告诉我们您所谓的'辩证法'到底是什么,它可分为几种类型,不同类型的途径又有哪些。因为这些途径可以带我们通往努力到达的终点,也就是我们旅途的目的地,而经过二十四小时折磨的我们终于可以休息了!"

"照这样下去,亲爱的格劳孔,你可能没办法跟上我的思路。我不缺乏必要的恒心,你有吗?要知道到时你的直觉就不再是用于我们所探讨事物的形象,而是用于**真**……至少是我所认为的**真**。我们并不会在这里教条地断定**真**的本质全然如我所描绘的那样。但我们可以凭直觉判断它们相差不大,这一点我可以肯定。我更确信的是,只有辩证的力量才能令我们之前谈到的科学专家们相信这一点，其他任何方法都不可以。"

"亲爱的老师，我们允许您适度地武断！"阿曼达微笑着说。

"有一点是任何人都无可厚非的。那就是当我们说，存在一种不可约简为数学的思想过程，它致力于通过一个有步骤的过程，掌握任何领域中的任何事物的本质。"

"撇开您的辩证法不谈，"格劳孔提出异议，"在普通技术和高等数学之间也还是存在着很大区别的。"

"这么说吧，技术和常识在下述情况下被认为是描述性的或经验性的：它们要么探讨人类的意见和欲望，比如所谓的'人文科学'；要么只涉及可见物的生成变化与构造，我想到了地质学、植物学和动物学；要么教人如何喂养牲畜、栽培植物，或者传授手工艺品的制造与保养法则，这属于工艺学范畴。至于真正的科学，如物理学，尤其是数学，我们说过它们是从本质上去认识事物的；但我们也必须承认，在某个层面上，由于这些科学的展开不需要对自身过程予以思考，因此它们更像是睡梦中出现的**真理**，而不是**真理**本身。它们并不将自己的结果放在真正的光明即日光之下检视。个中缘由，当我们注意到——我们已经注意到了——这些科学仅满足于假设或偶然的观察结果时就会明白。我们已经宣布不会涉及这些假设和观察，因为除了能肯定它们的成果十分宝贵外，我们无法对其进行理性证明。而如果原则的内在价值是未知的，如果结果以及达到结果的中介也因此而由未知构成，那么我们还能将这一切的约定组合——即便是连贯的——称为'科学'吗？这个词可是意味着无条件的或绝对的知识啊。"

"可这些确实是科学啊。"格劳孔不满地说，"它们既不是简单的描述，也不是依靠我们对世界的感知而来的观察。"

"当然！但是哲学，也就是辩证法，还是有其独特目标的，尽管它以科学为前提，却也与之迥然不同。在思想学科之中，只有哲学通过证明一个又一个假设来抵达原则，而抵达之后，又通过一个自上而下的运动来肯定这些假设。只有哲学能够真正将**主体**渐渐拖离其深陷的野蛮的个人主义泥沼，将其引向最崇高的目的地。当然，为了实现这一困难的转变，辩证学家运用了我们之前提到的那些科学，作为伴随和支撑。但通常意义上的'科学'一词如果既被用来指数学又被用来指辩证法的话，它的含义就会变得模棱两可。或许应该找到一个比'意见'更清晰、比'科学'更模糊的词——此时我们从绝对意义上使用'科学'一词。刚才我提议舍弃'科学'，并区别'分析性思维'（或数学思维）和'辩证性思维'（或哲学思维）。但我不认为现在是争论用什么词的时候，我们必须考虑有关事物本质的思辨性问题。"

"特别是，"阿曼达露出一副狡黠的神情，眯着眼睛说道，"如果我们赞同拉康所说的'词是谋杀物的凶手'的话。"

"也可以说，"苏格拉底反驳，"'事物一旦被阐明，其名称就无足轻重了。'不管怎么说，我坚持我的分类。精神活动有两大形式：一种是意见，它以既定世界的变化为对象；另一种是思想，它关注的是超越物质世界的存在。在这两种形式之下又有两种次形式。意见可分为假设和确信，思想则有分析性和辩证性之分。我还根据这些术语与存在的关系，给出了它们之间的关系。存在与既定世界之变化的关系，相当于思想与意见的关系。思想与意见的关系，相当于辩证性思维与确信的关系，以及分析性思维与假设的关系。至于这个关系结构的细节，尤其是支撑这一结构的本体论演绎推理，我们之前已稍有涉及，在此不作赘述，否则又要长篇大论了。还是关注辩证学家的行为本身吧。能够把握每个存在物呈现在思想中的理性内核的人，我们称之为'辩证学家'。反过来，对于无法做到这一点的人，你同意我们说他无法进行真正的思考吧，亲爱的格劳孔？因为对于他声称在思考的东西，他其实既无法向自己也无法向别人作出合理解释。"

"我怎么可能不同意呢？"

"应声虫，哼！"阿曼达咬牙切齿地说。

苏格拉底清楚地听到了阿曼达的挖苦，但他并未回应，只是接着说：

"对于**真**也完全一样。如果一个人不能定义**真理**的理念，并理性地将之与其他理念区别开来，也不能像理念的战士那样在各种所谓的批驳之中开辟一条道路，对'批驳'进行反批驳时总是触及本质而不像其对手那样只流于表面，如果这个人不知道如何运用无可辩驳的逻辑来对付这些言语陷阱并越过它们，那么任谁都不会说这样一个家伙知道**真理**的本质，或知道任何其他道理。我们甚至不得不同意，如果他操纵了某个仿真的假象，那么这个假象只是意见而绝不是思想，既不是分析性的也不是辩证性的。如此一来，这样一个无能之人的现世生活只不过是一种半梦半醒的状态，尚未苏醒于人世，就已经长眠于死亡之境了。"

"又是一个无人能反驳的苏格拉底式句子！"阿曼达叫道，她确实很激动。

"亲爱的孩子们，现在假设你们两个也有自己的孩子，也要养育他们，教导他们。假设这些孩子天理难容地遭遇了一些不幸，之后变成了十足的傻瓜，甚至连你们也说他们彻头彻尾无理性了——说他们无理性比说正方形对角线无理性更有理由——，我不认为你们会同意让这样的年轻人成为国家领导人及最重要的决策者。不是吗？"

"要唾弃他们很困难吧，"格劳孔说，"因为我们爱他们，这些傻瓜可是我们自己的孩子！不过我想我们还是会给他们找一个合适的前途，一份可能微不足道但有趣的工作。"

"这就是为什么在发生此类灾难之前，你们得努力教导你们的孩子，让他们至少能够按纯粹思想的要求，面对任何主题都能提问和回答。这实际上就意味着，作为父母的你们知道，辩证法是一切知识的圆满结局，任何其他学问都不能凌驾于它之上。因此，关于应该教授我们共产主义国家的人民什么课程，以使他们都能在责任来临时承担最高领导人的角色，我们终于讨论完毕了。"

"您得出了一个非常出色的家庭主义结论！"阿曼达宣布，"我无言以对！而且这个结论不赖，一点都不赖。我认识的每个人都抱怨说，当一个男人和他的情人吵架时，他们的理由都微不足道。而跟孩子在一起，根本不可能好好讨论。苏格拉底向我们证明：辩证法是家庭和睦的秘方。棒极了！我们可以……"

"是啊，"格劳孔打断她的话，"可是在抽象规划和具体现实之间隔着一道鸿沟。怎么在群众中普及包括辩证法在内的知识呢？"

"为了使人们都坚信应该由**理念**——即我们所理解的**理念**——来调节国家的发展，必须承担并监督普遍教育的结果。关于普遍教育，我们昨晚和今早已经为其制定了原则甚至部分细节。因此，我们要以这种教育引导大众去追求的各种品质为前提，而哲学定义完全就是对这些品质的综合。无论如何，我们的大纲十分简单：任何人都可以并且应当成为哲学家，无人例外。缺乏这个条件，哲学的普世抱负将没有任何意义。为了实现这一大纲目标，我再重申一下：最主要的美德，亦即使人自始至终服从这一过程中的要求的美德，是勇敢。"

"我刚才恰好在想，"格劳孔担忧地说，"如何克服记忆力差异，以及个人毅力方面的不平等性。耐力可以使人爱上任何形式的工作。"

"是的，"阿曼达说，"大家别忘了，我们打算消除体力劳动和脑力劳动之间的一切社会分化。"

"这点至关重要！"苏格拉底表示赞同，"如果说每个人都应当成为辩证学家的话，那么没有谁可以只靠一条腿走路！'一条腿走路'的意思是在一件事上积极，在另一件事上懒惰。我们知道现今有一些人，如有必要他们可以走上三十公里，就为了看一分钟自行车比赛。他们热衷于艰苦的打猎训练和帆船训练，会更换桌脚，会栽培漂亮的番茄，有个性十足的坦率和勇气。但在所有脑力问题上，他们都像鲤鱼一样默不作声。他们从不去看戏，只看得懂赛马成绩和天气预报。另一方面，有一些细胞生物学专家或对索福克勒斯作品中的主有形容词无所不知的人，他们可以就这类话题跟同事滔滔不绝地聊天，他们常去歌剧院，读左派的文化报纸，有时会勇敢地帮外籍工人捍卫权利。但他们完全不知道怎样犁沟，怎样修理摩托车，怎样保养猎枪。只要人们一直这么跛着，就不可能使哲学得以普及。"

"在**真理**问题上也是如此！"阿曼达叫道，"跛子还真不少！甚至可以说他们是那种'只有一条腿'的**主体**。这种人我见得多了。他们自称痛恨谎言，但这不妨碍他们自己说一大堆蠢话，或重复人云亦云的观点。他们沉溺在自己的无知之中，就像烂泥地里打滚的猪。拉康老爹说得对，无知不是一种缺陷，而是一种爱好！看来看去，还不如让他们多撒些谎、少些无知。"

"难以达到的平衡，"苏格拉底微笑着说，"有一件事可以肯定：必须尽快使个体的各方面能力达到必要的均衡。孩子们喜欢奔跑、跳跃、打架、打抱不平……他们讨厌告密和自负，这点非常好！因此，最好的做法就是使他们在算术、几何、天文学方面充满野心，从而尽早开始学习辩证法。至于教学形式，最好是……"

"关于这点，我有个想法，"阿曼达打断他的话，"打倒专制型教学！那是军营，是烦恼，等等等等。在一段时间之后，每个孩子应该无一例外地因为爱学习而学习，就像他们爱爬树、爱看电视上的歌手或者爱在角落亲嘴一样，甚至比这还爱。要不然就没戏！"

"不管怎样，你说得对，"苏格拉底承认，"人能不能既是自由的，又因为到了上学的年纪就突然变成了奴隶？如果我们强迫别人日复一日地搬运重石，我们就说这是苦役，是一种残酷且徒劳的惩罚。而为**理念**准备力量的科学与艺术教育也要以苦役的模式来进行吗？这简直荒谬。强制灌输给个体的知识是不能够造就**主体**的。"

"说得好！"阿曼达喊道。

"年轻人啊，"苏格拉底接着说，"关系到知识时，永远不要对孩子使用暴力。让教育像游戏一样无拘无束、引人入胜吧。甚至超过游戏，就像阿曼达期望的那样。要由老师来点燃孩子们身上的创造火花，这火花存在于每个人身上。只有在这种活跃的自由氛围中，每个人才能找到对自己来说最自然的通往辩证法的道路。思想能够通观全局的人就是辩证学家。但是，就世界的某种形态来说，存在无数条道路，可以对这种状态形成一种整体视野。教育如果不能赋予每个人手段，来选择对他来说最可靠的道路，从而令其在环境协助下，以**主体**身份成为他作为个体时无法成为的辩证学家，那么这种教育就什么也不是。"

"可是，"阿曼达问道，"辩证法难道没有被电视上的伪辩论、冒牌'哲学家'、民意调查这些东西败坏吗？什么主题都谈的泛泛的讨论，网上喋喋不休的人，诸如此类乱七八糟的东西，这些难道没有建立由闲扯和意见构成的顽固专制吗？"

"你让我不得不采取我最著名的迂回战术

了。设想有一个孩子被非常富有的人领养了。他在一群马屁精和食客的簇拥下度日,生活安逸而闲散。他的养父母小心翼翼地向他隐瞒了一个真相:他的亲生父母其实是穷苦工人,他们的孩子几乎是被一对不能生育的有钱人夫妇抢走的;这两个不幸的人重病缠身、身无分文,连与孩子一起继续过最艰苦的生活都无能为力。只要养子不知道这个真相,他多多少少是尊重被他视为亲生父母的人的,至少在最重要的事情上是如此。他并不太信任那些想要利用他的年轻的犬儒主义马屁精。但他终于还是知道了父母的骗局。他一下子迷失了方向,由于远离自己出身的真相太久,他已经无法确定什么是理性的行为,深信表面法则都是谎言。已经成长为青少年的他很容易受到诱惑——至少在一段时期内会这样,被同伴们宣扬的及时行乐和'*no future*'的虚无主义准则吸引。"

"可这与辩证法的腐坏有什么关系?"阿曼达惊讶地问。

"我们从孩童时代起就怀有一些关于正义的原则。这些原则就像父母一样,因为它们教导我们做该做的事,即便我们并不能时时运用这些原则——正如我们并不是时时听父母的话——,我们还是发自内心地尊重它们。当然还有其他的行为准则，与这些原则完全相悖，往往诱人得多，勾引着我们，蛊惑着我们，但大多数情况下受到我们的抵制，因为通常占上风的还是那些首要的原则，我们可以称之为父亲般的原则。然而，设想有人一而再再而三地问年轻人，他的这些正义原则从何而来，是哪个了不起的父亲教了他这些原则，假设此人嘲笑这种'父子关系'，千方百计地对其加以否定，对那个可怜的年轻人或柔弱的小姑娘纠缠不休，从而渐渐迫使他们以为，自己想象中的正义并不比非正义更正义，自己深信为真的东西也可能是假的，人世间的一切都是飘忽不定、相对而言的，等等。于是，他们从儿时起对一些稳固的原则所抱有的尊重便很可能被摔得粉碎。他们曾觉得这些原则与成为真正的**主体**的能力之间有某种联系，现在他们再也不承认这种联系了。他们的一切经验都变得混乱不清。由于不知道该相信谁，他们会听信身边那些溜须拍马者和食客的诱人准则，最终将辩证法与饶舌的意见混为一谈。"

"归根结底，您原谅了当今的那些伪辩证学家！"阿曼达感叹道，"他们被误导了、被腐化了，可是最初他们并没有那么坏。"

"共产主义的信条就是,人是善良的,令他们堕落的,是社会、家庭、国家……总之就是坏政治的一切弊病。"

"简直是卢梭再生!"

"是啊!这就是为什么我们对那些伪哲学家的同情多过厌恶。"

"这些都是题外话,恕我直言。"格劳孔教训道,"我想知道的是确切的教育大纲。"

"啊,当然!"苏格拉底高兴地说,"先是我们谈论过的基础教育,就是文学、音乐、基础算术、语言、体育等等,基础教育将持续十年。之后让所有年轻人下到与我们说过的地下电影院类似的地方,在那里履行所有可能的职务,包括最艰苦的工作,例如小工、樵夫、收银员、快递员、士兵……这样做的唯一目的就是使落后者、无知者、外国人都归附于我们的政治,从而使任何人,我是说任何人,都不会滞留于那个图像山洞,使所有人都明白,在世界的大潮中,什么是被**理念**指明目标和力量的人生。他们会在五年里做可见**理念**的年轻工人。之后十年的时间,他们要练习分析性思维:高等数学、理论物理、天文学,直到掌握这些科学领域的最新成果。由此,在接下来的五年中,他们能在脑中对这一切进行辩证性综合，然后将全部成为哲学家。"

阿曼达噘了噘嘴：

"那时他们年纪也不小了。"

"差不多三十岁吧。他们来到了某个过程的最后一环，正是这个过程令个体最可能融入一个或多个真理进程，进而成为**主体**。那时他们的目光将掠过一切存在物，投向某种相当于存在物之潜在光明、能揭示出存在之隐藏本质的东西。当轮到他们担任领导职务时，正是在这一光明的指引下，他们才能应对职务迫使他们面对的政治困难。他们心中考虑的只有公众的福祉，而且将这项工作视为一种无法推卸的责任，而不是一种荣誉。他们只会利用自己的地位——而且是暂时的——，通过自己的榜样作用，来加强对继任者的教育。而那些继任者职责来临时，不论局势如何，都会被任命为共产主义政治最高卫队的长官。"

"作为榜样的领导者！"格劳孔叫道。

"男领导者和女领导者，"苏格拉底纠正说，"我们所谈到的一切都不会重男轻女，要永远记住这一点。"

"而且，"阿曼达添油加醋道，"国家的每个居民无一例外都会受到召唤，会承担'领导者'一词所指的职务，因此这个词没有性别、肤色、社会阶层,也没有任何类似的限定词。"

"还是有年龄限制的,"格劳孔指出,"开始担任政治卫士时,大家都已经三十岁了。你和我都还不够格!"

"总之,"苏格拉底总结道,"关于适合我们的第五政治的教育,以及与之相应的一类人,我认为眼下我们已经谈得够多的了。休息片刻,如何?"

所有人都表示赞同,大家开始喝起酒来。

第十三章　四种前共产主义政治批判（上）

勋阀政治和寡头政治

（541b-555b）

大家喝了酒又小憩了一会儿，稍事休息后，所有人此前因冗长的形而上学和科学推理以及哲学论证的压力产生的疲乏都有所缓解。苏格拉底手拿一杯蜂蜜牛奶，显得精神矍铄。他重述了正义指引下的政治共同体所具备的基本特征，也就是第五政治的特征。

"如果按照我们设想的完美政治来治理国家的话，那么我们能够接受一点，即孩子——或更普遍地说跟智力教育和体能教育有关的一切——都属于一个范围远远大于家庭的集体。一切重大实践，不管是战争还是和平，也都不再与个人有关，而是成了集体的事务。根据我们的政治规定，通常在战争不可避免时，然而最常见的还是在和平时期，适龄且可以在恶劣环境下为共同理想而战斗或斗争的男人和女人，他们将住在人民的房子里，绝不独自拥有一针一线。因为一切都应当属于大家。与报纸中吹捧的那些领取大额奖金的职业运动员不同，我们的公民－战士从政治集体中获取的是舒适生活的必需品，从而能够全身心地发展各方面的创造才能，他们越是将这些才能与共产主义集体的发展与荣耀联系在一起，就越会努力地投入其中。"

阿曼达趁机挖苦了一番：

"这也太奇怪了！您用几句清晰的话就总结了一个问题。而对这个问题的初步讨论之前让您讲了整整一晚上的话。请恕我冒昧，您的演说有时还很晦涩。您难道不该从刚才所说的内容讲起吗？"

"亲爱的阿曼达，当你勉强能一边管教五个孩子一边继续做自己的事时，你就会明白两个方法的不同，一个方法是我们昨晚为了构思和解决一个新问题所运用的调查法，还有一个方法是我今早使用的阐述法，后者只是为了表述已经得到证明的结论。你和格劳孔还是快点提醒我，我们究竟是在哪个时刻开始转到现在的话题上的吧。我想回到那个时刻，和你们一起走另一条路，也就是我们之前偏离的那条。然后我们就可以睡下了，因为我们知道自己已经穷尽了一切可能。"

格劳孔十分喜爱总结、分类和困境,此时他看到了运用其中一种方法的机会。对于使用此类有些变态的方法他很有诀窍:

"我还记得那个十字路口,苏格拉底,好像我们此刻还停留在那时一样!那时您刚刚讲到,我们之所以能确定一种政治的优越性,一方面也是因为与那些价值更低的政治进行了对比。您说这些政治从中等到低劣共有四种形式。因此总的来说,加上我们正在定义的这种政治,我们思考的这个领域中存在五种可能。我记得当时我在想,与您构思的政治对立的这四种政治是我们大家都了解的。第一种政治最负盛名,它因绝对权威而著称,其基本原则就是军事荣誉。这种政治没有名称,我还考虑过要给它起个抽象的名字,比如'勋阀政治'、'荣誉政治'之类的。第二种政治承认一小群富人的权威,我们称之为'寡头政治'。第三种政治根据全体人民投的多数票进行决策,它的名字做'民主政治'。而第四种政治是一个男人的肆意独裁……"

"也可能是一个女人!"阿曼达优雅地打断他的话,"还记得吗,对于苏格拉底来说,不管男人还是女人,只要掌握了哲学,就都是一样的。"

"哎哟！"格劳孔小声埋怨着，"反正这种政治叫'僭主政治'。"

"非常好！"苏格拉底说，"僭主政治的确是政治体最恶劣的疾病。但你还没有告诉我，我们的对话是从哪儿开始离题的。"

"在您陈述各种政治的分类之前，玻勒马霍斯和我姐姐突然用一个十分困难的问题缠住了您。为了回答这个问题，您就转而谈论了有关妇女、儿童和家庭的话题，一谈谈了好几个小时。这就是为什么我们的谈话会进行到这里的原因。"

"多亏了你这惊人的记忆力，让我回想起晚上转移话题的时刻。我一下子就想起来了。让我们从众所周知的一点说起，即每个政治共同体都有与之相对应的一类人。关于这一点，我想引用一位最伟大的诗人，就是我们的国宝荷马。你们应该记得有人这样问尤利西斯：

> 告诉我你属于哪个种族来自哪里，
> 因为赋予你生命的不是橡树也不是岩石。

"**主体**既不是生于树木也不是生于石头，而是来自祖国、国家和政治共同体。如果存在五大政治形式，那么也应该有五大**主体**组织类型，个体根据来源不同，分属于其中的一种。对于出自我们政治——平均主义的贵族政治——的**主体**，我们已经探测了其复杂性，而且列举了对其进行评价的一切要素：他们是遵循**理念**的正义者（juste-selon-l'Idée）。"

"遵循**理念**。一点不多，"阿曼达滑稽地说，"但也一点不少。"

"现在让我们研究一下与另外四种政治相关的**主体**类型。要仔细考虑，一个接着一个。我们从被格劳孔命名为'勋阀政治'的这一个开始：在这种政治中，**主体**醉心于荣誉和胜利。接着是寡头政治的**主体**、民主政治的**主体**和僭主政治的**主体**。我们会看到哪个是四个中最不正义的，是我们那遵循**理念**的正义者的绝对对立面。然后我们就会对纯粹正义和纯粹非正义之间的关系有一个完整的概念，另一方面也对幸福和不幸的关系有一个全面的看法。这样我们就可以结束这个漫长的对话，因为到时我们将有办法判断，究竟应该像色拉叙马霍斯昨晚凭借他一贯的才能坚称的那样走非正义之路，还是应该像今天早上我们的论证指引的那样走正义之路。"

"这样一来，"阿曼达说，"我们将能验证您的定理。这个定理认为，在思想活动中，只要完成思考就可以创造一个新的标尺。"

"你让我刮目相看！"

确实对女孩刮目相看的苏格拉底暂停了一会，接着又说：

"在这个创造新的政治标尺的智力活动中，为了尽一切可能取得成功，我们将像之前做的那样，按照由大到小的顺序，先考察政治共同体的习性，再判断个人的习性。"

"这样不会原地兜圈子吗？"格劳孔表示担忧。

"当然不会！我们先从你所说的勋阀政治谈起，接着描绘与之相似的个体，也就是'勋阀'或'荣誉政治者'。对于另外三种政治也是如此：我们先思考形式上的政治场所，再探讨在此形成的**主体**。"

于是好奇心重、甚至有些倔强的阿曼达问：

"可是为什么要从勋阀政治说起呢？太武断了吧！"

"问得好，孩子！"苏格拉底大声感叹道，"这里面有个很重要的原因，不过也很令人费解：勋阀政治是直接从我们的第五政治中产生的集体形式。它是第五政治产生的第一个腐败形式，但它比其他三种要好一些。"

"之后的政治就越来越糟?"

"没错。"

"这种起源也太神秘了!"格劳孔支持姐姐的观点,"一个合乎**理念**的制度怎么会产生不完美呢?我一点儿也不明白。"

"过渡原理总是最难懂的。试着理解吧。出发点很简单,那就是重申我们某位同胞口中"首要的内部原因":一个政治体只有在一种情况下才会变坏,就是当内战令政治体内部的小团体互相对立时。真正的统治者队伍无论壮大还是渺小,只要他们对事物有一致的看法,那么这个政治体就无法被撼动。因此,亲爱的格劳孔,如果说一个被第五政治焊接的共同体也可以被动摇的话,那是因为内战精神已经感染并分裂了包括军人在内的统治者,令他们相互为敌。"

"可是这怎么可能呢?我们的理性原则简直可以说是强加了政治视野的统一性啊!"

"是的!我们的讨论进入了一个艰难的阶段。我想我们只能效仿老荷马在《伊利亚特》开头所做的,恳求缪斯女神为我们解开巨大的谜团,即内战的根源究竟是什么。也可以说是否定性的根源,它扎根于一切存在物中,无论这个存在物有多么完美。"

阿曼达一向喜欢难题，这次也不忘趁机火上浇油：

"根据乏味的诗人、说谎的史学家和拘谨的舞者的人数来判断，缪斯女神并不容易哄骗！"

"我偏要让她们在我的语言中活过来！"苏格拉底反唇相讥，"这些声音悦耳、活力四射的女孩儿们。仿佛她们在与我们交谈、玩耍，又带有悲剧诗的庄重。"

"她们会告诉我们什么呢？"格劳孔非常激动地问。

"听好了，年轻人：'你们为政治体塑造了形式，要动摇这个政治体是很难的。不过，就像阿曼达刚才引用歌德的话说，万物有生必有死。因此你们的政治组织也不是永恒的。它最终也会瓦解。为什么呢？因为算术和人口学方面的原因。对政治体各部分或各街区的与男女生育力密切相关的统计会渐渐受到干扰。众所周知，无论是动物还是植物，无论是人还是神，都是由数字控制着他们的生命周期，并保持着他们的根本形象。在神那里，一切都是某个无限的完全数的镜像。而在人类那里，在最接近完美的情况下，也就是你们正在塑造的这个政治体中，不确定因素要多得多。底数是6。6是3的两倍，因此是由代表男性之完美的数字 2（分离或符号抽象性的象征）和代表女性之完美的数字 3（生育或创造性直觉的象征）结合产生的。这就是为什么代表生育的完美图式由六个人组成：一个女人、一个男人和四个孩子。我们赋予这样的集合一个婚配数。为了标志一切孤独的终结，这个数字永远大于 1。我们说的"婚配数**理念**"并不是指婚配数本身，而是由它产生的结果，首先根据婚配数潜在的女性特质来运算，即相乘三次，或者说是它的三次方，然后按照婚配集合剩下的个体数即一个男性和四个孩子来运算，因此将这个数字乘以 5。'"

"如果我没理解错的话，"格劳孔听得十分入神，"假设 n 代表婚配数，那么它的婚配数理念就是 n^3+5n。"

"完全正确，"苏格拉底评价道，"而且它的理念完美性表现在它永远都能被底数 6 整除。"

"不论 n 是多少？"

"格劳孔！"苏格拉底微笑着说，"你打断缪斯女神两次了！她们会这样回答你：'是的，不论婚配数 n 是多少，它的婚配数理念 n^3+5n 都可以被 6 整除。亲爱的打断者，你可以用数学归纳法来证明。不过，为了令你们的政治共同体永存，在这个共同体的任何一个区域，婚配集合的个数最好也是底数 6 的倍数。另外,最好有一个特殊的婚配数,我们叫它区域伊里丝[1],其婚配数理念等于婚配集合总数,而婚配集合——再重复一下——是六个成员组成的集体,也就是一父一母和四个孩子。因为在平均主义政治下,任何政治数字都应当同时是它所代表的总体中的一个元素。'"

"我发现,"格劳孔说,"任何情况下,婚配集合总数和特殊婚配数即区域伊里丝的理念都能被 6 整除。"

苏格拉底唤醒的缪斯女神们并没有被这个正确的评价打断,而是继续她们的话。她们默默走向一块巨大的黑板,一边用淡紫色的粉笔书写着以下推论,一边吟唱道:

"'如果 N 是某个街区的婚配集合总数,n 是伊里丝婚配数,其中伊里丝的**理念**是等于婚配集合总数,那么 $n^3+5n=N$。也可以写成 $n(n^2+5)=N$。由此可得伊里丝数字 n 是总数 N 的除数,伊里丝数字的平方加 5 也是 N 的除数。这就是各区域的负责同志应当坚持关心的事。但在很久以后的某

---

[1] 伊里丝(Iris)是希腊神话中的彩虹女神,传说是在人与神之间传递信息的使者。——译注

一天，他们会忘记一件事，即一个区域的婚配集合总数以及被赋予这些集合的婚配数必须满足条件，才能让伊里丝数字和合适的伊里丝**理念**得以存在。被 6 整除的规律很简单，而且与 2 和 3 这两个性别象征的联系又这么明显，所以这个规律不太容易被忘记。但是婚配数和由其指定的集合总数之间的微妙联系，也就是伊里丝**理念**所体现的联系就不那么容易被记住了。假设一个区域的婚配集合总数是 150，而婚配数是 5，那么 5 的婚配数**理念**就是 $5^3+5\cdot5$，即 125+25=150，这里的 5 就是该区域的伊里丝数字。可是设想一下，如果负责同志没有将 5 作为婚配数，那会发生什么事呢？这个街区将没有伊里丝数字。再举一例。假设负责同志草率地将该街区婚配集合的可接受总数定为 78。78 可以被 6 整除，因为 78=6·13。随后，出于对 6 的教条主义崇拜，他们只设定 6 的倍数为婚配数。他们相信自己做得很对，因为他们通过性的根本数字称颂了生育能力！结果如何呢？如果 $n^3+5n=78$——当 n 是伊里丝时——，那么 $n(n^2+5)=78$。但是如果 n 可被 6 整除，即 n=6q，那么就有 $6q(36q^2+5)=78$。两边同除以 6 化简可得 $q(36q^2+5)=13$，而这是不可能成立的，因为 13 是质数，而 q 是 13 的除数，如果 q 等于 1，那么代入可得 41=13，如果 q=13，那么可得 79157=13，这更加离谱。因此，该区域将不会有伊里丝。

"'从长远角度看，正是这些疏忽和失误破坏了你们政治共同体的星宿平衡，而维持这种平衡的唯一保障便是各区域都存在一个伊里丝数字。衰败的第一个征兆就是，将会出现一股意见的洪流，青睐惊心动魄的游戏、狂热的体育崇拜、明星性丑闻和面向文盲的电视节目。这会损害一切属于思想的事物，包括演绎和实验科学、强烈的爱、平等的政治组织、形式与非形式之分界线的艺术性位移……年轻一代会偏爱短期消费、肤浅的虚荣和对虚无的麻木崇拜。在这块**主体**的土壤中，将开出迷惑人心的妖艳之朵，追求与众不同，追求自我中心的标新立异，追求隐秘、激烈的矛盾，以及对最卑劣的不平等的渴望。'"

"缪斯女神的口才太好了！"阿曼达钦佩地说。

"当然，"苏格拉底以他平常的男中低音说道，"谁也想不到她们会像喜鹊一样喋喋不休！"

"接下来会发生什么事？"格劳孔上气不接下气地问。

"让我们再来听一会缪斯女神的话：'历史经验显示，对不平等的渴望会产生普遍的仇恨和战争。政治体将逐渐分裂。一方面，有些人将利益作为标准。他们利用诸多邻国已经衰败的现状，或明或暗地积累了钱财、土地、艺术品、股票、债券、汇票等等。与这些新贵相反，另一些人尽管缺乏热情，但还怀有一个念头，认为**主体**的能力才是真正的财富，因此尝试拯救共产主义理念以及与之相适应的市民组织。他们的冲突最终爆发，国家的政治统一被打破。这是残酷而又暴力的阶级斗争的开端。然而这场斗争的原动力逐渐消失。因为内战促使双方以军事需要为由建立了领导团伙，表面上看二者在当时的局势下势不两立，但由于醉心权力、崇尚暴力，两个领导团伙归根结底具有同一种对不平等的信念。在此基础上，由于人民厌倦了没完没了的血腥暴力，大家必然会达成毁灭性的和解：瓜分土地、房屋和钱财，简而言之就是为了两个领导团伙的利益恢复财产私有制。这些掌权者在共产主义时期曾经视他人为自由的朋友和志同道合的斗士，而今只想着维持自己的统治，实施对人民的普遍奴役，将人民当做顾客或者服务员对待。与此同时，这些新型统治者继续垄断战争和军火，将这种垄断与普通的集体生活彻底割裂开来，并创造了一批善战的国家机器，同时令后者摆脱了人民的控制。

由此产生了一种新的政治共同体，从某种意义上说是介于共产主义和寡头政治之间的过渡类型。'"

缪斯女神不再说话了。在那么多近乎神秘的庄重宣言之后，沉默笼罩在被朝阳温柔照亮的整个大厅里，迟迟不肯散去。最后苏格拉底以他平常的嗓音打破了安静。

"第五种和第二种政治！共产主义和寡头政治！多么奇怪的混合！然而，我们将会在某个不幸的世纪末，在俄国的官僚主义化共产主义试验中看到这样的结果。"

"被您称为'勋阀政治'的正是这个杂交的制度吧？"格劳孔问。

"这个词是你提出来的。勋阀政治介于共产主义和寡头政治之间，在它之前是共产主义，在它之后是寡头政治。苏联解体后，共产主义国家的官员像他们所谓的政敌一样，在后共产主义的资本主义制度下成了'寡头巨富'。我坚持使用'寡头'一词，这是我们赋予他们的名称。这点意味深长。我们要面对的难题是，作为长期衰落的第一个产物，勋阀政治有哪些特点。"

"依您之见，"阿曼达插嘴道，"勋阀政治国家建立于对战争的垄断之上。这点应该会产生一些严重的后果。"

"是的！内战和智力低下的氛围使主导趣味开始青睐性格刚毅、易怒、直爽的人，后者都是为战争而不是为和平而生的。实际上，这些人受到我昨天半夜谈到的**主体**第二层次的支配。这第二层次即谜样的'激情'，我倾向于称之为**情动**，它是鲁莽和粗暴行为的源头。至于第三层次**思想**，勋阀们尤其欣赏欺骗战术、奸诈兵法和陷阱术。最受认可的习惯是兵器不离手的习惯。与此同时，这些莽夫尽管起初并不缺乏战士的正直品质，后来也渐渐习惯了发号施令、等级区别、不平等和权力阴谋。他们变得贪恋钱财，正如寡头政治国家里出现的情况。他们最后终于信奉拜金主义，尽管还是得遮遮掩掩。他们的豪宅里有秘密仓库和宝藏，豪宅四周设有高高的围墙以掩人耳目，屋子里到处安装着监视器。他们以为这样做就可以避免流言蜚语，于是在家大办宴会，宴会上满是酒水、音乐、各种毒品，尤其是一丝不挂、百依百顺的女郎。其实这些人与他们的财富之间存在一种矛盾关系。一方面，他们是吝啬的，秘密拥有这些财富却只能偷偷使用，这令他们对财富的崇拜不断增强。另一方面，欲望的皮鞭又促使他们挥霍浪费。他们就像试图逃脱父亲法律的孩子。为什么呢？因为他们的教育不是建立于说理之上，而是建立于体力之上的。他们背弃了代表理性推理和哲学的真理女神。他们推崇的是慢跑、体操、健美、泰拳、冬季自行车越野赛、排球、乒乓球甚至相扑，而不是艺术和科学。"

"这一切，"格劳孔说，"大概会产生像斯巴达、罗马帝国、耶尼切里时期的土耳其、鼎盛时期的蒙古、明治时代之后的日本、衰落时期的美国甚至纳粹德国一样的统治吧？"

"你的例子中有几个太极端了。别忘了这个政治范式混合了善与恶。事实上，它之所以具备它的特征，是因为冒失好斗的精神——即**主体**的第二层次——在其中占据了主导地位。这种特征表现为爱争斗的野心，以及对荣耀和地位的喜爱，它概括了这种政治共同体的起源和本质。我承认这样的概括过于简单。不过在这一切之中，我们的唯一目的是提出对正义和非正义的看法，因此我们不必逐一探讨五种政治及与之对应的五种**主体**的细节，这不仅徒劳无功而且枯燥乏味。"

"我们已经讨论得够久的了！""背信弃义者"阿曼达表示赞同。

"或许你能在一秒钟之内给我们画一幅肖像，告诉我们与勋阀政治相对应的是什么样的人？"苏格拉底反唇相讥。

"这个简单！爱吹牛、野心勃勃、追求享乐，他就像个兄弟，像今天在场的我弟弟格劳孔……"

"你说得不错，"苏格拉底微笑着说，"但是勋阀和你弟弟之间还是有些细微差别的。"

"我想知道是哪些！"阿曼达怀疑地反驳道。

"勋阀们比我们的朋友更加自大，而且不如他有教养，当然，像雅典人看待斯巴达人那样说他们没文化，这还是有点夸张。勋阀也许喜爱交谈，但他们的辩才是最差的。他们对待他们眼中比自己低等的人十分粗鲁，而不是像有教养的人那样瞧不起社会等级的划分。相反，他们在国家的社会名流面前往往毕恭毕敬，在国家机关重要人士面前尤其如此。这是因为他们热爱权力和地位。然而，他们无法凭借演讲天赋或智力优势实现野心，因为他们只重视战绩以及广义上与战争相关的一切。这恐怕就是为什么他们会成为冷酷的运动员和狂热的猎人的原因。"

"您还没有描述他们和金钱的关系。这对于鼓吹平等的我们来说也很重要，哪怕平等的获得需要付出某种苦行作为代价。"

"勋阀们年轻时也经常藐视财富。但是，随着年龄的增长，他会越来越渴望财富，其中有两个原因：首先，他骨子里藏着一种十分常见的人类特质，即贪婪，这一点我们已经讨论过；其次，他的道德约束时而会松弛，因为他的人生中没有崇高的导师。"

"什么导师？"求知若渴的阿曼达的歇斯底里症又犯了。

"受到文化补充的理性——文化可以是科学、艺术、文学、历史，或者仅仅是有关存在的文化。只有理性才能保证**主体**的美德一辈子不受损害。"

"原来导师不是人啊！"阿曼达不无遗憾地说。

"但这个年轻的勋阀，作为他所代表的政治的生动写照，你可以看到他，仿佛他就在你面前，不是吗？"

"是的，没错……我在想他是如何造出来的。"

"啊！让我们发挥想象……思考一下……他也许是某个正直人的儿子。他们的国家处于一种败坏的政治的统治之下。这位父亲不要地位和权力，总在躲避诉讼和所有唯利是图的麻烦事。比起社会名望，他更愿意默默无闻。他尽可能避免与人交往。他最爱的一句格言是：'活得低调才能活得幸福'。"

"我看不出这位父亲和我们讨论的那个野心勃勃的青年有什么关联。"

"要想知道其中的关联,我们得追溯到他母亲的话。在勋阀的整个童年时期,他母亲一直在抱怨丈夫没能在政府担任要职,让她在上流社会其他女人面前显得一文不值。她抱怨丈夫没有付出一丁点努力,为家里积攒家具、别墅、iPod、iPhone、iTunes、马、马力、拒马、熊毛大衣、股票、优惠券、债券、名表、获猎物一览表、陈情表、仪表……都没有!什么也没有!**她揭露丈夫的软弱**,说他每到需要在法庭或公民大会上与人争辩和辱骂对手时就显得一无是处。对于自己的丈夫竟能耐心十足地忍受这样的侮辱,她感到十分懊恼。她把这一切归结为他只关心自己,对妻子既无真正的尊重也不明确表现出轻蔑。是个十分冷漠的人!这位母亲在向爱子讲述这些时,总会气愤地说不出话来,但她必须告诉他:他父亲不是一个男子汉,他太谦和仁慈,他这不好、那不好……都是女人在这种场合喜欢讲的话。"

"是啊!是女人的错!"阿曼达愤怒地说。

"但也不全是女人的错,"苏格拉底试着打圆场,"不全是!经常围在某个出身良好的年轻人周围的那些人,他们全都对他讲着同样的话,有时是私下跟他说的。司机、厨师、园丁、保镖……所有人都不例外!他们看到有人欠他父亲钱,而且是一大笔钱。可是呢，他父亲什么也不做，既没有起诉也没有威胁。都没有。什么也没做。于是所有人都对小主人说，千万别学他父亲，一定要采取强硬措施。'是的，小伙子，'他们齐声说，'你一定要成为男子汉，真正的男子汉，不要像你老头子一样！'当我们这位未来的勋阀走出家门到城里去，当他在大街上闲逛时，他还会听到类似的话。对于只安心管好自己的人，大家都当他是傻瓜，瞧不起他；而对于随大流、随意插手别人事情的人，大家都会恭维他，竭力称赞他。这就是这个年轻人在世上的经历。与此同时，他还是会听父亲的话，近距离地观察父亲的处世之道，将父亲的所作所为与他人说的话、做的事相比较。因此，他的内心是矛盾的。一方面，他的父亲把**思想**这个理性的**主体**层次当做一株珍贵的植物一般培育、浇灌；另一方面，他的母亲和公众舆论吹捧的是截然相反的层次，即盲目的**欲望**。由于年轻人本性并不坏，于是他选择了折中的方法：既不倾向**思想**，也不倾向**欲望**，而是偏重中间的层次，即易怒、易激动、变化无常的层次，我称之为**情动**。由于这一层次在他内心突出表现为野心和易冲动的勇气，于是他成长为一个骄傲自满、荣誉为先的人，即勋阀。"

"这个儿子真是父母两人奇妙的辩证统一啊!"阿曼达评价说。

"其他年轻人呢,"格劳孔说,"民主政治、寡头政治和僭主政治的年轻人是如何从这样的家庭困境中走出来的呢?现在应该考察其他腐败政治了吧。正如埃斯库罗斯在《七将攻忒拜》中所说(我们发觉格劳孔很乐意表现自己的修养,这一修养曾得到苏格拉底的赏识):

　　侍他主,入别门。"

"你们逼迫起我来还真是毫不留情,"苏格拉底温和地说,"好吧,下面谈谈寡头政治及寡头吧。可以说这是个建立在财富基础上的政治。选举权属于纳税者。富人——交得起税的人——管理国家,穷人则被排除在外。"

"那么,"格劳孔问,"人们是怎样从勋阀政治过渡到寡头政治的呢?"

"我的孩子!瞎子都能看得出来是怎样过渡的!人们胆战心惊地将巨额财产存入大银行,正是这些银行使勋阀堕落。人们先是发现了昂贵的娱乐,为了能够尽情享乐,他们或修改法律,或干脆违反法律。在这方面,上流社会的女人都是

'先锋人物'。每个人都观察着别人,每个人都争相模仿别人,于是所有人都变成了毁灭性享乐的先锋队员。从这一刻开始,人们脑中只剩下如何发家致富的念头。拜金主义越盛行,公民道德观念就越薄弱。因为财富和美德的差别如此之大,以至于它们总是会引导同一个个体的人生朝着截然相反的方向发展。"

"然后会怎么样呢?"格劳孔问,他一直是社会学、人类学、考古学和实证历史学的爱好者,"新形式的国家是如何确立的呢?"

"当某种欲望支配了人们的意见,他们便会四处寻找可以满足这种欲望的东西,同时放弃其他**主体**行为和结构,后者是那些如今已过时的意见曾经崇尚的对象。勋阀政治的公民曾爱好荣誉和胜利,在经历了演变之后,他们变得既贪财又吝啬。他们动辄歌颂富人,并将他推上了掌权者的位置,留给穷人的,只有绝望和穷困潦倒的生活。"

"可是政府、法律、宪法呢?"格劳孔十分激动地问。

"人们立法规定谁有资格参与到新制度即寡头制度的政治活动中,还限定了一个财产数额——寡头政治越强大则数额越大——,财产少于这个数额的人不允许参与政权。这些法律往往通过武力强制执行。无论如何,这种类型的政治只能在恐慌的氛围中确立。"

"我想知道更多细节,"格劳孔坚持地说,"在这种新形势下,占主导地位的主体性是什么样的呢?这种政治的主要缺陷是什么呢?"

"它的主要缺陷在于——或者说几乎在于——它的原则是错误的。设想如果我们在挑选飞行员时只以他们的财产多少为依据,而不给贫穷的飞行员任何机会,哪怕他们很有天赋……"

"我们肯定会看到很多坠机事件!"

"不管是船只、飞机、政治还是国家,归根到底都是一个道理。只有才能和信心才是最重要的。财富根本无足轻重。然而除此之外,一切寡头政治都受到一种致命的疾病的影响。因为寡头政治肆虐的国家不再是一个统一的国家,而是两个,而且时刻受到内战的威胁。在同一块土地上,既有富人的国家又有穷人的国家。双方都竭尽全力准备给对方以致命一击。这还没完。一个寡头政治的国家几乎无法与敌国开战。要么富人的政府必须武装所有穷苦人民,这样一来富人对人民的恐惧会胜过对敌人的恐惧;要么富人放弃武装穷人,这样一来上战场的人就寥寥无几,而且到时只能躲在那些毫无用处的金袋子后面。实际上,他们是如此贪图小利,所以不会给任何人购买武器。"

阿曼达似乎对这段谈话很感兴趣:

"这些人的所作所为很像那个小村庄里的一个家伙,我忘记村子叫什么名字了,当时它受到罗马人的威胁。大家都在谈论动员令、全国保卫战之类的问题时,有一个人——的确是个有钱人——提议将军队削减到只剩一人,然后把这个士兵派到边境去,用拉丁语说:'我们无条件投降。'他还辩称这样做可以节省一大笔开支!"

"财富和背叛往往结伴而来。"苏格拉底赞同地说,"但是除此之外,在寡头政治的社会,贫穷通常和非法交易、贪污受贿、烧杀抢掠联系在一起。生产活动中的财富积累和胆怯的拘束令大量的人无所事事地待在大城市的郊区,他们当然不是游手好闲的富人,但也不是商人、士兵或公司职员,更不会是工人。他们只拥有'穷人'这个头衔。在伊斯兰国家,人们称这些人是'贫困者'。马克思则叫他们'流氓无产者'(*lumpenproletariat*)。"

"寡头怎么会对此不采取任何措施呢?"格劳孔问,"因为一旦他们有所作为,那一小撮巨富和一大群极度贫困者之间就不会出现如此强烈的反差了。"

"让我们仔细考虑你的问题。在勋阀政治时期，富人还只是公民，他们唯一关心的事就是花钱。难道你认为变成掌权者之后他们就会改变吗？从此以后为国家鞠躬尽瘁？他们只是表面上的执政者。和从前一样，他们既不是国家的领导者，也不是国家的公仆。他们只关心有钱人和钱，就像马克思说的那样，是'资本的代理人'。这就是为什么他们坚决反对更平等的物质生活的原因。"

"寡头尤其希望，"格劳孔总结道，"寡头政府协助他继续做个寡头。"

"完全正确。如果说蜂巢中出生的熊蜂对于蜜蜂来说是寄生虫，是祸害，那么我们可以说，此类大款在公共领域就像熊蜂一样，是政府和国家的祸害。不过，蜂巢里的熊蜂有翅膀却没有刺，这是**大他者**的精心安排。反过来，长着两条腿的寡头政治中的熊蜂却分为两种。一种是垂死的贫穷老人、为了抚养孩子不得不乞讨的妇女、被情人逼迫卖身的女孩、拄着拐杖的残疾人，他们也没有刺。还有一种是强盗，他们有刺而且会给人带来剧痛，这些人是大胡蜂。任何一个国家只要有大量穷人、社会底层人、'流氓无产者'，就会有扒手、毒贩子、黑手党和银行抢劫犯，这是个公认的事实。"

"寡头政治国家肯定有一大群这样的人，因为这里除了领导团伙之外全都是穷人。"

"你说得对。寡头政治国家有许多带刺的大胡蜂，当权者只有加强搜捕、增建阴森的监狱才能应付。"

"您的描述太生动了！那么寡头，也就是这一政治的**主体**是什么样的呢？"

"就拿一个伟大的勋阀的儿子来举例。起初，由于俄狄浦斯情结作祟，他总想和自己的父亲比较。他就像一只小狗，紧跟父亲的步伐。突然有一天，他看到父亲被当局击垮，仿佛一艘船被宙斯的闪电摧毁。可怜的父亲！他为国家付出了一切，甚至是生命。他曾是军队的统帅，被赋予很大的权力，如今却突然被送上了法庭，遭受告密者的侮辱，名誉扫地，面临流放或死亡的绝境。他所有的财产都已经被拍卖。"

"我在报纸中读到过这类不可思议的事情，"格劳孔表示，"斯巴达尤其多。"

"这个儿子看到父亲的失势，自己也深有感触。其实他自己也被彻底击倒了。他惊慌失措。

这个曾希望融入**主体**，由荣誉和勇气来掌控未来命运的人，如今完完全全变了。这仿佛是他灵魂中的一次政变。贫穷令他受尽屈辱，以致金钱成了他唯一的上帝。他就像入冬之前的蛇，经过无比艰难地爬行、无比卖力地节俭，终于攒下食物可以安心地消化。于是他将身上的一切能力都交给了无法餍足的欲望和无穷无尽的贪念，把王冠、仪式性的项链和神圣的军刀全部都献给了他灵魂的这些伟大国王。"

"小心了，亲爱的苏格拉底！我要亮出警告牌了：'诗歌——危险！'"阿曼达开玩笑说。

"至于理性的力量和易怒、不稳定、勇敢的情感力量，他让它们都拜倒在这个新国王的脚下，像两个卑贱的奴隶般侍奉左右。他只允许理性为他计算财产、琢磨增加财富的手段。而情感只能钦佩和尊敬财富与富人，至于荣誉感，全部来自积累的财富及用来谋得更多财富的手段。"

"他突然一下子，"格劳孔有些卖弄学问地总结道，"从最高傲的野心家变成了最卑鄙的吝啬鬼。他就这样被寡头政治的计算机格式化了。"

"让我们仔细探讨一下你所说的'格式化'。我没你那么现代。所以我是如此理解他的'格式化'的：他的冲动完全符合政治制度对依赖它的个体提出的要求。首先,他把财富放在首位,他的座右铭是'奋斗与节俭'。其次,他只容许自己满足必要的需求,将其他欲望一概视为无意义的诱惑,并禁止自己为此耗费哪怕一丁点钱财。"

"真是太肮脏了!"阿曼达气愤地说。

"你说得对。正是为了他,金钱就像我们可敬的马克思老兄说的那样,成了一种'一般等价物'。因为敛财的欲望促使他将一切都变成钱。他由此将自己融入了资本中。另外,在这种制度下,这也是国家预算将遭遇的命运:社会和个体从此变成了货币流通的组成部分。"

"我猜,"格劳孔说,"这类人没有认真学习中学教育第二阶段教授的文学和哲学。要是他们按照规定接受了教育,就永远不会接受自己的欲望被金钱牵着鼻子走,也不会崇拜金钱那愚蠢的盲目性。"

"说得好!"苏格拉底赞赏地说,"这是因为我们谈论的这个年轻人是马克思——还是他——所说的'商品拜物教'的受害者。但是注意了!普遍缺乏教养的寡头还会产生其他后果。尤其是"大胡蜂"那样的欲望——我们几分钟前刚讨论过——会从他们灵魂的阴暗面萌生。这些乞讨和作恶的欲望基本上只有在影响寡头自身利益的时候才会被遏制。要想知道这些欲望有多强烈，只需观察他在负责照看未成年人、老人或精神病患者的财产，自以为能逃脱任何诉讼时，会有什么样的举动。然后我们就能明白，他之所以有时会严格遵守契约，是因为这能使他获得正直诚恳的好名声。他确实谴责内心的邪恶欲念，但他用来抑制邪恶欲念的强大力量并不是源自坚定向善的信念，甚至不是因为理性强迫他自制。他只遵从犬儒主义导致的困扰人的需求：他害怕自己利用诈骗和偷盗手段积攒的财富会丢失。但如果是花别人的钱，那么，我的天哪！他内心大胡蜂式的欲望就会一窝蜂全飞出来，什么也阻挡不了！"

"寡头就这样彻底成为大胡蜂了。"格劳孔心满意足地总结道。灾难的场面总能让人产生一种可疑的满足感。

"不是这样的，孩子！这类人难逃心中的内战。他不是'一'，而是'二'。用拉康的话来说，他是一个分裂的**主体**。他的主体性模式其实是欲望与欲望的对抗。但我们必须承认，大多数情况下，他内心善的欲望总能战胜恶的欲望。因此他的行为举止胜过不少其他类型的人。至于内在的统一与和谐，也就是与**真理**相结合的**主体**的标准，这个年轻人还远远没有达到。"

阿曼达插嘴道：

"亲爱的苏格拉底，您就不能像从前擅长的那样，用简单生动的描述来进行总结吗？"

苏格拉底没有理会这个背信弃义者：

"寡头的贪财吝啬使他无法公开与同胞竞争，无法拥有与他们相同的广阔视野。这种广阔的视野是由胜利组成的，因为大家都受到对荣誉的高度敏感性的激励。由于担心为了打败对手会激起花大钱的欲望，他拒绝为只关系到荣誉的斗争破费。又由于只投入了很小一部分钱财到这种竞争中，这个典型的寡头更喜欢的命运是：尽管被打败，名誉尽失，但只要能坐在自己的金矿上，仍然能感到心满意足。"

"不错，不错！"阿曼达表示。

"无论如何，"格劳孔说，"可以肯定这样的人与寡头政治是完全同构的，他既是这种政治的原因又是其结果，在这个制度中，只有财富才是衡量实力的唯一标准。"

"关于这类人我们已经探讨得够多了吧。"阿曼达一边说一边做了个滑稽的厌烦表情。

第十四章　四种前共产主义政治批判(下)

民主政治和僭主政治

(555b-573b)

"我觉得,"格劳孔接着说,"我们可以开始探讨民主政治了,包括它的起源、本质和与之相应的一类人。亲爱的苏格拉底,先跟我们讲讲,寡头政治在历史上是怎样过渡到民主政治的。"

"这种过渡的原动力就是无穷无尽的欲望。在寡头政治中,唯有被等同于善的金钱能够激发这种欲望。当享乐的迫切性模仿十九世纪某位法国部长的名言'全体人民富裕起来!',成为一道向全体发出的不再有任何限制的命令时,社会就从寡头政治过渡到了民主政治。"

"但是,"崇尚经验论的格劳孔说,"这个过渡具体是如何发生的呢?"

"寡头政治国家的统治者完全是凭借万贯家财赢得政治权力的。所以他们不愿意用严苛的法律约束那些被称为'纨绔子弟'的年轻人。这些人把家产都挥霍在赌博、赛马、看时装表演、吸毒或召妓上。为什么宽容对待他们呢？因为掌权的老一辈寡头早就打好算盘，要在年轻人为还债不得不低价变卖财产时低价买进，等把这些年轻人逼得快要身无分文时，再借高利贷给他们，这样就能逼迫他们将仅剩的一点财产拿来作抵押。通过这些小伎俩，本就富有的统治者变成了巨富。但这样做很快会产生后果。无论在哪个国家，人们都不可能一面崇拜金钱，一面通过这种举动，获得稍微有点智慧的集体生活必需的节制。两者之中必须牺牲其一。寡头政治产生的后果是，由于统治者为追求私利而奉行放任原则，最终势必导致年轻人穷困潦倒。但是，这些年轻人虽然脆弱却很有天赋，甚至具备过人的聪明才智。炫富、虚无主义、妓院、债务甚至监狱，类似托尔斯泰和兰波这样的大人物年轻时都曾经历过，不是吗？"

"当然了，"阿曼达说，"可是我无法想象苏格拉底居然将兰波作为哲学人生的典范。"

"那是因为我在你心中早就是老学究的刻板形象。兰波，是的，当然是他！兰波代表了对理念观照的人生的强烈渴望。因为他很年轻，所以他四处探索，充满激情，将每段经历都进行到底。最后他终于得救了：努力工作、专心致志、尽心尽力、默默无闻。十足的苏格拉底派！不过我们刚才讲到哪了？"

"您刚才提到，"一向认真的格劳孔说，"寡头政治迫使一大批聪明人流落街头，成为像著名的大胡蜂一样具有攻击性的人，他们全副武装，有的负债累累，有的名誉扫地，每个人都知道自己已经没什么可损失的了。"

"是的！这些人憎恨这个令他们破产的制度。他们密谋反击那些抢了他们财产的人，甚至是整个统治阶级，因为他们认定整个统治阶级都是帮凶。总之，这些堕落的小资产阶级从此只渴望着革命。看到银行家、对冲基金领导人和家产过亿的总裁在电视上自吹自擂，仿佛他们是自由社会的大慈善家，这些小资产阶级的愤怒更是上升到了顶点。有钱人炫耀'赚钱容易'，日复一日到处宣扬自己腰缠万贯，这些都伤害了日渐贫困的中产阶级，促使他们准备投身于政治冒险中。"

"最糟糕的就是，"格劳孔用一副教训人的口吻说，"有些人将一生都托付给市场上的自由享乐，到头来却发现这只是阴险狡诈、没完没了的折磨。"

"恶于是像无形的火焰一般蔓延至全国。然而，统治阶级坚决反对采取任何措施扑灭它。他们当然不愿采用我们共产主义者一直提倡的方法，将一切私有财产集体化。但他们又不愿意实施与寡头政治相容的改革措施，比如投票表决通过一项法律来消除现代金融业中过度的投机行为。"

"可是，"阿曼达反驳道，"您自己也说了，对利益的渴望，对金钱的迷恋，这些都是无穷无尽的欲望。您怎么能期待通过一项法律来限制这些欲望呢？"

"我们还是可以设想一些法律，能够对金融流通中的不合常规现象产生一定的限制。这就叫市场'调控'。比如法律可以禁止向明显没有偿还能力的人提供贷款。借贷不仅会威胁到借款人，还会威胁到贷款人。这样一来，人们想通过破坏一切社会和谐的形式以达到发家致富目的之前就会再三考虑，尽管这种社会和谐本身也不是平等的……"

"因此对我们而言是无法接受的。"阿曼达打断了他的话。"但是，"她接着又说，"您似乎认为存在一个公正道德的金融市场。这简直像在说一个方形是圆的嘛！"

"我必须承认，寡头政治不愿听取我的任何改革意见。它将穷人、被统治者和 loser 视为——请原谅我这个说法——粪土。它本身则在庸俗无用的奢华中得到了繁荣发展。花花公子们生活得随心所欲，不学无术，这尚且可以理解，但他们在体育上也毫无能力。他们既傲慢又懒惰，没有接受过任何训练，连快乐这门课都不曾学习，更别说苦难和冲突了。而他们的父亲除了股票、债券、账目、复杂的证券、投标叫价和原材料行市之外，对什么都漠不关心，他们比最下流的强盗更无视道德。"

"我还是不明白，"阿曼达皱着眉，固执地说，"这一切是怎么使寡头政治过渡到民主政治的。"

"想想我们刚才所说的话的后果，也就是阶级仇恨的后果。观察一下统治者和广大被统治者同时参与某项集体活动时的情形。"

"一段旅程？一次迁徙？"

"对，或者是其他场合，比如出使一个遥远的国家，或出征打仗，官兵登上同一条船或是并肩作战时。他们在险境中会观察对方，不是吗？这种时候永远不会是富人瞧不起穷人。而是恰恰相反。通常，由于战争的随机性，一个皮肤黝黑、瘦骨嶙峋的穷人会被分配到一个细皮嫩肉、大腹便便的富人旁边。然后这个普通的士兵看到了什么？他看到身旁的富人气喘吁吁、可怜巴巴，根本无法战斗。于是他心想，这些人能够掌权完全是因为被统治阶级过于怯懦，因为精神的堕落阻碍了农民、工人、雇工和他们的知识分子盟友成功团结在一起。结果，到了傍晚时分战斗结束后，士兵们聚集在一起，在高级指挥官背后到处悄声议论，他们说的话大致如下：'我们原来以为这些人很强大，其实他们可以任由我们摆布！他们的存在完全是因为我们的软弱。他们本身一无是处！'"

"所以，"格劳孔说，"革命被提上了日程。"

"你说得对！对于一个脆弱的活体来说，外界稍微施加一点影响，它就会感染重病。有时甚至在没有任何外来作用的情况下，这个活体内部也会产生病态的冲突。我们刚才所描述的这个国家也患了病，因为微不足道的理由引发了内战。每个阵营都从外部寻求援助，寡头向寡头政治国家求助，民主人士向民主政治国家求助。有时甚至不需要任何外力的介入，内部的起义就会掀起腥风血雨。"

"如果我没理解错的话，"阿曼达说，"当底层阶级在愈发贫困的中产阶级政治领袖的带领下最终取得胜利的时候，民主政治就诞生了。胜利者处死了一些寡头,将另一些驱逐出境,剩下的人共同分享了权力和行政职位。另外,众所周知,这些职位最终是以抽签的形式分配的。但在抽签过程中,穷人就不会被那些中等富有的人欺骗吗?"

"这是另外一回事了……总之,民主政治就是这样建立起来的:先是依靠暴力,然后通过一种暗示性的恐吓吓走原先的统治者,甚至那些一开始处于同一阵营的人。"

"现在我们应该细加考察的是,"格劳孔有些学究气地插话道,"这些民主人士是如何组织起来的,以及这个著名的民主政治的实质是什么。至于与之对应的一类人,我想您应该会称他们为'民主派'吧,亲爱的苏格拉底?"

"确实如此,"苏格拉底开心地说,"大家知道,在我们的民主派口中,唯有一个词有价值,那就是'自由'。'在一个民主政治国家,'他们宣称,'人们有想说什么就说什么、想做什么就做什么的自由。'"

"他们做的,只是贩卖'民主制'国家,也就是我们亲爱的西方大国向我们反复传播的东西而已,"阿曼达用尖刻的语气评价道,"无论如何,人们可以'自由地'做生意,牺牲全世界穷人的利益,'自由地'成为亿万富翁。但这个问题需要更深入的考察。"

"这正是我们要做的。"格劳孔以一种自大的口吻说。

"你现在开始以复数来谈论自己了啊?"阿曼达冷笑着说。

"和平共处,孩子们!"苏格拉底打断他们的话,"在开始之前,我们需要注意到,无论何处,只要人们有权利做几乎任何事——至少理论上如此——,那么每个人都会选择自己喜欢的生活方式,并尝试令自己的生活符合这种方式。于是,在民主政治国家,你会发现人们的外表出奇地多样化。"

"但是很奇怪,他们彼此之间还是很相似,一旦涉及真正的问题,他们说话就跟鹦鹉一般。"阿曼达嘟囔着说。

"别太着急。不管这么说,这种形式的国家确实散发着千百种魅力。商品过度丰富的大城市仿佛一件色彩斑斓的衣裳,呈现出能想象得到的所有细微的色彩差别,让外地人瞠目结舌。于是人们很容易发出感叹:'民主政治真是太棒了!'而且很可能大部分人——首先是像孩子或俏女郎一样的人,因为他们很容易被千变万化的形式激发欲望——都认为民主政治国家是最美好、最令人向往的。除此之外，民主派吹嘘的自由也扩展到了国家基本制度的诸多方面。这个国家可能是联邦制的或中央集权的，包含两个到三个立法议会，拥有一个或不拥有宪法委员会，后者无须依据任何人就能对法律本身作出评判。除了议会主席及各部部长之外，我们甚至还能看到国王和王后，因为'民主政治'与'共和政治'并不是同义词。此类政治的基本仪式——议员选举——可以有无数种组织方式。选举可以是直接或间接的，多数制或比例代表制，采用最大残数法或最大均数法，一轮或两轮，集选区形式或单选区形式，全国直选或分选区进行……道理非常简单：采用某种选举方式会使某个政党占上风，采用另一种选举方式会对反对党有利，而他们各自所得的选票数量其实是不变的。还可以对宪法、国际条约、世俗学校、气候变暖、腰间佩戴枪支或平原上散发的猪粪味等问题进行全民公决。总之，民主政治国家有点像'宪法集市'。"

"但这一切是如何运作的呢？在这些错综复杂的程序中谁说了算呢？"

"大部分重要决策，比如涉及治安、战争、结盟、大金融或工业集团等方面的决策都是秘密决策。它们都是在宪法没有规定的秘密会议上决定的，公众对其并不知情。当然，他们也会就一些次要问题组织激烈的'辩论'来取悦大众，例如神甫同性婚姻或保护蓝鲸等。不过大名鼎鼎的自由其实体现在：即便一个人拥有真正的领导才能，但如果他不想当领导，那么他绝没有义务这样做，更不必听命于他人。上战场打仗的都是自愿入伍的人和外国雇佣兵，其他人则可以摆脱兵役的束缚。如果一小群有权有势的人认为战争对其有利，那么即便大部分人希望和平，战争也很有可能爆发。如果法律禁止你成为众议员或参议员，只要你精力旺盛、耐心十足、有钱并且与执政的多数党有关系，你还是有机会成为议员的。因为司法也可以变通。被告如果是政界人士、金融界或媒体界精英，就可以高枕无忧。我们会看到，那些本可能被处以极刑的人，尤其是贪污犯，通常情况下他们只有流亡他乡才能逃避牢狱之灾，结果却出现在外省城市，在街上悠闲地散着步，甚至出现在国民议会或参议院的席位上，仿佛变成了隐形英雄似的。当然了，如果你一贫如洗、面色稍微黝黑一点，那就另当别论了！警察会到处监控你，你会因一点小事坐三年牢！在知识和纯粹思想方面，人们也是百分百自由的。大家还记得吗，我们曾经指出，要想成为明智的公民，如我们所说的共产主义国家的'卫士'，就必须从儿时的游戏开始接受高尚文化的熏陶，而且孩子的思想必须关心真正重要的事物。在民主政治中，人们认为这些都无关紧要，甚至不关心统治者知道什么不知道什么，他对世界和真理有什么见解。统治者只需宣布自己是所有人的朋友。这不会令他有多少损失，但随后他便能在选举中稳操胜券了。"

"这样活着也挺好的啊，"格劳孔说，"民主派人士像个半神。"

"对于鼠目寸光的人或有钱人来说，这或许不算太坏。但从长远看，如果一个人想遵循理念生活，那就是另一回事了，如果他处于社会底层的话更是如此。总之，以上就是这类国家的优势。在这类国家中存在一种权力，表面看是无政府主义，是丰富多彩的。除了令人眩晕的、几乎与虚无接壤的自由，这个国家还有一种纯粹形式上的平等，后者实际上将平等和不平等都囊括其中。"

"现在我只需提出那个老问题就可以了，"格劳孔说，"您认为与这种自相矛盾的政治对应的是什么样的人？不过首先，如果我可以这么说的话：他究竟是怎样从寡头的腹中诞生的呢？"

"这是一个漫长而精彩的故事。让我们以寡头的儿子为例。他那十分贪财的父亲是以我们知道的原则培养他的儿子的,这个原则便是赚钱和省钱。儿子于是也像父亲一样,竭力控制自己享乐的欲望,抵制大城市的诱惑,尤其因为这些非自然的享乐要价昂贵。其实,为了使我们的解释不遗漏任何重要方面,我们是否可以先来区分一下必要的欲望和不必要的欲望呢?"

"可以,"阿曼达说,"既然是关于欲望的问题,这次请你们别再借口有女孩在场就表现得一本正经。"

"好的,好的,"苏格拉底可疑地笑着说,"让我们从事实出发。我们说,如果满足某种欲望仅仅是为了生存,那么这种欲望就是必要的。"

"我们不能放宽对它的定义吗?"格劳孔插话道,"比如我们可以说,某种欲望并不是非满足不可的,但它的满足对人类有益,我们也认为它是必要的。"

"好的。那我们就说,如果某种欲望既不是非满足不可的,而且满足它甚至对我的同行斯宾诺莎所说的 *conatus*[1] 来说也毫无益处,那么即便满

---

[1] 拉丁语,斯宾诺莎《伦理学》中的重要概念,一般译作"努力"。——译注

足这种欲望令人愉悦，它也是不必要的或者说非自然的。"

"*Quézaco*[1]？"阿曼达愣住了。

"每个活着的个体想延续生命的本能倾向。"

"所以，"阿曼达说，"非自然的欲望就是不牵涉人体自发需求的欲望，简而言之就是属于象征层面的欲望？"

"啊，这个拉康啊！很多女人爱拉康，我很想知道为什么。大概是因为象征层面吧！不过还是举个弗洛伊德式的例子吧。交配的欲望对于某类物种的延续来说无疑是必要的，即便是高贵的人类也不例外。对亲吻、抚摸乳房、触摸性器官等这些侧面爱抚的欲望，只要能令交配双方进入状态，那么按照亲爱的格劳孔的宽泛定义，这些都是间接必要的欲望，对吗？"

"我想是的。"格劳孔红着脸说。

"但是，如果我让一个女人穿上黑色塑身衣和长筒靴，用鞭子狠狠地抽我，然后为我口交。对于这种欲望，我很怀疑我们可以将其定义为必要的，即便从间接角度来看都不能。"

---

[1] 奥克语，即"是什么？"之意。奥克语为通行于法国南方、意大利及西班牙部分地方的一种罗曼语。——译注

"噢！"格劳孔感到要窒息了。

"有位女士命令我不得一本正经，我看她倒是什么话都没说。我一向听从女士们的指挥。总之，这类欲望多半属于这位女士所说的象征层面。如果去'职业人员'那里，也就是明码标价的'象征层面'专家那里满足这种欲望，可能得付出高昂代价。寡头的儿子从小努力压抑的，就是对这类事物的兴趣，甚至对比这复杂得多——'象征'得多——的事物的兴趣，因为他那守着钱堆的老爸对他说，这一切都对身体有害，对灵魂不利，而且价格昂贵。然而，世上并不是只有他父亲。你们还记得之前讲的'大胡蜂'吗？寡头政治社会中热爱象征层面的正是那些人！娱乐活动越是高雅做作、毫无必要，他们就越是趋之若鹜。"

"我们偏离了民主派是如何形成的这个话题了吧？"

"一点儿也没有。让我们再来看看这个被父亲灌输了注重利益、忽视高价恶习的价值观的孩子。正值青春期的他开始频繁与'大胡蜂'帮派少年来往，这些躁动而恶毒的大胡蜂带他接触了各种乐趣，从可卡因到淫乱聚会，还包括听迷幻音乐，参加假面舞会，喝兑了伏特加的橘子汽水，或是开着福特野马四处兜风……就是在这个时候,他内心的寡头超我开始向民主派转变。正如在漫长的内战时期,一旦某个党派得到志同道合的外国盟友的相助,政权就会一下子转移到他们手中;这个年轻人也一样,他潜意识中一直被家庭压力抑制的强烈欲望一旦得到外界与之类似的欲望的支持,他就会一下子转性。当然,如果扎根于他内心的寡头政治习惯得到外界的支援,那么这些习惯也会进行反击。这类外界支援可能是他父亲或其他家族成员的严厉指责和高高在上的教训。结果就是他身上会产生一场反对自我的斗争,在家庭准则方面,他被反叛和保守思想的激烈较量撕裂。有时候反革命的一方会得胜,于是保守主义原则便会抑制甚至消灭民主反抗。某些从潜意识里浮现的欲望得到抑制,另一些则会消失,罪恶感于是会萦绕在我们年轻的主人公心头,令旧秩序再次占领他的内心。"

"不光彩的胜利!"阿曼达评价道。

"而且不稳定!因为,在非自然的欲望遭到第一次失败之后,其他各种各样类似的强烈欲望往往会利用父亲权威的削弱,从潜意识的无尽储备中浮现出来。这些新的欲望会推动这个年轻人接受富有的**城邦**所提供的一切:毫无用处却令人着迷的物品、美食、新奇的小玩意儿、环球旅行、装饰精美的方巾和礼服、毒品和汽车、房子和斗牛犬……人生变成了尝试无穷滋味的旅程,尽管这旅程往往是偷偷摸摸的。最后,物欲冲动终于攻陷了年轻人原则的堡垒——依靠这些原则,年轻人才可能成为**主体**。因为反抗是不可能的。面对资本主义的诱惑,一个四体不勤五谷不分的**主体**,一个从此与真理之路无缘的**主体**除了分解进而瓦解成一个个作为**主体**承载物的活体之外,它还能做什么呢?在这样的条件下,虚伪的论证和错误的意见显然已经占据了上风。从此以后,年轻人就像居住在一个强盗的世界,这个世界的唯一信条是设法消费他们渴望消费的东西。诚然,年轻人有时也会聆听来自家庭或某些朋友的主观反击;统治着寡头政治世界的节俭、持重的政党也会让年轻人在内心斗争时听到它的声音。然而花言巧语关闭了年轻人灵魂之城的大门。无论是来自外部的支持那些摇摇欲坠的原则的思想援助,还是前辈们根据经验总结出来的忠告,都无法再进入到这座城堡之中。诡辩学家所说的'个人的充分发展'赢得了这场战役。羞耻心被认为是愚蠢至极的东西,人们开始迫害裹住头发、不爱穿超短裙的女人。含蓄、谨慎和理性论证都被爱炒作的人当作懦弱的体现，而电视名人认为这些品质像熄灭的蜡烛一样没有传媒价值。至于适度消费和对超前消费的拒绝，这些都不过是乡巴佬的废话。归根到底，这种暴力是无益的欲望堆积的暴力。诱发这些欲望的，是流入市场的无穷无尽的商品库存，尽管这些商品像一群蛐蛐儿一样丑陋、刺耳又有害于人。"

"啊！苏格拉底！咆哮诗人！"阿曼达十分感动地说。

"商品和金钱的诱惑能掏空一个**主体**的美德，使他变得赤裸而孤独。这就像是颠倒顺序的艾琉西斯秘密仪式：**主体**被'洁净'，然后被空洞的傲慢、专制的无政府主义、吝啬的挥霍、乏味的厚颜无耻所填满。所有这些妙不可言的组合头戴花冠地行进在一支可怕的队伍之中，一边在'嘣—嘣—嘣'的背景低音伴奏下大声喊叫着时下最流行的电台歌曲，似乎整个大地都因这噪音而颤抖。名称改变了事物。蔑视小我之外的事物从此叫作'个人自主'；摆脱所有集体生活的原则从此叫作'个人自由'；最野蛮的野心被冠以一个好听的名字——'社会成就'；稍微关心一下工人、小职员、农民就会被斥为'民粹主义'；而吹捧严重不平等、人与人之间的竞争和对最贫穷者的镇压则叫作'面对现实的勇气'。在这样一所学校，年轻人显然很快会从必要欲望的世界——这个世界可能很狭小，他在这里长大——进入令人陶醉的不必要欲望的世界。为了满足这些欲望，他已经准备好牺牲人类思想自远古时代以来获得的所有普遍真理。"

"我几乎能顺着您的思路讲下去。"阿曼达情绪激昂地说，"而且我用的是现代风格：这些国家的女孩在穿着打扮或奢侈品这类无用的事物上花费的金钱、时间和心思，与在生活必需品上花费的同样多。她们中有一些总有一天会在虚无主义中腐烂。她们会倒在人行道上，紫色的直发披散着，身旁是愚蠢的同伴和惊恐的狗。随着年龄的增长，大部分女人会放弃疯狂的冒险，安心过上中规中矩的日子。封闭在矫揉造作的女性'自我'中，她们会给自己的头脑进行一次清理。她们有些保守，也有些放纵；有时做些家务事，有时去西班牙度个日光浴假期；有不少职业野心，又有一点对社会的不满；有一个可靠的丈夫，也偷偷摸摸偷过几次情；看许多愚蠢的八卦杂志，也会看几本最新的小说；理论上爱'他人'，实际上仇视那些戴头巾或面纱的女士。在任何事情上都平等，要多平等有多平等，讨人厌的事当然不计在内。在第一次做蠢事时,这些女人投入了自己的主体性,但随即为她们的'平衡'感到担忧,于是放弃了主体性,欣然去做下一件蠢事。"

"不错,不错,"苏格拉底赞赏道,"再谈谈这些年轻人与真理及理性论证之间的关系。他们憎恶这类事情,并且不让其进入自己灵魂的堡垒。假设有人对他们说:'亲爱的朋友,世上存在两种快乐,一种快乐来源于具有普适价值的欲望的力量,另一种快乐只符合我们自私的欲望。在可以自觉选择的情况下,我们应该优先考虑前一种快乐,至少要承认它的优越性。对于第二种快乐我们应当抱持怀疑态度,而且在很多情况下都应该舍弃它。'你们知道他们会如何回答吗?"

"他们会对您不满!我仿佛听到了他们的声音。"

于是阿曼达扮演起咄咄逼人的妇女,说:

"'苏格拉底!您不过是一个大胡子老头儿!我们所有的欲望都是妙不可言的。它们都是好欲望,因为它们是我的欲望,而不是您的。正确的做法就是在同一时间享受所有快乐。我身上的一切都是平等的,平等万岁!'"

"正是这样!"

"认为一切平等的人,他们的人生就是这样

的。"格劳孔指出。

"是的！他是全球交流和即时沟通的拥趸。在他那所谓无可比拟、无法替代的个性中，他融入了成千上百种不知名的性格特征。这个民主派人士多么美好，多么五彩缤纷！他和与他同名的国家多么相像！于是我们会明白为什么那么多男男女女都像永远长不大的少年，想象不出还有比这著名的民主政治更好的政治。"

"如果我没理解错的话，您要讲的只剩僭主政治和与之对应的人了。"

"僭主……"苏格拉底开始说。

"法西斯分子，对吧？"阿曼达打断他的话。

"法西斯主义的僭主，如果你同意这么说的话。对于一个天才肖像画家来说，这是一种多么好的个性啊！"

"民主政治是怎样过渡到僭主政治的呢？墨索里尼、希特勒、萨拉查这些人就是通过选举，在民主政治背景下开始掌权的吧？"

"还有贝当。"阿曼达指出。

"从自由倒退回奴役，即便自由是腐坏的，即便奴役是获得认可的，这样的转变难道不是一种悖论吗？"格劳孔问。

"要想解决难题，我们不妨回顾一下由寡头政治向民主政治的过渡。一个极度发展的寡头政治，其标准必然是聚敛财富。对金钱之外的事物漠不关心，没有任何原则可言，这就是导致此种制度瓦解的原因。那么民主政治的标准是什么呢？我说的当然是通常意义上的'民主'。"

"自由。"格劳孔回答。

"当然不是！"阿曼达表示反对，"不是简单的自由二字。而是指在市场上流通的物品的斡旋下，个人欲望必须得到满足的自由。标准其实就是没有标准的'自由'，也就是兽性。因为这种无标准的个人自由的实质就是追求私利。"

"同意。"苏格拉底说，"为了私利展开疯狂竞争，不关心其他任何事物，不理会任何原则，甚至不在乎任何真理，就是这些因素从内部毁灭了第三种政治——民主政治，然后用第四种政治——接近法西斯主义的僭主政治的各种变体取代了它。"

"为什么会这样？"格劳孔有些困惑地问。

"'民主'国家的统治者会逐渐成为庸俗的煽动家，他们打着'自由'的旗号，拒绝参考疯狂私欲之外的任何标准。一旦有人试图阻止这些私欲的扩大或抵制满足私欲的绝对'价值观'，这个人就会被视为共产主义者、极权主义者以及自由的敌人。那些呼吁将关系到集体利益的福利——如医药、教育、交通工具、能源、饮用水、银行——集体化的人都会被定性为反对现代生产交流方式的迂腐愚昧之人。执政者将自身利益——想尽办法保留权力、无数次的连任、从贪污腐败中获利——奉为标准,而被统治者对执政者就只有羡慕和好奇的份——八卦杂志上的照片、荒谬的调查、流言和趣闻——,正是这些因素消解了公共意识,将作为思想的政治转变成了一出皮影戏。"

"但人们还有自由!"格劳孔固执地说,"在家里也是如此。父亲昔日的象征性权威不再。儿子尽管很焦虑,但他是自由的,可以做他想做的事。"

"除非他什么也不想做。"阿曼达打断他的话说。

"你太夸张了!父亲从前是真正的独裁者,但他们最后往往会变得惧怕自己的儿子。这不是一种解放吗?再看看那些外国人:他们难道不自由吗?无论如何,如果他们有钱,就能和本国公民一样自由。就算他们没钱,也能和当地的穷光蛋平起平坐。但民主政治的情况与世袭的寡头政治不同。在民主政治中,穷人永远都有有朝一日成为富人的自由。"

"你真这样认为吗?"阿曼达带着极度的轻蔑说。

"至少有一点可以确定,"苏格拉底说,"正如马克思老兄所说,在这种民主政治中,一切与权威相关的东西都被溶解'在利己主义打算的冰水之中'了。即便是在那些理论上不会被金钱腐化的地方,比如说学校,也能看到一些老师……"

"哦这个啊!"阿曼达嚷道,"我知道一些内情!很多老师惧怕学生,于是经常用手抚摸他们的背,只给他们阅读或研究时下流行的最没价值的东西。学生不把任何事放在眼里,瞧不起任何人。他们和老师不分尊卑,而老师为了避免学生起哄,总是和他们开粗俗的玩笑。我还见过站在桌子上手舞足蹈唱摇滚或说唱的老师呢。"

"你总是这么悲观!"格劳孔抗议道,"有些老师还是很出色的。"

"有是有,但很少。他们必须有厉害的手腕,要么是年纪较大的男人,这种人身上会散发超凡的光芒。而且,我对此有自己的见解。父亲,老师,甚至警察,甚至法官或总统都不再有任何价值,人们不再尊重他们,因为在民主政治中,这些人的地位变得和我们女孩一样。"

"怎么会这样呢?"格劳孔气愤地说,"你作为一个女性居然说这样的话?而且是在女性主义出现几十年之后?"

"只是因为我了解女人,尤其是如今的女人。她们连一根钉子都不如。她们一心想着怎么征服男人和女伴们。而且,这些可怜的女人还博取了别人的同情!世界如果交到女人手上,就会变成蜂巢,变成蚂蚁窝,变成白蚁穴!太可怕了!"

"我觉得阿曼达是在向我们挑衅。"苏格拉底评判说,"我们把这个棘手的问题放到一边吧,至少暂时先不谈它。"

"可是,"格劳孔还在坚持,"我们之前已经达成共识,在共产主义制度中,女人和男人是同等的。"

"当然咯,"阿曼达耸耸肩说,"我说不是了吗?"

"搞不懂你。"格劳孔窘迫地说。

"总之,"苏格拉底微笑着说,"男人不仅要应付女人,在与动物的关系上也不见得更幸运。在民主政治中,宠物与主人同样自由。而且宠物吃得比非洲人好,它们吃的肉糜实在是太奢侈了!而马和驴——如果那时还有马和驴的话——将会昂首阔步走在大街上,把那些挡道的行人统统撞开。"

"在民主政治中,马嘶叫着自己是自由的,"阿曼达冷笑道,"驴也鸣叫着自己是自由的。"

"一派胡言!"格劳孔感到难以忍受。

苏格拉底心想,还是应当保持一点严肃性:

"可以肯定的是,个人利益斗争促使每个人都变得神经过敏、精疲力尽。遇到一点点阻碍,受到一点点限制,人们就会抗议、哭诉、揭发、控诉。每个人都是他人的受害者。电视将个别社会新闻转化成公愤,因为这些新闻,人们表决通过了一些笼统的法律来'保护受害者'。这些法律不断累加且随意确立,没有任何原则根据,除了给警察迫害弱者提供方便之外没有任何用处。司法和治安混乱,人民缺乏强大的政治信念,这些都为法西斯分子的得势创造了条件。"

"那他们是如何强大起来的呢?"格劳孔担忧地问,"为什么在某些情况下,他们能够掌握政权呢?"

"我们已经探讨过,寡头政治内部的弊病会不可避免地导致制度的灭亡。同样地,个人自由意志的执念也会像疾病一样蔓延到公共福利的各个领域,以粗暴而阴险的方式引起民主政治的衰落。流俗意义上的辩证法告诉我们,朝着某个方向发展的过度行为通常会引发反方向上的强烈反应。我们已经在气候、植物生长及一切活体身上观察到了这种现象。这一原理在国家政治组织上似乎也能得到验证。个人自由如果与一切真理不符的话，那么这种自由达到一定浓度后，只能反转成为一种奴役。"

"我觉得，"阿曼达说，"这一辩证的反转不仅影响个人，还影响集体。"

"一点不错。这就是为什么僭主政治和法西斯主义总是诞生于一个自称民主或共和的环境中。这两种制度说明了一个事实，即无原则、无理念的高度自由会转变成一种野蛮的奴役。"

"这是历史事实，"格劳孔表示同意，"想想凯撒和屋大维，想想墨索里尼、萨拉查、希特勒……但是我有另一个疑问：民主政治和寡头政治共同的弊病，也就是给所有人戴上镣铐的弊病究竟是什么呢？"

"我觉得是爱花钱又懒惰的人，简而言之就是寄生虫的势力越来越大。其中以大声嚷嚷的人为首，胆怯的人跟在他们后面。你还记得吗，我们称这些人为人民中的大胡蜂。"

"但是只有领袖们（leaders）、考迪罗们（caudillos）和元首们（führers）才有刺。"格劳孔提醒大家。

"他们在集体中的所作所为就好比病原对于人体的作用。好的领导者应该像好的医生那样,仔细监控这群社会寄生虫。我们也可以想象一个谨慎的养蜂人:他时刻提防着蜂巢里出现这样的大胡蜂。一旦看到大胡蜂,他就会毫不留情地消灭它们,并把它们藏身的蜂房丢到火里。"

"天哪,您变成了一个恐怖分子!"阿曼达惊呼道。

"你说得对,我确实有点激动,很容易就会这样。让我们回到分析性方法上吧。我们奉行自由主义的西方国家内部可以分成三个类别。第一类是作恶多端的大胡蜂。在经济自由主义和个人懒惰性情的共同作用下,这些寄生虫在'民主'国家里不断繁殖,至少和在古老的封建寡头政治中一样多。另外,这批寄生虫在新的政治背景下比在寡头政治中活跃得多。"

"为什么会这样?"阿曼达用埋怨的口气说。

"因为寡头政治被传统思想浸淫,瞧不起野心家,也不会给予他们任何权力。而在民主政治中,这些野心家施展拳脚的范围可以说是无限大的。在议会和选举期间,强势的领导者、精明的演说家滔滔不绝,而基层议员和地方显贵围坐在四周,除了鼓掌什么也不做。在这种背景下,几乎一切事务都落到了某几个野心家团伙手中。"

"那其他两类是什么人?"格劳孔迫不及待地问。

"首先是资本家,他们一心想着保存和增加财产,这使得他们远离政治纷争和风险。大胡蜂正是从这些人身上榨取油水的,因为他们向后者悄悄承诺保护他们既得的财产。"

"大胡蜂当然不会去找那些身无分文的人,"阿曼达揶揄道,"那第三类人呢?"

"是劳动人民,大批的工人、农民、雇员、小公务员……一旦他们在某个理念的号召下团结到一起,就会成为一股最强大的力量。"

"但是,"格劳孔说,"这种情况很少见。他们无法组成一股有组织的政治力量。"

"人们会想方设法阻挠他们。首先,人们会用腐蚀手段来分裂他们。那些自称'为人民'的领导者将他们从富人手里骗取的钱财重新分配给一部分劳动人民——领导者称其为'中产阶级'——,但在分配前他们会先从中抽取一大部分钱财。这样一来,由于所谓的'中产阶级'最关心的是如何维持不确定的安逸生活,他们会坚定地拒绝融入最辛苦、最贫穷的劳动者行列,而后者在任何时代任何地方都最渴望团结一致，追求一种奉行平均主义的新政治。"

"资本家也会进行自我保护。"格劳孔插话道，"他们会建立政党，购买报刊，投身于大规模的腐败活动中。"

"当然！而且，尽管他们既没有办法也无意推翻现有的政治秩序，还是会有人到处散播消息，说他们——而不是大胡蜂们——密谋与人民对抗。"

"这也是他们不得不做的事，"格劳孔补充说，"当他们看到堕落的中产阶级、民众主义的煽动者和最愚昧无知的劳动者都转而反对自己时，他们就恢复了曾经的寡头思想和封建思想，渴望在军队、警察、神职人员和法官的帮助下，进行一场保守主义的革命。社会于是进入到一个动荡的时期，到处是诉讼、叛乱、冲突、军队分裂、大规模游行、各种阴谋……"

"我想，这种时候往往会出现一个众望所归的领袖吧？"

"时势造英雄。堕落的中产阶级和盲目的广大群众拼凑成一支驳杂的队伍，将原本只是无名小卒的某个人奉为首领，在动乱恐慌的社会背景下，只有这三者的结盟可以构成一股力量。那个应运而生的人自称是'**民族**的保护人',他会向保守主义的温和做派发起挑战,但尤其会向一切独立的人民组织宣战,因为后者的目的是发挥政治才能、重新团结被分裂的群众。"

"那么,"阿曼达问,"成为僭主或法西斯首领的就是这个'保护人'吗?"

"向来如此。这种转变让我想起保萨尼亚斯讲过的一个故事:如果一个人品尝了切成小块和牛肚、羊肚混在一起的人内脏的话,他会立即变成一头狼。当'**民族**的保护人'看到人群被自己的演说蛊惑时,就再也无法克制一尝他们血淋淋的内脏的念头。看看希特勒吧,上台仅一年,他就屠杀了自己党内整整一支信仰真正的法西斯人民'革命'的队伍,也就是他昔日同伴罗姆率领的纳粹冲锋队(SA)。罗姆被枪决之前,希特勒还曾去狱中辱骂、羞辱他。事情总是如此。以减少债务、约束银行家、增强国力、消除失业为借口,法西斯首领将自己阵营中所有令他不满或妨碍他的人统统交给了警察严刑拷打。他建立一些特殊的审判法庭,在这里,领了好处的告密者令无辜的人被判刑。他用他那饿狼的大舌头贪婪地品尝被他流放或杀害的亲人的血。这样一个人要么就在无数敌人的打击下丧生,要么就建立一个唯其独尊的僭主政权、一个毫不留情的法西斯独裁统治，这是一条残酷的法则。"

"这样的话，"阿曼达指出，"他得有一支人数众多且忠心耿耿的近卫军，一批无处不在的秘密警察。"

"我想他总是能找到许多恶人的，"格劳孔说，"只要允许他们去抢劫人口中的某个特殊类型：亚美尼亚人、犹太人、阿拉伯人、茨冈人……"

"甚至一部分反抗此类制度的小资产阶级，"苏格拉底补充说，"如果一个有钱人被怀疑是法西斯主义的敌人，那么他最好遵从希罗多德提到的皮提亚给克罗伊斯的神谕：'既然骡子当上了米堤亚国王，所以我的朋友啊，希望你这双娇嫩的脚不要妨碍你沿着满地石子的海尔谟斯河逃跑，无须担心自己被当成懦夫。'"

"如果法西斯分子抓到他，肯定会让他先受尽折磨，然后再绞死他。"

"毫无疑问。至于'**民族**的保护人'，人们并不会像荷马那样说：

> 伟岸的他长埋于此，像一尊巨大的卧像。

相反，将大部分对手变成'卧像'之后，他终于独自登上了国家这部战车。他抛弃了曾经的'保护人'伪装,露出了法西斯独裁者的嘴脸。"

"不是马上就显露出来的!"阿曼达抗议道,"在我看来,他并没有那么快树立权威、暴露自己那嗜血的幸福。一开始,在他统治之初,他总是对每个人都面带微笑,对遇到的所有人都鞠躬行礼。他大声地表达自己对独裁专制的强烈憎恶,频繁向身边人、向公众立下誓言。他宣布债务可延期支付,将几间工厂国有化后交由他的亲信管理,将若干无人认领的地产充公,然后将土地分给拥护他的农民。他完全是善良和温柔的代名词。"

苏格拉底惊叹道:

"你把词语从我嘴里抢走了!之后又发生了什么呢?"

"他或是收买或是铲除,结果了那些公然反对他的对手。当他感到在这方面已无后顾之忧时,便马上发起了战争。因为他知道,一旦发生战争,人民就会接受服从一个首领。他还知道打仗需要高额的捐税,公民因税费而贫困,肯定会忙于日常生计,再无精力也无闲暇去谋反了。"

"太棒了!"苏格拉底欣喜若狂地说,"然后呢?"

"如果他怀疑某些人因思想过于自由而无法容

忍他的绝对权威,战争就是消灭他们的一个好借口:他会把这些人派到前线去,一旦去了就几乎没有逃脱的机会;或者干脆直接把他们交给敌人。不管出于何种理由,总之这种类型的独裁需要战争。"

"但是,"苏格拉底反对道,"这些小诡计不会使他获得民心。他该如何坚持下去呢?"

"他必须持续不断地加大镇压力度。在他最亲近的人当中、在辅佐他走上权力之位的人当中,必定会有一些人背着他或当着他的面说出心里的想法。最有胆识的那些会公开批评他的政策。如果他想保住自己在重大决策上的独断权,他就不得不铲除这些人。结果不论是在他自己的阵营还是在对手的阵营,最后都不会有个性鲜明的人了。他的统治将是对平庸者和失败者的统治。"

对于美丽的阿曼达的雄辩口才,苏格拉底已经表达了足够多的赞赏。现在他想重掌话语权了:

"也就是说,独裁者和他的同伙必须懂得如何发现那些哪怕有一丁点勇气、智慧或高尚灵魂的人。不论愿意与否,法西斯分子承诺的'幸福'不可避免地要向这些聪明人宣战,给他们设下陷阱,直到把他们肃清为止。"

"这种肃清是要致病人于死地啊。"格劳孔嘲讽道。

"是的！"苏格拉底微笑着说，"法西斯独裁者是医生的反面。医生为人体除去最坏的部分以挽救最好的部分。法西斯主义者则对集体做着相反的事：根除最好的部分以挽救他所掌管的最坏的部分。"

但是，阿曼达还是不依不饶地想打败苏格拉底：

"总之，法西斯主义者还是难逃某种神奇的命运，要么在一群憎恨他的、无价值的人包围下度过一生，要么被人谋杀。"

苏格拉底打定主意要重获主动权：

"在这些背景下，他的同胞越是恨他，他越是需要一支听他指挥的警卫队，人数众多而且忠心耿耿。我想，由于民主政治的危机而漂泊不定的社会阶层中一定有不少人选。我们之前谈论的大胡蜂会发现，这是一个牺牲大部分人来过上好日子的良好契机。"

阿曼达不甘示弱：

"还有被军饷吸引来的外国雇佣军。甚至还有一些工人，他们被人从工厂里拉出来，安插到元首的宫殿中。他们非常自豪，再也不打算回去干活了。这些人就是大头目的新同伴。而他的集团的周围充满了仇恨,仇恨来自那些还留有一点良知的人。一端是雇佣兵的堕落无耻下流,另一端是拒绝向制度妥协的坚决态度。"

如此准确的言论让苏格拉底倍感压力,于是他使出了一个杀手锏:

"如果你所说的都属实,那么我们会有一个疑问,关系到包括索福克勒斯在内的诗人的智慧,因为索福克勒斯在《埃阿斯》中写道:

> 智慧的僭主会把最有智慧的僭主
> 变成自己的朋友,并为自己所用。"

阿曼达再次展开攻势:

"还有欧里庇得斯,亲爱的苏格拉底,他也不甘示弱。他在《特洛伊妇女》中说,'僭主有如神明。'"

苏格拉底毫不示弱:

"还有《腓尼基妇女》呢,你记得吗?

> 如果必须违反正义的法律,
> 这一定是为了僭主和他疯狂的享乐,
> 人们才渴望利用非正义。"

阿曼达仍然不认输：

"我知道，我知道……您是想说，一旦这些诗人能够得到统治者的宽恕，他们就会迫不及待地冲向前去，召集群众，然后运用自己强有力的、具有说服力的声音将这群人引向表面民主、实为专制的权力形式。您肯定会强调，这些诗人从僭主和议会领袖那里拿到了不少钱，可是一旦到了真正属于民众的、拥有理念的政府跟前，他们就会一下子没了灵感。可是相信我，这些大诗人有足够的智慧，就算您说了污蔑他们艺术清白的话，他们也会宽恕您疯狂的思辨的。"

"你说完了吗？"苏格拉底恼怒地问。

"不过这些都是题外话，"阿曼达作出退让，"还是回到我们最关心的问题上吧：法西斯统治者如何筹到钱来供养他的秘密警察、私人保镖、地下抵抗组织和征战部队呢？"

"如果有国库储备，尤其是金库或外汇，他就会将它们全部廉价出售。他还会毫不迟疑地将国宝卖给出价最高的人，包括博物馆里的画或雕塑，教堂里发现的大量圣物等等。他为了警卫队的预算动用了很多东西，却没有增加赋税！"

"听起来很美好，"阿曼达反驳道，"可当他把一切都卖光的时候，就一个子儿也没有了。那些身无分文的穷酸警察会开始密谋造反。"

"没问题的。"格劳孔对他姐姐说,"这个大头目、领航人会紧紧依附于把他送上最高宝座的那些人,同时必须为围绕在他周围的人——亲信、宠臣、秘密顾问、情人、警察、刽子手和弄臣——买单。"

"你的意思是,"苏格拉底又激动起来,"人民因为迷失方向、消极被动导致法西斯团伙趁机占领了国家,现在人民还得负责供养这伙人?"

"人民不得不这样做。"

"但人民也会叛乱的!大家会说,一个属于人民的政治产物,或者说一个人民的儿子在长大成人登上绝对权力的宝座之后,不能够要求他的人民父亲没完没了地供养他以及他那些仆人、密探、荡妇和身边所有的坏蛋!做父亲的却成了儿子的奴隶的奴隶!多么可怕!人民曾经希望摆脱富人的重压,摆脱那些自称'民主人士'或'文明人'的家伙。他们没想到会被残暴的黑手党抢劫。因此他们会命令篡权者和他的团伙滚出这个国家,正如父亲要把忘恩负义的儿子和他带来的好吃懒做的狐朋狗友统统赶出家门一样。"

"就让人民父亲把从自己身上出来的独裁者赶走吧!他会明白自己的不幸。他会后悔当初生育、爱护、抚养过这样一个婴儿。但一切都已太晚。这个婴儿成了最强者。"

"天哪,"苏格拉底大声道,"按你的意思,僭主就是一个弑父者了?他杀害了自己年老的双亲,还践踏了他们的尸体?"

"大家把这叫作法西斯主义僭主政治。"格劳孔很高兴自己掌握了讨论的主动权,"人民才出狼窝,又入虎穴。本想逃出大资产阶级的隐形专制的呛人浓烟,却掉入了疯狂的小资产阶级专制的油锅。以前困在盲目自由的圈套和死胡同中,如今却要向最惨痛最苦涩的奴役低头,成为奴隶的奴隶。"

阿曼达不甘心沉默:

"这也是非洲国家被殖民者所经历的,来自宗主国的那些卑鄙又贫穷的白人瞧不起他们、虐待他们,叫他们'北非鬼'、'阿拉伯鬼'、'黑鬼'或是其他蔑称。"

"是的,"格劳孔说教道,"汉娜·阿伦特就认识到了这一点:在'民主人士'的高贵野蛮和法西斯式的残酷之间,有一种历史延续性。"

"太棒了,亲爱的孩子们。"苏格拉底表示,"多亏了你们两个,我相信我们可以自豪地宣布,我们已经很好地描述了从民主政治到法西斯僭主制的过渡,同时也描述了这种政治的一般形式。接下来就该研究相应的一类人了。"

"僭主的典型形象。"阿曼达表示赞同。

"只不过,我们还缺少一种概念工具。"

"已经讨论这么久了,"格劳孔叹息说,"结果我们还是缺少工具……什么工具呢?"

"对于各种欲望的精确分析。僭主政治是政治暴力和性暴力无法彼此区别的一个临界点。"

格劳孔预料他们会绕一个大弯,于是有些无精打采。他闷闷不乐地说:

"那么,您开始吧。"

"我们已经区分了必要的享乐和不必要的享乐。让我们进一步思考:在不必要的享乐和欲望中,有一些似乎彻底摆脱了一切法则。这类欲望从一开始就存在于每个个体身上,隐藏在无意识的深处。但它们部分地受到法则的压抑,而法则本身又受欲望的刺激,与后者保持着一种辩证关系。在一些个体身上,由于理性思想的帮助,这些超越法则的欲望能够变得很安分。而在另一些个体身上,这些欲望就既繁多又强烈。"

"您可以更详细地说说这些'超越法则的欲望'吗?"阿曼达狐疑地问。

"你知道它们的,所有人都知道,因为在你

沉睡时被唤醒的正是这些欲望。与绝对冷静的理性思想相关的**主体**层次恰恰是在人们沉睡时才休息。相反地,在这个时候,兽性、野蛮的层次开始发作,凶猛地要求获得日常的饮食份额。它赶走睡意,努力拓展自己的结构。我们称之为冲动。在这种冲动状态下,被称为欲望的**主体**层次敢于做任何事。它冲破一切约束,不论这约束是道德层面的还是思想层面的。弗洛伊德说得很对,**主体**这种被解放的欲望就是与母亲上床的欲望,并通过移情作用表现为与各种事物——包括男人、吊袜、妓女、山羊、三角裤、神灵或孩子——上床的欲望。与此相对应,这种欲望也是杀死父亲的欲望,并通过移情作用成了一种无法遏止的攻击冲动。总之,在夜深人静时,这种冲动会将某个飘忽不定的物体与放纵的逆反心理联系在一起。"

听完这番话,阿曼达露出嘲讽的表情。格劳孔思考了片刻,说:

"当一股无法抗拒的强烈睡意将我们交给冲动时,我们应该怎么做?"

"做一次精彩的精神分析!"阿曼达揶揄道。

"咳!"苏格拉底反驳道,"你那伟大的思想家拉康难道没有说过,我,苏格拉底,是精神分析学的始祖吗？总之，就算我们没有找到一个理想的政治制度，但由于不断地谈论，我们的思维变得更加敏捷，更有能力确认和创造，而且不再那么眷恋有害的短暂享乐，因此在这样进行过集中注意力的练习之后，我们进入睡眠时，就能受到理性层次的武装，支撑这一层次的是建立于深具说服力的实例之上的出色论证；同时我们还会注意既不过于克制欲望层次，也不贪婪、徒劳地寻求对欲望的完全满足，这样使欲望平静下来，避免其忧伤或其愉悦扰乱到**思想**层次，确保后者利用自己的资源独自尝试艰难的审察，探索被过去磨灭的、被现在消除的、被未来遮蔽的未知之物。一切都在同一种运动中进行。通过这个运动，在刚入睡时，我们已经使**情动**层次足够平静，不会怨恨任何人，以至于到最后，由于控制了**欲望**层次和**情动**层次活跃的冲动并强有力地推动了第三层次——思想，我们终于能够全身心地获得真正的休息，此时梦境终于不再只传达那些谜样的图像伪装下的禁欲，而我们也终于有机会穿越黑夜，朝着真理的方向前进。"

"啊，"阿曼达惊叹道，"无论如何，刚才我们'穿越'了一段了不起的话！从一开始您说'就算……'时，我就已经屏住气息，听到最后的

'终于……',我以为自己要窒息了!"

"我只是尝试说出我所见到的,也就是事物之间所有的内在联系。但我们只要记住对我们有用的一点:在我们每个人身上都隐藏着令人惊诧的、野蛮的、超越法则的欲望。有些人自以为是为数不多的思想克制的人,其实他们并不比其他人更安全,他们的梦已经证实了这一点。"

"好吧,好吧,"格劳孔跺着脚说,"但这跟政治有什么关系呢?"

"好好回想一下我们说的有关民主派的内容吧。民主派人士童年时受到的是吝啬的寡头父亲的教育。他父亲憎恨那些多余的欲望,比如节庆、奢侈品、游戏、妓女等等。在青春期到来时,他又受到一群小混混的影响,渐渐融入这些人之中。他那已经堕落的同伴热爱他们这个年纪的人自以为高雅又具有破坏性的欲望。在学校,这个年轻人放纵自己做出种种极端行为,推动这些行为的其实是他对父亲的吝啬产生的可以理解的怨恨。然而,比起使他堕落的那些人,他具有更为坚强的本性,因此成了某种难以缓和的心理冲突的舞台。他在两个相反的方向之间摇摆不定,最终选择了一条介于两种不可调和的生活方式之间的中间道路。他分别汲取了二者的特点——悭吝和挥霍，尊重和傲慢，家庭戒律和荒淫无度等等——，自以为这样做很有分寸。事实上，他的人生的确既不是绝对无规则的，也不是绝对奴颜婢膝的。就这样，他从自己父亲那样的寡头变成了民主派人士。"

"是的，"阿曼达低声说，"中庸，绝对中庸，不是这样，也不是那样……这就是民主政治。不偏不倚。"

"可能吧，可能吧，"苏格拉底承认道，"如果人们的头脑中有共产主义的话，这类民主政治肯定不会是最可取的。但我们要记住，这也不是最糟糕的。"

"于是我们又回到了僭主制和法西斯主义……"

"也就是民主政治的后代。假设这个年轻的民主派人士慢慢变老，始终坚持脆弱的折中主义生存原则。他有了自己的孩子后，肯定会根据自己的中庸准则教导他们。孩子们越长越大，按照惯例必然会反抗父亲的这条准则。但他们内心的防备肯定比寡头的儿子脆弱。不论男孩还是女孩，他们都会沉湎于他们的教唆者以'自由'、'反叛'、'虚无主义'的名义坚决维护的混乱生活。尽管年老的民主派支持中庸的欲望、鼓吹一般民主派都崇尚的五花八门的高尚'智慧',但无节制的、致命的欲望还是会占上风。教唆者们这次利用的是一种难以辨认的性冲动——这些冲动的对象越来越可怕——,他们目的是让这种最邪恶的欲望诱发偷盗和暴力倾向,最终导向种族仇恨、虐待和谋杀。当然,一开始,他们会根据未来法西斯帮派拥护者的心灵状态,采取腐蚀的最常见形式。我所谈论的性冲动起初只是其他欲望的配角,夹杂在焚香、麻痹人的音乐、大麻的烟雾、受啤酒和伏特加刺激的赌博游戏、酒醉后可笑的合唱、心血来潮的做爱中……然而渐渐地,无节制的欲望会将蛰针刺入年轻民主派的血肉中,它要求拥有绝对权威,以及总能立即获得满足的方法。他们的个性被一种邪恶的绝对冲动左右,于是成了某种彻底疯狂的猎物。这些年轻的民主派如此疯狂,以至于当他们发现自己身上有理智的想法或欲望,而且这些想法或欲望需要一点个人的审慎或节制时,他们就会将其斩草除根,驱赶出精神世界,使自己从此一心投入对死亡的崇拜,与一切可接受的标准都切断了联系,在自己身上为外来的疯狂腾出了全部空间。"

"您对法西斯年轻人的刻画多么生动啊!"阿曼达赞叹道。

"这种可以说是色情的冲动,也就是我正试图描述其影响的冲动,我们可以称它为**主体**的僭主。然而这种异化现象同样会由麻醉、酒精或毒品引起,或是体现在一种自以为可以向神祇发号施令的癫狂中。"

"所以说,"格劳孔总结道,"如果一个跟我一样的青年在天生结构和偶然堕落的共同作用下,变得冲动暴力、容易上瘾,那么他注定会成为某个僭主或法西斯首领的拥护者。"

"你们所说的,"阿曼达指出,"其实不就是被弗洛伊德称为死亡冲动的东西吗?在法西斯分子的主体性中占据上风的不就是这种死亡冲动吗?"

"正是。这就是为什么我们现在可以描述僭主派或法西斯分子的私密生活,然后一点一点地刻画出主宰此类政治国家命运的大统领、大元首了。"

"我能试试吗?"

发问的是阿曼达,而且没等大家同意,她就迫不及待地描述起来:

"这种人大吃大喝,抽烟喝酒,召妓嫖娼。哪里有大把的金钱,哪里就会聚集妓女、黑手党和密探。他使唤仆人,虐待朝臣,羞辱朋友,蔑视妇女;他命令人在走廊上为他口交,一大早就穿着三角裤大摇大摆走在某个大酒店的餐厅里。但是紧接着,他又会穿上挂满勋章的旧军装,脚蹬锃亮的黑色皮靴,把木地板踩得咚咚直响。他想掌控所有人,因为他无法掌控他自己。久而久之,他花光了所有钱。他开始借钱,变卖家产。然而有一天他终于身无分文。于是他显露出落魄小资产阶级的好斗和尖刻。在塔纳托斯(Thanatos)这只大胡蜂的命令之下,他所掩饰的大量欲望迫使他像疯子一样四处奔波,寻找机会骗人钱财。他渐渐习惯了敲诈勒索、袭击老人和残疾人、采用最卑劣的手段,仿佛他天生就是干这些事的。钱!钱!还有权!否则他心中就会再次出现痛苦和焦虑,以及死亡的呼唤。他的父母也不能幸免。他已经把属于他的那份家产挥霍光了?没关系。还有剩下的供他随意使用或是强行使用。令父母一无所有?如果能够继续享受他人的畏惧、服从、会心又恐惧的眼神,那又有何不可呢?如果能够和百依百顺的年轻女郎做爱,能在袒胸露乳的女人和西装革履的男人的围绕下,一夜之间在赌场输到破产,那又有何不可呢?如果年老的爷爷和奶奶反抗,为什么不试试呵斥他们,打他们,并威胁说要在他们眼皮底下跳楼呢?与一个光着大腿、拥有硅胶胸和漂亮臀部的秀色可餐的超模相比，年老色衰、哭哭啼啼的母亲算得了什么呢？与一个敞着衣领、扭着屁股的时髦小伙儿相比，秃顶的、因风湿伛偻的父亲算得了什么呢？只是在这种行径之下，父母也会没钱，于是欲望的大胡蜂、死神的乌合之众就会成群结队地嗡嗡作响，比以往更甚。由于没有更好的办法，这个年轻人难道不会企图砸毁取款机、抢劫街上某个老妇的包或在昏暗角落兜售掺假的海洛因？于是，从前即便他并不遵守，但仍有是非观，仍有用来辨别体面事物和下流事物的想法，如今这些观念和想法都在他心中彻底死去了。新的想法，即维护死亡本能的想法在他心中取得了决定性的胜利……"

"是啊，"苏格拉底兴高采烈地打断她，"是啊！这些新想法从前只在他睡梦中出现，也就是当睡眠暂时解除了父亲权威对其意识的审查时；当民主政治不顾自己的平庸和对绝对中庸的崇拜，阻挡死亡冲动踏上警醒意识之路时。而僭主派、十足的法西斯分子是这样的：他在清醒时表现出的常态，就是从前年轻的民主派有时深夜做噩梦时的状态。从此以后，他面对任何暴行都不再退缩，并且追求各种享受，包括最低俗的趣味。活在他身体里的冲动激发着暴虐的混乱，这种冲动引导着这个不幸的人,就像僭主领导一个国家:他什么都敢做,只为满足他那堕落的主体性所产生的猥琐欲望,不仅包括青少年时的帮派思想产生的欲望,也包括默默隐藏在他潜意识中的欲望,后者的枷锁因他的人生选择而逐渐被打破,释放出了邪恶的力量。"

"必须搞清楚的是,从总体上说,这一切是如何跟法西斯国家的诞生联系起来的。"格劳孔问。

"如果某个国家只有极少数具有法西斯主义主体性的人——我们已经描绘过这类人,而且大众舆论完全不欣赏这类人的行径,那么他们可能会到某个外国僭主那里去当御用军,或者在非正义战争中作为外国雇佣兵去支持某个帝国政权。如果既找不到愿意接纳自己的法西斯国家,又找不到可以放任死亡冲动的战争,他们就只能待在自己的国家,做点小奸小恶的事了。"

"比如?"

"在墙上乱涂反犹主义标语,在昏暗角落用铁棍殴打黑人或阿拉伯人,亵渎墓地,侮辱妇女,为国家或雇主组建特遣队破坏罢工行动……这些人还喜欢告密,比如写信告诉警察说,他的邻居是个非法移民的非洲劳工。他们是天生的告密者,为了换来满满一信封的钞票,他们可以振振有词地作伪证。"

"您把这些叫作'小奸小恶'?"

"因为与法西斯政权带来的灾难相比,这些恶都是小巫见大巫。为了令这个灾难来临,僭主派必须不断分裂增生,而且这些聚集到一起的人在意识到自己人多势众之后,必须借助民众的惰性与所谓'左派'政党愚蠢的保守心理,将他们之中曾表达过最完整信念的人送上权力之位。他们令他成了一个僭主。在这之后,要么会有一场民众暴动,如有可能在某个与共产主义理念兼容的新政治拥护者的带领下,把僭主及其警察都铲除干净;要么僭主会在必要情况下,招来一些与他沆瀣一气的外国雇佣兵血洗暴乱现场,并毫不留情地惩罚他的祖国——他的'母国',克里特人的这一称呼也许更为确切——,就像从前他毫不犹豫地虐待他的父母一样。"

"很不幸,第二种情况的例子更多。"格劳孔伤感地说。

"请注意,这些人过去在私生活中的行为与如今掌权时的行为一模一样。要么他们身边簇拥着随时准备进行下流勾当的奉承者,要么如果他们想从某人那里得到好处的话,就会自愿变成这个人的走狗，成为他的亲信，扮演忠心的奴仆，而一旦得到想要的东西，就会销声匿迹，表现得像个陌路人甚至心狠手辣的敌人。这就是为什么这些人终其一生都不曾爱或被爱，永远都是僭主或奴隶。法西斯分子从来不知自由或友谊为何物。"

"总而言之，"阿曼达觉得他的话有点冗长，便总结道，"就是一只凶狠又／或谄媚的狗的生活。"

但苏格拉底此时并没有理会阿曼达的感受。他转向格劳孔，仿佛只在对他一个人说话：

"我们难道不能说，无论在什么方面，这些人都绝对无法信任吗？"

"'绝对'这个词用得很恰当。"

"还有，难道不能说他们将非正义发挥到了极致吗？"

"鉴于我们关于正义所达成的共识，这是毋庸置疑的。"

"那么让我们来总结一下。最恶的人，他在清醒时一直做着好人在睡梦中难得一做的事。当这个很早就成为法西斯分子的人通过各种阴谋和暴力最终独掌大权时，他就陷入了这种最悲惨的境地。而且，这种独掌大权的孤独感越是持续和增长，暴政的腐败就越会侵蚀它所居住的**主体**。僭主政治就是一个人的孤独,这个人失去了爱的能力,因而拥有的仅仅是将他人和自己献祭给死神的虚空权力。"

第十五章　正义与幸福
(573b-592b)

苏格拉底似乎因自己这番话而伤感。他静静地坐着，双目紧闭，周身被一种奇怪的光线笼罩；尽管此时还是白天，但这光线用一种透明的苍白预示了遥远的黑夜的到来。也许他在思考刚刚说的关于僭主的一番话——僭主被漫长的孤独囚禁于实体中——是否也适用于哲学家？哲学不也是产生于怀疑论吗？就像僭主政治产生于民主政治一样。这时，阿曼达再次发起了讨论：

"亲爱的苏格拉底，如果您还有力气的话，现在是时候回到幸福这个难题上来了。您对僭主的人生所做的精彩描述似乎表明，他那孤独的残暴在他灵魂深处引发了一种无以言表的不幸。而且随着时间的流逝，极权统治会越发加剧这种隐藏的不幸。那么我们能将客观上的非正义和主观上的孤独无依感的关系普遍化吗？我的意思是从真理因素来考察这种关系。因为我很清楚,面对富人和权贵的幸福,大众意见是摇摆不定的,只需看看八卦杂志便知道了!"

苏格拉底打量着这个女孩,好奇程度不亚于一觉醒来发现她睡在自己身边:

"你想让我拄着拐杖攀登一座危险的山峰,而且这座山连路都没有修好!我来向你提问吧。你会发现自己纯属自找麻烦!"

"是,老师。我洗耳恭听。"

"大家已经达成一致,认为一种政治与该政治下繁衍的人类之间存在着某种同构性,是吧?"

"正是。"

"我们还可以认为,一种政治与另一种政治的关系,相当于分别与两种制度相适应的人之间的关系。"

"概括起来,"阿曼达说,"就是这样的一张简图。"她直接在桌子上画了出来。"这张图只是我举的一个例子,它凸显了一种结构上的平行关系。"

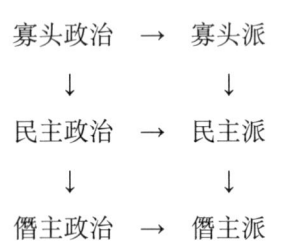

寡头政治　→　寡头派
　↓　　　　　↓
民主政治　→　民主派
　↓　　　　　↓
僭主政治　→　僭主派

"而且，"她补充道，"这张图中的元素可以互换位置。"

"你太厉害了！无论如何，我相信你能回答下面这个问题：从**美德**角度看，归根到底也就是从**真**的**理念**的内在来看，僭主政治与我们简要描述过的共产主义政治之间有着怎样的关系呢？"

"矛盾对立的关系。一者是最差的政治，另一者是最好的政治。"

"对。但是，姑娘，你也觉得这个问题太简单了对吧！你所说的关系是显而易见的，因为我们恰恰是根据**真**的标准来定义共产主义的。一旦牵扯到幸福与不幸的问题，事情就会变得分外复杂。"

"我很清楚问题在哪里，亲爱的老师。要谈论幸福或不幸，光有原则是不够的。必须进行一次经验性的调查。"

"确实。而且不要被僭主个人的观点所迷惑，他只是种种孤独之中的一种，也不要相信围绕在他身边的小团伙。我们必须深入到国家内部并从整体上去考察它，我们还得像**理念**的间谍那样，在下定论之前打入国家最隐秘的部分。"

"我相信此类间谍必然会得出以下结论：没有哪个国家比僭主统治的国家更凄凉、更悲惨，而在集体幸福方面,没有哪个国家能与真正的共产主义国家相媲美。"

"这是你说的,不是我……我想说的不太一样。我觉得除了政治方面,对个人而言,也应当借助类似的智力间谍行动。事实上,谁有资格说别人是什么样的人?在我看来只有一种人,他们仅凭演绎推理的智慧,就能进入主宰别人心理的结构之中。一个为**理念**服务的真正间谍不会像孩子一样只看到事物的外表,不会被僭主用来骗傻瓜的障眼法误导。我们的间谍会看到假象背后的事物。我们大家都应该听他的话。他从来不会搞错本质和显现。他曾与僭主共同生活,曾见证僭主私生活中发生的一切,曾观察他在小部分亲密人群中间的一举一动,只有这个时候僭主才短暂地卸下悲剧演员的面具。正如莎士比亚用自己的戏剧来描写国王们的焦虑,我们的间谍也研究了僭主在遭遇现实威胁、面对致命阴谋时所做出的反应。可恶的黑夜、隐形的匕首、毒药和噩梦!见证过这些的人才能告诉我们,与其他人相比,僭主的生活幸福在何处,又不幸在何处。"

"当然。但您的朋友和熟人中有没有这种级别的间谍呢?"

"有,而且你很熟悉这个人,他就是你哥哥柏拉图。他极其近距离地观察过大狄奥尼西奥斯和小狄奥尼西奥斯——叙拉古的连续两任僭主。甚至可以说他的观察距离太近了。不过你哥哥眼下正在旅行……"

"那么,"阿曼达兴奋地说,"我们假装自己就是这些间谍吧,想象我们与这些僭主共同赴宴、就寝……"

"哦!阿曼达!"格劳孔恼怒地说。

"就这样吧,就这样!然后自己回答自己的问题。"

"好极了,"苏格拉底微笑着说,"别忘了国家和个体是相似的。既然你可以轻松自如地在二者间转换,那么请告诉我,它们各自在历史时期和私人空间中经历了什么。"

"首先我觉得,"阿曼达怯生生地说,"如果我们承认一个由僭主统治的国家是一个受奴役的国家,那么一个容忍甚至支持僭主制度的个体内心从主观上说也处于被奴役状态。"

"说得好!"苏格拉底赞叹道,"不过应该更准确些。即便在一个专制政府统治的国家,你也会发现一些人自称是自由的,因为他们看起来一副主人的样子,不是吗?"

"是的,但这类人数量极少。几乎所有人——

尤其是信仰某种理性准则、某种政策的人——都深陷于一种卑贱的奴役中，而且也意识到了这一点。"

"你关于理性的那句插入语很有价值。既然国家与个体之间存在同构关系，你由此可以得出什么结论呢？"

"结论就是：如果从国家与个人的相似性出发，我们应该能证明二者的内部结构是一样的。也就是说，无论是在个体身上还是在国家内部，我们看到的都不是**主体**可能具有的伟大之处，而只是卑劣和不自由。"

"为了补充这种类比，"苏格拉底强调道，"我们必须参考昨天深夜确定的**主体**三层次——**思想、情动和欲望**。在适应僭主制的人心中，**思想**层次受到只占一小部分的'**欲望**'层次的奴役。后者通常情况下处于服从地位，此时却被释放出来：最卑劣的欲望、嫉妒心、告密、践踏弱者得到的病态满足。对于一个**主体**形式已被腐化的个体，我们说他根本不自由，他已经成了受自己奴役的、自相矛盾的人。"

"了不起的论证！"阿曼达兴奋地说，"法西斯分子的肖像终于画出来了！简直活灵活现！事实上，任何法西斯政权都没有达到自己宣称的目标：千年德意志帝国、意大利帝国和所有此类扬言千年不灭的自负……法西斯分子用的那些噼啪作响的战争武器最终堕入了物质和精神的惨境，在灾难过后除了生锈没有其他用处。被最卑鄙的欲望束缚的个体也同样如此：这类人总是心怀挫败感。法西斯分子私下里觉得自己是个失败者，终生都在尝试克服夹杂着愤恨感和罪恶感的致命情感，却始终无法做到。"

"既然你将'僭主制'与'法西斯主义'同等看待，那么你不得不借鉴一下尼采的思想了。不过这挺合适的。我觉得我们应当强调的是严重困扰国家及其居民的恐惧，尤其在谈论法西斯主义时。在其他任何政治中，都没有这么多压抑的悲叹、隐忍的呻吟和被隔绝在秘密监狱之内的囚犯的哀嚎。这种痛苦的叠加，只有恐惧才能掩饰。"

"如果个体也与国家承受同样的痛苦，"无法继续保持沉默的格劳孔说，"那么我们已经可以断定，他是最不幸的人。"

"结论下得太快了！"苏格拉底说，"还有比屈服于僭主制或者说法西斯主义的人更不幸的。后者的不幸在于，诞生于这样的社会秩序中，他们被法西斯政治的躁动形势剥夺了过上可悲然而匿名的生活的权利，随后被推上了国家政权的顶峰。"

"我们确实可以假设这是最不幸的。"格劳孔言不由衷地说。

"假设,假设……什么都假设不了!我们现在的目的不是要巩固信仰。我们必须以纯粹理性的方法来解决这个问题。因为我们面对的是最为重要的问题:怎样区分真引导下的生活和失败的生活?"

"啊,当然。"格劳孔为自己的失言感到难为情。

"为了弄清这个问题的重要性,我想打个比方。以某个富有的地主为例。这个地主拥有大量奴隶,假定是五十个或者更多吧。他与家庭和地产的关系就像僭主与国家的关系,至少在某一点上是如此:他们拥有对很多人的绝对权威。从质量上看,这是一回事,僭主只是在数量上占上风罢了。然而,我们发现,一般来说,这些地主都十分安心地生活在自己的土地上,不必时刻担心奴隶会起来造反。你知道为什么吗?"

"我觉得,"格劳孔回答,他依然热衷于社会学,"这是因为他们知道在遇到动乱时可以依靠地方上的其他地主,他们配备武器又拥有民兵。如果这还不够的话,他们还可以依靠中央政府的军事力量。"

"就是这样！现在假设有个狡猾的精灵使其中某个富有的地主、某个拥有五十个或更多奴隶的地主脱离了故土和国家，把他和他的家人、财产、仆人和奴隶统统转移到一处荒漠，在这里他不能指望得到任何一个'自由人'的帮助——'自由人'自然是指奴隶主。你能想象他有多么害怕自己和妻儿就这样被他的奴隶残杀吗？"

"他可能从早到晚都提心吊胆，"格劳孔断言，"他只有通过奉承讨好某些奴隶才能摆脱这种恐惧，必须对他们许下千万个承诺，武断地决定释放小部分奴隶。为了分裂阶级敌人，他不得不拍那些有意合作的仆人的马屁。"

"如果这个狡猾的精灵又在他的土地附近安排了一群野蛮的民主主义分子作为邻居，那么情况就更糟了。这些人打着'人权'的旗号，无法容忍有人高于他人并且号称能领导他人。发现确有其事后，他们就会组织一场毁灭性的军事打击来反抗这个'独裁者'，轰炸他的房子，杀害他的妻儿、仆人和家畜。一旦抓到这个'独裁者'，他们就会对他严刑拷打，然后在秘密监狱中将他杀害。"

"这个人就像被邻居囚禁了一般。"

"僭主不就生活在这样的监狱中吗？我们已经

描述过他独特的心理，他的内心被恐惧和冲动的旋转木马统治。尽管本性贪婪并对各种未知的刺激都充满好奇，他却是整个国家里唯一不能旅行又不能观看所有小资产阶级都喜爱的弥漫着异域奇香的表演。他被封闭在自己的宫殿里，就像深居后宫的女人，对普通人充满了嫉妒，因为他们可以随心所欲地外出，可以欣赏到别致生动或新奇古怪的事物。"

"漂亮！"阿曼达让步道，"可怕的僭主变成了家庭妇女，太厉害了！"

苏格拉底有点弄不懂她的话是赞赏还是讥讽，于是耸了耸肩，接着说：

"这些就是某个人会经历的痛苦，这个人的**主体**方向脱离了正轨，刚才被格劳孔认为是最不幸的人：他就是僭主。要令他被所有这些灾难压倒，只需剥夺其做普通公民的权利，令其在命运迫使下掌握政权，成为僭主。尽管他还是无法主宰自己的冲动，但他现在变成了他人的主宰。他就像一个常年抱病在身的人，自己的身体已经十分虚弱，却不能在家安心喝药，被迫到街上与强壮的小混混打架，到竞技场上与训练有素的角斗士搏斗。这个人所承受的折磨变得难以言喻。他的确成了僭主，但他的生活比你所认为的最糟糕的生活还要不堪:那是被法西斯冲动困扰的普通人的生活。因此,真正的僭主事实上就是真正的奴隶,这一点毋庸置疑,即便主流舆论持的是相反的观点。他的人生就是卑鄙与奴性的无尽深渊。他以巴结恶人度日。由于无法满足自己的欲望,他放弃了所有具有真正价值的东西。在以**真理主体**角度考察表象的人看来,僭主显然是个可怜的家伙,他的生活被对未知的惶恐吞噬,被可怕的幻觉折磨,像麦克白或鲍里斯·戈都诺夫那样在地上打滚。"

"说到底,"格劳孔说,"他的内心与他所统治的国家相似:贫穷、背叛、愚蠢和恐惧。"

"你说得对。我们还可以将之前谈到的僭主派的恶全部归于他。这些恶本就潜伏于他身上,在他掌权之后就被激活了:嫉妒、不忠、不正义、苦涩的孤独、粗俗,以及他内心掩藏并助长的各种形式的堕落。因此,他的境遇是最可憎的,而且他将所有靠近他的人都变得和自己一样悲惨。"

"不要再说了!"阿曼达叫道。

于是苏格拉底像祭司一般向天空举起双臂,他转向格劳孔,用一种庄严的、似乎带点嘲讽意味的口吻说:

"现在,我的朋友,请摹仿大型音乐演奏比赛的终极评审，告诉在场的所有人，在你看来谁称得上是最幸福的人，谁次之，然后据此对与五种政治相应的五类人进行排序。这五种人分别是共产主义者、勋阀、寡头、民主派人士和僭主。"

"这根本不费脑筋。我认为这五类人的幸福依照我们之前讨论的顺序，也就是你刚才列举的顺序逐次递减。"

"你倒真是省了不少事，"阿曼达抗议道，"更合理的排序也许应该是这样：首先是共产主义者，随后是民主派人士、勋阀、寡头，远远落后的是法西斯主义者。"

"只不过，"格劳孔反击道，"当今的民主制很可能是乔装打扮的寡头制。"

"让我们只关注两极的情况吧，"苏格拉底息事宁人地说，"既然没有吹号角的传令官，那么就由我来声明我们三个人共同认可的一点：最美好、最正义的人也是最幸福的人，我们认为他就是生活在第五政治也就是共产主义政治治理下的国家人民。他是主宰局势的人，正如他可以主宰自身。与之相对地，最丑恶的、最不正义的人也是最不幸的人，我们认为他就是法西斯僭主，他奴役人民，自己也因建立和维持这种奴役时采取的卑鄙手段而沦为了奴隶。我还要声明的是，由于我们评判的基础是事实，因此正义与幸福的同一性是绝对的，而不依赖于观点——观点是多变的并且取决于人的认知范围——，不论是人的观点抑或是神的观点。"

"棒极了！"阿曼达惊叹道，最后的断言尤其令她激动。

"这只是开了个小头，亲爱的阿曼达！你多次嘲讽我热衷于捍卫这个自相矛盾的信仰，即只有正义之人才是幸福的。这样吧，我再给你一次机会：关于这一点，我还保留了另外两个证明。"

"哪两个？"格劳孔饶有兴致地问。

"你来告诉我它们的价值。第一个论证建立于我们很久以前得出的结论：正如国家由三种不同的职能组成，人的**主体**也被划分为三个层次。"

"我完全不明白我们怎么能从**主体**三分法过渡到正义者的幸福。"

"这正是我马上要告诉你们的。既然**主体**有三个层次，那么我们可以假设存在三种类型的快乐，分别属于这三个层次，此外还有三种类型的欲望和三种类型的迫切需求。我再重申一下这三个层次。第一个是令人可以获得知识的层次，我们称之为**思想**；第二个是主宰怒气、愤慨和热情的层次，这个富有活力的部分，我提议叫它**情动**。第三个层次的形式十分多样，目前我们还没有找到唯一的名称来称呼它，不过我们一致认为，**欲望**一词适合第三个层次中最重要、最恒常的部分，正如我们会在生活中与食物、酒或性有关的经验中看到它。我们也保留了'好钱'这个表达，因为没有钱，我们谈论的欲望几乎无法得到满足。我想坚持这一点，因为这在之后的讨论中至关重要。我们可以认为，抽象意义上的**欲望**指的是对利益的欲望，因为利益是满足欲望的万能途径。因此在之后的讨论中，将第三层次与'好利'这个名称联系起来既恰当又方便。"

"由这个层次支配的家伙用现代语言来说就是'资本家'。"阿曼达指出。

"是的，同意，但你们说的这一切跟正义者的幸福有什么关系呢？"格劳孔生气地说。

"耐心点，朋友，耐心点！关于**情动**这个易怒多疑的层次，其固有的欲望就是权力、胜利和荣耀。它热切希望成为胜利者，被荣誉所包围。"

"能不能认为幸福就是变得伟大的能力？"

"我说了，耐心点！认知的层次——即**思想**——总是全力以赴地去认识真理本身。因此，在三个层次中，只有**思想**从本质上说超然物外，既不关心利益也不追求社会知名度。如此，称之为'好知'或'好智'岂不是很合适？"

"您在很早以前就教导过我们，"阿曼达插话道，"如果'智'表示让真理在我们身上运动的状态，那么正确的说法应该是'爱智'，也就是……"

"……也就是希腊语中的 philosophos，哲学家！"格劳孔兴高采烈地打断她。

"我敢说，这个词将来会大有前途。"苏格拉底赞同道，"总之，现在我们能够区分三种人：哲学家，其欲望对象是真理；野心家，其欲望对象是荣誉；资本家，其欲望对象是利益。"

"那共产主义者呢？"阿曼达失望地问。

"要我说，共产主义者就是用光荣的政治激情求**真**的人。

"放心吧，我们后面还会再讨论这个问题。眼下先想一想分别属于这三种人的快乐。格劳孔，你怎么看？"

"对前两种人来说，答案很清楚：他们都会宣称自己的人生是最快乐的。资本家会说，与利益比较起来，在电视上被人谈论的快乐一文不值，更别说学习的快乐了。野心家会说，敛财的快乐是粗俗低下的，而从知识中获得的快乐只是虚无缥缈、毫无意义的东西，因为它不能引起任何人的注意。"

"那哲学家呢？"

"我觉得哲学家的立场是最难说清楚的。"

"但我们可以假设，相比起鉴别**真**之本质所获得的快乐，相比起通过思维活动令这种快乐获得永恒所产生的快乐，其他快乐都黯然失色。哲学家认为其他快乐与真正的快乐相去甚远。他在这些快乐中只看到了必要性，若不是因为生者为了维系生存不得不获取这些快乐，他才不会与这些快乐有任何交集。"

"我不是很清楚，"阿曼达反对说，"您究竟是在证明还是在循环论证。"

"我们的确只是在重复三种人的本能立场。而我们面临的另一重困难是，我们是根据不同类型的快乐来评价每种人的生活的，这就导致我们的问题并不是要搞清楚什么是最可敬或最可耻的人生，也不是从更广泛的意义上搞清楚什么是最好或最坏的人生。我们的问题关乎最幸福的人生，或者最起码是悲伤最少的人生。我们正是要在这一点上作出判断，看看当这三个年轻人——资本家、野心家、哲学家——炫耀各自的生活方式时，他们谁最贴近真实。阿曼达！你会怎么做？"

"我觉得我们可以从您的某个嗜好讲起。您经常问:'对于必须得到最严格评判的事物,评判它们的责任应该交给谁呢?'随后由于大家都一言不发,您就会如往常一样自问自答:'有三种可能的评判者:经验、智慧和推理。'所以我们可以从经验、智慧和推理能力三方面来衡量上述三种人的价值。但我知道的也就这么多了。"

"太棒了!太精彩了!"苏格拉底兴高采烈地说,"关于我们刚才谈到的几种快乐,这三个年轻人中谁的经验最丰富?假设——尽管很荒谬,但暂且不管——资本家在偶然情况下获得了有关真理之本质的知识。我们是否可以说,他从知识产生的快乐中所获得的经验比哲学家从利益和消费的快乐中所获得的经验更高级呢?"

"说实话,苏格拉底,您的……"阿曼达犹豫地说。

"这完全不同!"格劳孔十分激动地打断了她的话,"哲学家与大家有着一样的童年,因此他必然会在那些匿名的岁月里经历另外两种快乐,也即占有和骄傲,即便他自己没有意识到这一点。相反地,资本家就算偶尔获得了有关真实存在的事物的知识,从与这种知识相关的快乐中获得真正的经验对他来说也非必要。他永远像大理石一样冷冰冰,而这种冷漠会阻止他产生追求真理的欲望。"

"反过来，"阿曼达说，"你显然很有必要打断我的话！"

"保持冷静，孩子们。首先我们都同意：哲学家从不属于他的两种快乐中获得了经验，在这一点上他胜过了资本家。接着是野心家——权力和荣誉的朋友。亲爱的阿曼达，我们是否可以说，哲学家从荣誉和成功的快乐中所能获得的经验，比不上野心家从理念人生的快乐中所能获得的经验呢？"

"我弃权，"阿曼达赌气地说，"说吧，格劳孔，说吧！"

"荣誉，媒体的大肆宣传！"格劳孔迫不及待地说，"但这三类人只要获得成功，都能被赐予荣誉。富人、英雄和智者都能收获人们的掌声。因此这三类人都能体验到被认可和被赞赏的快乐。然而，如果是沉思的快乐，那么除了哲学家，其他人都没有能力品尝。"

"因此从经验知识和经历来看，哲学家的评判最明智。"

"可不是么！"

"除此之外，哲学家还是唯一能为经验知识增添不少纯粹思想的人。事实上，资本家和野心家皆不具备作出可靠评判所需的工具,只有哲学家才拥有这种工具。"

"你指的是哪种工具?"

"证明,从更广泛的意义上说是理性辩论。这尤其是属于哲学家的工具。于是我们可以得出结论:如果财富和利益是评判的可靠标准,那么资本家作出的好或坏的评价立即就会得到大家的认同。"

"这就是我们西方民主国家的情形啊,"阿曼达埋怨道,"资本家说的就是对的!"

"但我们可不这么想!"苏格拉底纠正道,"正如我们不认为野心家这个社会景观中的人能够将成功和荣誉变成检验真善美的不可动摇的标准。"

"总之,资本家和媒体人没有本质的区别。"阿曼达添油加醋地说。

"既然评判标准只有经验、纯粹思想和理性辩论,那么理性主义哲学家认为真的事物才最有可能为真。"

"您总是令我们吃惊。"阿曼达微笑着说。

"我坚持如此。"苏格拉底愉快地回答,"在我们区分的三种快乐中,使我们能够思考的主体层次固有的快乐是最美好的。因此,我们当中受这个层次主宰的人拥有最美好的生活。"

"终于,"阿曼达低声说,"真正的生活终于回来了。我说'真正的生活'而不是'最美好的生活',这是有原因的。因为那个愿意思考的人,他会以称职的审查者的身份,来审查自己的生活是否符合获得生活优秀奖的条件。"

这番话令苏格拉底大为震惊,他感动地看着阿曼达。

"那第二幸福的是谁?"格劳孔担忧地问,"我觉得应该是争强好胜的野心家。至少从他的勇气来看,他比坐在金子堆上的继承人更接近真正的生活。"

"所以,"苏格拉底总结道,"在生存的快乐方面,排在最后的是资本家。这就是前面提到的两种论证方法,在幸福方面,它们确保了正义者对非正义者的胜利。除此之外还有第三种论证方法,这种方法非常重要,以至于在基督教的三位一体神话中,它完全可以占据圣灵的位置。大家知道,圣灵在圣父和圣子之后发言,圣父告诉我们对真理的欲望高于其他所有欲望,圣子告诉我们哲学家比其他人更清楚什么是真正的快乐。"

"那这个虚幻的第三者告诉我们什么呢?"阿曼达狐疑地问。

"他断言，只有沉浸于思想，快乐才是纯粹的、完全真实的。其他两种快乐，从财富或从媒体的大肆宣传中得到的快乐，都只是模糊的幻影。至少我是这样阐释某个古代哲学家的晦涩言语的，我们可以猜测他转录了圣灵的宣言。总之，如果圣灵说的有道理，那就意味着非正义不可逆转地完败了。"

"圣灵背黑锅了！"阿曼达惊呼，"您告诉我们有第三种论证方法，然后拿隐晦的诗歌来搪塞我们！"

"救命！"苏格拉底喊道，"格劳孔，快帮帮我！你姐姐在诋毁我！请连贯地、尽可能简短地回答我下面几个问题。问题一：痛苦是快乐的对立面吗？"

"是的。"

"问题二：是否存在一种主观状态，在这种状态下，人感觉不到这对矛盾的任何一方，既不痛苦也不快乐？"

"是的。"

"问题三：当**主体**处于这种中间状态，与快乐和痛苦的距离相等时，他是否可以获得某种安宁？"

"是的。"

于是阿曼达爆发了：

"我们承诺过，我们发过誓，不要像我哥哥柏拉图所谓'对话录'中的那些年轻人一样，扮演唯唯诺诺的角色！"

"我回答'是的'是因为我认为是，而不是因为唯唯诺诺，"格劳孔恼火地反驳道，"继续吧，亲爱的苏格拉底！"

"问题四：在很多情况下，尤其是生病时，受苦的人宣称最舒适的不是快乐，而是痛苦的终结以及随之而来的安宁，是不是这样？"

"是的。但是，"格劳孔小心翼翼地瞥了他姐姐一眼，"这也许是因为安宁不再与一种中间状态有关。它直接成了一种快乐。"

"那么我猜想你也会认为，快乐的终结和随之而来的安宁构成了一种痛苦，对吧？"

格劳孔感到这有点说不通。

"我不知道痛苦和快乐的这种对称是否成立。"

"但你似乎很赞成说介于快乐和痛苦二者正中间的安宁在快乐终结时会变成痛苦，在痛苦终结时会变成快乐，不是吗？"

"这的确是我的感觉。"

"一个既不属于这个极端又不属于另一个极端的事物，比如既不是快乐也不是痛苦的主观安宁，你认为它可能一时变成这个极端，一时又变成那个极端吗？而且，当痛苦或快乐出现于**主体**身上时，它们会令他内心产生强烈的情绪波动。然而，既感觉不到痛苦又感觉不到快乐的状态是安宁，而不是波动。有种命题认为痛苦过后达到的安宁状态便是快乐，而快乐过后绵延的安宁便是痛苦，我们可以清楚地看到这种命题是毫无理由和根据的。与痛苦相比，中间状态似乎很像快乐，但它并不是快乐。而快乐终结后的中间状态所呈现的痛苦也并不具备真正的痛苦本质。这些相似性只是神秘化了**主体**。"

"不得不说，您的论证实在很有说服力。"

"我们还可以通过经验性的观察来巩固证明。比如，想一想那些并没有继痛苦而来的快乐，你就不会再认为快乐和痛苦内在地相互对立了。"

阿曼达依然将信将疑：

"您还得设法让我相信脱离一切痛苦的快乐是存在的。"

"比比皆是！想想香甜的气味。比如，想象一下每年二月在南部海边盛开的金合欢花。它们浓烈的香气将我们淹没，但在这之前并无任何痛苦，而当我们远离金合欢树时，我们心中留有的只有快乐，没有丝毫痛苦。"

"向春天致敬！"阿曼达微笑着说。

"不过我们也不能太夸张：单纯产生自生理活动的各种各样的强烈快乐，它们往往与萎靡不振或痛苦的紧张状态的结束有关。"

"还有一些快乐和痛苦来自对未来的憧憬，和尝试平息这份憧憬的前瞻心理。"阿曼达补充说。

"我提议用一种几何图形来说明。假设我们能够在一个平面上定义三个不同的区域，其中只有一个区域与另外两个都相连，然后让我们简单地称它们为'下面'、'上面'和'中间'。"

"前提是，"学究气的格劳孔说，"这个平面必须是定向的，而'中间'必须指连接另两个区域的那个区域。"

"我们就不要进入拓扑学细节了……"

"就像法国的三色旗，"阿曼达不耐烦地说，"中间是白色，所有人都集中在这该死的中间地带。"

苏格拉底试图回避她的抨击：

"如果某个人——已经简化为平面上某个被赋予思考能力的点——从'下面'来到'中间'，他难道不会很自然地觉得自己已经在'上面'了？然后，如果他被风吹到了'下面'，落回原来的地方，他必然会有种从'上面'掉到'下面'的感觉。这一切都因为他对组织'上面'、'中间'和'下面'的空间秩序没有真正的知识。他在平面之上，却是迷失方向的。因此看到那么多人对快乐、痛苦和二者之间的状态有着不恰当的定位，我们不该感到意外，因为他们与**真**相隔遥远，在处理几乎所有事情时，只能凭借一些方向错误的观念。当他们位于痛苦的区域时，他们确实是在受苦。但当他们从痛苦的区域来到中间区域时，他们马上会确信自己已经处于幸福的顶点。没见过白，他们就将灰当作了黑的对立面，没经历过快乐，他们就将痛苦的减轻当作了痛苦的对立面。这就是他们的错误所在。"

"'上面'和'下面'，'黑'和'白'……"阿曼达评论道，"这些痛苦具备应有的位置和色彩。"

苏格拉底点了点头，突然之间似乎很想转移话题：

"饥饿和口渴这类事难道不是某种身体状态所规定的空缺吗？"

"按照这种说法，"格劳孔说，"无知和荒谬就是某种**主体**状态所规定的空缺。"

"而且，"阿曼达紧接着说，"我们可以像个无底洞一般大吃大喝，或者学习各种事物、活跃思维，来填补这些空缺。"

"太棒了！但当空缺出现时，不论它是何种性质，什么东西可以最完美地将其填满呢？"两个年轻人都感到讨论可能会转变方向，他们各自思考起来。然后，阿曼达说：

"是就此处所谈的空缺来说最为真实的东西。"

苏格拉底于是兴冲冲地问：

"如果从整体上考虑存在，对于哪些生活方式，我们可以肯定地说它们无条件地属于向思想显现自身的事物行列呢？我们会说是喝香槟、吃美式烩螯龙虾或更笼统地说是出入三星级餐厅的存在方式吗？还是应当推崇那种拥有真实观点、理性知识、纯粹思想或更笼统地说是拥有智力的生活方式呢？"

苏格拉底稍作停顿，然后以有些严肃的口吻说：

"这个问题既简单又根本。假设某种事物具备普遍性、与自身的一致性、不朽性与真实性，它属于这些特性规定的事物类型，并且命令融入其中的**主体**也成为这一类型的事物，假设另一种事物存在于存在的普通领域，它与自身不一致，出生即为了毁灭，并据此与在此展露的个体一起，属于由这些消极特性规定的事物类型，那么我们可不可以说，从某种意义上说，前者比后者更为本质呢？"

"正如，"阿曼达抗议道，"您的问题往往'规定'了——用您的话来说——它的答案。"

"然后呢？"

"我亲爱的姐姐是想说，"格劳孔插话道，"正如我们一直都知道的那样，对您来说，与自身相一致象征着纯粹的存在。因此，持续的变动象征着低于理性知识、从本质上说只是一种存在假象的事物。"

"为了让阿曼达高兴，让我们换一种说法，"苏格拉底总结道，"在一个特定的世界，只用来对身体进行重复保养的事物不太属于存在之中向思想呈现自身的部分，因此其真实性不如融入**主体**的事物。"

"难道不能再说得简单一点吗？"格劳孔提议道，"比如说，与**主体**相比，身体与**真**的**理念**的关系较小。"

"我们还需要思考的一点是，在这个给定的世界，**真**的身体究竟是什么。不过这是另外一回事了。不管怎么样，我们至少可以说：相比起用本质不那么可靠的存在物来填补本质不那么可靠的空缺，用本质相对可靠的存在物来填补本质相对可靠的空缺显得更为可靠。"

"那又怎么样！这不是明摆着的嘛！"阿曼达讥笑道。

苏格拉底没有理会阿曼达，接着说：

"如果用属于我们本性的东西来填满我们自身，并把结果称为'快乐'，那么通过本质更可靠的东西实现的本质更可靠的填补结果能够定义一种更可靠、更真实的快乐，而属于本质不那么可靠的事物，也就是用不那么真实、不那么实在的方法填满自身，则会产生更为可疑的快乐，而对真实的参与度也会更低。"

"这句话真可谓华而不实！"阿曼达也不依不饶。

"我还要说另一句更华而不实的！"苏格拉底开玩笑道，"听好了：那些既无纯粹思想又无美德，只想着吃顿大餐、去泰国找年轻妓女或者为假球疯狂鼓掌的人，他们从某种意义上说被分配到了'下面'，偶尔也会上升到'中间'，终其一生都在这两者之间徘徊，从未跨越'中间'和'上面'的界限，从来不曾朝'上面'走，甚至不曾抬眼望一望这个真实存在的'上面'。其结果就是，由于他们无法饮用本质的源泉，因而无法品尝到强烈的、纯粹的快乐，我们看到他们鼻尖朝下，像牲畜一样望着地面，争先恐后地从一桌吃到另一桌，暴饮暴食，荒淫无度，因此当参与到比谁最快乐的残酷竞赛中时，欲求不满的他们便会顿足、争吵、用角和铁蹄攻击对方、用越来越高端的武器互相残杀，这一切都是因为他们既没有用真实的存在来填补自己的本质，也没有用它来填补本质所在的场所。"

"太精彩了！"格劳孔评论说，"我也要说一句这么长的话。听好了，我接着说了：因此这些人的快乐之中，必然掺杂着痛苦，掺杂着真正快乐的蹩脚赝品，掺杂着各种总是相互交错的未成品，后者的表面力量全在于外部的对比。他们因为缺乏真正的思想而被推向强烈的性冲动，以性冲动为名互相搏斗，像狗为了争抢一根骨头，或者像人们在特洛伊城墙下的打斗，正如斯特西克鲁斯所描写的那样：

> *希腊人和特洛伊人的仇恨*
> *起源于真相的缺乏*
> *海伦只是一个假象。*"

"你不仅捏造了两句斯特西克鲁斯都不敢说的蹩脚诗句，"阿曼达大声说，"而且你的句子根本不长，根本没用！"

"好吧，那你来说个更好的啊！"格劳孔明显受伤了。

"我想说的时候自然会通知你。"

"和平共处，孩子们！"苏格拉底主持公道，"让我们继续讨论。个体身上**情动**层次的变化应该与**欲望**层次的变化是相同的吧？一旦**情动**层次发挥作用，它就会使人因野心而变得好妒，因虚荣而变得暴力，因情绪不稳而变得易怒。这一切导致他们最终只有对荣誉、胜利和狂热的极端渴望，丧失了一切理性和思想。因此我们可以断定，欲望——包括个人兴趣和竞争思想激发的欲望——如果能服从理性认知和严密推理的裁判，审慎的思想就会引导它们获得快乐。我敢说，这样一来，这些一开始并不可靠的欲望会获得最真实的快乐，因为从此以后引导它们的是真理。我甚至还要补充，如果说**主体**的特性不是别的什么，而是令**主体**符合某种特殊真理而非普遍虚空的东西，那么上述真实的快乐就是与欲望自身最相协调的快乐。"

阿曼达再也按捺不住，她必须说出长句，让她弟弟难堪：

"当内部神经没有分裂的**主体**整体被置于哲学

所谓的'真理'裁决之下,而这个'真理'又隶属于**思想**层次时,那么**主体**的三层次都会成为某个**真理**进程的活跃组织,因而也就成了辅佐正义的帮手,这样一来每个层次都能享受到与其独有功能相适应的快乐,也就是最好的快乐,这个层次可以追求的快乐之中最真实的快乐,而这一切与**欲望**或**情动**层次掌权时发生的情况完全相反,因为它们一旦掌权就会迫使另两个层次追求与本性不符、脱离一切真实的快乐,而占主导地位的层次自身也无法获得自己的快乐,所以我们可以斩钉截铁地说,个体内心越是远离哲学家和理性论证所说的、通过融入真理生成过程而实现的**主体生成过程**,那么这个个体越有可能令快乐丧失或贬值,由此可以推断,既然远离理性论证意味着远离所有普遍准则和秩序,既然迷惑人的专制欲望是最无视普遍准则的欲望,既然反过来活跃这些准则的是我们曾讨论过的共产主义**主体**的建构性欲望,那么通过上述前提,我们必然可以得出以下结论:远离人类特有的真正快乐的是法西斯僭主,离这种快乐最近的是那些投入符合共产主义**理念**的政治进程中的人们,或者更简单地说,我们确信无疑地知道,最悲惨的人生是法西斯僭主的人生,最幸福的人生是共产主义公民的人生,当然对于这种人生，我们已经探讨过其概念，却还不知道它是否能在**国家和政权**的动荡历史中实现自身。"

阿曼达精疲力竭。苏格拉底大力地鼓掌，仿佛有一位美丽的女演员刚刚活灵活现地演绎了索福克勒斯剧本中的一大段独白。甘拜下风的格劳孔也鼓掌捧场，然后拥抱了因喜悦而满脸通红的姐姐。激动人心的时刻过后，苏格拉底露出略带邪恶的笑容，重新掌握了话语权：

"亲爱的朋友们，你们知道最好的人生究竟比最坏的人生好多少吗？"

"我甚至不知道您的问题有何意义。"格劳孔鲁莽地说。

"用四则运算的话似乎十分简单。**主体**只有三个层次，快乐也只有三种，即'上面'的、'中间'的和'下面'的快乐。而三乘三等于九。"

"同意，然后呢？"

"没有然后，问题已解决。"

"怎么会没有然后呢？"格劳孔困惑地说。

"法西斯僭主跨越了'中间'和'下面'之间的界限，生活在远离'上面'的地方。可是他享受着极度令人堕落的快乐活在自己的地盘上，说他的不幸程度是共产主义公民的九倍似乎还太轻巧。应该换个角度思考这个问题。"

因困惑而不知如何反应的格劳孔于是在阿曼达愤怒的目光下，再次扮演起百依百顺的对话者的角色。他和苏格拉底展开了漫长的对话，在这期间阿曼达差点睡着了。

"怎么换角度呢？"

"有五种政治，"苏格拉底说，"按降序排列依次是：共产主义政治、勋阀政治、寡头政治、民主政治、僭主政治或法西斯政治。"

"确实如此。"

"可以说每种政治与第一种政治相差的度数可以通过其与第一种政治的距离得到揭示。"

"有道理。"

"因此，法西斯僭主政治与共产主义政治相距五度。"

"同意。"

"但如果我们不知道共产主义政治固有的快乐的强度，那么这一切就毫无意义了。"

"确实毫无意义。"

"其实我们知道，这种强度可以通过数字 6 来衡量。"

"我相信您的话，但我不知道为什么。"

"因为 6 是第一个完全数，也就是说这个数字等于除去它本身的所有因数的和,正如 6=3+2+1 这个公式所表明的那样。"

"这确实是完全数的标志。"

"现在,我们可以说与某个政治相关的快乐与共产主义政治的快乐相差的程度等于比该政治高一级的政治所得的快乐与共产主义政治快乐相差的程度乘以该政治所在的次序数。"

"我承认我完全没有听懂。"

"比如说,勋阀政治紧接着共产主义政治而来。那么勋阀政治的快乐与比它高一级的共产主义政治的快乐相差的程度就是 1×2 = 2。"

"为什么是1?为什么是2?"

"因为共产主义政治与自身相差的程度就是表示同等的数字,即数字1。而勋阀政治处于第二位。"

"我明白了!所以僭主政治的快乐与共产主义政治快乐相差的程度就是 1×5 = 5。"

"不是这样的,格劳孔,完全不是!必须用这个政治的次序数乘以仅比它高一级的政治与共产主义政治的相差程度,而不是直接用分配给共产主义政治的数字1。这个公式很简单。假设 ri 是某个政治的次序数,既然有五种政治,因此 $1 \leq i \leq 5$。假设 D(ri) 是次序为 i 的政治的快乐与次

序为1的共产主义政治的快乐的相差程度,那么我们可以得出两个用来确定数字 D（ri）的递推运算法则:

1.D（r1）= 1

2.D（ri+1）= D（ri）× i

你可以清楚地看到,关于占第二位的勋阀政治:

D（r2）= D（r1）× 2 = 1 × 2 = 2。"

"请您发发慈悲,再给我举个例子吧!"

"以民主政治为例,它处于第四位。根据前面的两条法则显示,要想计算 D（r4）,必须知道 D（r3）是多少。我们知道 D（r2）= 2,将其运用到第二条法则中就可以得出:

D（r3）= D（r2）× 3 = 2 × 3 = 6

寡头政治的快乐就是共产主义政治的快乐的六分之一。"

"我赞成这个运算。"

"既然我们知道了 D（r3）的值,那么运用第二条运算法则就可以得出 D（r4）。我们……"

"我知道!"格劳孔欣喜若狂地喊道,"这个公式就是:

D（r4）= D（r3）× 4 = 6 × 4 = 24

民主政治的快乐是共产主义政治的快乐的

二十四分之一。"

"太棒了，小伙子！所以我们可以很轻松地得出法西斯僭主政治的结果了，即：

D（r5）= D（r4）× 5 = 24 × 5 = 120

法西斯生活的快乐是未来将实现的共产主义生活的快乐的一百二十分之一。"

"生活在一个僭主制国家所获得的快乐真的不是很强烈啊！"

"我们精确地知道其强度。"

"这怎么可能呢？"

"我们之前说过，未来的共产主义生活所产生的快乐完全数是6。如果法西斯生活的快乐是其一百二十分之一，那么这个数值就是6除以120等于0.05。"

"多么令人震惊的数字！"

"只被幸福的针轻轻地扎了一下。其实从某种程度上说，一个专制政治唯一能为人提供的强烈快乐，就是这个政治的垮台，因为到那时由它引起的无尽痛苦将全部终结。"

"但您告诉过我们，快乐的本质并不是痛苦的终结。'上面'并不是对'下面'的否定啊！"

"亲爱的格劳孔，你记性真好。在这种情况下，而且唯独在这种情况下，往往存在着获得解放的快乐。不过,无论这种快乐有多么强烈,它始终是脆弱的,有时甚至是不确定或不存在的。因为这种类型的解放——尤其是从外部实现的解放——预示着动荡时期的到来。想想 1944—1945 年英美联军解放法国的情况,或者想想更糟糕的情况,例如 2002 年英美联军'解放'伊拉克的情况。伊拉克人民之前毫无'快乐'可言,而萨达姆·侯赛因实行的是残暴的专制统治。"

"不管怎么说,我们已经解决了一个问题。"

"这就是为什么我们必须回到讨论的战略关键,也就是正义的定义以及正义生活的问题上来。如果我没记错的话,由格劳孔出色演绎的对话者支持以下命题:非正义能为将非正义发挥到极致的人带来巨大利益,只要他能令舆论相信他是绝对正义的人。是这样的吧?"

"是的,"格劳孔表示赞成,"是这样的。"

"既然我们已经弄清楚了问题,而且你我已达成一致,现在让我们面对这个非正义生活之优势的捍卫者,寻找新的方法让他认识到自己的错误。"

"什么'新'方法?我们已经让他哑口无言了啊。"

"为了重述我们的观点,我们需要一个恰当、高明的形象。"

"热爱理念的人遇到困难时总会搬出形象来。"阿曼达突然醒了。

"不是随便什么形象都可以的,"苏格拉底不为所动地说,"必须是**主体**的完整形象。必须是像神话告诉我们的那些漂亮怪兽一样的形象,如米诺陶洛斯、斯芬克斯、美杜莎和刻耳柏洛斯……"

"我们一起来看看吧。"阿曼达语气缓和了些,在她身上,好奇心总是能战胜挖苦的愿望。

"首先想象有一个灵巧的当代派雕塑家,他用纸板、黏土、木头或废金属等各种各样的材料塑造了一种形象,从不同视角、不同光线去观察它,我们可以将它视作不同的动物模型,可以是最可怕、最残暴的动物,比如章鱼、鲨鱼或秃鹫,也可以是最普通、最温顺的动物,比如绵羊或家兔。随后想象一个巴洛克时期的出色雕塑家,他用青铜呈现了一头十分优美的狮子。接着想象一个顶尖的古典派雕塑家,他用带有黄白纹路的黑色大理石雕刻出了一个人形,这座雕塑十分巧妙,大家甚至无法判断它呈现的形象是男人还是女人。最后想象一个匿名的艺术家,他不属于任何特殊的时期,完全不在乎摹仿的方法——这一点我很喜欢——,将那个多面兽、狮子和人统统用一块巨大的画布裹了起来，同时赋予了画布以人的形状，但是比画布里面的人形更有特点，更加模糊，更加难以捉摸。"

"多么奇怪的工程！"阿曼达被吸引住了。

"从外面看，我们看不到内部的任何形状。无法刺穿画布的人会认为它只有一种形状，也就是人类的形状。"

"那么这块蒙布对我们的亲密敌人也就是非正义捍卫者的作用，我们应该作何评价呢？"格劳孔挠着头问。

"我们会对他说：'亲爱的非正义捍卫者，您的立场等于是在主张，将这个人形里面的多面兽和强大的狮子养肥，让第三种形状——人形忍受饥饿、变得虚弱，这对于整块画布所呈现的人形来说是有利的。您认为在人类本性中，任凭动物性的混乱和猛兽的愤怒尽情舞蹈并对里面的人形为所欲为，这对于身处世界的人类本性来说是有益的。您非但没有监督这三个组成部分，令它们和谐相处，反而期望它们在一片血腥的喧闹中互相撕咬、互相折磨，震动整块人形的画布。我们自己的论点显然更加合理。承认正义的准则也就是主张我们的一言一行都应当只是为了给画布里面的人形提供办法，由它引导我们能从外部看到的整个人形。借助这些办法,里面的这个人就能一方面看管多面兽——就像农民一面喂养驯服温和的动物一面遏制凶猛有害的野兽成长一般——,另一方面与高贵的狮子结成盟友,从而能够一视同仁地照看画布里的所有居民,使大家既能在内部又能与'自身'团结相处,'自身'即这一具有多种形式的内在的外部整体。"

"这个形象至少通过它唯一的说教功能,让大家明白了它想要表达的内容。因为光看形象本身,您得承认它非常艰涩难懂。好样的,老师!"阿曼达向他致敬。

"不管有没有形象,"苏格拉底平静地说,"不管用哪种方式考虑问题,我们都可以确信,颂扬正义的人说的是对的,颂扬非正义的人则全盘皆错。无论选择将快乐、尊严还是利益作为标准,站在正义一边的人也站在真理的一边,贬低正义的人不仅说话方式低劣,而且对他贬低的东西一无所知。"

"我又认出了您的风格,亲爱的苏格拉底,"阿曼达有些感动地说,"如果某人屠杀了他的亲生儿子,您也会耐心解释说这是因为他不知道**真理**在哪里……"

"我已经无数次证明这个观点是正确的。"苏格拉底有些恼怒地说,"而且我坚持这个观点。我们要温和、耐心地使热爱非正义的人醒悟,因为他并不是故意犯错的。我们可以这样对他说:'亲爱的朋友,习俗和法律对于可耻之事与可敬之事的区分难道不是一致的吗?当一个人本性中纯兽性的部分服从于完全人性的部分时,他就会以可敬的方式行事。我们几乎可以说:当纯兽性的部分服从于神性或者我们行为所包含的永恒的部分时。当一个人平静的内心被潜在的野蛮性奴役时,他就会以可耻的方式行事。'这点他不得不同意吧?"

"当然。"格劳孔连忙表示赞同。

"总之,一旦他相信这番话,一切结果就会接踵而至。"阿曼达小声说道。

苏格拉底似乎对这个隐晦的警告很敏感,他试图强调自己的立场:

"如果说最平常的意见总是到处指责存在的完全无政府状态,那是因为投入这种生活的人将权力交给了庞大而可怕的怪兽——千变万化的**欲望**,尽管他不应该这样做。同样地,人们谴责某人的骄傲自大和暴躁情绪,是因为后者任凭**情动**这头狮子反常地生长、变强。如果说人们责怪游手好闲的富人铺张浪费,不事生产只知炫耀,那是因为狮子的力量被削弱后,人变成了不可容忍的懦夫。谄媚和奴颜婢膝不受待见,是因为它们使这头**情动**的狮子受制于**欲望**这头多面怪兽,后者因为无节制的拜金主义而将狮子变成了猴子。归根到底,为什么有钱人瞧不起贫穷的工人,毫不犹豫地将他们看作'野蛮人'或'未完全开化之人',制定卑鄙的法律对付他们,把他们关在散发恶臭的住所,控制他们、殴打他们、扣留他们,一旦他们表现出要起义的样子便枪毙他们呢?因为这些有钱人和他们的议会党羽非常害怕工人的**情动**狮子会在人性的**理念**鼓舞下制服怪兽的懦弱,产生一股政治力量和勇气。有钱人越是腐败和软弱,工人的力量和勇气就越是对他们的政权构成威胁。"

"我还是不明白怎样才能避免这些恶习造成的祸害。"格劳孔困惑地说。

"经验的个体应该服从内心的人性,后者有获得真理的能力,因此可以说有一团象征神性的火焰居于其上。这种服从并不会像色拉叙马霍斯认为的那样——他正安详地打呼,没有听到我们的对话——损害个体的利益,相反地,这对个体来说最为有利。这一规律同样适用于权力的外部形式,即共产主义集体。像内心的人性一样,共产主义集体与一切只追求自身利益的社会团体不同，它在政治秩序中也具有获得真理的能力。"

"所以无论是个体的政治作为还是私人生活，"阿曼达问，"您的论点就是，当规则令具有超能力的人获得权力时，如果某个人赞成这个规则并集中全部精力遵守这个规则，那么我们就说他是真正在思考了。"

"你说得有些夸张了，姑娘，你私下里很喜欢超验性吧。不过大体上你是对的。"

"那么在这个故事里，身体怎么办呢？"格劳孔问道。

"在身体状况、食物、体操这些方面，我们不会把追求生命延续、满足和享乐的没有思想的兽性冲动作为生存的唯一法则。最好的做法是，只有当身体成为获得可靠良知的潜在途径时，才关心其健康，才重视变美变强的事。只有当身体的平衡有助于出色演奏**主体**的内在交响乐时，我们才需要这种平衡。"

"您是希望，"阿曼达总结道，"我们成为**主体**和谐性的乐师。"

"这是个很好的说法。在金钱和消费这个迫切而困难的问题上，我们也应该保留和谐感。腐朽的资本主义世界的幸福观是无止境地增加财富，购买世界市场上所有光鲜亮丽的东西,我们不能让这种幸福观冲昏了头脑。关注内心的秩序,我们能找到办法,令金钱服从于某个事物的发展,这一事物是我们超越直接的欲望之后所能创造出来的具有普遍意义的东西。在社会认同方面,我们也要这样做:欣然接受在我们看来能令我们自身朝着最好方向发展的社会认同,同时无论在私下还是在公开场合,都避开那些可能干扰我们**主体生成**的赞歌。"

"那么,"格劳孔不无惆怅地说,"我们很可能拒绝一切政治行动。"

"不,不可能!我们和国家的其他人一样十分关心政治。但并不是作为官员发挥作用,不是在政权之内,而是远离政权。除非是在不可预见的革命形势下。"

"这种形势或许会建立我们自昨晚开始就在探讨的那种政治,对吗?"格劳孔接着说,"因为这种制度目前只存在于我们的谈话中。我不认为它在什么地方已经成了现实。"

"但在许多国家,的确存在不少与我们**理念**兼容的政治进程,因为这种**理念**具有普遍的影响。然而,无论这些政治进程是处于顶峰还是刚起步,无论它们是多是少,这些都不是促使我们成为**主**

体的关键。我们当然期待某些政治有朝一日能为**理念**提供支撑理念的现实。不过，尽管现在尚未出现这样的政治，我们在做任何事时，都要试图忠实于这个**理念**，而不是其他。"

第十六章　诗与思
(592b-608b)

苏格拉底欣喜若狂：

"我们正在构建的这个政治秩序是最好的！最好并不是就它本身而言的，因为这样说毫无意义，而是思想所能考虑到的一切可能性政治秩序中最好的。理由有很多，但最具说服力的理由来自我们与诗的理性关系，因为我们已经规定永远不容忍诗的摹仿维度。这种规定十分必要，而且在区分并思考了**主体**不同心理层次的本质之后，我们甚至可以说这种规定是理所应当的。亲爱的阿曼达，亲爱的格劳孔！你们是柏拉图的弟弟和妹妹，他对我们的自由讨论进行了较为简要而富有灵感的记录。因此你们不可能是悲剧诗人和其他摹仿者雇佣的阴险告密者对吧？我可以完全放心地跟你们说话对吧？那就豁出去了。我毫不含糊地断言，如果听众没有解毒剂，尤其不知道这些诗的真正本质，那么那些被深深打上摹仿烙印的诗会对听者的智慧带来巨大的危害。"

格劳孔发觉这番话十分拐弯抹角或者说过于谨慎，于是他不请自来地冒昧插话道：

"亲爱的老师，我觉得您有点小题大做！"

"这是因为我从勤奋的童年时代起，就对荷马抱有一种友善的敬意，而且荷马似乎是所有伟大悲剧诗人的启蒙者和领袖。但是尊重人胜过尊重真理，这是不合适的。因此不得不说……"

"嘿！"阿曼达打断了他的话，"您别再兜圈子啦！"

"好的，好的，这就开始。但在这种棘手的情况下，请允许我至少运用苏格拉底式的著名对话，也就是答案呼唤迂回的问题。"

"我等着您的问题呢。"格劳孔只好说。

"你们能告诉我一个摹仿的宽泛定义吗？我始终搞不清楚它有什么作用。"

"这个问题问得好！"阿曼达用她甜美而高亢的嗓音喊道，"您不明白的东西，您觉得我会明白吗？"

"这没什么可奇怪的。视线模糊的人常常比目光敏锐的人更清楚发生了什么。"

"是的，确实有这种情况。"格劳孔说，"但是即便我有一个很棒的想法，只要您本人在场，我就什么都说不出来。您先说吧，亲爱的老师！"

"那么请跟紧我的思路。"苏格拉底有点自鸣得意地说，"请你们两位同意我们按照一贯的方法着手我们的哲学调查。一般来说，对于以同一名称命名的各种元素，我们会假设存在一种统一的**形式**（Forme）。现在，如果你们愿意的话，让我们在这个房间的各种摆设里任意选取几样。我们看到这里有很多床和桌子。不过，关于所有这些家具只存在两个理念，即床的理念和桌子的理念。还是按照我们平时的思维过程，我们假设有一个工匠，他在制造我们使用的家具时，必须遵循这个家具的理念，做床就遵照床的理念，做桌子就遵照桌子的理念。至于理念本身，任何工匠都无法创造它。怎么可能创造得出来呢？不过，确实存在一种万能的工匠，他能做出各个术业有专精的工匠根据某种特殊理念制造的所有物品。"

"这个万事通太厉害了！"阿曼达钦佩地说。

"你说得很对，"苏格拉底接着说，"他不仅会做各种家具，还会创造田野里生长的一切，还会制造各种活的器官，包括他自己的和其他生物的。说实话，他可以制造一切：大地、天空、神祇、夜间的所有星辰以及阴曹地府里的一切，这些他都能制造。"

"您在戏弄我们吧,苏格拉底!"阿曼达表示抗议道。

"你不相信我吗?你究竟在怀疑什么,我亲爱的朋友?你是不是认为这个万能的工匠绝无可能存在?或者更确切地说,你是不是觉得在某种存在形式下可以有万物的创造者,而在另一种存在形式下却不可能有这样的创造者?我会对你说:从某种意义上说,你自己就可以成为这样一个全能的工匠,成为天地万物的创造者。"

"我很想看看是怎么回事!"

"这很简单而且很快就能看到。甚至可以说太简单、太快了:拿出你的镜子——每个女人都有一面镜子,然后让它夜以继日地朝所有方位转动。然后你立即就能在镜子里制造出太阳、天上星辰,立即就能制造出大地、你自己和其他生物,还有植物,还有家具……最后还有床和桌子,你也能制造出来。"

"当然,"格劳孔说,"但我制造出的是事物的表象,而不是真实的东西啊。"

"终于!"苏格拉底高兴地说,"你恰好说中了我的观点。因为在我们谈论的工匠中也包括画家不是吗?于是你会说,画家制造的东西并不是真实的。然而，如果他在克法洛斯别墅的墙上画了一张床——我们在这栋别墅里度过了一个激烈的哲学之夜，又辩论了一个白天——，那么可以说他确实在墙上造了一张床。"

"只是一张像是床的床。"

"那么，那个木匠呢？你刚才说木匠虽然造出了一张具体的床，但他并不能造出**床的形式**，即我们认为的**床**(Lit) 的本质。如果他不能制造出本质的**床**，那么他就不能制造出实在的床（être-lit），而只能制造出像但并不是实在的床的床。既然如此，如果有人声称木匠或更宽泛地说工匠的工作位于存在的完全状态，那么他很有可能说的不是**真理**。看到这类物质产品与真理的关系晦暗不明，我们不会觉得吃惊。"

"所以我们不要感到惊讶。"格劳孔小声说道。他看起来很迷茫。

"现在让我们根据这些例子，来搞清楚那著名的'摹仿'究竟是什么。归根结底，在我们思想中应该有三张床而不是只有一张对吗？第一张床的本质自然来源于自身，我想大家都同意它是**大他者**的杰作吧。否则它怎么能永恒存在呢？"

"我对此一无所知。"格劳孔宣布投降。

"第二张床是木匠造的床。"

"应该是吧。"

"第三张床是画家画的床,对吧?"

"算是吧。然后呢?"

"没有然后了。只有三张床!画家、木匠和**大他者**,这就是掌管床的三层次的**三位一体**。"

"多么优雅啊,"阿曼达插话道,"这个三位一体的布局!"

"但必须与其他重要数字联系在一起,比如一或二。拿**大他者**来说:不管是随意的选择,还是出于某种至高无上的必要性,他不会制造超过一张存在只依赖于自身的**床**,这种**本质的床**(Lit-quiest),他只能做一个;制造出两个或更多,这是**大他者**从来没做也永远不会做的事。"

阿曼达对这个论点很感兴趣:

"您凭什么这么肯定?"

"如果他制造了两个,尽管只有两个,还是产生了多元性。由于所有多元性都需要一个额外的词语来承载这种多元性的统一性,因此必须要有第三张**床**,作为另外两张床的形式上的统一。这样一来,本质的床就是这第三张床,而不是另外两张了。"

阿曼达很佩服:

"您这次发挥超常了,苏格拉底。这个论证实在太厉害了!"

"有一天有人会叫它'第三人论证',然后用它来反对我的学说!总之我们可以确定,这个**大他者**在制作**本质的床**和其他床时也知道这个'第三人论证'。由于他很想成为**绝对本质的床**的制造者,而不是个别床的个别制造者,所以他创造了真正的**床**的唯一性。所以你们应该同意我将这个**大他者**冠以'床之父'或类似称谓了吧?"

"合情合理,"格劳孔说,"因为他根据自然规律创造了这种**形式**和其他所有**形式**。"

"我们也可以把木匠称为'床之制造者'。"

阿曼达说:

"所以我们有了'床之父'和'床之制造者'。那么对于三位一体中的第三类人——画家,我们应该给他起个什么名字呢?"

"总之既不是制造者也不是创造者。"

"显然不是。"

"既不是普遍理念,又不是具体物品,那么画家对应床这个概念的哪个部分呢?"

"我认为,"阿曼达犹疑地说,"最恰当的解决办法就是称他为其他制造者制造出来的实体的仿造者(imitateur)。"

"所以这个与**真**的本质相隔两层的人,你决定叫他'仿造者'，或者更为学术地叫他'摹仿者'(miméticien)。让我们把你的定义运用到悲剧诗人身上。假设悲剧诗人在描写某个国王时，他那谋求相似性的语言本质上是一种摹仿。那么我们首先将辨认出皇室权威的普遍形式；其次是令这个形式经受尘世的考验：一个被证明确有其人的国王，比如阿伽门农；最后是诗人对这个国王的摹仿。由此我们又看到了我们的三个部分和两层距离。"

"可是，"阿曼德反驳道，"'两层'真的合适吗？画家想要摹仿的（如果只看他的技艺的摹仿成分），的确不是他想仿造的东西的**唯一**真理。但也不是工人根据这个形式制造的多种多样的物件。它是这些物件，但不是物件本身，而是物件的表象。因此我想最终是不是共有四个部分，正如您曾用分布在一条分段的线上的各种类别阐释过辩证过程一样：普遍形式、具体物件、该物件的表象以及对这一表象的摹仿。因此在艺术家和**大他者**之间隔着三层，而不是两层。"

苏格拉底赞叹不已地为她鼓掌。但格劳孔已经跟不上了。他说：

"我已经跟不上你们了。"

苏格拉底说：

"亲爱的格劳孔,想想我们那张大名鼎鼎的床。你从侧面、正面、下面看它,可以说每次它都与自己有些不同。可是,它其实只是看起来有些不一样,其实并没有发生任何变化不是吗?现在你再想想画家。对于他所再现的物体,他抱着什么目的呢?他所摹仿的是物体本身吗?还是只是物体看起来的样子?他的摹仿是对形象的摹仿还是对真实的摹仿呢?"

"是对形象的模仿,我觉得。"格劳孔猜测说。

"所以说摹仿术与真实相去甚远,尽管它看起来似乎能制造一切,但它能掌握的只是每个事物的极小部分。实际上只是一种拟象(simulacre)。假设一个对木工技艺一窍不通的画家要画一个木匠。此时他的操作显然完全外在于那个定义木匠的东西。如果这个画家技艺精湛——我是指摹仿术方面——,难么他画的木匠将会震慑孩子和爱看热闹的人:只需把画放在远离视线的地方,并且赋予它一名真正的木匠的表面特征。亲爱的朋友们,其中的道理很清楚:如果有人声称遇到过一个了不起的家伙,无一例外地熟悉各种工艺,而且效率比工人还高,我们马上就可以反驳说,这实在太天真了。我们的对话者肯定碰到了江湖骗子,一个装模作样欺骗了他的摹仿者。如果他曾相信这个家伙无所不知,那一定是因为他不懂如何辨别知识与无知和摹仿。"

格劳孔说:

"是的,毫无疑问,肯定是这样。会有人让他闭嘴的!"

"除非你让悲剧诗人以及所有诗人之父——老荷马也像你说的那样'闭嘴'!不过这是另一回事了。的确有许多人断言,以荷马为首的诗人通晓一切本领,知道一切关于美德与恶习的人类学知识,甚至各种神学知识。这些人的论证很简明,他们说:好诗人渴望将诗发挥到最完美的境界,因此他只能根据自己熟知的东西来作诗,除非他没有能力将自己的素材作成诗。如何看待这种'证明'?要么——第一种假设——说这话的人遇到了诡计多端的摹仿者,被他们的花言巧语冲昏了头脑。这样一来,即便他们直接读到这些摹仿者的作品,也无法察觉它们与真实存在之间的巨大差距(三层)。他们没有明白,对不明真相的人来说,作诗是很容易的:这种人作诗的对象其实都是假象,而不是真实的存在物。另一种假设显然认为我们的对话者不无道理:当许多读者称赞诗人的诗句巧妙时,对于他们谈论的事物,好诗人确实是有真知的。"

"那如何下定论呢?"格劳孔问。

"设想某人同时能做两件事:真实及对真实的摹仿。你觉得他会把全部热情都投入对形象的制作中吗?这手艺会成为他人生的全部意义吗,仿佛他从来没有做过更好的事似的?"

"为什么不会?"阿曼达略带讽刺地嘀咕道。

"怎么会!如果他知道自己所摹仿或再现之物的真理,他会竭尽全力去实现这个真理,而不是花心思去摹仿它的载体。他会在身后留下尽可能多的卓越作品,这是他的记忆力的坟墓。他会渴望成为被大家称颂而不是称颂别人的人。"

"前提是,"阿曼达依然持保留意见,"个人威望和社会贡献毫无疑问都属于前者。这有待探讨……"

"别钻牛角尖了!"苏格拉底生气地说,"简单点说吧。我们并不是要让荷马或其他诗人为他们讲述的故事负责。以医术为例。我们可能会问:这位著名的诗人用诗句描写了疾病及康复,那么他真的是医生,还是只是摹仿了医学用语罢了?另一位诗人,可能是古代的也可能是现代的,他写了歌颂健康的诗句,我们会不会说他像弗莱明或克洛德·贝尔纳那样,真的治愈了真正的疾病?还有一位诗人,常常用动人的韵律教诲大家健康生活的好处，那么他有没有像巴斯德那样，创建了一个学派，专门研究重度传染病及疫苗的防治功能呢？我们还可以提出很多类似问题，但我建议到此为止。不要再用技术问题折磨他们了。让我们集中精力探讨荷马选择表达的最重要、最困难的主题：战争、战略、管理、教育……在这一点上，我们也许有权这样对他说：'亲爱的荷马，如果您与美德的真理没有相隔三层，如果您不是我们所说的摹仿者，即形象的制造者，如果您达到了与**真**只隔两层的距离，如果您能区分作为改善人们生活——包括公共生活和私人生活——的范式**形式**和所有降低生活品质的形式，那么请您告诉我们，亲爱的诗人，哪个政治共同体的根本转变是归功于您的呢？就像俄罗斯的转变归功于列宁，其他大大小小的政治共同体的转变归功于过去或现今的其他人物，包括罗伯斯庇尔、杜桑-卢维杜尔、毛泽东、曼德拉等等。又有哪个国家将您奉为杰出的立法者呢？斯巴达有来库古，雅典有梭伦。那您呢？是哪儿？'"

"我不认为他能答得上来，"格劳孔说，"他的弟子和后人也无言以对。"

"在我们的记忆中，荷马有没有担任过哪场战争的总指挥官或总参谋并最终取得了胜利？荷马能不能被列入因物质创造而闻名于世的人之列？我们能举出荷马的众多精妙发明吗？不管哪一类都行，就像索斯特拉特建造了亚历山大灯塔，法国的帕潘利用水蒸气启动了一架二轮马车。如果说荷马没有以国家之名做过任何事，那么他是不是至少为个人做了一点贡献？有哪一段个人的回忆曾提到荷马一生之中对他的教育？有谁曾喜欢每天拜访荷马，并为后世留下可以称之为'荷马式'的生活指南？大家认为毕达哥拉斯就是这样的，他也因此而受人爱戴。直到今天，毕达哥拉斯的后世弟子仍然将他们自认为与众不同的生活方式称为'毕达哥拉斯式'的生活方式。而荷马呢？"

"传统在这一点上很沉默。"格劳孔说，"当然，关于这个了不起的盲人的人生有无数传言，其中提到了他某个弟子，似乎也是他的女婿。是一个叫布斯费尔的人。关于这个奶牛爱好者，人们不知道是他的名字更可笑[1]，还是他受教育的成果更可笑。事实上，有人说布斯费尔其实一辈子都没把他的岳父——希腊大诗人荷马放在眼里。"

"我们知道这些故事。不过让我们严肃一点。

---

[1] 布斯费尔，法语为Boosphile，意思是爱叫骂的人。——译注

假设荷马真的曾是人类成长道路上的一名教育家。假设在这些方面他不是摹仿者,而是一位名副其实的智者。那么他难道不应该有无数爱戴他、崇敬他的同伴吗?我们看到许多诡辩家,像普罗泰戈拉、普罗迪库斯等等,他们在私人集会中令各界有威望人士深信:如果不服从上述诡辩家的教育戒尺,他们就无法治理好恩格斯所说的'私有财产、家庭和国家'。我们看到顾主们如此狂热地崇拜这些奇特的导师的才华,就差没把他们扛在自己肩头欢呼胜利。而荷马同时代的人明知他帮助人们认识了真正的美德,却还让他像赫西俄德一样,独自翻山越岭到破村落的广场上朗诵诗歌,以此挣一口饭吃?这也太不可思议了吧!他们难道不该放弃一切,以求得这样的导师的陪伴吗?他们难道不该想方设法把他留在自己家中吗?就算他们没有成功诱惑或者贿赂这些导师,他们难道不该追随这些卓尔不凡的老师到世界尽头,好从他们的教训中受益,直到充分受教育为止吗?"

于是阿曼达说:

"亲爱的苏格拉底,一说到荷马您就口若悬河!这是散文与诗歌的对抗,不是吗?"

苏格拉底有些不高兴:

"我只想说明,从荷马开始的所有诗人都没有获知真理，不论他们的诗所歌颂的是美德还是其他东西。再来看看绘画与诗歌的对比。一个画家完全没有修鞋的本领，却要为我们在画布上描绘一个惟妙惟肖的鞋匠，至少在与他一样无知的人看来是惟妙惟肖的。为什么？因为对于看画的无知者来说，'鞋匠'只是形状和色彩的组合。同理可得，诗人用名词和句子来为各种技能上色，事实上除了摹仿术之外，他对这些技能一窍不通。结果观赏这场蛊惑人心的文字表演的人以为，诗人在谈论破鞋、战术、航海或任何话题时，只要利用韵律、节拍和曲调赋予语言一种无法抵挡的魅力，他就可以谈论得十分精彩。一旦我们褪去诗人作品中的一切音乐性色彩，你知道结果就是：没有了装饰，诗歌将毫无价值。"

阿曼达于是狡猾地说：

"说得真漂亮，苏格拉底！绝对具有音乐性，而且多姿多彩！您还得向我们解释一下，通过哪些思维活动，我们可以除去一首诗的装饰。"

苏格拉底装作没听见：

"让我们回到'本质'与'显现'的区别这个更普遍的问题上来。拟象的诗人——亦即摹仿者——无法认识存在物。他只满足于表象。所以，我们不要半途而废，得把这个问题研究透彻。让我们再次运用画家的例子。"

"好像太多次了吧,"阿曼达含沙射影地说,"语言难道是一幅画吗?"

"一步一步来,"苏格拉底随和地说,"姑娘,每走一步,你都告诉我你是同意还是不同意。假设画家要再现一支猎枪或一把小提琴。制造这些东西的人是军火商或弦乐器制造商。同意吗?"

"当然同意。"阿曼达说。

"而熟悉猎枪或小提琴这些东西的构造的人,是画家吗?还是制造它们的军火商或弦乐器制造商?又或者仅仅是懂得使用它们的猎人或小提琴师?"

"可能是使用者,但前提是,您所说的'构造'是指……"

"那就从广泛的角度来说,"苏格拉底打断她说,"对于这类东西而言,共有三种技能,使用它、制造它和再现它。同意吗?"

"很难说不同意。"

"然而,无论是乐器、动物还是行为,特殊实体的道德、美和恰当性都在于事物特殊性的用途之中,某种特殊性用来做某事,这在人造物被制造的那一刻,实践被决定的那一刻,天然物诞生的那一刻起就已经确定了。因此对某种物品来说最有经验的人绝对必须是使用者,而且必须由此人向制造者指出种种积极或消极的可能性,这些可能性是他在使用物品时发现的。使用者——小提琴师会发现小提琴的优点与缺陷,因为他凭经验知道自己谈论的话题。作为制造者的弦乐器制造商只有信任小提琴师的话才能工作。因此我们发现,就同一种乐器而言,制造者对他所制造的东西的优缺点了若指掌,因为他与行家建立了联系。因为他不得不听取行家的意见。只有使用者是懂行的。同意吗,阿曼达?"

"您说要我在每个论点后表达我的观点,但您的论证又长又难。所以您还是一次说完吧,到时候我们再看。毕竟我们感兴趣的是诗,而不是破鞋、维也纳华尔兹或猎鸭子这档子事。"

"正好!我正要继续说摹仿者呢,也就是诗人。由于他只满足于再现物体,所以他既没有获得物体的美或恰当性这两种只能在使用中获得的知识,也没有通过与行家的往来获得这方面的正确看法,否则行家会向他指明该如何正确地再现这个物体。总之,这个摹仿者对于他所复制的物体的美与缺陷既没有真知又没有正确看法。他的摹仿能力可以归结为这双重缺失。但他不会就此放弃对这个物体的复制,尽管他完全无法发现它的优缺点。在摹仿过程中，指导他的毫无疑问是纯粹外在的'美'，我甚至想说商业性的'美'，因为追逐这种'美'的是被奴役的意见和所有无知的人。"

"如果您要这么说的话……"

"至少我有理由说我们在两点上意见一致。首先，摹仿者对自己所摹仿的事物没有一丁点理性认识，而且全部摹仿只是一种毫无严肃性可言的消遣。其次，那些通过大力推崇十二音节诗、史诗或抑扬格诗、长短短格六音步诗来戏弄悲剧缪斯的人，也都是摹仿者。对此你怎么看，阿曼达？"

"我的看法是，被对手打败时，我们不得不在他提出的协议上签字。"

苏格拉底不知所措地望着她，然后他慢慢地转向格劳孔：

"格劳孔！忠实的朋友！你是否同意摹仿行为与**真**之**理念**管辖下的事物相隔三度？"

"是的，"受到惊吓的格劳孔说，"是三度……"

"三度温度！"阿曼达冷笑着说，"摹仿行为太害怕了，它吓破了胆。你也是，亲爱的弟弟！"

苏格拉底看到格劳孔的脸色后放声大笑：

"好啦，好啦，蛮横的小姐！让我们反过来看这个问题。亲爱的格劳孔，你已多次发现，一个大小不变的东西根据是从近处看还是从远处看，它的大小似乎发生了变化。同一根棍子根据是在水里看还是在空气里看，它时而是弯的，时而是直的。同一个物体根据颜色分布不同而造成视错觉，看起来时而是凹陷的，时而是凸起的。这些经验无疑会对主体造成很大困扰。以假乱真的画、魔术师的戏法和所有类似的把戏之所以能迷惑我们，全因为我们天性中具有这种不幸的特点，或者说我们的感官能力具有局限性。"

"所以我们命中注定要犯错？"

"当然不是！我们已经在度量、计数和称量中找到了很好的补救方法。多亏了这些理性行为，**主体**内心才不会被飘忽不定的表象以及不可捉摸的大小、数量或重量变化所左右。从此，计算、度量或称量的能力就是他的准则。不过我们也可以认为，这些能力归根到底还是取决于理性，而理性是内在于**主体**的东西。"

"所以说，"格劳孔兴高采烈地总结道，"**主体**可以将摹仿的幻影从其生成过程中清除。"

"哦！别这么快下定论！我们经常看到这个懂得测量的**主体**声称在两种事物之间存在大于、小于或完全相等的数量关系，同时又说这两种事物是对立的。然而，我们都知道，**主体**如果运用同一种**主体**结构进行判断的话，那么他在同一时刻、对同一事物不可能持有相反的评价。"

"是运用同一个**主体**层次吧？就是我们区分的**主体**三种层次中的一种。"阿曼达说。

"正是。结论很明确：作出不符合度量和计数规则的评价的**主体**层次不可能是根据度量和计数规则来进行评价的**主体**层次。前者控制的是**主体**的兽性或其他部分，后者掌控的则是超越这些局限性的部分。"

阿曼达说：

"您是想让我们相信诗人都是动物？"

"这可是你说的！不管怎样，我已经证明，绘画及一切通过摹仿手段实现的艺术所创造的作品都远离真理，甚至远离一切令个体融入某种特殊真理进程的行为。这些所谓的艺术活动只与个体身上与准确、协调这些品质毫不相关的部分有关系，有勾结，有败坏的友谊。空洞状态遭遇了虚空，摹仿术的结果只能产生被掏空两次的空洞。"

"太暴力了吧！"阿曼达打断他的话，"不过就像我之前说的，您过于轻巧地在诗歌与绘画之间画上了等号。更夸张的是，您只着眼于纯粹摹仿性的绘画，其实我们很难将这种艺术与摄影、甚至最蹩脚的摄影区别开来。您夸大其词地宣称'我已经证明……'，但我想告诉您，您什么都没证明出来！"

"很显然，"苏格拉底说，"人们应该委托年轻姑娘为诗人辩护。她们总能胜诉！"

"也请您不要歧视女性！您就不能放弃绘画这种模式，直接描述您认为的与诗歌密切相关的主体层次吗？这样我们就能看出，诗歌对主体的影响是否只是——用您的话说——'被掏空两次的空洞'，还是具有真正的价值。"

"你在向我发起挑战！"苏格拉底佩服地说，"好吧。让我们尝试换种方式。大家看……摹仿性的诗歌摹仿的是人类独有的实践，这些实践主要有两种形式：被迫的行为和自愿的行为。在这两种情况下，诗所再现的都是投身于这两种行为的个体的生活方式，根据幸福感或不幸感，他们分别过着或悲伤抑郁或幸福喜悦的生活。你同意吗，亲爱的阿曼达？"

"许多诗歌的主题确实都是悲伤和喜悦的感情。不过，抒情诗并不是诗歌的全部，诗歌远不止这些。"

"但这是其中最重要的部分，至少对于广大读者来说是这样。"

"您总不至于将自己的论证建立在火车站诗集的销量或电视诗人的观众人数这类数据上吧？"

"太可怕了！我的问题其实是这样的：假设某个个体处于某种很容易令情感占上风的情境，那么他的存在是受到'一'的指引还是'二'的指引呢？我是说：他是处于内心平静的状态，还是处于自我斗争的状态？从认知层面看，我们知道有人会被视觉感知困扰，这些感知尽管同时产生并针对同一物体，它们仍然是相互矛盾的。那么我们能将这样的人与在实践层面，因快乐和悲伤而自我冲突、自我斗争的人相提并论吗？"

"可是，"阿曼达说，"这些我们都已经讨论过了啊！您还记得吗：昨天午夜，或者快到午夜的时候，我们给了色拉叙马霍斯一点颜色瞧瞧，我们还说每个**主体**中都充满了无数诸如此类的矛盾。"

于是苏格拉底拍着脑门说：

"没错啊，真见鬼！不过还得补充一点，当时因为夜深了有些疲倦所以遗漏了。"

"哪一点？"阿曼达怀疑地说。

"我们大致证明了，个体遭遇命运打击时——想想最不幸的命运，比如丧失爱子或丧失爱情，如果能将命运与节制的积极观念建立联系，那么他在承受这种打击时会比一般人轻松得多。现在我们要考察的是，这种能力是因为他没感觉，确实冷漠无情，还是说他不可能冷漠无情，他心灵的力量源于他能够估量自己的绝望。"

"第二种假设显然比较正确。"格劳孔自鸣得意地说。

"可是在何种情况下，"苏格拉底接下去说，"这个意志坚定的个体会动用这种理性力量来抵挡悲伤，或者至少与之展开激烈的斗争？是其他人看着他的时候吗？还是当他独处，只需面对自己的特殊性时？"

"当别人看着他时，他尤其应该表现出对情感的某种控制。在独处时，我想任何一个人，不论男女，都会因为自己的儿子惨遭杀害而大声喊出自己的痛苦，一边撕扯衣裳一边在地上打滚，一连哭上好几个小时，或者傻傻地待在那里不动，做出种种他在人前不好意思做的事。"

"你的描述十分动人，亲爱的格劳孔，你真是个了不起的心理学家。但我们现在必须探讨痛苦现象学之外的东西。在任何个体身上，对情感的主观抵抗都属于内在的理性法则，但使人陷入悲痛的是不幸的偶然性。"

阿曼达终于按捺不住了：

"我完全不知道您想说什么。这些和诗的地位有什么关联？"

"耐心点，姑娘！我会从心理学说到逻辑学，再从逻辑学说到诗学。"

"好啊，赶紧开始第一步吧！"

"我们所谈论的个体，比如那个丧失爱子的人，我们描述他时，仿佛他同一时间在同种情况下被人朝两个截然相反的方向撕裂。所以我们可以假设，这个人受到'二'的必要性的统治，或者说他内心是分裂的。"

"分裂成两段？"

"要我说，差不多吧！一方面，他身上有一部分想谨遵理性法则，无论后者会作出何种指示。而理性告诉我们，在生活的痛苦时刻，最好的做法是尽可能保持冷静，不要向身边的人发出无助的呐喊。事实上，这些插曲对**主体**的命运来说，好坏的分界线永远不清楚。那些动不动宣称被命运击垮的人，他们在漫长的未来中鲜少一帆风顺。其实在个体有限的生命中，没什么是值得夸大其词的。即便我们只关心效率，像谁说过的那样：'不管黑猫白猫，捉到老鼠就是好猫'，我们也会发现，夸大悲伤会妨碍我们获得最快的解决方法。"

"这个嘛,"格劳孔说,"我完全不明白是怎么回事。"

"假设你在玩一局赌注很大的掷骰子游戏。一连掷了五次,结果都十分惨淡,有时是三,有时是四,甚至还有二。你看到对手眼中闪过一丝不怀好意的喜悦。你会不会陷入压抑的愤怒,把骰子扔到他脸上呢?还是在心里告诉自己,每掷一次骰子都免不了风险,于是保持钢铁般的冷静呢?你应该遵循理性的指示来应对命运的打击。只知道哭哭啼啼地擦拭伤口和肿块,这是小孩子的作风。应该做的是依靠你的**主体**。我们常常是悲怆的个体,但个体能够成为**主体**,养成习惯尽快哪里疼痛治愈哪里,哪里跌倒从哪里爬起来。真正的决定总能消除抱怨。"

"您的口才简直能唤醒任何一个痛苦之人身上尚未腐坏的部分。"阿曼达钦佩地说,"可是,您说要反驳诗,您现在写的不正是诗吗?"

"我还是继续待在坚固的逻辑堡垒里躲避你的讽刺吧。请一步一步地回答我。我们身上愿意遵从理性原则的是不是最高级的**主体**层次即**思想**?"

"反正这是您的看法。"

"那么对于唤起个体的悲伤记忆、使人乐此不疲地抱怨的层次,你怎么看待?"

"我很容易想象到,您接下来会说这个层次是非理性、无意义的,而且不出意外的话,您甚至可能说它是近乎卑鄙的。"

"你说了我想说的话!不过如此我们看到,会受到各种各样摹仿的影响的,正是这个敏感、易怒、急躁、变化无常的层次,我也称它为**情动**。相反地,要摹仿作为个人延续性守护者的理智又冷静的**主体**层次则没那么容易。即便有人尝试摹仿这一层次,那些涌到一起看戏的杂七杂八的个体也很难与这一层次产生共鸣。于是我们明白,为什么作为摹仿者的诗人与理性的**主体**层次没有丝毫来往,为什么他的本领无法满足这个层次:由于他面对的是广大观众,因此与他合谋的是急躁、易怒、变化无常和敏感的**主体**层次,因为这个层次是最容易摹仿的。你赞成吗,亲爱的阿曼达?"

"您刚才提了一连串问题,但是,正如您昨晚指责色拉叙马霍斯那样,您其实是把一大桶话浇在了我头上。我被耀眼的能指淋透了!我只能一遍遍对您呼喊:'加油吧苏格拉底,加油吧苏格拉底,加油!'"

"那我继续啦!我宣布我的论点无可辩驳,我们抨击诗人是正义之举,因为他们只是摹仿者,将他们与画家相提并论是合理的。诗人与画家很相像,因为他们的作品从**真理**角度说都无足轻重。还有一点可以证明他们是相似的,那就是他们都与**主体**中他律的部分有关,而非引导**主体**走向普遍**真理**的部分。我们也完全有理由禁止此类诗人进入我们的共产主义准则治理下的共同体。因为他们会激发**主体**中完全经验的部分,用虚构的形态培育它,重新给予它力量,同时削弱理性的部分,而后者是唯一与真理辩证法相关的部分。这就像我们把一个国家交给最愚昧的反动派,任凭他们壮大势力而不采取任何措施,却对真正的政治、平均主义的政治、解放的政治的拥护者遭受到的迫害视而不见。我们不得不说,被摹仿术奴役的诗歌使得本该参与到**主体**生成过程的个体产生了坏的思想倾向。因为这种诗歌吹嘘的是难以想象和想象不到的东西,它把伟大与卑下的模棱两可、不可分辨当作一种享受,它针对同一事物书写的叙事抒情诗时而像史诗那样夸张,时而又带点凄凉和贬低。因此诗人创造的只是些幻想之物,后者与真理的距离可以说是无限遥远的。"

"哎呀,"阿曼达欣喜若狂地说,"这不就是最佳的反修辞学的修辞学吗!"

"你还什么都没见识到呢!我只是谈论了诗歌的最小罪状。还有更糟糕的呢。"

"天哪!"格劳孔惊呼道,"还有什么能比一个乱涂鸦的、可怕的反动分子更糟糕的呢?"

"诗歌能够损害最体面的人的思想,这是最糟糕的。几乎无人能逃脱,可能你和我都无法幸免。"

"连您也不能?真难以相信。"

"你可以自己到我们之中最优秀的人前做个实验。当我们聆听荷马或另一个伟大的悲剧诗人摹仿我们最喜爱的英雄,描述他的极度痛苦时——他会朗诵一大段沉痛的叙述,边吟唱边撕扯自己的头发,用巨大的双手捶打胸脯,仿佛一个和尚在敲锣那样——,你知道我们此时会将自己想象成这个陷入绝境的人,从而体会到一种强烈的快感。于是我们会以十二万分的严肃称赞这个使我们进入这样一种状态的诗人。"

"我承认我在听欧里庇得斯的诗歌时就是这样的。"

"对我来说是埃斯库罗斯。年代不同啦……总之,你应该也注意到了,当我们自己在私人生活中遭遇巨大的悲痛时,我们绝不会像刚才那位英雄那样做。我们甚至会因表现出了相反的举动而自豪：在缓慢的冷静中抑制痛苦，保持理智的勇气，丝毫不表露伤恸。我们坚信这种能够安抚他人的节制是适合**主体**的，而哭哭啼啼——即便真的是悲剧——只会令所有见证者产生个体的混乱。"

"我父亲阿里斯通去世时，我的想法完全和您说的一样。但我还是非常想哭！"

"我也是，当我亲爱的妻子赞西佩得癌症时，我忘记了我们曾经激烈的争吵以及她常常夜里拿着扫帚等我的事，忍不住哭喊、落泪……不过言归正传。现在有一个人——诗人描绘的人——，在日常生活中我们无法接受并且羞于自己和他一样。但如果在舞台上看到他，或者仅仅是受到摹仿其痛苦的诗歌魅力的蛊惑，我们不但不会产生反感情绪，反而还非常喜欢，卖力鼓掌，你觉得这是正常现象吗？"

"确实挺奇怪的。"

"让我们进一步思考这个问题。首先想想我们遭遇家庭不幸时尝试抑制的那种冲动，它要求获得应得的泪水、叹息和哀号，因为这是它的本性使然。其次，正因为诗人激起了这种冲动——即**情动**，并满足了这种冲动，所以他们才会讨我们开心。最后再来想想与之相反的冲动，即我们身上最优秀的部分——**思想**，如果缺乏知识和纪律，那么当哀怨的情动冲动在舞台上看到他人的不幸时，思想便很难抑制住哀怨的冲动。其实大家都觉得，只要是在看表演，那么当自称体面人的剧中人动不动就痛苦呻吟、哭泣连连时，对他产生同情或者称赞他都没什么可难为情的。大家还觉得可以从这个人公开表达痛苦的行为中获得乐趣，绝对不能因为要反对诗歌而剥夺了这种乐趣。很少有人能够意识到这条有关冲动的严酷法则：享乐的动机会不知不觉地从别人身上转移到我们自己身上。看到别人的表演会产生并强化对他人同情动机的人，将很难抑制自己的悲怆冲动。"

"我只能说我很赞同。"格劳孔被震慑住了。

苏格拉底对格劳孔的赞许感到很满意，然后继续他的攻势：

"我们说的关于悲伤的这段话不也同样适用于滑稽吗？在喜剧甚至日常生活中，我们经常会听到一些愚蠢粗俗的笑话，结果呢？我们会放声大笑，一点也不觉得难为情，但我们自己却羞于讲出这类蠢话。因此我们的立场与灾难剧观众完全一样。与认同怜悯的粗鄙手段一样，我们由于害怕被当作小丑，所以通过严肃的理性抑制住了自己无论如何想要使人发笑的欲望，可一旦有别人这样做了，我们立即就会效仿他！于是，渐渐地，我们失去了防备，任凭自己变成一个私底下也爱开玩笑的人，对此我们自己还毫无意识。"

"喜剧和悲剧之间还真是惊人地相似啊。"格劳孔着了迷似的说。

苏格拉底越来越起劲：

"我们可以把这个道理推广到正在融入**主体**的各种个体情感，包括欲望、痛苦和喜悦——如爱情的快乐或政治的愤怒，我们认为这些情感与我们的行为密不可分。诗对这些情感的摹仿使它们得以发展，本应使之干涸的情感，诗浇灌了它，我们身上本应臣服的部分，诗将它置于操控者的地位。由此，诗歌——喜剧诗也好，悲剧诗也好——与我们最宝贵的某个理性愿望背道而驰，这个愿望就是变得越来越好，越来越幸福，而不是越来越差，越来越不幸。"

"我认为，"格劳孔说，"问题到此已有定论。"

苏格拉底觉得是时候用一个庄严的句子说出结论了。他深吸一口气，说道：

"因此，亲爱的朋友们，当荷马的仰慕者称赞他是希腊的教育家，说在管理和教人的方面应该选择他，向他学习，用他的诗歌来赋予存在以意义时，你们应该一方面欣然迎接这些诗歌爱好者，拥抱他们，把他们视作最值得尊敬的人，与他们一致赞同荷马是至高无上的诗人，是悲剧诗的创始人。但是另一方面，你们也要坚守我们的信念，肯定歌颂我们思想、赞美这些思想的体现者的诗歌才直接适合于我们的第五政治，否定受人喜爱的史诗或韵律诗。因为如果我们对史诗或韵律也一视同仁的话，快乐和痛苦必然会取代我们公认的、并不断在公开场合宣布为世上最好的集体纪律和准则，成为人们的统治者。"

苏格拉底停下喘了口气。屋外，太阳快要从海面消失，柱子在地板上留下一道道阴影，仿佛一幅只摹仿自己的抽象画。阿曼达猛地呼出一口气，用深邃迷人的目光凝视着苏格拉底：

"亲爱的老师，我可以说一句不太恰当的话吗？"

"这不是你的专长吗，桀骜不驯的姑娘？"苏格拉底回答说，与其说他语气和善，不如说他累了。

"我想说，不管是关于诗歌还是戏剧，您都没有让我信服。您树的靶子——一种被归结为对外界事物和原始情绪进行再现的艺术——是十分狭小的，而您给人的感觉是，它几乎能代表整个领域。像品达罗斯、马拉美、埃斯库罗斯、席勒、萨福、艾米莉·狄金森、索福克勒斯、皮兰德娄、伊索、费德里戈·加西亚·洛尔卡这些人，都不在您的框架里。"

苏格拉底没有出声，显得很紧张。格劳孔瞪大了双眼。阿曼达突然迟疑了一下，不过又接着说：

"我觉得……我想说您的论证中有一部分是在进行某种辩护。就像您想要为自己辩解，也许首先是要请求您自己的原谅，因为您把诗人和他们的艺术赶出了我们的政治共同体。"

苏格拉底也迟疑了许久，然后意识到自己不得不作出回应：

"你说的不完全错。是纯粹理性迫使我们做出了这样的宣判。不过为了避免你指责我缺乏教养或者说我是粗俗的民众主义者，我还是想提醒你一下，这事不是由我起头的。诗与哲学之间的分歧由来已久。下面这些描述哲学和哲学家的古老诗句可以作证：

'哲学：一只冲主人狂吠的恶犬。'
'与最疯癫的人一样难以捉摸的伟大。'
'一群自以为战胜上帝的智者。'
'斩断你的思想吧，既然你这么肮脏。'

而且，无数站在诗人一边的人也见证了这个古老的矛盾。"

"可是，"阿曼达不依不饶，"为什么要重蹈覆辙呢？为什么不在哲学和诗之间建立新的和平呢？"

"听我说，我很想声明一点，如果遵循快乐组织原则的摹仿诗能证明它在共产主义政治共同体中值得拥有一席之地，我们会很乐意给它这一席之地。因为我们都十分清楚，这种诗始终对我们充满吸引力。只是我们不能背叛自己心中的真理。"

"那好吧，"阿曼达微笑着说，"请您让我亲爱的弟弟也接受这种折中的办法。"

"乐意为之！"苏格拉底又焕发了活力。

然后，他转向格劳孔说：

"亲爱的朋友，你会不会不顾一切阻挠而被史诗吸引，尤其当你欣赏荷马本人展现史诗魅力时？"

"是的啊！"格劳孔遗憾地坦白。

"既然如此，如果史诗用一段精妙绝伦的诗篇成功地为自己辩护，那么我们难道不应该接纳它进入我们的家园吗？让我们走得更远一些。让我们接受诗歌辩护者的辩词。他们和我们一样都不是诗人,只是诗歌的爱好者罢了,他们用散文为诗歌辩护,试图向我们证明诗不但令人愉悦,而且对于共产主义政治和普通人的生活都有益处。我们应该心怀善意地倾听他们的辩护,如果他们能证明诗既令人愉快又乐于助人,这对我们来说是多大的收获啊!"

"那您之前的无可辩驳的论证怎么办?"格劳孔问。他觉得苏格拉底的态度发生了180度的大转弯,对此他感到很困惑。

"这是因为,"阿曼达说,"苏格拉底一秒钟都不相信这些诗歌辩护者的辩词能够证明它的清白。"

"啊,"苏格拉底激动地说,"我多么希望他们能够做到!但如果他们做不到,我们就会像那些意识到自己为爱所伤的狂热恋人一样,放弃爱情,分道扬镳,撕心裂肺。这就像一种可怕的暴力,但他们还是这样做了。我们也一样,美丽的城邦无私地教育我们,尽管受到这份教育的约束,我们还是培养了对史诗、抒情诗或悲剧诗的热爱。我们为诗所表现出来的卓尔不群甚至超越真实的品质而高兴。然而,只要诗无法为自己辩白,我们在聆听它时就会把格劳孔所说的'无可辩驳的论证'当作护身符一般不断默念。因为我们不愿再陷入这种大多数人都会经历的幼稚爱恋中。我们清楚地意识到自己不该过分眷恋这类诗歌,仿佛它属于追求某种真理的进程似的。我们应该在聆听或阅读诗歌时怀疑它的魅力,犹如在巨大的危难面前展现出**主体**的坚定意志。而且最好将我们刚才所说的关于诗歌的一切当做一种铁律。"

"您的让步意义不大。"阿曼达失望地说。

"因为这是一场重大的斗争,亲爱的年轻朋友们,是的,一场重大的斗争,比你们想象的还要重大,比涉及每个**主体**的斗争还要重大,善还是恶,真理的创立还是保守主义的胜利,这是个问题。在这场斗争中,我们必须对荣耀、财富和权力保持警惕,这些会导致我们忽略**主体**的最大优点——正义。不过,啊,我们也得对诗歌保持警惕。"

"阿门!"阿曼达抛下这句话。

而苏格拉底假装什么也没听见,并且打算一直假装下去。

尾声　主体的动态永恒
（608b- 结尾）

柱廊之外，四四方方的天空显得灰蒙蒙的。夜幕将至，热气笼罩着万物。阿曼达身着黑色长裙，神情放松，笔直地坐在椅子上，双目紧闭，俨然一个沙龙里的皮提亚。格劳孔平躺在地毯上，双手垫在脑后。苏格拉底面露倦容，来来回回地踱着步。色拉叙马霍斯早已像变戏法似的消失不见了。

阿曼达发起了新一轮的辩论：

"对于那些融入某个真理的生成过程从而成为**主体**的人，有没有什么奖赏，或者类似优秀奖的东西呢？"

格劳孔保持着惬意的平躺姿势，说：

"鉴于这种转变的难度，一定要颁个奢华的大奖！"

苏格拉底看起来有些不满：

"对于一种局限于童年到老年这点时间的存

在，你想要颁给它多奢华的奖呢？相对于永恒来说——如果存在永恒的话——，这个时间段短得可笑。"

"这种不成比例的现象又给了您什么启发？"阿曼达低声说。她始终身着黑裙，坐姿笔挺，双目紧闭。

"好吧，你认为一个'不朽者'会严肃对待这种短暂的东西而不去关心永恒吗？"

"这样的话会很奇怪。但您想以此说明什么呢？"

"说明你也一定注意到的一点：个体能够成为的**主体**是不朽不灭的。"

"原来如此！"格劳孔目瞪口呆地喊道，"我完全没有注意到这点！您能证明**主体**是不死的吗？"

"你自己也可以，这很容易。"

"我连从哪儿说起都不知道。不过如果您能为我们解释下这个'很容易'的论证的话，我至少会尽力去理解您。"

"那么竖起你的大耳朵吧，亲爱的格劳孔。我们从最显而易见的讲起，即存在最普通意义上的善与恶。恶，就是一切具备致死和毁灭能力的东西；善，就是一切具备慰藉和拯救能力的东西。

特定的恶与某些特殊事物相关。比如，与眼睛有关的恶是'眼炎'，与整个身体有关的，是'疾病'，与小麦有关的，是'黑穗病'，与木头有关的，是'腐烂'，与铁有关的，是'生锈'，以此类推。说实话，几乎每种事物都有一个固有的内在的恶，一种先天的疾病。正是这种事物特有的内在的恶、这种结构性的邪恶导致了事物的消亡。反过来，如果恶没能毁灭事物，那就没有什么东西可以毁灭它了。其实我们只需回想一下我们对善与恶的定义就可以知道，事物的'中间性'——既不善也不恶的状态——不会导致它的灭亡，遑论它的善。因此，如果我们发现某种真实的存在具有一种恶，这种恶当然会损害它、破坏它，却永远无法导致它的特殊性的完全消亡——即溶解于无差别的存在之中——，我们就能知道，一个如此构造的存在物是不会灭亡的。"

"论证的形式结构令它无可辩驳，"格劳孔说，"但还需要证明此类存在物是存在的。"

"你马上就会发现，"阿曼达用沙哑的嗓音说，"这个存在物就是**主体**。有我们的苏格拉底在，一切都会恰到好处。"

然后苏格拉底说：

"我们刚才讨论过**主体**，而且还是你提出了主

体生成的问题。论据符合它要证明的结论，这难道不是天经地义的事吗？姑娘，请一步一步地跟上我的思路。"

"遵命，老师！"

"是否存在一些会威胁**主体**完整性的内在结构？"

"当然！有盲目的愤怒、懦弱、无知……"

"我们是否可以说，**主体**这些状态中的一种会导致它的断裂或完结？注意！千万不要犯致命的错误，借口非正义是**主体**内在固有的恶，从而认为一个非正义的、丧失理性的个体在被抓个现行时，就会死于非正义！"

"为什么不能？"阿曼达插了一句。

"这就等于混淆了'个体'和'**主体**'的概念。让我们从头说起。疾病揭示了身体结构性的弊病，它会消耗、折磨身体，甚至使它不成其为全部意义上的身体。同样地，我们刚才讨论的所有客体特殊性在其内在的恶的作用下——这种恶居于客体之上，仿佛它们是它天生的栖身地，并一点一点地破坏这个客体——，会逐步走向虚无。让我们以同样的角度来审视主体。我们是不是应该下结论说，非正义作为**主体**内在的恶居于其上，仿佛这里是它天生的栖身地，它会破坏**主**

体，使**主体**变得憔悴，最后通过令**主体**与其物质载体——身体分离，迫使**主体**走向死亡？"

"我觉得，"阿曼达回答，"这等于混淆了融到真理之来源即**主体**中的个体和**主体**本身。您谈到'客体特殊性'，但**主体**恰恰不是客体。"

"你真是一语中的啊，聪明的阿曼达！此外，认为某种事物可以被另一种事物固有的恶毁灭，而它本身的恶却无法做到，这种说法也是完全不合理的。不过，年轻人，对此我们必须深入探讨。比如，我们不说食物本身固有的恶——被捕捞上来好几个星期了，在破冰箱里存放太久，在阳光照射下腐烂了，或者是其他令人倒胃口的事——能够成为身体死亡的直接原因。我们更倾向于说，这些食物的严重缺陷能够激活身体固有的恶，也就是疾病，而只有后者才会导致身体的死亡。败坏的食物只会间接地、也就是通过疾病这个媒介导致一个活体的消亡。我们绝不会赞同说，与食物特殊性完全不同的身体特殊性会因受到食物特有的恶的破坏而灭亡，除非说这种外来的恶触发了身体内部产生自身体、专属于身体的恶。"

"我明白您的话了，亲爱的老师！别再强调了！那么**主体**呢？"

"来了！结论很简单。在什么情况下，我们会看到身体固有的恶——疾病——能够诱发**主体**固有的恶,也就是非正义呢?人会因为患了麻疹而强暴他的邻居吗?会因为患了黄热病奄奄一息而杀害他的继母吗?在自身固有的恶没有受到触发的情况下,**主体**也不会因为一种外来的恶而毁灭。由于一种特殊性不同于另一种特殊性,因此我们可以说,任何一种特殊性,由于它不一样,因而不会因另一种特殊性固有的恶而灭亡。"

"简直可以说是一条形而上学定理。"阿曼达评价道。

"它确实是一条形而上学定理!要么有人证明这条定理是错的,要不然,如果无人能找到这样的证据,我们就会嘲笑那些认为麻疹或黄热病能导致**主体**毁灭的人。就算某个人被割喉,将他碎尸万段,他体内的**主体**也不会被摧毁。要想象疾病和谋杀有这种作用,首先必须证明身体的这些偶然变化会使**主体**遭受非正义和亵渎。因为我们都知道——我再重申一下——,当某种特殊性固有的恶进入另一种本质上完全不同的特殊性中时,如果后者本身固有的恶没有发挥作用的话,它就不会被摧毁,不论这种特殊性是主体的、客观的还是两者皆是。"

"但是,"格劳孔大声说,"我无法想象有人能证明一个即将死去的**主体**会因它的死亡而变得不正义！"

"问题没这么简单,亲爱的格劳孔。假设有人坚决反对**主体**不朽这个命题。为了不被迫承认自己的错误,他必须避开我们的论证。于是他会反对你的主张,他会说,是的,一个将死之人的确会变得比之前更坏,他的非正义会啃噬他。那时我们就让他明确意识到,他的话之所以有道理,是因为非正义对非正义者来说是致命的,就像黄热病对身体来说是致命的一样,而且正因为本质就具有致命性的非正义的影响,感染非正义的人才会死亡。因此,越是不正义的人死得越早,而非正义程度稍轻的人则会死得晚些。"

"可是,"格劳孔反驳道,"我们常见的恰恰是相反的事实!首先,如果说非正义之人死得更早,那是因为有人正义地裁决了他们犯下的罪,就像我们每天看到的那样。其次,如果非正义对于非正义者来说是致命的,那么它就不会再是可怕的灾难。它更像是一种解脱。可惜,事实显然是相反的:一旦有可能,非正义便会组织对正义者的杀戮,而非正义者自己却活蹦乱跳,而且还时刻保持灵敏的警惕性。啊!这该死的非正义,对于为它提供栖息之地的个体来说,它远远不是致命的要害！"

"说得好，亲爱的格劳孔！"苏格拉底鼓掌道，"其实，如果**主体**结构性的弊病和固有的恶都无法杀死它、毁灭它，那么我们就更难想象另一个事物的恶能办到了。"

"这正是我刚才所说的。"格劳孔表示。

"所以我们可以下结论了。如果某种特殊性不会被任何恶的作用毁灭，不论这恶是它本身固有的还是来自另一个事物，那么我们就可以宣布它持续的、必要的存在是显而易见的。既然这种特殊性能一直存在，那么它就是不朽的。"

"太厉害了！"阿曼达就说了这么一句。

"还得补充一点，"受宠若惊的苏格拉底说，"由此一来，我们无法预先将真正的主体的数量固定下来，而且不管我们使用什么方法都无法确定这个数量。唯一可以肯定的是，这个数量不会减少，因为没有任何东西能除掉**主体**。它的数量显然可以增长，因为个体的融入，世上就会多出一个**主体**。而我们知道，生命的盲目增长不断更新着个体的总数，完全不会考虑后者的数量。然而，这种增长并不是必须的。这么说吧，既然不朽的**主体**由各种必然消亡的多元性组成，而**主体**是这些多元性的代数公式或者说**理念**，那么生命的力量就可以向我们保证,任何存在物都会无例外地融入**主体**中。"

"但是,"阿曼达强调道,"任何存在物都会无例外地融入**主体**中,这并不能证明**主体**本身必须作为一个数字,或作为**主体**身上存在的一切的理念而存在。"

"你完全道出了事物的本质:**主体**是永恒的,但它的显现是偶然的。因此,为了弄清楚什么是**主体**,仅仅从它的物质组成来考量是不够的。必须从真理角度、在公式的纯粹状态下把握它。为此,我们必须充分利用理性的力量来获知**主体**。然后我们才会发现它真正的美,才会明白正义与非正义之间的真正界线。"

苏格拉底喘了口气。格劳孔本想插嘴,但老师并没有给他这个时间:

"**主体**的真理往往像与我们亲爱的格劳孔同名的海神格劳孔一样,在他变形之后,无与伦比的奥维德——我们的敌人罗马人的天才歌者曾这样说过:

> 一个不同于我自己的我苏醒过来
> 全新的灵魂嵌入全新的身体中
> 一位深铁锈色胡须的老者,矗立在绿色

的水中，

　　头发被潮水拉扯着、梳理着、眷恋着，

　　四散开来，纯粹的蓝与黑，双腿如此扭曲

　　有人说它们变成了粗壮的鱼尾巴。

当我们看到这个格劳孔时，很难辨认出他原本的样子。他身上旧有的部分因海浪的不断运动而折断、磨损、破坏。曾经的外表之上又增添了新的部分，覆盖着贝壳、海藻和卵石，以至于他看起来更像个海怪，而不是他自身那不会腐坏的本质。**主体**也一样，看起来像被无数次变形遮蔽了。但我们知道应该在**主体**中看到什么。我们知道。"

　　接着，苏格拉底沉默了许久。外面，太阳已经消失，黑夜已经与大海融为一体。最后，格劳孔再也按捺不住了：

　　"然后呢？我们应该在**主体**中捕捉到什么？"

　　"**真理**。哲学。必须思考**主体**的进程获取的是什么，由哪些特殊性组合而成。必须根据**主体**与它内在的**他者**的密切关系来探讨**主体**，这个**他者**是不朽的，每个人都注定会永恒地拥有它。应该追随**主体**的力量，观察它，仿佛它一遍遍地通过这股力量脱离几乎吞噬它的潮水，抖落身上覆盖的贝壳和卵石，摆脱由泥石组成的野蛮的多元性。它不可避免地会被这种野蛮的多元性包裹，因为它要在这个促使它变化的世界的泥泞中，找到永恒生命的食粮。这样抛开一切后，它会将真实的本质示人，这一本质也是**真**的本质。"

此时，大家的情绪也达到了高潮。我们这三位主人公置身夜的门槛，仿佛置身真正生活的开端。精疲力尽的苏格拉底就着水罐大口喝着冰水。当他再次开口时，仿佛又有了新的干劲，但这股干劲又被新一轮的倦意打败。

"暂时就说这么多吧。我们借助完全理性的方法完成了任务。在为正义辩护时，我们没有像荷马和赫西俄德常常做的那样，提及正义的回报或它的舆论价值。由此我们有了一个基本的发现：正义本身就是**主体**的特性。无论**主体**是否拥有格劳孔昨晚说的寓言中那枚裘格斯之戒，甚至拥有哈迪斯的头盔——荷马在《伊利亚特》第五卷中曾说这个头盔也可以让人隐身，**主体**的行为都应当以正义为准则。"

"所以我们不需要讲有关报酬和惩罚的事了。"格劳孔总结道，他看起来松了口气。

"为什么不呢？"苏格拉底嘴角浮起一丝笑意，"既然我们的超然态度是无可指摘的，那么为什么不像对待其他美德一样，把属于我们亲爱的正义的一切都归还于它呢？"

"属于它的东西，"阿曼达指出，"首先应该是存在的东西。但属于正义生活的东西从何而来呢？"

"活着的时候来自人，死后来自**他者**。"苏格拉底突然有些阴郁地反驳道。

"您提出了审判的普适教条，而昨晚您还强烈质疑过这一教条。您当时对我们说，正义者在别人看来也可以显得不正义，而非正义者也可以显得正义，以至于他只对**主体**显现出真实的本质。您忘记了吗？"

"亲爱的姑娘，"苏格拉底低声说，"记性不好的是你。我们当时假设本质与表象的矛盾，只是为了纯粹理性论证的需要。我们其实是想确定正义本身与非正义本身的区别，而不涉及它们的外在。不过现在论证结束了，是时候表明：一旦涉及正义，真相既不会掩于人前，也不会掩于神前。"

"是嘛！"阿曼达感叹道，"这真是绝妙的戏剧性转折啊！"

"假设是这样的吧。"苏格拉底一改之前的自信，变得谦虚起来，"在这种情况下，请允许我以正义的名义向你们提一个请求。让我们三人像同一只手上的手指一样团结起来，支持人神都关心的观点，也就是，我再重申一遍，还正义一个公道。让我们努力确保，不管是对于表象的正义，还是对于那些背负其秘密光辉的人，正义任何时候都能获得奖赏。让我们三人都明白，正因为存在正义，才会有属于正义的东西，而正义不会引导那些严格遵守它的人误入歧途。"

"您对我们的要求真多。"阿曼达说。

"说服者最后总是以请求收尾。首先请赞同这一点，即至少对于**大他者**来说，正义者和非正义者的真实本质是隐瞒不了的。"

"如果不是**大他者**而是小他者的话，就不是这样了！"阿曼达开玩笑道。

"既然正义者和非正义者的区别逃不过**大他者**的眼睛，那么，出于对一者的喜爱，对另一者的厌恶，他会动用能力所及的一切，实行应有的赏罚。唯一的障碍是，在一个由有害的政治而不是我们的共产主义政治统治的社会，**大他者**的作用会受到破坏。相反地，如果我们假设人的生活是以理性思想为指导的——对此我们已经讨论多时了，那么什么都阻止不了**大他者**凭自己的力量给予正义者以应得的一切。如果一个遵循正义而组织起来的**主体**正经历贫困、疾病、迫害或诽谤，那么只有两种可能。第一种情况：世界正处于共产主义和平时期。如此一来，**主体**遭受的那些考验就只是暂时的；它们是**主体**辩证地建构自身的必经之路，**主体**在世时就可以获得安逸、健康和创造的自由，他的同代人也会给予他应有的认可。第二种情况：世界遭到勋阀政治、寡头政治、民主政治或僭主政治这四种有害政治的其中之一的破坏。正义者的磨难全部由这些政治造成。于是，**大他者**会确保正义者在肉体死亡之后获得奖赏，正义者在不幸的境遇中越是坚持不懈，其死后的回报越是丰厚。**大他者**的确不会抛弃那些热切渴望成为正义者的人；他也不会轻视那些把实践美德当作成为**大他者**的唯一途径，并在人类力所能及的范围内实现这种美德的人。"

"**大他者**不会忽略那些渴望变得与他一样的人。"阿曼达指出。

"总之，这就是**大他者**给予正义者的奖赏。而平凡的人会怎么做呢？如果必须仅限于平凡经历的话，归根到底难道不是一回事吗？狡诈、非正义的人就像那些一开始跑得精彩、到最后关头却倒下的赛跑选手。他们先是全速向前冲，后来却在别人的嘲笑声中羞愧难当，消失在衣帽间里，甚至连名次都排不上,而真正的赛跑选手能够坚持到终点,赢得奖品和花冠。这不就是在正义者身上发生的事吗?无论是对自己的事业、人际关系还是整个人生,他们都坚持到最后,因此享受到了所有人的尊重,从人们手中接过了最伟大胜利的奖励:这是**理念**在生活的中心对它的反对者的胜利。"

"您真是精力充沛!"阿曼达惊呼道,两眼闪闪发光。

"我很乐意将平凡生活带来的一切美好馈赠都给予正义者。说实话,这些馈赠比起真来根本算不上什么,因为正义用真直接照亮了正义者的主体性。比起他们死后应得的回报也算不上什么。"

"这些闻所未闻的奖赏是什么呢?"格劳孔问。

"我只能告诉你们有关它们的传说。"

"说吧!"阿曼达语气嘲讽地说,"机不可失!忘记自己,做个诗人吧,您那永恒的青春也请求您这样做!"

"除非我开始老年痴呆了……不管怎么样,我既没能力也没兴趣背诵荷马、维吉尔、但丁、塞缪尔·贝克特的那些可怕而伟大的寓言。我只讲述一个勇敢男孩的故事,他叫厄洛斯,来自潘菲利亚,是一名普通士兵,在一场愚蠢的战争中死于战壕。连续十天的轰炸之后,所有人或几乎所有人都丧了命,人们终于可以把战场上已经散发恶臭的尸体捡回来。奇怪的是,只有这个潘菲利亚人的尸体没有腐烂。人们把他的尸体带回他家举行葬礼。十二天后,躺在柴堆上的他竟然复活了!这个复活者干脆坐在他本该化作一缕烟离开的柴堆上,对目瞪口呆的家人讲述了他在'那边'的所见所闻。以下就是他的故事,我会以他的口吻来讲述。"

于是,苏格拉底利用他著名的滑稽模仿天赋开始讲故事:

"我身上的主体原则刚脱离身体,就和一群其他的主体原则一起上路了。我们到了一个超自然的地方:地上有两个深渊,一个紧挨着另一个,头顶与这两个无底洞相对的是两个通往天空的入口。判官坐在天空与大地中间。他们作出判决之后,会在正义者胸前贴上判决理由书,然后命令他们去往左边的天空入口。对于非正义者,判官会在他们背后挂上他们的全部罪状,然后命令他们走向右边的深渊。轮到我时,判官们说我已经被选为报信者,把冥界发生的一切告诉人间。他们吩咐我认真听、认真观察,然后准备一段详尽忠实的叙述。在那边,我看到被审判过的人有的走下右边的深渊,有的则从左边的天空入口升天。一些衣衫褴褛、浑身是灰的人从另一个深渊也就是左边的深渊上来。从另一个天空入口也就是右边的天空之门走下来的则是干净、清爽的人。这些人陆陆续续地到来,似乎个个都经历了长途跋涉。他们兴高采烈地坐在像是被施了魔法的大草坪上,仿佛要参加全民庆典一般。原先相识的人们开心地重聚,滔滔不绝地谈起自己的经历,有的是去地心的经历,有的是去天空之口的经历。前者难免哭诉呻吟,因为他们在无止境的地底之旅中承受或看别人承受了五花八门、令人毛骨悚然的折磨,那是千年的黑暗与恐怖!从天上来的人则依然容光焕发,因为他们经历了不可思议的体验,看到了任何语言都难以描摹的壮丽景象。

"我们在大草坪上度过了七天,每天都是丰富的交流和平静的等待。到了第八天黎明,我们终于要上路了:大家要在一些混沌不明的地方走四天。'在这里,'我的同伴,一个叫古奈曼兹的德国人说,'时间变成了空间。'我不太明白什么意思。不管怎么样,最后我们终于到了一个地方,从这里可以看到一条笔直的线穿越天空,这条线时而耀眼,时而化成一团黑色的暴风。又过了一天，我们来到了这条线的垂直方位，光与能量在这里交换着身份。一个人造的声音从黑暗的空间中传来，向我们解释我们所看到的是宇宙图像的中轴线，这个图像马上会被投射到天空。这是一部以天空为荧屏的宏大电影！电影很长，在此我就不赘述细节了。一开始，我们只看到——'看到'这个词不太确切——一个很难察觉的纯能量点，能量点的爆炸创造了空间 – 时间 – 物质。生成的**理念**围住了天空，它的痕迹就是那条线，可以说它是发亮的物质，或是带电的真空，这两者是一回事。这条线对我们来说是实景的一个遥远的信号。随后，一团团流动的原子火焰膨胀、分离，它们之间的聚合似乎融到它们的空间性来临的过程中。作为观众的我们经历了一次奇怪的时间之旅，我们立即知道这个时间是无限大的，并切身体会到了这种无限性——几十亿年！尽管以今天的时间来看，其间只经过了几个小时。我们看到在这个不断扩大的空间里，慢慢浮现出蛋形星云、旋涡星云、渐渐分离的光点的团聚体。看不见的扩音器说，这就是星系的诞生。在这无限延伸的混沌中，摄像机快速俯拍——一种镜头的无限推近——带我们来到了巨大的室女座星团，接着又来到了室女座星团里的一个漩涡星云，然后又来到了这个星云正中心的一颗恒星。这颗恒星正在向四处散发因核燃料燃烧形成的数百万度高温,但它只是一个中型恒星,那就是太阳!在太阳周围,我们看到由完美的椭圆形行星组成的系统,从水星到冥王星,卫星也都包括在内,它们像是嵌入大椭圆里的小椭圆。我承认我一时有点走神,因为几何图形太多了!镜头继续推近,暴露了我们的地球,借助分发给大家的特殊眼镜,每个人都可以看到自己的家乡:希腊人看到了希腊,高卢人看到了高卢,俄罗斯人看到了俄罗斯,乌兹别克人看到了乌兹别克斯坦,巴拿马人看到了巴拿马,而我,厄洛斯,宙斯在上!我看到了不起眼的潘菲利亚!像这样方便地从最初的宇宙大爆炸到万物的演变再到我亲爱的祖国,这太有趣了!我出生的地方没有任何辉煌的东西也没有任何令人厌恶的东西,但在看过这么多可怕的黑暗光线之后,我的家乡一下子让我平静了下来。

"这幅巨大的立体画令所有观众目瞪口呆。不过它终于在一段 C 小调的疯狂和谐中结束了。只剩下那条能量 – 物质轴线依然存在,而且还是其微缩模型,因为它现在直立在一位沉着冷静的美女的膝上,别人告诉我们她是'必然'女神娜迪亚。我们还没来得及判断这是非物质的数码幻象还是真实的存在时,扬声器已经开始介绍这位娜迪亚的三个女儿:'自由'女神露西亚、'命运'女神朵拉和'梦想'女神蕾娜塔。她们围在母亲的周围,似乎正在编织宇宙史诗的经纬。这些女子身着白色长裙,头戴淡紫色花冠,仿佛置身于一幅拉斐尔前派的画作中。她们唱着忧郁的三重唱,歌颂着短暂的沉醉:朵拉唱的是过去,露西亚唱的是现在,蕾娜塔唱的是将来。一名站在高坛上、手拿一支长长小号的传令官突然吹出一声巨响,于是一种死亡般的宁静笼罩了所有冥界的旅行者。传令官命令我们排成一列,与此同时有人把两个巨大的桶搬上高坛。后来我们知道,这两个桶中一个盛满了生活模式,另一个盛满了号码牌。随后,传令官以洪亮的嗓音说出了下面这段话:

"'娜迪亚的女儿朵拉宣布:'

"'噢!你们与主体的融合是那么地短暂,你们即将开始新一轮的人生,当然也就有新一轮的死亡,因为你们生来就要经历这两者。任何守护天使都不会替你们选择下一段人生,相反地,将由你们来选择自己的天使。第一个受命运召唤的人将抽取他未来必须度过的人生。只有美德任人自取:每个人将或多或少拥有美德,这全看他对

尾声　主体的动态永恒　649

美德有多重视。只有做选择的人自己需要对他选择的人生负责。其他所有人都与此无关。'"

"说罢，"厄洛斯接着说，"传令官使装满其中一个桶的编了号的纸片漂浮在我们头顶，每个人都抓住了离自己最近的一张，除了我，因为我被禁止触碰这些纸片。于是，这群死者被一一编上了号，从1号到4亿多号。随后，第二个桶中盛放的所有可能的生活模式被排列在地上，其数量远远超出需要作出选择的死者人数，而且种类多样。其中有各种类型的僭主生活模式，有些僭主统治时间较长，另一些僭主统治被突然终止，最后沦为了街边行乞的穷困潦倒的逃犯。还有一些塑造出类拔萃的人物的生活模式，这些人有的因个人风度、美貌或英勇气魄而出众，有的则家世显赫，尤其受祖先杰出才能的荫庇。除此之外，还有各种各样极其普通的生活。提供给女人的选择与提供给男人的选择没有任何差别。没有任何涉及**主体**的规定，因为每个人都不可避免地要选择另一段人生，成为不同于自己的另一个人……"

说完厄洛斯这句话后（苏格拉底是像腹语术者那样，以一种比自己的嗓音更尖锐的声音讲的，而且还带有浓重的潘菲利亚口音），苏格拉底忍不住以自己的名义说：

"亲爱的朋友们,个体正是在这一刻面临着最大危机。这就是为什么我们宁愿放弃其他一切知识,也要全身心地学习一点科学能力,有了这种能力,我们才能透过平庸的表象辨认出名副其实的生活,不会再将它与表面光鲜、实则悲惨的人生混为一谈。唯一值得我们结交的老师就是可以传授这种能力的老师。让我们从他那里学会分析:当美貌与富裕、贫穷或其他个性特征结合在一起时,会对善或恶产生什么影响;各种先天或后天的主体属性——比如资产阶级或无产阶级、普通公民或领导、强者或弱者、无知者或学者等等——混合到一起时会发生什么。尤其学会如何从上述分析出发成为**主体**,并最终学会如何选择卓越的生活而不是堕落的生活。因为我们会明白,无论生活表面看来多么不起眼,只要朝着正义的方向发展,它就是卓越的生活,反过来,无论看起来多么辉煌,多么出众,一旦走向非正义,就等于自取灭亡。这是唯一的标准。我们必须永远坚守这个信念,在冥界也是如此,与革命家列宁所说的共产主义计划的'铁的纪律'一样不可动摇。否则,在选择新生活时,我们会被财富和其他形式的个人或家庭利益的诱惑腐蚀。于是我们会选择僭主式生活,比如大公司管理者,证券交易所的数据分析师,传媒工作者,拥有几栋海景别墅、西装革履的黑手党成员,毕恭毕敬的政客,甚至演唱各种不入流歌曲的性感洛丽塔。这些选择不仅会给周围的人带来灾难,还会使我们自己倍受折磨。相反地,如果我们接受过老师的教导,就会希望选择一个外表平凡的生活,这种生活既不会被社会的诱惑腐蚀,又不会为基本的生存需要发愁,能够尝试正义的**主体**普遍会经历的一切。只有在这样的生活中才有可能找到真正的幸福。"

"这种关系实在是太有意思了,"阿曼达评论道,"一面是某人生活中'平凡'的东西,一面是进入一种'非凡'生成过程的可能性,创造真理,生成承载真理的主体。"

"是啊,"格劳孔说,"可是死亡的见证者厄洛斯,他的命运又如何了呢?"

苏格拉底于是又用他那潘菲利亚口音说:

"传令官在将号码牌扔下,由此决定死者选择新生活的先后顺序时,他曾郑重宣布:'即便是最后一个选择的人,只要他认真思考自己的选择并为之付出相应的努力,也能获得令人愉快的美好生活。第一个选择的人要小心谨慎,最后一个选择的人也不要灰心丧气。'传令官话音刚落,抽中 1 号的死者就走上前去,选择成为他所在国家中最大的大型零售集团的总裁。这个集团的大型超市连锁店遍布各个城市的郊区，有的叫'多又好'，有的叫'满购'，还有的叫'好再来！'。由于被疯狂的贪念冲昏了头脑，他选择这一生活时并没有检查每个细节。他并没有看到这场命运中包含种种灾难，比如这个总裁尽管富甲一方，娶了一位超模还育有四子，但实际上他只迷恋未满七岁的幼女。他会豢养一些无业游民，专门为他寻找幼女；他还会在一天内坐私人飞机往返亚洲某些偏远地区，只为找个小女孩在令人作呕的厕所间偷偷摸摸为他口交。在一次勾当中他被抓了个现行，被拘捕、被痛打、被扔到监狱的野蛮囚犯手中，后者会使他沦为性奴，整日衣衫不整。后来他被释放并驱逐出境，回到家却发现众叛亲离。像只顺水漂浮的水母一样无力的他后来加入了一个俄罗斯流浪者团体，这个团体把他当作嘲笑对象，强迫他喝醉，然后再把他送到高档餐厅做小丑，直到餐厅保安把他扔到外面。最后人们发现他死在了公园广场的长椅下面，手脚都已冻僵。当这个抽中 1 号的人仔细检查了自己选择的生活后，他开始呼天抢地，硬说是搞错了，他苦苦哀求帕尔卡女神[1]，但她们不为所动。他想要

---

[1] 命运三女神，即上文出现的露西亚、朵拉和蕾娜塔。——译注

自行了断，马上再死一回，而不是等到四十年后全身冻僵地死去，鼻子还浸在自己的呕吐物中。他忘记了朵拉的警告——'其他所有人都与此无关'——，他埋怨偶然性，埋怨魔鬼和周围的死者，却没有责怪自己的草率。不过，他以前并不是个恶棍，远远不是。他曾生活在一个安宁的国度，是个办公室职员。他从没做过任何出众的事，连担任工会小管理员、在铜管乐队演奏长号、骑自行车越过山头、读《卡拉马佐夫兄弟》这种事他都没做过。不过他到死也没有做过任何出格的恶事。而且，他来自从天空下来的那条美好的路，不是从通往深渊的那条艰难道路来到魔幻草坪的。在他曾经居住的小城市，他对财富、荣耀、权力的象征和各种欲望寄托对象的了解仅限于'满购'超市，他和妻子以前经常在那里购物。所以他的荒谬决定可能正源于此……"

"当然！"格劳孔打断他的话说，"这个正派人并不是因为学了哲学而品行端正，而仅仅是因为习惯和胆怯。在选择的关键时刻，我们可以看出这对他的影响。"

"除非，"阿曼达有所保留，"他虽然不承认，但在平庸的一生中，他的确曾被一种对幼女的疯狂渴望折磨！或许他的选择是对的！"

"我们怎么会知道呢?"苏格拉底用正常的嗓音说,"在这方面,我们的朋友厄洛斯观察到了一个有意思的现象:那些不假思索就作出选择的人大多从天而降。这是因为他们没有经历过痛苦的磨炼。而从地心来的人自己受过折磨,也见过别人受折磨,所以他们不会随随便便选择一种生活。再加上抽签造成的混乱,结果就是,一般来说,死者会将上一段美好的生活换成悲惨的生活,或者反过来将上一段悲惨的生活换成美好的生活。如果每次来到人世时,人都能受到理性哲学的熏陶,如果在冥界时,命运不会迫使他们成为最后选择的人,那么根据厄洛斯的故事,似乎每个人都有极大可能幸福地生活在地球上,甚至通过与天空之门相连的道路,而不是地下深渊的陡峭之路往返于人世与冥界之间。"

"那么厄洛斯本人是怎样结束他的故事的呢?"格劳孔迫不及待地问。

苏格拉底又用潘菲利亚男高音说:

"死者的选择是一场有教育意义的、令人同情的、时而惊心动魄的表演。其实大部分选择都是由上一段人生中养成的习惯决定的。

"我看到法国诗人马拉美选择了天鹅的一生,因为他曾用许多优美的诗句描写这种禽鸟,尤其令他念念不忘的是这句：

> 一头往昔的天鹅不由追忆当年。[1]

"我看到意大利男高音帕瓦罗蒂选择了夜莺的一生，这在我看来很愚蠢。

"抽中700627号的不是别人，正是大名鼎鼎的亚历山大大帝。他对自己身处这样一个卑微的行列感到很不习惯，于是选择成为一头狮子作为补偿。他骄傲地说：'既然冥界的女神把我安排在这么一个不体面的位置，那么至少在地球上我要成为无可争议的动物之王。'

"我看到一名纺织女工高兴抢到了机床修理工的生活。'机器让我烦透了，现在轮到我来对它开膛破肚了。'

"过了一会儿，轮到阿伽门农了。众所周知，他献祭了自己的女儿，掀起了一场长达十年的师出无名的血腥战争。阿伽门农刚回到家，他的妻子就在情人的协助下将他割喉杀死在浴缸里。因此他对战争产生了深深的厌恶，对女性产生了极

---

[1] 此处参考了施康强译文，见《天鹅》，《世界文学》，1983年，第2期，第110-111页。——译注

度的恐惧。于是他选择成了一个瘦弱到无法服兵役的男同性恋者。

"我看到一个曾在外省小俱乐部踢球的足球运动员,他刚结束童年就因摄入过量兴奋剂而死亡。令我十分震惊的是,他选择了一个足球明星的生活,这个足球明星的确举世闻名,但他在快到35岁时就因可疑原因去世了。正当我准备提醒他时,他却用手堵住了我的嘴:'闭嘴!我会成为一名了不起的足球运动员的,其他的我一概不想知道。'

"我看到著名的美国总统托马斯·杰斐逊,这位智者对自己曾为个人安逸而利用了黑奴贸易感到十分内疚,于是他选择成为一名逃亡黑奴,在加拿大的冰天雪地里过着极为贫苦的生活。

"我看到一个小丑选择了猴子的生活。

"我看到公元5世纪被基督徒杀害的亚历山大里亚的伟大数学家——希帕提娅,她选择了20世纪德国伟大数学家埃米·诺特的生活。'与虚假的上帝不同,'她说,'数学拥有无限的力量,能让人在某个时刻思考对现状的超越。'

"最后一个选择的是尤利西斯。痛苦漂泊的回忆去除了他所有的野心。他花了大量时间去寻找一个完全不问公共事务的无名小卒的生活。他好不容易在角落里发现了一个踏实生活、坚持自我的女人的生活，这个女人虽然穷苦但很勤劳，是'多又好'超市的收银员，独自抚养四个孩子，每天早晨五点就起床，收拾屋子，缝补衣物，清洗床单，一分一毫地计算着钱，一成不变的家庭生活就是存在的全部装饰。很显然，其他死者都不想要这样的生活。但尤利西斯马上就选择了它，还宣布说，就算命运让他第一个选，他依然会作出同样的选择。

"当所有死者都选好自己的人生之后，我们按照第一次抽签决定的顺序依次回到朵拉身边。这位帕尔卡女神给每个死者指定了一个与其选择相适应的抽象的天使，作为其隐形的守护者。天使立即令分配给他的人产生了渴望，意欲前往露西亚身边，从她手中领取象征宇宙的丝线。于是他们的生活选择就被认为是自由的了。大家接着走向蕾娜塔编织的纺线，这样一来，选择就被认为是不可挽回的了。无法再回头的每个人接着来到娜迪亚的宝座下，在此稍作停留，由于性格不同而表现出或崇敬或嘲讽的神情。之后，大家在宝座后面的平原汇合，在这片荒无人烟、令人窒息的平原上流淌着一条'遗忘之河'。经过一整天口干舌燥的跋涉，夜晚我们就在河边露营，这条河很奇怪，任何瓶子都没法装进它的水。于是每个人都获准直接在河里饮用河水,饮水量的多少由天使决定。那些将谨慎抛到九霄云外的人无节制地喝了很多,由于穿越荒漠他们连肺都干了。无论如何,一旦喝了这水,大家都忘记了一切。然而,那些听从天使的嘱咐喝得很有节制的人有一天会想起冥界经历的一些片段,而另一些人则完全想不起来了。"

"真厉害!"阿曼达打断他的话说,"这就是著名的'回忆说'嘛!"

苏格拉底若无其事地往下说,用的依然是厄洛斯的口音:

"我们在无法触碰的河边睡下。到了半夜,一声惊雷响起,大地顿时颤动起来,所有死者都被托起并送往四面八方:他们像流星一样飞往各自的新生地。至于我,他们禁止我饮用遗忘之河里的水。当然咯!要不然我就不会在这里给你们讲这个故事了。但我是从哪儿又如何找到我的人类躯壳的,这我就不知道了。我只是突然看到自己躺在柴堆上,此刻我正坐在上面给你们说话,现在故事讲完,我该闭嘴了。"

温柔的夜降落在了每个人的疲惫与激动之上,大家沉默了许久。他们知道这场关于文字、思想和梦幻的探险即将结束。在这栋海边别墅里,有些变化已经产生,而且将持续一个又一个世纪,而他们更像是见证者,而不是参与者。以至于这'变化'令他们耿耿于怀,就像在一场漫长的告白之后,不可避免地会陷入孤单。因为他们有义务孤独地一遍遍重述对话的庞大梗概。

苏格拉底意识到,他还得宣布谈话的结束。这结尾与黑夜同时降临。他言简意赅地说:

"我们可以用这个神话收尾。如果我们相信它向我们传达的内容,我们就有救了。我们能畅通无阻地穿过遗忘之河,使自己升华到**主体**的高度。那时我们就能说服自己,虽然我们有能力行极度的恶即自私,但我们也有能力行最崇高的善即真理,所以通往高处的路会向我们敞开,根据正义的法则和真正的思想,这条路会让我们拥有某种永恒。到那时,无论身处现时的世界还是形式未知的世界,我们都能成为自己和**大他者**的朋友。我们会在自己身上获得奖赏,就像奥运冠军从朋友、家人和国家那里获得奖赏一般。而且,在致力于产生永恒真理的过程中,我们会懂得什么是幸福。"

专名表

Achille 阿喀琉斯
Adimante 阿第曼图斯
Adonis 阿多尼斯
Agamemnon 阿伽门农
Aglaïon 阿格莱翁
Ajax le Lorien《埃阿斯》
Alcibiade 亚西比德
Alexandre 亚历山大大帝
Alexandrie 亚历山大里亚
Allard 阿拉尔
Amantha 阿曼达
Amphiaraos 安菲阿剌俄斯
Aphrodite 阿佛洛狄忒
Apollon 阿波罗
Arendt (Hannah) 汉娜·阿伦特
Arès 阿瑞斯
Argos 阿尔戈斯
Ariane 阿里阿德涅
Arion 阿里翁
Ariston 阿里斯通
Aristonyme 阿里斯托纽摩斯
Aristophane 阿里斯托芬
Asclépios 阿斯克勒庇俄斯
Atrides 阿特柔斯
Auguste 屋大维
Aurèle (Marc) 马克·奥勒留
Autolycos 奥托吕科斯
Baccou (Robert) 罗贝尔·巴库
Bachelard 巴什拉
Badiou (Alain) 阿兰·巴

迪欧

Bailly（Anatole）巴伊

Baltique 波罗的海

Beckett（Samuel）塞缪尔·贝克特

Bernard（Claude）克洛德·贝尔纳

Calderon 佩德罗·卡尔德隆·德·拉·巴尔卡

Camember 卡曼伯

Canson 康颂

Céphale 克法洛斯

Cerbère 刻耳柏洛斯

César 恺撒

Chalcédoine 卡克冬

Chambry（Emile）埃米尔·尚布里

Charcot（J.-M.）让-马丁·沙可

Charmantide 哈曼提得斯

Chrysès 克律塞斯

Clitophon 克勒托丰

Constant（Benjamin）邦雅曼·贡斯当

Corneille 高乃依

Cratyle 克拉底鲁

Crésus 克罗伊斯

Curiace 居里亚斯（三兄弟）

Damon 达蒙

Dante 但丁

Deleuze（Gilles）德勒兹

Démocrite 德谟克利特

Denys I 大狄奥尼西奥斯

Denys II 小狄奥尼西奥斯

Descartes 笛卡尔

Dickinson（Emily）艾米莉·狄金森

Diogène 第欧根尼

Diomède 狄俄墨得斯

Dora 朵拉

Eleusis 艾瑠西斯

Engels 恩格斯

Euthydème 欧若得摩

Er 厄洛斯

Erynnie 厄里倪厄斯

Eschyle 埃斯库罗斯

Esope 伊索

Euripide 欧里庇得斯

Eurypyle 欧律皮洛斯

Fermat 费马

Feuillâtre 弗亚特尔

Feydeau 费多

Fleming 弗莱明

Ford Mustang 福特野马

Frankenstein 弗兰肯斯坦

Freud 弗洛伊德

Garnier-Flammarion 加尔尼埃-弗拉马里翁

Gide 纪德

Glauque 格劳孔

Godounov (Boris) 鲍里斯·戈都诺夫

Gorgias 高尔吉亚

Gurnemanz 古奈曼兹

Gygès 裘格斯

Hachette 阿歇特出版社

Hadès 哈迪斯

Hannibal 汉尼拔

Hegel 黑格尔

Heidegger 海德格尔

Héphaïstos 赫菲斯托斯

Héra 赫拉

Héraclès 海格力斯

Héraclite 赫拉克利特

Hermos 海尔谟斯河

Hérodios de Mégare 墨伽拉的赫罗迪科斯

Hérodote 希罗多德

Hésiode 赫西俄德

Hippocrate 希波克拉底

Hitler 希特勒

Homère 荷马

Horace 贺拉斯（贺拉斯兄弟）

Hussein (Saddam) 萨达姆·侯赛因

Hypatie 希帕提娅

Ibsen 易卜生

Iliade 《伊里亚特》

Iris 伊里丝

Ithaque 伊萨卡岛

Jaurès (Jean) 让·饶勒斯

Jefferson (Thomas) 托马斯·杰弗逊

Jungfrau 少女峰

Justine 茱斯蒂娜

Kant 康德

Lacan (Jacques) 拉康

L'Armée nouvelle 《新军队》

Les Belles Lettres 出版社

La Pléiade 七星文库

La Turquie des janissaires 耶尼切里时期的土耳其

Le Jugement des armes《争夺兵器》

Léontios 利昂提乌斯

Le Reich millénaire 千年德意志帝国

Les Belles Lettres 美文出版社

Les Phéniciennes《腓尼基妇女》

Les Sept contre Thèbes《七将攻忒拜》

Les Travaux et les jours《工作与时日》

Les Troyennes《特洛伊妇女》

Lorca（Federico García）费德里戈·加西亚·洛尔卡

Lucia 露西亚

Lycurgue 来库古

Lyotard（Jean-François）利奥塔

Lysanias 吕萨略斯

Lysias 吕西阿斯

Lysistrata《吕西斯特拉式》

Macbeth 麦克白

Machaon 马卡昂

Mallarmé 马拉美

Mandela 曼德拉

Mao Zedong 毛泽东

Mauss（Marcel）马塞尔·莫斯

Mèdes 米堤亚

Méduse 美杜莎

Mégare 墨伽拉

Meiji 明治

Ménélas 墨涅拉奥斯

Meyerhold 梅耶荷德

Minotaure 米诺陶洛斯

Molière 莫里哀

Moscou 莫斯科

Musée 穆赛俄斯

Mussolini 墨索里尼

Nadia 娜迪亚

Napoléon 拿破仑

Niciroi 尼克拉托斯

Nicias 尼客阿斯

Nietzsche 尼采

Noether（Emmy）埃米·诺特

Notion 诺丁姆

Orphée 俄尔甫斯

Odyssée《奥德修纪》

Ovide 奥维德

Paeanée 派尼亚

Palamèdes 帕拉梅德斯

Pamphylie 潘菲利亚

Pandaros 潘达罗斯

Parques 帕尔卡女神

Pasteur 巴斯德

Patrocle 帕特洛克罗斯

Pausanias 保萨尼亚斯

Pavarotti 帕瓦罗蒂

Pénélope 佩内洛普

Perse 波斯

Pessoa（Fernando） 费尔南多·佩索阿

Pétain 贝当

Phalère 法利罗

Phénice 福尼克斯

Phocylide 福库利得斯

Pindare 品达罗斯

Pirandello 皮兰德娄

Pirée 比雷埃夫斯

Platon 柏拉图

Polémarque 玻勒马霍斯

Politeia《理想国》

Prodicos 普罗迪库斯

Protagoras 普罗泰戈拉

Pythagore 毕达哥拉斯

Pythie 皮提亚

Pythoclidès de Céos 开奥斯的皮索克勒斯

Riemann 黎曼

Rimbaud 兰波

Robespierre 罗伯斯庇尔

Rousseau（Jean-Jacques） 卢梭

Racine 拉辛

Renata 蕾娜塔

Robin（Léon） 莱昂·拉班

Röhm 罗姆

SA 纳粹冲锋队

Sade 萨德

Salazar 萨拉查

Sapho 萨福

Schiller 席勒

Scythes 斯基泰人

Sériposse 塞里福斯

Simonide 西蒙尼德斯

Socrate 苏格拉底

Solon 梭伦

Sophocle 索福克勒斯

Sostrate de Cinde 索斯特

拉特

Sparte 斯巴达

Spinoza 斯宾诺莎

Sphinx 斯芬克斯

Stakhanov 斯达汉诺夫

Staline 斯大林

Stésichore 斯特西克鲁斯

Sthénelos 斯忒涅洛斯

Syracuse 叙拉古

Ténare（Cap）马塔潘海角

Thésée 忒修斯

Thétis 忒提斯

Toussaint-Louverture 杜桑 – 卢维杜尔

Thrasymaque 色拉叙马霍斯

Thulé 图勒

Tite-Live 蒂托·李维

Thrace 色雷斯

Tolstoï 托尔斯泰

Troie 特洛伊

Ulysse 尤利西斯

Vigny（Alfred de）德·维尼

Virgile 维吉尔

Vitez（Antoine）安托万·维泰

Vodoz（Isabelle）伊莎贝尔·沃多

Wiles 怀尔斯

Wittgenstein 维特根斯坦

Xanthippe 赞西佩

Xerxès 薛西斯一世

Zeus 宙斯